“十三五”江苏省高等学校重点教材(编号：2017-1-135)
科学出版社“十三五”普通高等教育本科规划教材

南京大学·大学数学系列

概率论与数理统计

(第二版)

赵 进 傅冬生 谢兆茹 编

科学出版社
北 京

内 容 简 介

概率论与数理统计是一门重要的应用型数学课程。本教材包含三个方面的内容，第一至五章为概率论，第六至十章为数理统计，第十一章为常用统计软件介绍。本书不仅重视基础知识的完整性与易懂性，有丰富的例题解释定理与理论，而且还重视理论与应用的结合，注意应用性例题的选择，引导学生注重概率统计在本专业的应用。每章后都附有覆盖各知识点的大量习题，可帮助学生深入完整地掌握课程内容。

本书可作为高等院校（非数学专业）概率论与数理统计课程的教材或参考书，也可作为考研参考书或具有高等数学知识的实际工作者的自学参考书。

图书在版编目(CIP)数据

概率论与数理统计/赵进，傅冬生，谢兆茹编. —2版. —北京：科学出版社，2020.3

“十三五”江苏省高等学校重点教材 南京大学·大学数学系列

ISBN 978-7-03-064688-0

I. ①概… II. ①赵… ②傅… ③谢… III. ①概率论-高等学校-教材 ②数理统计-高等学校-教材 IV. ① O21

中国版本图书馆 CIP 数据核字 (2020) 第 041044 号

责任编辑：许 蕾 曾佳佳／责任校对：彭珍珍

责任印制：张 伟／封面设计：许 瑞

科学出版社 出版

北京东黄城根北街 16 号

邮政编码：100717

http://www.sciencep.com

固安县铭成印刷有限公司 印刷

科学出版社发行 各地新华书店经销

*

2014 年 6 月第 一 版 开本：787×1092 1/16

2020 年 3 月第 二 版 印张：16 1/4

2023 年 7 月第十次印刷 字数：380 000

定价：69.00 元

(如有印装质量问题，我社负责调换)

前　言

概率论与数理统计是一门重要的应用数学课程，其理论和方法广泛应用于自然科学和社会科学的各个领域，特别是随着计算机的发展，大数据时代的到来，概率统计的应用范围和应用深度达到前所未有的规模。概率统计的方法已渗透到各种专门的学科领域，形成许多边缘学科，如统计质量管理、生物统计、气象统计、地质统计、计量经济学、医学统计学等。因此对非数学专业的本科生来讲，掌握概率统计的基本理论与方法是十分必要的。

本书是编者在南京大学数学系多年教学实践的基础上编写而成，包含了随机事件、随机变量、数字特征、极限定理、抽样分布、参数估计、假设检验、方差分析、回归分析、统计软件等章节，涵盖了概率统计课程的主要内容。

本书注重理论体系完整，论述严谨，对于理论问题强调客观背景，整部教材注重培养学生解决实际问题的能力。全书内容选材丰富，贴近应用。

由于大数据应用的日益深入，掌握一门统计语言，并能对实际数据进行统计分析，已经成为当下学生应该掌握的重要技能。为培养学生处理数据的能力，本书特别增加了常用统计软件介绍。

本书第一至三章、第五章由傅冬生编写，第四章、第六至八章由赵进编写，第九至十一章由谢兆茹编写。本书的编写与出版得到了南京大学教务处及南京大学数学系朱晓胜主任和黄卫华老师的大力支持，在此表示衷心的感谢。

限于编者水平，书中不足之处在所难免，恳请读者批评指正。

编　者

2019 年 11 月

第一版前言

概率论与数理统计作为高等数学教育中的一门重要基础课，在自然科学、社会科学等诸多领域有着广泛的应用。尤其是近年来，随着计算机技术的迅速发展，概率统计在经济、金融、保险、农业、医学、气象、环境保护等方面均起到了重要的作用。本书是我们在南京大学多年教学实践的基础上编写的，本书可以作为高等学校理工、农医、经济、管理等专业概率论与数理统计课程的教材或参考书。

本书在写作与取材上，一方面着重数学理论的严谨性，对一些重要的基本概念，特别是统计概念的由来与实质，采取较多的篇幅加以说明；另外在内容及符号的书写上，参照了硕士生招生考试中概率统计部分的要求，以求适合部分考研读者的需要；最后，本书还注意例题的多样性，书中给出了很多具有实际背景的例题。

本书第一、二章由傅冬生编写，第三至五章由刘荣丽编写，第六至八章由赵进编写，第九、十章由谢兆茹编写。本书的编写与出版得到了南京大学数学系领导朱晓胜老师和黄卫华老师的大力支持，在此表示衷心的感谢。

由于编者水平有限，不足之处在所难免，恳请广大读者批评指正。

编　者

2014 年 3 月

目　　录

第一章　随机事件与概率

第一节　随机事件及其运算

一、随机试验与随机事件

自然、社会中千变万化的各种现象可以分为两类：确定性现象与非确定性现象。确定性现象只有一种结果，如太阳每天从东边升起，西边落下；正常情况下，水在 100 ℃会沸腾。非确定性现象有多种结果，如抛一枚硬币，可能正面向上，也可能反面向上；观察未来某天的天气，可能有晴天、阴天、雨天等多种情况。

非确定性现象也称随机现象。随机现象可以通过**随机试验**来研究。所谓随机试验是指对随机现象的一次观测。把随机试验记为 E，随机试验具有如下特点：① 在相同的条件下试验可重复进行；② 每次试验具有多种结果，但试验之前可知道试验的所有可能结果；③ 每次试验会出现这些可能结果之一，但试验前不能确定哪一个结果会出现。

在随机试验 E 中，把所有可能结果的集合称为**样本空间**，记为 Ω。样本空间的元素，即 E 的每个可能结果称为**基本事件**或称**样本点**，记为 e。例如，

E_1：某班级共 n 人，观察某天上课迟到的人数，

$\Omega_1=\{0,1,2,\cdots,n\}$，样本点共 $n+1$ 个；

E_2：抛两颗骰子，观察先后出现的点数，

$\Omega_2=\{(1,1),\cdots,(1,6),(2,1),\cdots,(2,6),\cdots,(6,1),\cdots,(6,6)\}$，样本点共 36 个；

E_3：某人在一小时内随机到达车站，记录到达时刻 (实数，单位：分钟)，

$\Omega_3=\{x|0\leqslant x\leqslant 60\}$，样本点无穷多个。

随机事件是可能发生也可能不发生的事件。从随机试验的角度，可以把随机事件定义为样本空间 Ω 的子集合。随机事件常记为 A,B,C 等。随机事件可以简称为事件。

例如，袋中有 1~5 号球，任取一只，观察球号。$\Omega=\{1,2,\cdots,5\}$。

定义随机事件：A：取得偶数号球；B：取得奇数号球；C：球号不超过 3。A, B, C 所包含的样本点分别为：$A=\{2,4\}$；$B=\{1,3,5\}$；$C=\{1,2,3\}$。从集合的角度看，随机事件 A,B,C 确为样本空间 Ω 的子集合。

随机事件的发生：该随机事件所包含的某个样本点在随机试验 E 中出现，则称该随机事件发生。如袋中取球的例子，若取到 2 号球，因为样本点 2 属于事件 A，也属于事件 C，所以说事件 A 发生了，事件 C 也发生了。

两个特殊的事件：

必然事件：样本空间 Ω。因为每次试验必有 Ω 中的样本点出现，因此 Ω 必然发生。

不可能事件：空集 Φ。因为 Φ 不含 Ω 中任何样本点，每次试验都没有 Ω 中的样本点出现，因此 Φ 不可能发生。

二、事件间的关系及运算

同一样本空间上可以定义多个随机事件，为了进一步研究这些随机事件间的联系以及用简单的随机事件来表示复杂的随机事件，我们需要研究事件的关系与运算。

以下设 Ω 是给定的样本空间，此样本空间上的随机事件为 A,B,C，$A_k(k=1,2,\cdots)$ 等。

由于随机事件定义为样本空间 Ω 的子集合，因此事件的关系与运算和集合的关系与运算是一致的。

常用 Venn 图来表示事件的关系与运算。即用矩形表示样本空间 Ω，用 Ω 内的几何图形表示随机事件。

(一) 事件间的关系

1. 包含关系

如果事件 A 发生必导致事件 B 发生，则称事件 B 包含事件 A，记 $B\supset A$。

例如，袋中有 1~10 号球，任取一个，记录号码。事件 A：号码大于 7；事件 B：号码大于 5。A 发生，号码大于 7，则一定大于 5，所以导致 B 发生，$B\supset A$。从样本点看，$A=\{8,9,10\}$，$B=\{6,7,\cdots,10\}$与集合的包含关系一致 (图 1-1)。

2. 互不相容关系

若事件 A 与 B 不可能同时发生，则称 A，B 互不相容 (或互斥)。此时，A 与 B 没有共同的样本点 (图 1-2)。

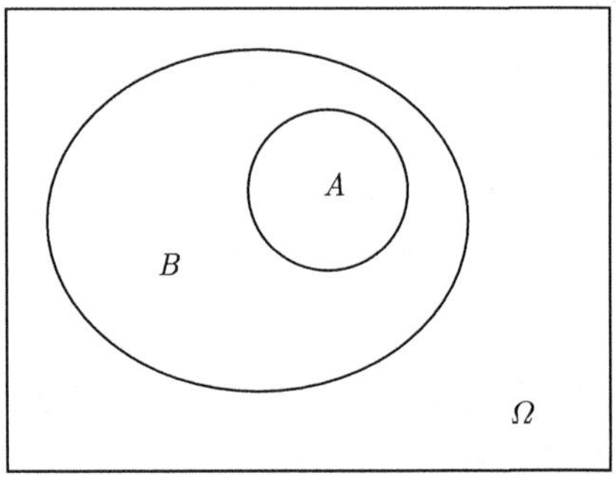

$B\supset A$

图 1-1

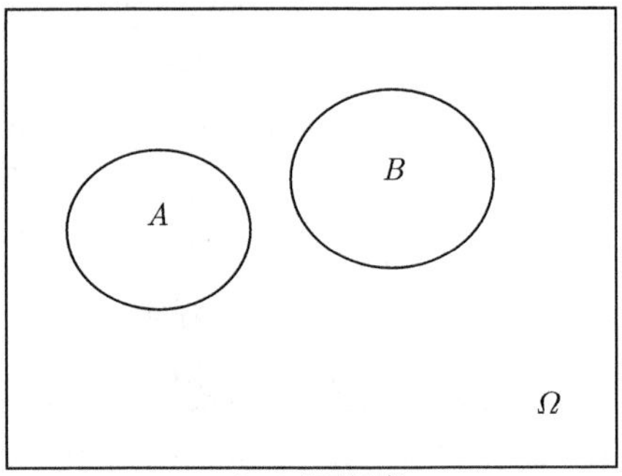

A,B互不相容

图 1-2

3. 相等关系

若 $B\supset A$，且 $A\supset B$，则称 A 与 B 相等，记为 $A=B$。A，B 相等时，两事件的样本点完全相同。

(二) 事件的运算

1. 事件的并

事件 A 与 B 至少发生一个所构成的事件称为 A 与 B 的并，记为 $A\cup B$。$A\cup B$ 的样本点由 A 与 B 的样本点合并而成 (图 1-3)。

例如，甲乙射击，A：甲命中；B：乙命中。则 $A\cup B$ 表示至少一人命中。

推广：事件 A_1，A_2，$\cdots$，A_n 至少发生一个的事件称为 A_1，A_2，$\cdots$，A_n 的并，记为 $A_1 \cup A_2 \cup \cdots \cup A_n$ 或 $\bigcup_{i=1}^{n} A_i$。

2. 事件的交

事件 A 与 B 同时发生的事件称为 A 与 B 的交，记为 $A \cap B$ 或AB。$A \cap B$ 的样本点由 A 与 B 共同的样本点组成 (图 1-4)。上例中，$A \cap B$ 表示甲乙同时命中。

推广：事件 A_1，A_2，$\cdots$，A_n 同时发生的事件称为 A_1，A_2，$\cdots$，A_n 的交，记为 $A_1 \cap A_2 \cap \cdots \cap A_n$ 或 $\bigcap_{i=1}^{n} A_i$ 或 $A_1 A_2 \cdots A_n$。

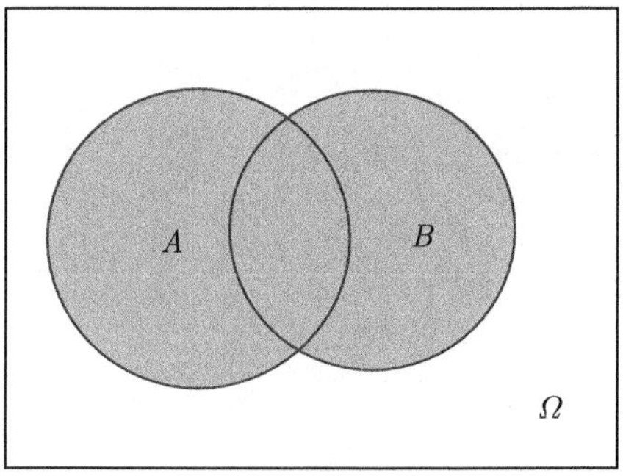

$A \cup B$

图 1-3

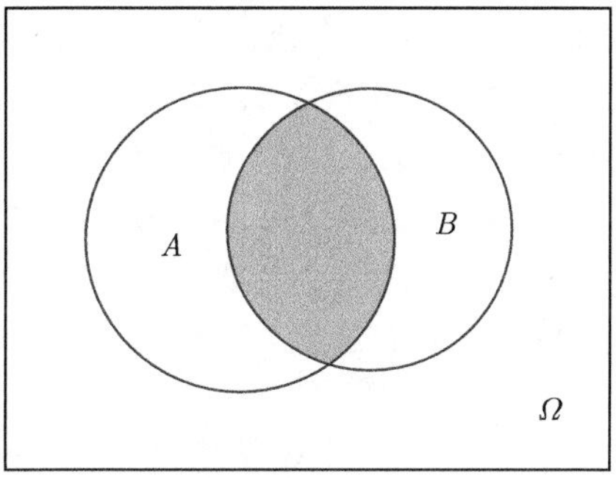

$A \cap B$

图 1-4

3. 事件的差

事件 A 发生而 B 不发生的事件称为 A 与 B 的差，记为 $A-B$。$A-B$ 的样本点由 A 中除去 B 的样本点组成 (图 1-5)。

上例中，$A-B$ 表示甲命中而乙未命中。

4. 对立事件

A 不发生的事件称为 A 的对立事件，记为 $\bar{A}$。$\bar{A}$ 的样本点由 Ω 中除 A 以外的样本点组成 (图 1-6)。

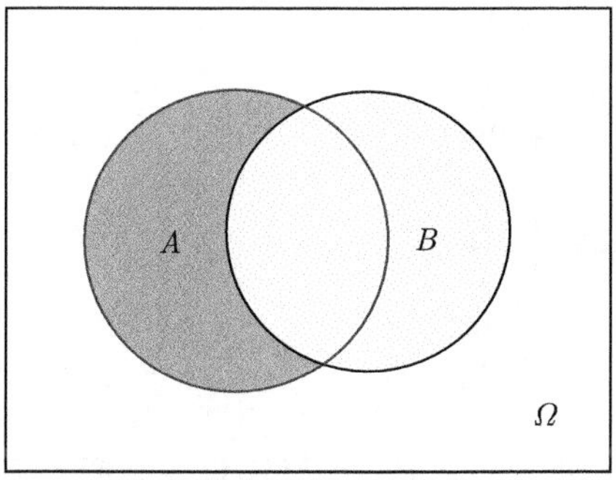

$A-B$

图 1-5

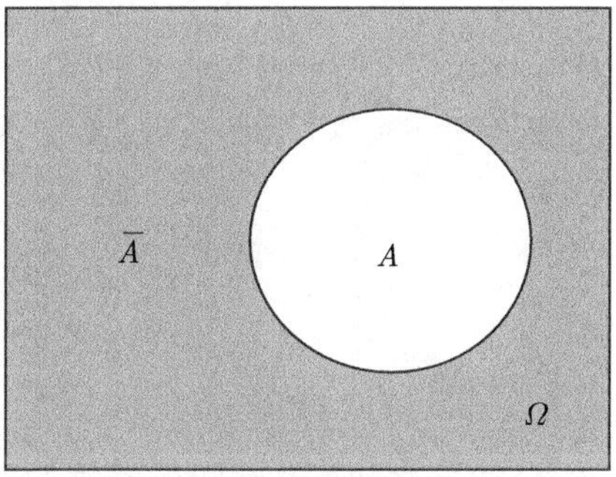

$\bar{A}$

图 1-6

注意如下等式：

(1) $A=(A-B)\cup AB$。

(2) $A\cup B=A\cup(B-A)=(A-B)\cup AB\cup(B-A)$，第二个等式表示 $A\cup B$ 可以分为互不相容的三个部分。

(3) $A-B=A-AB=A\bar{B}$，第二个等式表示事件的差可以用事件的交表示。

(4) $\bar{A}=\Omega-A$，$A\cup\bar{A}=\Omega$。

例 1.1　设事件 A={甲来听课}，B={乙来听课}，则：

$$A\cup B=\{\text{甲乙至少有一人来}\},\ A\cap B=\{\text{甲乙同时来}\},$$
$$\overline{A\cup B}=\bar{A}\bar{B}=\{\text{甲乙都不来}\},\ \bar{A}\cup\bar{B}=\overline{AB}=\{\text{甲乙至少有一人不来}\}。$$

可以证明事件的运算满足以下的运算律：

交换律：$A\cup B=B\cup A$, $A\cap B=B\cap A$;

结合律：$(A\cup B)\cup C=A\cup(B\cup C)$，$(A\cap B)\cap C=A\cap(B\cap C)$;

分配律：$A\cup(B\cap C)=(A\cup B)\cap(A\cup C)$，$A\cap(B\cup C)=(A\cap B)\cup(A\cap C)$;

德摩根 (De Morgan) 定律：$\overline{A\cup B}=\bar{A}\cap\bar{B}$，$\overline{A\cap B}=\bar{A}\cup\bar{B}$。

可以推广到 n 个的情形：

$$\overline{A_1\cup A_2\cup\cdots\cup A_n}=\overline{A_1}\cap\overline{A_2}\cap\cdots\cap\overline{A_n},$$

$$\overline{A_1\cap A_2\cap\cdots\cap A_n}=\overline{A_1}\cup\overline{A_2}\cup\cdots\cup\overline{A_n}。$$

例 1.2　一批产品有正品与次品，从中抽取 3 个，用 A_i 表示第 i 个取次品 (i=1,2,3)，试用 A_i 的运算表示下列事件。

(1) 三次都取正品；

(2) 三次至少有一次取正品；

(3) 第一、第二次至少有一次取次品；

(4) 三次恰有一次取正品。

解　(1) 三次都取正品：$\bar{A}_1\bar{A}_2\bar{A}_3$。

(2) 三次至少有一次取正品：$\bar{A}_1\cup\bar{A}_2\cup\bar{A}_3$，或表示为三次都是次品的对立事件：$\overline{A_1A_2A_3}$。而 $\bar{A}_1\cup\bar{A}_2\cup\bar{A}_3=\overline{A_1A_2A_3}$，正是德摩根公式。

(3) 第一、第二次至少有一次取次品：$A_1\cup A_2$。

(4) 三次恰有一次取正品：$\bar{A}_1A_2A_3\cup A_1\bar{A}_2A_3\cup A_1A_2\bar{A}_3$。

第二节　事件的概率及性质

一、频率与概率

对于一个随机事件，希望知道其发生可能性的大小。我们可以通过随机试验 E 来了解这一可能性。设随机事件 A 在 n 次重复试验中共出现 n_A 次，将其比值 n_A/n 定义为 A 发生的频率，记为 $f_n(A)$。即

$$f_n(A)=\frac{n_A}{n}。$$

例如，抛骰子 100 次，出现六点 16 次，则在 100 次试验中，"出现六点" 的频率为 16/100。从直观上看，频率可以在一定程度上反映事件发生可能性的大小。

事件 A 频率具有如下性质：

(1) $0\leqslant f_n(A)\leqslant 1$；

(2) $f_n(\Omega)=1$；

(3) 若 $A_1, A_2, \cdots, A_n$ 互不相容，则

$$f_n\left(\bigcup_{i=1}^{n} A_i\right)=\sum_{i=1}^{n} f_n(A_i)。$$

频率的稳定性　在 n 次试验中，随着试验次数 n 的增加，事件的频率将在某个数值 p 附近稳定地摆动，一般来说，n 越大，摆动的幅度越小。此数值可以定义为 A 发生的概率，称为**统计概率**。

历史上有多个学者做过抛投硬币的试验，观察正面向上的次数 (表 1-1)。

表 1-1

试验者	投币次数	正面向上次数	频率
布丰	4040	2048	0.5069
皮尔逊	24 000	12 012	0.5005
维尼	30 000	14 994	0.4998

试验表明，随着 n 的增加，这几次试验中频率逐渐稳定靠近常数 0.5。

图 1-7 为某 120 次抛投硬币试验中，频率的变化曲线。

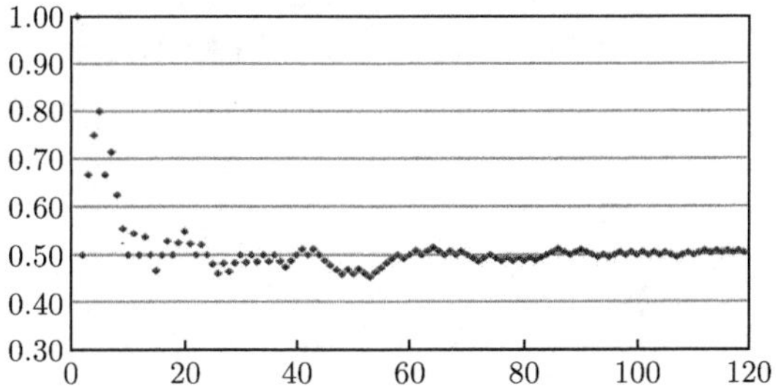

图 1-7

二、概率的定义及性质

1933 年，苏联数学家柯尔莫哥洛夫提出了概率的公理化定义，即通过规定概率应具有的基本性质来定义概率。柯尔莫哥洛夫提出的公理很简洁，但在此基础上建立起了概率论的理论体系。

定义 1.1　设 E 是随机试验，Ω 为其样本空间。对于 E 的每一个随机事件 A，对应一个实数 $P(A)$，如果集合函数 $P(\cdot)$ 满足：

(1) 非负性　$P(A)\geqslant 0$；

(2) 规范性　$P(\Omega)=1$；

(3) 可列可加性　若 A_1，A_2，$\cdots$，A_n，$\cdots$ 两两互不相容，则

$$P\left(\bigcup_{i=1}^{\infty} A_i\right)=\sum_{i=1}^{\infty} P(A_i)。$$

则称 $P(A)$ 为事件 A 的概率。

利用概率的公理化定义，可以得到概率的一些性质。

性质 1　$P(\varPhi)=0$。

证明　$\varOmega=\varOmega\cup\varPhi\cup\varPhi\cup\varPhi\cdots$，由可列可加性:

$$P(\varOmega)=P(\varOmega)+P(\varPhi)+P(\varPhi)+P(\varPhi)+\cdots,$$

从而有 $P(\varPhi)=0$。

性质 2　若 A_1，A_2，$\cdots$，A_n 为 n 个两两互不相容事件，则有

$$P\left(\bigcup_{i=1}^{n} A_i\right)=\sum_{i=1}^{n} P(A_i)。$$

证明　在可列可加性中，取 $A_{n+1}=A_{n+2}=\cdots=\varPhi$，因为 $P(\varPhi)=0$，得证。

性质 3　对任意两事件 A，B 有

$$P(A-B)=P(A)-P(AB)。$$

证明　因为 $A=(A-B)\cup AB$，而 $A-B$ 与AB互不相容，由性质 2，

$$P(A)=P(A-B)+P(AB),$$

从而

$$P(A-B)=P(A)-P(AB)。$$

同理 $P(B-A)=P(B)-P(AB)$。

当 $A\supset B$ 时，$P(AB)=P(B)$，从而 $P(A-B)=P(A)-P(B)$ 且 $P(A)\geqslant P(B)$。

性质 4　对任意两事件 A，B 有**加法定理**

$$P(A\cup B)=P(A)+P(B)-P(AB)。$$

证明　因为 $A\cup B=A\cup(B-A)$，A 与 $B-A$ 互不相容，再由性质 3，得到

$$P(A\cup B)=P(A)+P(B-A)=P(A)+P(B)-P(AB)。$$

利用归纳法，可推广到 n 个事件的加法定理

$$P\left(\bigcup_{i=1}^{n} A_i\right)=\sum_{i=1}^{n} P(A_i)-\sum_{1\leqslant i<j\leqslant n} P(A_iA_j)+\sum_{1\leqslant i<j<k\leqslant n} P(A_iA_jA_k)+\cdots+(-1)^{n-1}P(A_1A_2\cdots A_n)。$$

性质 5　对任意事件 A，$P(\bar{A})=1-P(A)$。

证明　$A\cup\bar{A}=\Omega$，$A\cap\bar{A}=\varPhi$，由性质 2 得

$$1=P(\Omega)=P(A\cup\bar{A})=P(A)+P(\bar{A}),$$

从而 $P(\bar{A})=1-P(A)$。

以上概率性质中的公式，也可在 Venn 图中得到反映。只要定义 Ω 的面积为 1，某事件在 Venn 图的面积对应其概率。

如 $P(A\cup B)=P(A)+P(B)-P(AB)$，在 Venn 图中，$P(A\cup B)$ 的面积正是 A 的面积加上 B 的面积减去 AB 的面积。

第三节　等可能概型 (古典概型)

有一类随机试验，具有如下特点：

(1) 样本空间 Ω 的样本点个数为有限个；

(2) 样本空间中的每个基本事件 (样本点) 发生的可能性相同。

把这类随机试验称为等可能概型，由于它是概率论发展初期的主要研究对象，又称为**古典概型**。

设随机试验 E 为等可能概型，若其样本空间 Ω 含有 n 个样本点，而事件 A 含有 m 个样本点，则事件 A 的概率为

$$P(A)=\frac{m}{n}=\frac{A\text{包含的样本点数}}{\text{样本点总数}}。$$

按这样的定义是合理的。设 $\Omega=\{e_1,e_2,\cdots,e_n\}$，由于等可能，$P(e_i)=1/n$。设 A 含有 m 个基本事件，$A=\{e_{i1},e_{i2},\cdots,e_{im}\}$，则

$$P(A)=P(e_{i1})+P(e_{i2})+\cdots+P(e_{im})=\frac{1}{n}+\frac{1}{n}+\cdots+\frac{1}{n}=\frac{m}{n}。$$

例 1.3　一盒元件装有 45 个正品，5 个次品，从中任取 5 个。求以下概率：

(1) A: 恰好取得 3 个正品；

(2) B: 至多取到 2 个次品。

解　样本点总数为从总共 50 个产品中取出 5 个所有取法的种数 $n=C_{50}^5$。

(1) 恰好取得 3 个正品，另 2 个为次品，因此 A 含的样本点数为 $C_{45}^3C_5^2$，则

$$P(A)=\frac{C_{45}^3C_5^2}{C_{50}^5}=0.0670。$$

(2) 至多取到 2 个次品可能有 5 个正品，4 个正品、1 个次品，3 个正品、2 个次品三种情况，B 含有基本事件数为 $C_{45}^5+C_{45}^4C_5^1+C_{45}^3C_5^2$，则

$$P(B)=\frac{C_{45}^5+C_{45}^4C_5^1+C_{45}^3C_5^2}{C_{50}^5}=0.9952。$$

例 1.4　袋中有 a 只白球、b 只红球。从中将球依次取出，问第 k 次取出的球是红球的概率是多少？

解　样本点总数为 $a+b$ 只球依次排列的所有种数 $(a+b)!$ 。设 A：第 k 个为红球，则第 k 个红球有 b 种选择，其余 $a+b-1$ 个位置共有 $(a+b-1)!$ 种排法，因此，A 包含样本点数为 $b(a+b-1)!$ 。得到

$$P(A)=\frac{b(a+b-1)!}{(a+b)!}=\frac{b}{a+b}。$$

注意此结果与 k 无关。由此引申出 "**抽签原理**"。即袋中有 a 只白球，b 只红球。若干人依次从中各取一球，取后不放回，则任一人取得红球的概率相等，都是 $\dfrac{b}{a+b}$。

例 1.5　N 件产品，含 M 件次品，其余为正品。现从中任意取出 n 件，按不放回抽样和有放回抽样两种情况，分别求其中恰有 k ($k\leqslant M$) 件次品的概率。

解　**不放回抽样**，每次取出不放回，继续抽下一件。样本点总数为 N 件产品取出 n 件的所有取法 C_N^n。恰有 k 件次品，则同时取 $n-k$ 件正品，取次品有 C_M^k 种取法，取正品有 C_{N-M}^{n-k} 种取法。因此所求概率为

$$p=\frac{C_M^kC_{N-M}^{n-k}}{C_N^n}。$$

有放回抽样，每次取出放回，再任取下一件。样本点总数为从 N 件产品中有放回地抽取 n 件的排列种数 N^n。恰有 k 件次品的取法，取出的 n 个排成一列，在 n 个位置选 k 个位置放次品 C_n^k 种，每个次品有 M 种取法，取次品共 $C_n^kM^k$ 种；取 $n-k$ 个正品，$(N-M)^{n-k}$ 种。因此所求概率为

$$p=\frac{C_n^kM^k(N-M)^{n-k}}{N^n}=C_n^k\left(\frac{M}{N}\right)^k\left(1-\frac{M}{N}\right)^{n-k}。$$

注意，第二个等号后的写法正好对应后面所讲的独立重复试验概型。

例 1.6　某厂家称一批数量为 1000 件的产品中次品数不超过 50 件。现从该批产品中抽取了 30 件，经检验发现有次品 5 件，问该厂家是否谎报了次品数？

解　按最多 50 件次品计，求出抽取 30 件含 5 件次品的概率。由上例不放回抽样，$N=1000$，$M=50$，$n=30$，$k=5$

$$p=\frac{C_M^kC_{N-M}^{n-k}}{C_N^n}=\frac{C_{50}^5\,C_{950}^{25}}{C_{1000}^{30}}=0.011。$$

这是很小的概率，即抽取 30 件含 5 件次品的可能性很小。根据 "小概率事件原理"，即概率很小的事件在一次试验中几乎是不发生的。因此几乎可以推断厂家谎报了次品率。

例 1.7　将 n 只小球随机放入 N 个盒子 $(N\geqslant n)$，求以下概率：(1) 事件 A：恰有 n 个盒子每盒 1 球；(2) 事件 B：某指定的 n 个盒子中各有 1 球。

解　样本点总数：n 只球放入 N 个盒子，共有 $N\times N\times\cdots\times N=N^n$ 种放法。

(1) n 个盒子是可选的，共有 C_N^n 种，n 个球放入 n 个盒子有 $n!$ 种，因此 A 含有 $C_N^nn!$ 个样本点，则 $P(A)=\dfrac{C_N^n\cdot n!}{N^n}$。

(2) 盒子指定，只需放入 n 个球，有 $n!$ 种放法，B 含 $n!$ 个样本点，因此

$$P(B)=\frac{n!}{N^n}。$$

本例的概率模型有很多应用，如统计物理中的麦克斯韦–玻尔兹曼统计、玻色–爱因斯坦统计。以下的“生日问题”同样可以用这一模型解决。

例 1.8　某班级有 n 个同学，求至少两人生日相同的概率。假设每人的生日在 365 天中任一天等可能。

解　设 A: 至少 2 人生日相同，A 是一个复杂的事件。考虑 A 的对立事件：n 个同学的生日都不同。这相当于将 n 球放入 $N=365$ 个盒子，使得恰有 n 个盒子每盒 1 球。按例 1.7(1) 的情形，此概率为

$$P(\bar{A})=\frac{C_N^n\cdot n!}{N^n},$$

因此

$$P(A)=1-\frac{C_N^n\cdot n!}{N^n}。$$

可以求得，n=23 时，$P(A)$=0.507，已经超过一半；n=50 时，$P(A)$=0.97。这个概率比直观感觉要大。

例 1.9　从 6 双不同的鞋子中任取 4 只，求: (1) 恰有 2 只鞋子配成对的概率; (2) 至少有 2 只鞋子配成对的概率。

解　样本点总数: 从 12 只鞋子中取出 4 只的所有取法，共 C_{12}^4 种。

(1) 设 A_1: 恰有 2 只鞋子配成 1 对。先从 6 双中任取 1 双，C_6^1 种; 余下 5 双中任取 2 双，C_5^2 种; 每双再取一只，2^2 种。因此 A_1 包含 $C_6^1C_5^2 2^2$ 个样本点。

$$P(A_1)=\frac{C_6^1C_5^2 2^2}{C_{12}^4}=\frac{16}{33}。$$

(2) B: 至少有 2 只鞋子配成对; 设 A_2: 恰有 4 只鞋子配成 2 对，则 $B=A_1\cup A_2$。

$$P(A_2)=\frac{C_6^2}{C_{12}^4}=\frac{1}{33},$$

$$P(B)=P(A_1\cup A_2)=P(A_1)+P(A_2)=\frac{16}{33}+\frac{1}{33}=\frac{17}{33}。$$

第四节　几 何 概 率

古典概型中要求样本空间中的样本点总数有限。而很多实际问题中，样本空间中的样本点无限，但各样本点仍具有等可能的特点。这种情况下，可以用几何方法计算概率。

定义 1.2　若随机试验的样本空间 Ω 对应一个度量有限的几何区域 S，且所有的基本事件与 S 内的点一一对应，则任一随机事件 A 对应 Ω 中的某一子区域 D。若事件 A 的概率只和 A 对应的区域 D 的度量成正比，与 D 的形状及 D 在 S 中的位置无关。A 发生的概率定义为

$$P(A)=\frac{m(A)}{m(\Omega)}=\frac{A\text{ 对应区域 }D\text{ 的度量}}{\Omega\text{ 对应区域 }S\text{ 的度量}}。$$

这样计算的概率称为几何概率。

例 1.10　在 [0, 1] 区间内任取两个数，求两数之和小于 1 且两数之积小于 2/9 的概率。

解　设两数为 x, y。则样本空间

$$\Omega=\{(x,y)|0\leqslant x\leqslant 1,0\leqslant y\leqslant 1\}。$$

设 A 为两数之和小于 1 且两数之积小于 2/9 的事件，

$$A=\{(x,y)|0\leqslant x+y\leqslant 1,0\leqslant xy\leqslant 2/9\}。$$

显然，Ω 对应面积为 1，如图 1-8 所示，A 对应的面积为

$$\frac{1}{2}-\int_{1/3}^{2/3}\left[(1-x)-\frac{2}{9x}\right]\mathrm{d}x=\frac{1}{3}+\frac{2}{9}\ln 2,$$

因此

$$P(A)=\frac{m(A)}{m(\Omega)}=\frac{1}{3}+\frac{2}{9}\ln 2=0.487。$$

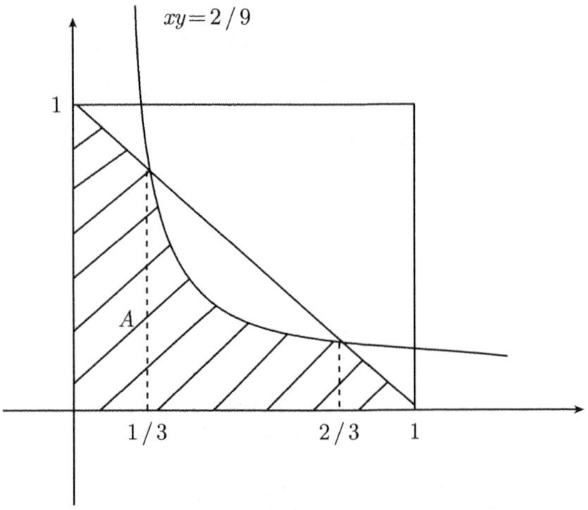

图 1-8

例 1.11(会面问题)　甲乙两人约定 8 点到 9 点间随机到达某地会面，两人约定先到者等候另一人 15 分钟，过时则离去。求两人能会面的概率。

解　以 x, y 表示甲乙的到达时刻，则样本空间 $\Omega=\{(x,y)|\ 0\leqslant x\leqslant 60,0\leqslant y\leqslant 60\ \}$(分钟)，为边长 60 的正方形。设 A 为两人能见面，则 $A=\{(x,y)|\ |x-y|\leqslant 15\}$。$A$ 为图 1-9 中的阴影部分。

$$\therefore\ P(A)=\frac{m(A)}{m(\Omega)}=\frac{60^2-45^2}{60^2}=\frac{7}{16}。$$

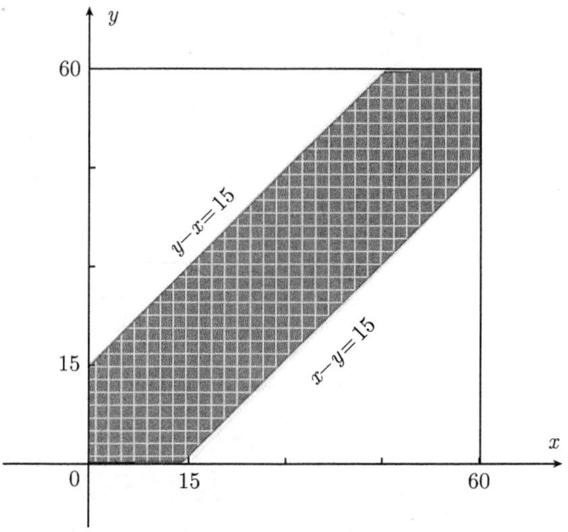

图 1-9

例 1.12 (布丰投针问题)　平面上有等距离的平行线，平行线间的距离为 a。向此平面投掷一枚长为 $l(l<a)$ 的针，求针与任一平行线相交的概率。

解　设 M 为针的中点，M 点到最近平行线的距离为 x，针与平行线的夹角为 θ，如图 1-10 所示。针的位置可由 (x,θ) 决定，可得样本空间

$$\Omega=\{(x,\ \theta)|0\leqslant x<a/2,\ 0\leqslant\theta\leqslant\pi\}。$$

设 A: 针与任一条平行线相交。其充要条件为

$$x\leqslant\frac{l}{2}\sin\theta。$$

从而 $A=\left\{0\leqslant x\leqslant\dfrac{l}{2}\sin\theta,\ 0\leqslant\theta\leqslant\pi\right\}$，如图 1-11 所示，

$$\therefore\ P(A)=\frac{m(A)}{m(\Omega)}=\frac{\displaystyle\int_0^{\pi}\frac{l}{2}\sin\theta\mathrm{d}\theta}{a\pi/2}=\frac{2l}{a\pi}。$$

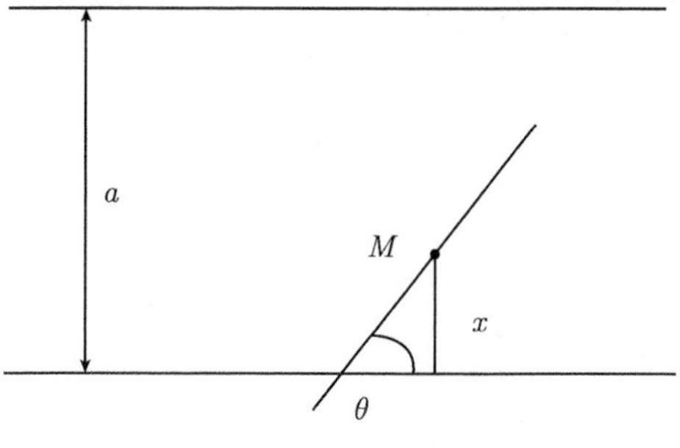

图 1-10

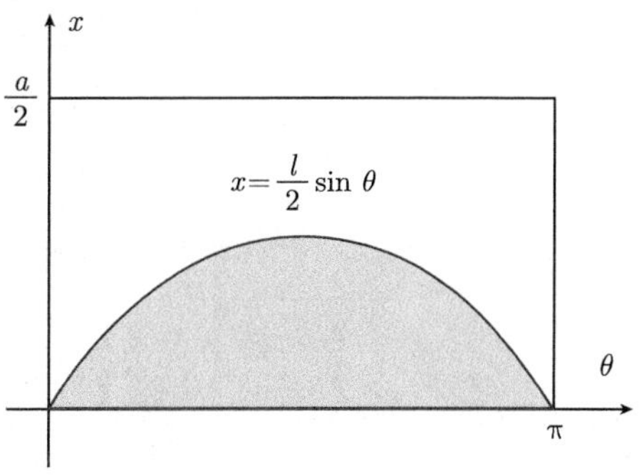

图 1-11

根据以上结果可以利用随机试验的方法求 π 的近似值。设 n 次投针试验中，针与平行线相交 m 次。当 n 较大时，以频率 m/n 作为 $P(A)$ 的近似值，代入上式，得

$$\frac{m}{n} \approx P(A) = \frac{2l}{a\pi},$$

从而得到 $\pi \approx \dfrac{2ln}{am}$。

历史上曾经有些学者做过投针试验，得到结果如表 1-2 所示。

表 1-2

试验者	l/a	投掷次数 n	相交次数 m	π 近似值
Wolf 1850 年	0.8	5000	2532	3.1596
Smith 1855 年	0.6	3204	1219	3.1541
De Morgan 1860 年	1.0	600	383	3.1332
Fox 1884 年	0.75	1030	489	3.1595

本例说明，可以通过建立概率模型，由随机试验的方法来确定某个量。结合计算机科学的发展，随机试验可以利用计算机模拟来实现。根据这一思路已经发展了一门新的统计模拟方法：蒙特卡罗 (Monte Carlo) 方法。蒙特卡罗方法已在金融工程、生物医学、计算物理学等领域获得广泛应用。

图 1-12 是一种更直观的利用蒙特卡罗方法计算 π 的实例。由计算机随机投点，落入圆内的概率应为 $\pi/4$，由落入圆内点数 m 与总点数 n 之比即频率作为概率近似，可以计算 π 的近似值。如图 1-12 所示，由 n=27 000 时，m=21 199，得到 $\pi \approx$3.140 59。

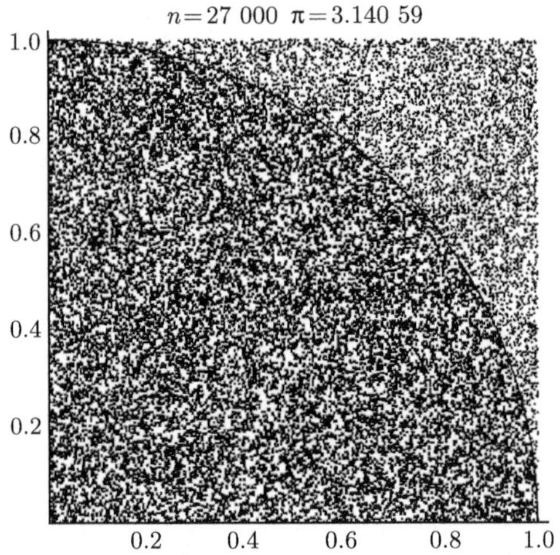

图 1-12

本结果使用 Mathematica 计算，作者 Caitlin Jo

第五节　条 件 概 率

一、条件概率

除了考虑事件 A 发生的概率，经常还需要考虑在另一事件 B 发生的情况之下，事件 A 发生的概率。这一概率称为条件概率，即 B 发生的条件下事件 A 发生的概率，记为 $P(A|B)$。

例如，抛一只骰子，我们可以考虑抛出 6 点的概率。也可以在已知抛出偶数点的情况下，考虑抛出 6 点的概率。二者是有区别的，后者就是条件概率。

应当怎样求得条件概率 $P(A|B)$，我们作如下分析。

在古典概型之下，假设样本空间 Ω 含有 n 个样本点，事件 A 含有 i 个样本点，事件 B 含有 m 个样本点，事件AB含有 k 个样本点 (图 1-13)。

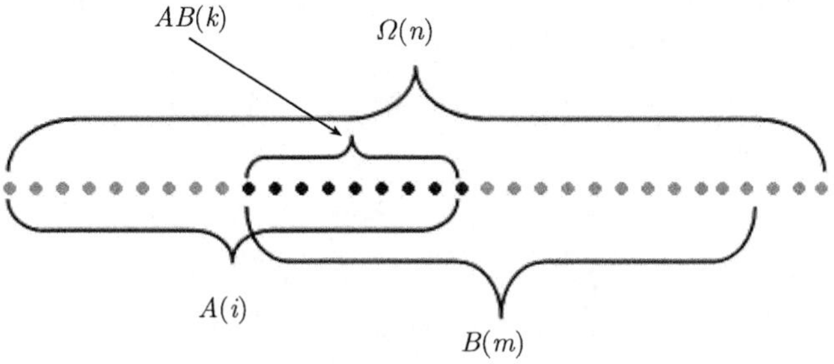

图 1-13

显然：$P(A)=\dfrac{i}{n}$，$P(B)=\dfrac{m}{n}$，$P(AB)=\dfrac{k}{n}$。

考虑 B 发生的条件下 A 发生的概率。既然 B 已经发生，我们关心的样本点应当缩小至 B 的范围内。此时 B 可以看成缩小的样本空间，记为 Ω_B。A 在 B 内含有的样本点数 k(即AB所含的样本点数) 与 B 所含样本点数 m 之比应为所求概率。因此，

$$P(A|B)=\frac{k}{m}=\frac{k/n}{m/n}=\frac{P(AB)}{P(B)}。$$

定义 1.3　设 A，B 为两个随机事件，且 $P(B)>0$，称

$$P(A|B)=\frac{P(AB)}{P(B)}$$

为在事件 B 发生的条件下，事件 A 发生的概率。

由条件概率定义，容易验证条件概率 $P(\cdot|B)$ 满足概率定义中的三个条件：

(1) 非负性　对任意事件 A，$P(A|B)\geqslant 0$；

(2) 规范性　$P(\Omega|B)=1$；

(3) 可列可加性　若 A_1，A_2，$\cdots$，A_n，$\cdots$ 两两互不相容，则

$$P\left(\bigcup_{i=1}^{\infty}A_i|B\right)=\sum_{i=1}^{\infty}P(A_i|B)。$$

因此，定义 1.3 中推导的概率性质，对条件概率仍然适用。例如，对任意两事件 A_1，A_2 有

$$P(A_1\cup A_2|B)=P(A_1|B)+P(A_2|B)-P(A_1A_2|B);$$

$$P(A_1-A_2|B)=P(A_1|B)-P(A_1A_2|B)。$$

例 1.13　盒中 10 只元件 (4 只次品、6 只正品)，从中任取 2 只，已知第一只是正品，求第二只是正品的概率。

解 I　设事件 A: 第二只是正品，事件 B: 第一只是正品，则AB表示两件同为正品，求 $P(A|B)$。显然，$P(B)=\dfrac{6}{10}$，$P(AB)=\dfrac{C_6^2}{C_{10}^2}=\dfrac{1}{3}$，因此，

$$P(A|B)=\frac{P(AB)}{P(B)}=\frac{1/3}{6/10}=\frac{5}{9}。$$

解 II　采用缩小样本空间法。B 已经发生，第一只是正品，则盒中还剩 9 只元件，含 5 只正品，则取出第二只为正品的概率为 5/9。

例 1.14　已知某家庭有 3 个小孩，其中至少有一个女孩，若生男生女等可能，求此家庭至少有一个男孩的概率。

解　设事件 A: 此家庭至少有一个男孩，事件 B: 此家庭至少有一个女孩，则AB为此家庭男女孩都有，求 $P(A|B)$。样本点总数 2^3=8，B 含 7 个样本点 (8 种中除三男)，AB含 6 个样本点 (8 种中除三男三女)，因此: $P(A)$=7/8，$P(AB)$=6/8。

$$P(A|B)=\frac{P(AB)}{P(B)}=\frac{6/8}{7/8}=\frac{6}{7}。$$

二、乘法公式

由条件概率公式可以得到，当 $P(B)>0$ 时，

$$P(AB)=P(B)P(A|B)。$$

这称为乘法公式。对称地还可得到，当 $P(A)>0$ 时，

$$P(AB)=P(A)P(B|A)。$$

乘法公式可以推广到多个的情况。

设 A_1，A_2，$\cdots$，A_n 为 n 个随机事件，当 $P(A_1A_2\cdots A_{n-1})>0$ 时，

$$P(A_1A_2\cdots A_n)=P(A_1)P(A_2|A_1)P(A_3|A_1A_2)\cdots P(A_n|A_1A_2\cdots A_{n-1})。$$

利用乘法公式，可以把复杂的交事件的概率化为简单事件的概率来求解。

例 1.15　某种光学透镜，第一次落下时打破的概率为 1/2，若第一次落下未打破，第二次落下打破的概率为 7/10，若前两次落下未打破，第三次落下打破的概率为 9/10。求透镜落下三次而未打破的概率。

解　设 A_i 为透镜第 i 次落下未打破 $(i=1,2,\cdots,n)$，B 为落下三次而未打破，显然

$$B=A_1A_2A_3。$$

由题意，$P(A_1)=1-\dfrac{1}{2}$，$P(A_2|A_1)=1-\dfrac{7}{10}$，$P(A_3|A_1A_2)=1-\dfrac{9}{10}$，

$$\begin{aligned}P(B)=&P(A_1A_2A_3)=P(A_1)P(A_2|A_1)P(A_3|A_1A_2)\\=&\left(1-\frac{1}{2}\right)\cdot\left(1-\frac{7}{10}\right)\cdot\left(1-\frac{9}{10}\right)=\frac{3}{200}。\end{aligned}$$

例 1.16　一串钥匙 n 把，只有一把能开门，任取一把开门，用后分开，求第 k 次才打开门的概率 $(k\leqslant n)$。

解　设 A_i 是第 i 次**不能**打开门的事件 $(i=1,2,\cdots,k)$。则第 k 次才打开门的事件为

$$A_1A_2\cdots A_{k-1}\bar{A}_k。$$

$$\begin{aligned}P(A_1A_2\cdots A_{k-1}\bar{A}_k) &= P(A_1)P(A_2|A_1)P(A_3|A_1A_2)\cdots\\ &\quad P(A_{k-1}|A_1\cdots A_{k-2})P(\bar{A}_k|A_1\cdots A_{k-1})\\ &= \frac{n-1}{n}\cdot\frac{n-2}{n-1}\cdot\frac{n-3}{n-2}\cdot\cdots\cdot\frac{n-(k-1)}{n-(k-2)}\cdot\frac{1}{n-(k-1)}=\frac{1}{n}。\end{aligned}$$

此结果与 k 无关。这也与抽签原理相符合。

三、全概率公式与贝叶斯公式

一些复杂事件的概率计算往往需要将复杂事件划分为若干个互不相容的简单事件的并，然后再分别计算简单事件的概率，根据概率可加性得到结果。全概率公式就是这一想法的实现。

定义 1.4　若 n 个事件 A_1，A_2，$\cdots$，A_n 满足

(1) A_1，A_2，$\cdots$，A_n 两两互不相容；

(2) $A_1\cup A_2\cup\cdots\cup A_n=\Omega$。

则称 A_1，A_2，$\cdots$，A_n 为样本空间 Ω 的一个划分或完备事件组。

若事件 A_1，A_2，$\cdots$，A_n 为完备事件组，则在随机试验的每次试验中，A_1，A_2，$\cdots$，A_n 必发生一个且仅发生一个。

定理 1.1(全概率公式)　设 A_1，A_2，$\cdots$，A_n 为完备事件组，则对事件 B 有

$$P(B)=\sum_{k=1}^{n}P(A_k)P(B|A_k)。$$

证明　因为 $A_1\cup A_2\cup\cdots\cup A_n=\Omega$，可得：$B=\Omega B=\left(\bigcup_{k=1}^{n}A_k\right)B=\bigcup_{k=1}^{n}A_kB$，如图 1-14 所示。

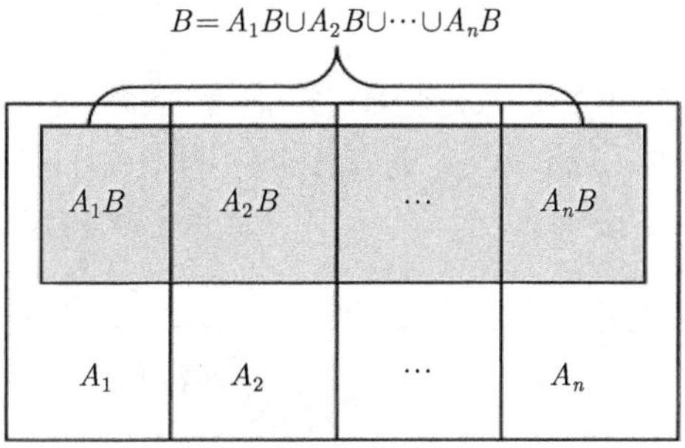

图 1-14

$$P(B)=P\left(\bigcup_{k=1}^{n}A_kB\right)=\sum_{k=1}^{n}P(A_kB)=\sum_{k=1}^{n}P(A_k)P(B|A_k)。$$

例 1.17　甲袋有 5 个球 (3 红 2 白)，乙袋有 8 个球 (4 红 4 白)，现从甲袋任取 2 球放入乙袋，再从乙袋任取 1 球，问取白球的概率？

解　从甲袋取出 2 球有 3 种情况，设 A_1：取出 2 白球；A_2：取出 2 红球；A_3：取出 1 红球和 1 白球。设 B：最后取白球。则

$$P(A_1)=\frac{1}{C_5^2}=\frac{1}{10},P(A_2)=\frac{C_3^2}{C_5^2}=\frac{3}{10},P(A_3)=\frac{C_3^1C_2^1}{C_5^2}=\frac{6}{10}。$$

A_1 发生，则乙袋内 4 红 6 白，$P(B|A_1)=\dfrac{6}{10}$，同理 $P(B|A_2)=\dfrac{4}{10}$，$P(B|A_3)=\dfrac{5}{10}$。

所以

$$P(B)=\sum_{k=1}^{n}P(A_k)P(B\,|A_k\,)=\frac{1}{10}\times\frac{6}{10}+\frac{3}{10}\times\frac{4}{10}+\frac{6}{10}\times\frac{5}{10}=\frac{48}{100}。$$

例 1.18　设甲袋有 $N-1$ 只白球和 1 只黑球，乙袋中有 N 只白球。若每次从甲、乙两袋中各取一球交换，记 A_k 为经过 k 次交换后黑球仍在甲袋中，证明：

$$P(A_{k+1})=\frac{1}{N}+\left(1-\frac{2}{N}\right)P(A_k),\quad k=1,2,\cdots。$$

证明　A_k 表示 k 次交换后黑球仍在甲袋，因此，A_k 发生时，甲袋有 $N-1$ 只白球和 1 只黑球，此后若 A_{k+1} 发生，等价于从甲袋取出白球；$\bar{A}_k$ 发生时，乙袋有 $N-1$ 只白球和 1 只黑球，此后若 A_{k+1} 发生，等价于从乙袋取出黑球，因此

$$P(A_{k+1}|A_k)=\frac{N-1}{N},\ P(A_{k+1}|\bar{A}_k)=\frac{1}{N}。$$

由全概率公式，

$$\begin{aligned}P(A_{k+1})&=P(A_k)P(A_{k+1}|A_k)+P(\bar{A}_k)P(A_{k+1}|\bar{A}_k)\\&=P(A_k)\frac{N-1}{N}+[1-P(A_k)]\frac{1}{N}\\&=\frac{1}{N}+\left(1-\frac{2}{N}\right)P(A_k)。\end{aligned}$$

在全概率公式 $P(B)=\sum\limits_{k=1}^{n}P(A_k)P(B\,|A_k\,)$ 中，事件 A_1，A_2，$\cdots$，A_n 可以看成事件 B 发生的原因，B 看成结果，$P(A_k)$ 称为先验概率。若事件 B 已发生，此时考虑事件 A_k 发生的概率，即 $P(A_k|\ B)$。它反映了结果发生时，各个原因发生的可能性大小，称为后验概率。

定理 1.2(贝叶斯公式)　设 A_1，A_2，$\cdots$，A_n 为完备事件组，则对事件 B 有

$$P(A_i|B)=\frac{P(A_i)P(B\,|A_i\,)}{\sum\limits_{k=1}^{n}P(A_k)P(B\,|A_k\,)}。$$

证明

$$P(A_i|B)=\frac{P(A_iB)}{P(B)}=\frac{P(A_i)P(B\,|A_i\,)}{\sum\limits_{k=1}^{n}P(A_k)P(B\,|A_k\,)}。$$

例 1.19　前面取球的例子：已知最后从乙袋取出白球，问从甲袋放入乙袋的 2 球都是红球的概率是多少？

解　按前例假设，已知 B 发生，求 A_2 发生的概率，即求 $P(A_2|B)$。由贝叶斯公式，

$$P(A_2|B)=\frac{P(A_2B)}{P(B)}=\frac{P(A_2)P(B\,|A_2\,)}{\sum\limits_{k=1}^{3}P(A_k)P(B\,|A_k\,)}=\frac{\frac{3}{10}\times\frac{4}{10}}{\frac{48}{100}}=\frac{12}{48}。$$

同理，还可求 $P(A_1|B)=\frac{6}{48}$，$P(A_3|B)=\frac{30}{48}$。

由此可见，$P(A_1|B)+P(A_2|B)+P(A_3|B)=1$。这说明 B 发生时，A_1, A_2, A_3 必发生且仅发生一个，与 A_1, A_2, A_3 是完备事件组相符合。

例 1.20　一批产品中有 96% 是合格品。现有一种简化的检查方法，它把合格品判为合格品的概率为 0.98，而将不合格品误判为合格品的概率为 0.05。任取一件产品，(1) 求用此方法检查出合格品的概率；(2) 求检查出的合格品确为合格品的概率。

解　任取一件产品，设事件 A：取到合格品，$\bar{A}$：取到不合格品。设事件 B：判为合格品。则 (1) 求 $P(B)$；(2) 求 $P(A|B)$。

(1) $P(A)$=0.96, $P(\bar{A})$=0.04, $P(B|A)$=0.98, $P(B|\bar{A})$=0.05, 由全概率公式，

$$\begin{aligned}P(B)&=P(A)P(B|A)+P(\bar{A})P(B|\bar{A})\\&=0.96\times0.98+0.04\times0.05\\&=0.9428。\end{aligned}$$

(2) 由贝叶斯公式，

$$P(A|B)=\frac{P(A)P(B|A)}{P(A)P(B|A)+P(\bar{A})P(B|\bar{A})}=\frac{0.96\times0.98}{0.9428}=0.9979。$$

例 1.21　某学生接连参加同一课程的两次考试，第一次及格的概率为 p。若第一次及格则第二次及格的概率也为 p；若第一次不及格则第二次及格的概率为 $p/2$。(1) 若至少一次及格则他能取得某种资格，求他取得资格的概率；(2) 若他第二次已经及格，求他第一次及格的概率。

解　设 A_i 为他第 i 次考试及格 (i=1,2)，B 表示他取得资格。由题意，

$$P(A_1)=P(A_2|A_1)=p,\quad P(A_2|\bar{A}_1)=p/2,$$

(1)
$$\begin{aligned}P(B)=&P(A_1\cup A_2)=P(A_1\cup\bar{A}_1A_2)=P(A_1)+P(\bar{A}_1A_2)\\=&P(A_1)+P(\bar{A}_1)P(A_2|\bar{A}_1)=p+(1-p)\frac{p}{2}=\frac{3}{2}p-\frac{1}{2}p^2。\end{aligned}$$

(2)
$$\begin{aligned}P(A_1|A_2)=&\frac{P(A_1A_2)}{P(A_2)}=\frac{P(A_1)P(A_2|A_1)}{P(A_1)P(A_2|A_1)+P(\bar{A}_1)P(A_2|\bar{A}_1)}\\=&\frac{p\cdot p}{p\cdot p+\frac{p}{2}(1-p)}=\frac{2p}{p+1}。\end{aligned}$$

第六节　独　立　性

一、独立性定义

两个随机事件 A 和 B，若 B 发生时 A 发生的概率 $P(A|B)$ 与 A 发生的概率不相同，即 $P(A|B) \neq P(A)$，则可认为 B 的发生对 A 的发生有影响。若 $P(A|B)=P(A)$，则可认为 B 的发生对 A 的发生没有影响。这就引出了独立性的概念。

当 $P(A|B)=P(A)$ 时，由条件概率公式得到 $P(AB)=P(A)\ P(B)$，我们以这个式子作为独立性的定义。

定义 1.5　设 A，B 是两个随机事件，若满足等式

$$P(AB)=P(A)P(B),$$

则称事件 A，B 相互独立，简称 A，B 独立。

例 1.22　袋中有 a 只黑球，b 只白球。每次从中取出一球，令

$$A=\{\text{第一次取出白球}\},$$
$$B=\{\text{第二次取出白球}\},$$

分不放回和有放回情形讨论 A 与 B 的独立性。

解　**不放回取球**：$P(A)=\dfrac{b}{a+b}$，由抽签原理 $P(B)=\dfrac{b}{a+b}$，

$$P(AB)=\frac{C_b^2}{C_{a+b}^2}=\frac{b(b-1)}{(a+b)(a+b-1)},$$

因此 $P(AB)\neq P(A)P(B)$，A 与 B 不独立。

有放回取球：$P(A)=\dfrac{b}{a+b}$，$P(B)=\dfrac{b}{a+b}$，由古典概型 $P(AB)=\dfrac{b^2}{(a+b)^2}$，因此 $P(AB)=P(A)P(B)$，A 与 B 相互独立。

定理 1.3　若随机事件 A 与 B 相互独立，则 $\bar{A}$ 与 B、A 与 $\bar{B}$、$\bar{A}$ 与 $\bar{B}$ 也相互独立。

证明　先证 $\bar{A}$ 与 B 独立。因为 A 与 B 相互独立，$P(AB)=P(A)P(B)$。

$$\begin{aligned}P\left(\bar{A}B\right)&=P(B-A)=P(B)-P(AB)\\&=P(B)-P(A)P(B)\\&=[1-P(A)]P(B)=P(\bar{A})P(B)。\end{aligned}$$

所以，A 与 B 独立 $\Rightarrow$ $\bar{A}$ 与 B 独立。再由 A 与 B 的对称性 $\Rightarrow$ B 与 A 独立 $\Rightarrow$ $\bar{B}$ 与 A 独立。同样由对称性，A 与 $\bar{B}$ 独立 $\Rightarrow$ $\bar{A}$ 与 $\bar{B}$ 独立。

二、多个事件的独立性

设 A、B、C 是三个随机事件，若

$$\begin{cases}P(AB)=P(A)P(B)\\P(BC)=P(B)P(C)\\P(AC)=P(A)P(C)\\P(ABC)=P(A)P(B)P(C)\end{cases}$$

则称三事件 A、B、C 相互独立。

一般，对 n 个事件 A_1，A_2，$\cdots$，A_n，如果下列等式成立：

$$\begin{cases} P(A_iA_j)=P(A_i)P(A_j), \quad 1\leqslant i<j\leqslant n \\ P(A_iA_jA_k)=P(A_i)P(A_j)P(A_k), \quad 1\leqslant i<j<k\leqslant n \\ \qquad\qquad \cdots\cdots \\ P(A_{i_1}A_{i_2}\cdots A_{i_m})=P(A_{i_1})P(A_{i_2})\cdots P(A_{i_m}), \quad 1\leqslant i_1<i_2<\cdots<i_m\leqslant n \\ \qquad\qquad \cdots\cdots \\ P(A_1A_2\cdots A_n)=P(A_1)P(A_2)\cdots P(A_n) \end{cases}$$

则称事件 A_1，A_2，$\cdots$，A_n 相互独立。

注意，n 个事件 A_1，A_2，$\cdots$，A_n 相互独立，需要 $C_n^2+C_n^3+\cdots+C_n^n=2^n-n-1$ 个条件。n 个事件相互独立，则其中任意 $k(2\leqslant k\leqslant n)$ 个事件也相互独立。

以下不加证明地给出分组独立性定理，在讨论独立性问题时很有用处。

定理 1.4　设事件 A_1，A_2，$\cdots$，A_n 相互独立，将其任意分为没有公共事件的 k 个组，每个组任意作事件运算，得到一个新事件，则这 k 个新事件相互独立。

例如，A_1，A_2，$\cdots$，A_8 相互独立，则 $A_1\cup A_2$，$A_3\bar{A}_4\cup A_5$，A_6-A_7，$\bar{A}_8$ 这 4 个新事件独立。

n 个事件的加法定理很复杂，但在事件 A_1，A_2，$\cdots$，A_n 相互独立情况下，运算得到简化，可以表示为

$$P(A_1\cup A_2\cup\cdots\cup A_n)=1-P(\overline{A_1})P(\overline{A_2})\cdots P(\overline{A_n})。$$

推导如下：

$$\begin{aligned} P(A_1\cup A_2\cup\cdots\cup A_n)&=1-P(\overline{A_1\cup A_2\cup\cdots\cup A_n}) \\ &=1-P(\bar{A}_1\bar{A}_2\cdots\bar{A}_n) \\ &=1-P(\overline{A_1})P(\overline{A_2})\cdots P(\overline{A_n})。\end{aligned}$$

例 1.23　设随机试验中某事件 A 发生的概率为 p，试证明，无论 $p>0$ 多么小，只要不断独立重复地做 n 次试验，A 迟早会发生的概率为 1。

证明　设 A_i 为第 i 次试验中 A 发生，则 n 次试验 A 都不出现的事件为 $\bar{A}_1\bar{A}_2\cdots\bar{A}_n$。

$$\begin{aligned} P(\bar{A}_1\bar{A}_2\cdots\bar{A}_n)&=P(\bar{A}_1)P(\bar{A}_2)\cdots P(\bar{A}_n) \\ &=(1-p)(1-p)\cdots(1-p) \\ &=(1-p)^n\to 0。\end{aligned}$$

则 n 次试验中 A 至少出现一次的概率：

$$P(A_1\cup A_2\cup\cdots\cup A_n)=1-P(\bar{A}_1\bar{A}_2\cdots\bar{A}_n)=1-(1-p)^n\to 1。$$

这一结论也称为**小概率事件原理**。

例 1.24　对一目标三人各进行一次射击，已知三人的命中率分别为 0.6, 0.7, 0.8，求 (1) 目标被命中的概率；(2) 三次射击恰有一次命中的概率。

解 设 A_i 为第 i 人命中的事件 $(i=1,2,3)$，则 A_1，A_2，A_3 相互独立。

(1) 设 B 为目标被命中，B 等价于三人至少命中一次。则 $B=A_1\cup A_2\cup A_3$。

$P(B)=P(A_1\cup A_2\cup A_3)=1-P(\bar{A}_1)P(\bar{A}_2)P(\bar{A}_3)=1-(1-0.6)\times(1-0.7)\times(1-0.8)=0.976$。

(2) 设 C 为恰有一次命中，则 $C=A_1\bar{A}_2\bar{A}_3\cup\bar{A}_1A_2\bar{A}_3\cup\bar{A}_1\bar{A}_2A_3$，$C$ 为三个事件的并，显然这三个事件互不相容，因此

$$
\begin{aligned}
P(C)=&P(A_1\bar{A}_2\bar{A}_3\cup\bar{A}_1A_2\bar{A}_3\cup\bar{A}_1\bar{A}_2A_3)\\
=&P(A_1\bar{A}_2\bar{A}_3)+P(\bar{A}_1A_2\bar{A}_3)+P(\bar{A}_1\bar{A}_2A_3)\\
=&P(A_1)P(\bar{A}_2)P(\bar{A}_3)+P(\bar{A}_1)P(A_2)P(\bar{A}_3)+P(\bar{A}_1)P(\bar{A}_2)P(A_3)\\
=&0.6\times0.3\times0.2+0.4\times0.7\times0.2+0.4\times0.3\times0.8=0.188。
\end{aligned}
$$

三、可靠性分析

一个元件或一个系统的可靠性是指其正常工作的概率。可靠性分析需要讨论按一定方式连接的多个独立元件或子系统正常工作的概率。连接方式有串联、并联或串并联混合。设有 n 个独立工作的元件构成系统，第 i 个元件正常工作的事件记为 A_i，正常工作的概率 $P(A_i)=p_i$，系统正常工作的事件记为 B。

1. 串联方式构成的系统

串联系统正常工作的充要条件是 n 个元件全部正常工作(图 1-15)。因此 $B_1=A_1A_2\cdots A_n$，则

$$P(B_1)=P(A_1A_2\cdots A_n)=P(A_1)P(A_2)\cdots P(A_n)=p_1p_2\cdots p_n。$$

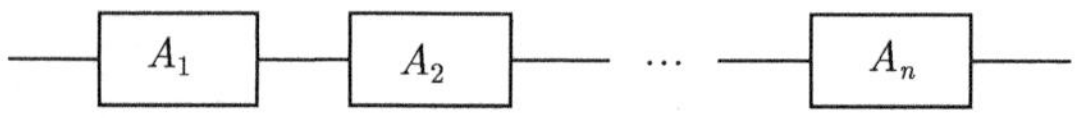

图 1-15

2. 并联方式构成的系统

并联系统正常工作的充要条件是 n 个元件至少有一个正常工作 (图 1-16)。因此 $B_2=A_1\cup A_2\cup\cdots\cup A_n$，则

$$P(B_2)=P(A_1\cup A_2\cup\cdots\cup A_n)=1-P(\bar{A}_1\bar{A}_2\cdots\bar{A}_n)=1-\prod_{i=1}^{n}(1-p_i)。$$

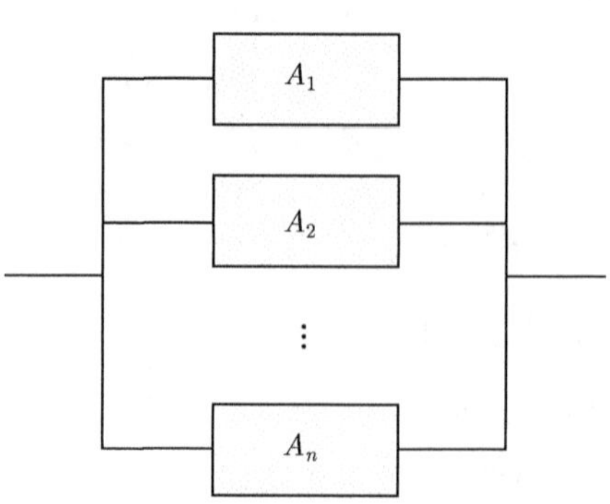

图 1-16

例 1.25　如图 1-17 所示，系统由 $2n$ 个独立工作的元件构成，每个元件的可靠性均为 p，$0< p <1$。试求系统的可靠性。

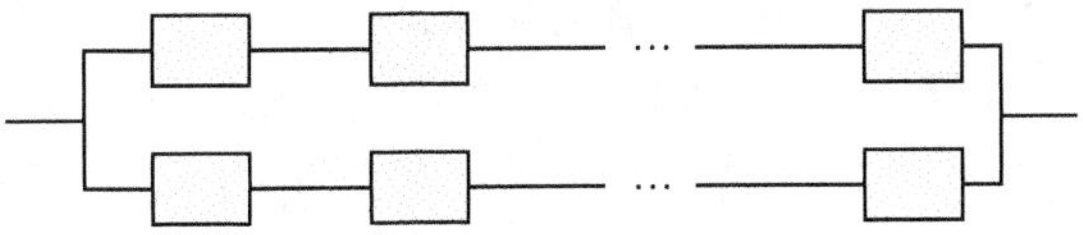

图 1-17

解　系统由两个串联子系统并联而成。每个串联子系统由 n 个独立元件构成，由上所述，每个子系统正常工作的概率为 p^n，不能正常工作的概率为 $1-p^n$。两个子系统同时不能正常工作的概率为 $(1-p^n)^2$。只要一个子系统正常，系统便能正常工作。因此，所求系统的可靠性为：$1-(1-p^n)^2 = p^n(2-p^n)$。

例 1.26　系统由 5 个独立工作的元件构成，连接方式如图 1-18 所示，设每个元件的可靠性为 p，求系统可靠性。

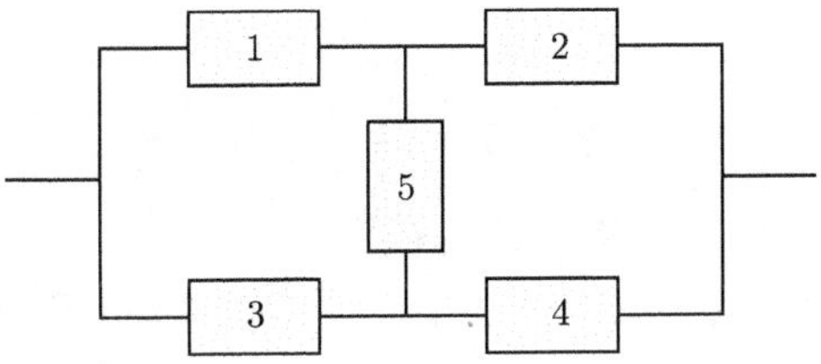

图 1-18

解　设 A_i 为第 i 个元件正常工作，B 为系统正常。按 A_5 是否发生，用全概率公式求解。

A_5 发生时，系统正常等价于元件 1 和 3 至少一个正常且元件 2 和 4 至少一个正常，因此

$$P(B|A_5) = P((A_1 \cup A_3)(A_2 \cup A_4)) = P(A_1 \cup A_3)P(A_2 \cup A_4) = (2p-p^2)^2。$$

A_5 不发生时，系统正常等价于“元件 1 和 2 同时正常”与“元件 3 和 4 同时正常”至少发生一个，因此

$$\begin{aligned} P(B|\bar{A}_5) =& P(A_1A_2 \cup A_3A_4) = P(A_1A_2) + P(A_3A_4) - P(A_1A_2A_3A_4) \\ =& p^2 + p^2 - p^4 = 2p^2 - p^4。\end{aligned}$$

所以
$$\begin{aligned} P(B) =& P(A_5)P(B|A_5) + P(\bar{A}_5)P(B|\bar{A}_5) \\ =& p(2p-p^2)^2 + (1-p)(2p^2-p^4) = 2p^2 + 2p^3 - 5p^4 + 2p^5。\end{aligned}$$

第七节　独立重复试验概型

对随机现象进行个别观察，观察到的结果具有偶然性。但人们在实践中发现，通过大量的独立重复试验，随机现象会体现出一定的规律性，即统计规律性。因此，独立重复试验在概率统计中具有重要地位。

有一类重要的独立重复试验概型，具有如下特点：

(1) 每次试验只有两个结果，A 与 $\bar{A}$，且 $P(A)=p$，$P(\bar{A})=1-p=q$。

(2) 试验进行 n 次，每次试验的结果相互独立。

这样的试验我们称为 **n 重伯努利试验**。例如，一枚硬币抛 n 次，每次两个结果：正面或反面向上。或者产品检验中的有放回抽样 n 次，每次两个结果：正品或次品。这类试验中，我们所关心的是，n 次试验中 A 发生 k 次的概率。

以 4 次试验中 A 发生 2 次为例，记 A_i 为第 i 次试验 A 发生。则 4 次试验中 A 发生 2 次有 $C_4^2=6$ 种方式：

$$A_1A_2\bar{A}_3\bar{A}_4,\ A_1\bar{A}_2A_3\bar{A}_4,\ A_1\bar{A}_2\bar{A}_3A_4,$$
$$\bar{A}_1A_2A_3\bar{A}_4,\ \bar{A}_1A_2\bar{A}_3A_4,\ \bar{A}_1\bar{A}_2A_3A_4。$$

每一种方式中，A 发生 2 次，$\bar{A}$ 发生 2 次，由于独立性，

$$P(A_iA_j\bar{A}_k\bar{A}_l)=p^2(1-p)^2=p^2q^2。$$

A 发生 2 次共有 C_4^2 种方式，每一种方式互不相容。因此，4 次试验中 A 发生 2 次的概率为 $p^2q^2+\cdots+p^2q^2=C_4^2p^2q^2$。一般，我们有

定理 1.5　n 重伯努利试验中，A 发生 k 次的概率记为 $P_n(k)$，

$$P_n(k)=C_n^kp^kq^{n-k},\quad k=0,1,\cdots,n;\quad q=1-p。$$

注意，$\sum\limits_{k=0}^{n}P_n(k)=\sum\limits_{k=0}^{n}C_n^kp^kq^{n-k}=(p+q)^n=1$。

例 1.27　已知一大批产品的次品率是 0.1。现从中任取 20 件，求：(1) 取到 2 件次品的概率；(2) 至少取到 2 件次品的概率。

解　从一大批产品中任取 20 件，每件取次品概率都是 0.1，可看成独立试验。取 20 件相当于做 20 次试验。取 k 件次品的概率为 $P_{20}(k)=C_{20}^k0.1^k(1-0.1)^{20-k}$。

(1) 所求为 $P_{20}(2)=C_{20}^20.1^2(1-0.1)^{20-2}=0.2852$。

(2) 所求为 $\sum\limits_{k=2}^{20}P_{20}(k)=1-P_{20}(0)-P_{20}(1)=1-0.9^{20}-C_{20}^1\times0.1\times0.9^{19}=0.6083$。

例 1.28　利用独立重复试验概型，再来解前面的例 1.5 中的有放回抽样情形，即 N 件产品，含 M 件次品，其余为正品。现从中任意取出 n 件，按有放回抽样情况，求其中恰有 $k(k\leqslant M)$ 件次品的概率。

解　有放回抽样 n 件，可以看成做 n 次独立试验，A 为取到次品。每件取到次品的概率为 $p=\dfrac{M}{N}$，取到正品的概率 $q=1-\dfrac{M}{N}$。因而，取到 k 件次品的概率为

$$C_n^k\left(\frac{M}{N}\right)^k\left(1-\frac{M}{N}\right)^{n-k}。$$

当 n 较大时，计算可能不便。例如，做 n=100 次独立试验，$P(A)=p$=0.02，求 A 至少

发生 40 次的概率，应为 $\sum\limits_{k=40}^{100} C_{100}^k 0.02^k 0.98^{100-k}$，计算复杂。当 n 很大，p 很小时，可以利用泊松定理近似计算，并可查泊松分布表方便计算。

定理 1.6 (泊松定理)　设 n 为正整数，$\lambda = np_n$ 为常数，则对任意正整数 k 有

$$\lim_{n\to\infty} C_n^k p_n^k (1-p_n)^{n-k} = \frac{\lambda^k}{k!}e^{-\lambda}。$$

证明　$p_n = \dfrac{\lambda}{n}$，则

$$\begin{aligned}C_n^k p_n^k (1-p_n)^{n-k} &= \frac{n(n-1)\cdots(n-k+1)}{k!}\left(\frac{\lambda}{n}\right)^k\left(1-\frac{\lambda}{n}\right)^{n-k}\\&= \frac{\lambda^k}{k!}\left[1\cdot\left(1-\frac{1}{n}\right)\cdots\left(1-\frac{k-1}{n}\right)\right]\left(1-\frac{\lambda}{n}\right)^n\left(1-\frac{\lambda}{n}\right)^{-k},\end{aligned}$$

对任意固定的 k，当 $n\to\infty$，有

$$1\cdot\left(1-\frac{1}{n}\right)\cdots\left(1-\frac{k-1}{n}\right)\to 1, \left(1-\frac{\lambda}{n}\right)^n \to e^{-\lambda}, \left(1-\frac{\lambda}{n}\right)^{-k}\to 1。$$

因此，$\lim\limits_{n\to\infty} C_n^k p_n^k (1-p_n)^{n-k} = \dfrac{\lambda^k}{k!}e^{-\lambda}$。

泊松定理中 $\lambda = np_n$ 为常数，表示 n 很大时，p_n 一定很小。实际应用中，常用泊松近似公式，当 n 充分大，p 充分小时，令 $\lambda = np$，有

$$C_n^k p^k (1-p)^{n-k} \approx \frac{\lambda^k}{k!}e^{-\lambda}。$$

例 1.29　做 $n = 800$ 次独立试验，$P(A) = p$=0.002，利用泊松近似公式求 A 发生不超过 3 次的概率θ。

解　$\lambda = np = 800 \times 0.002 = 1.6$，$A$ 发生 k 次的概率

$$P_{800}(k) = C_{800}^k 0.002^k \cdot 0.998^{800-k} \approx \frac{1.6^k}{k!}e^{-1.6},$$

直接计算

$$\theta = \sum_{k=0}^{3} P_{800}(k) = \sum_{k=0}^{3} C_{800}^k 0.002^k \cdot 0.998^{800-k} = 0.9214,$$

利用泊松近似计算

$$\theta = \sum_{k=0}^{3} C_{800}^k 0.002^k \cdot 0.998^{800-k} \approx \sum_{k=0}^{3}\frac{1.6^k}{k!}e^{-1.6} = 0.9212。$$

二者非常接近。

例 1.30　工厂有独立运行的同型设备 80 台，每台发生故障的概率为 0.01，发生故障时需一名维修人员排除。现有两种配备维修人员的方案，(1) 配备 4 人，每人负责维修 20 台设备；(2) 配备 3 人，共同负责维修 80 台设备。分别求设备发生故障而得不到及时维修的概率。

解 (1) 设 X_i 为第 i 人负责的 20 台设备中同时发生的故障数，记 $A_i=\{X_i \geqslant 2\}$，当 A_i 至少发生一个时，设备得不到及时维修，$P(X_i=k)=C_{20}^k 0.01^k 0.99^{20-k}$,

$$P(A_i)=P(X_i \geqslant 2)=1-P(X_i \leqslant 1)=1-0.99^{20}-C_{20}^1 0.01 \cdot 0.99^{19}=0.01686,$$

所求概率：

$$P(A_1 \cup \cdots \cup A_4)=1-P(\bar{A}_1)\cdots P(\bar{A}_4)=1-(1-0.01686)^4=0.06575。$$

(2) 设 X 为 80 台设备中同时发生的故障数，$\{X \geqslant 4\}$发生时，设备得不到及时维修。

$$P(X=k)=C_{80}^k 0.01^k 0.99^{80-k},$$

所求概率：

$$P(X \geqslant 4)=1-P(X \leqslant 3)=1-\sum_{k=0}^{3} C_{80}^k \cdot 0.01^k \cdot 0.99^{80-k}=0.00866。$$

第二种情况中，配备人员减少了，但设备得不到及时维修的概率却下降了。说明我们可以利用概率论的方法解决实际问题。

习 题 一

1. 某人向目标射击 3 次，设第 i 次命中的事件为 A_i，用 A_i 的运算表示下列事件：(1) 只有第一次命中；(2) 目标被命中；(3) 至多命中一次；(4) 至多命中两次；(5) 至少命中两次。

2. 36 个大学生中，英语专业的 12 人，电子专业的 10 人，计算机专业的 8 人，金融专业的 6 人。现从中任选 2 人，求 2 人专业相同的概率。

3. 某公司仓库有 17 桶油漆，其中白漆 10 桶，黑漆 4 桶，红漆 3 桶。但各桶标签全部脱落。现有一顾客订货白漆 4 桶，黑漆 3 桶，红漆 2 桶。发货人随意将油漆发给顾客，求顾客能如数得到订货的概率。

4. 抛 2 枚骰子, 以所抛数 m, n 为点 A 的坐标。求点 $A(m,n)$ 落入圆 $x^2+y^2=19$ 内的概率。

5. 将 n 只小球随机放入 N 个盒子 $(N \geqslant n)$，求某个指定盒子恰有 m 个球的概率。

6. 在 50 只铆钉中有 3 只强度太弱，如果这 3 只铆钉装在同一个部件上，则这个部件强度就不合格。现有 10 个部件，每个部件装 3 个铆钉，若从 50 只铆钉中随机取用，问恰有 1 个部件强度不合格的概率是多少？

7. 从 $1 \sim 9$ 这 9 个数中有放回地取出 n 个。试求取出的 n 个数的乘积能被 10 整除的概率。

8. 从 $1 \sim 30$ 中任选三个不同的整数，求三数之和能被 3 整除的概率。

9. 已知 $P(A)=P(B)=P(C)=\dfrac{1}{4}$, $P(AC)=P(BC)=\dfrac{1}{16}$, $P(A-B)=\dfrac{1}{4}$，求 A, B, C 都不发生的概率。

10. 某人外出旅游 2 天，设第一天下雨的概率为 0.6，第二天下雨概率 0.3，两天都下雨概率 0.1，求：(1) 至少有 1 天下雨的概率；(2) 两天都不下雨的概率；(3) 至少有 1 天不下雨概率；(4) 第一天下雨且第二天不下雨概率；(5) 恰有 1 天下雨的概率。

11. 从 $1 \sim 2000$ 中任取一个整数，求该数不能被 6 也不能被 8 整除的概率。

12. 平面上点 (p,q) 在 $|p| \leqslant 1$, $|q| \leqslant 1$ 内等可能出现，求方程 $x^2+px+q=0$ 有实根的概率。

13. 将线段 (0, $2a$) 任意折成 3 折，求此 3 折线能构成三角形的概率。

14. 已知 $P(B)=\frac{2}{5}$，$P(B-A)=\frac{1}{3}$，$P(A\cup B)=\frac{3}{4}$，求 $P(B|A)$。

15. 已知 $P(A)=\frac{1}{4}$，$P(B|A)=\frac{1}{3}$，$P(A|B)=\frac{1}{2}$，求 $P(\bar{A}\,\bar{B})$。

16. 10 件产品中有 4 件次品，从中取出 2 件，已发现其中至少有 1 件次品，求两件都是次品的概率。

17. (1) 已知 $P(A)=a$, $P(B)=b$, 证明 $P(A|B)\geqslant\frac{a+b-1}{b}$。

(2) 设随机事件 A，B 满足：$P(A|B)+P(\bar{A}|\bar{B})=1$，证明 A，B 独立。

18. 某厂有甲、乙、丙三个车间生产同种产品，已知其产量分别占全厂的 25%, 35%, 40%。设甲、乙、丙三个车间的次品率分别为 5%, 4%, 2%。从全厂产品中任取一件，(1) 求取得次品的概率；(2) 已知取得次品，求该产品是甲车间生产的概率。

19. 盒中有 12 只乒乓球 (9 新 3 旧)，每轮比赛取用 3 只。新球用后为旧, 但仍可再用。求第二轮比赛时取出的 3 只都是新球的概率。

20. 某种元件每盒 20 只，每盒含 0, 1, 2 只次品的概率为 0.8, 0.1, 0.1。抽样检验，规定抽检 4 只，若无次品，则可出厂。(1) 任取一盒，求可以出厂的概率；(2) 已知一盒元件可以出厂，求该盒元件无次品的概率。

21. 足球裁判口袋中有三张卡片，一张双面红色，一张双面黄色，一张一面红色一面黄色。比赛中，如果裁判任取一张卡片，出示给犯规球员看时是红色，求它另一面是黄色的概率。

22. 甲、乙、丙三门炮独立向敌机各射击 1 炮，设甲、乙、丙的命中率分别为 0.4, 0.5, 0.65。敌机中一炮被击落的概率为 0.4，中两炮被击落概率 0.8，中三炮必被击落。求敌机被击落概率。

23. 甲袋有 10 球 (4 白 6 红)，乙袋有 10 球 (5 白 5 红)。现从甲袋任取 2 球，从乙袋任取 1 球一起放入丙袋。再从丙袋取出 1 球，问取到白球的概率。

24. 两个相互独立的随机事件 A 和 B 至少发生一个的概率为 8/9, 事件 A 发生而 B 不发生的概率为 5/9，试求 $P(A)$。

25. 设事件 A，B 独立，A 和 B 都不发生的概率为 $\frac{1}{9}$，A 发生且 B 不发生的概率与 B 发生 A 不发生的概率相等，求 $P(A)$。

26. 若干门火炮独立射击，每门命中率均为 0.6。(1) 三门炮各射一弹，求目标被命中的概率；(2) 设每炮各射一弹，至少要配多少门炮，才能以 99%的概率命中目标。

27. 设每人的生日在任何月份都是等可能的，且各人生日独立。已知某单位中至少有一人生日在一月的概率不小于 0.96，问该单位至少有多少人?

28. 某游戏共有独立的 5 关，连过 2 关则成功。某人过每关的概率为 $\frac{1}{2}$，求他过关成功的概率。

29. 随机抛出两个骰子，事件 A 表示 1 号骰子抛出奇数，B 表示 2 号骰子抛出奇数，C 表示两骰子点数之和为奇数。试验证 A, B, C 两两独立，但不是相互独立。

30. 某人连续投篮 4 次，已知他至少投中 1 次的概率为 $\frac{80}{81}$，若他连续投 5 次, 求他至多投中 1 次的概率。

31. 如图 1-19 所示，系统由 $2n$ 个独立工作的元件构成，每个元件的可靠性均为 $p(0<p<1)$。试求该系统的可靠性并且与例 1.25 中的系统比较可靠性大小。

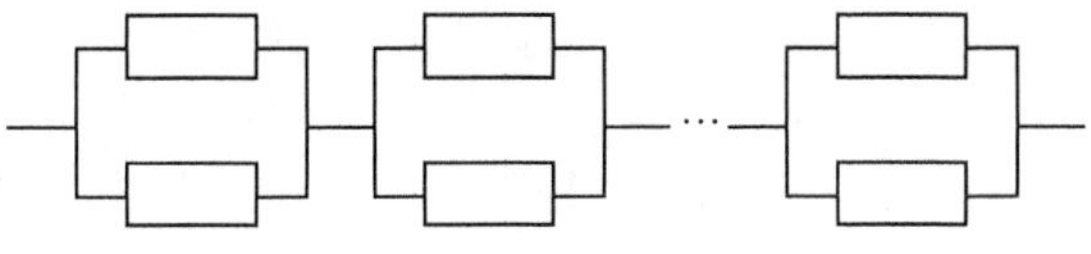

图 1-19

32. 甲、乙两人独立投篮，每次命中率分别为 $\frac{2}{3}$, $\frac{1}{3}$。每人各投 2 球，求 2 人命中次数相等的概率。

33. 人群中血型为 O, A, B, AB 的概率分别为 0.46, 0.4, 0.11, 0.03。从中任选 5 人，求至多一个 O 型血的概率。

34. 一次考试共有 5 道选择题，每题有 4 个选项，只有一项正确。设每题 20 分，60 分及格。(1) 求一个考生靠蒙能及格的概率；(2)5 个这样的考生，求至少有 2 人靠蒙能及格的概率。

35. 某车间有 10 台功率为 10 千瓦的机床独立工作，且每台机床工作的概率为 0.2。若供电部门只提供 30 千瓦的电力给该车间，求该车间不能正常工作的概率。

36. 某单位有 100 台电话分机，每台分机有 5%的时间使用外线通话，若每台分机使用外线是独立的，问该单位要设立多少条外线，才能以 90%以上的概率保证各分机使用外线不被占线。

37. 抛骰子 10 次，已知至少出现一次 6 点，求至少出现 2 次 6 点的概率。

第二章　随机变量及其概率分布

第一节　随机变量及其分布函数

一、随机变量

随机试验按其结果可以分为两类：一类与数值直接相关，例如，同一时刻发生故障的设备数，抽取 n 个产品出现的次品数以及元件寿命等；另一类与数值没有直接联系，例如，抛一枚硬币出现正面或反面，从装有红、白、黄色球的袋中任取一球，观察颜色。在第二类情况中，我们可以通过让随机试验的每一个结果对应一个实数的方法，人为地使其与数值对应。例如，抛硬币出现正面对应 1，出现反面对应 0；取出红、白、黄色球分别对应 1, 2, 3。

这样，对随机试验的每个结果 e 总能用实数 X 与之对应。由于试验结果的出现是随机的，因而 X 的取值也是一个随机变化的量。我们称之为随机变量。

定义 2.1　设 $\Omega=\{e\}$是随机试验的样本空间，如果对每个 $e\in\Omega$，都对应一个单值实函数 $X=X(e)$，称 X 为**随机变量**(图 2-1)。

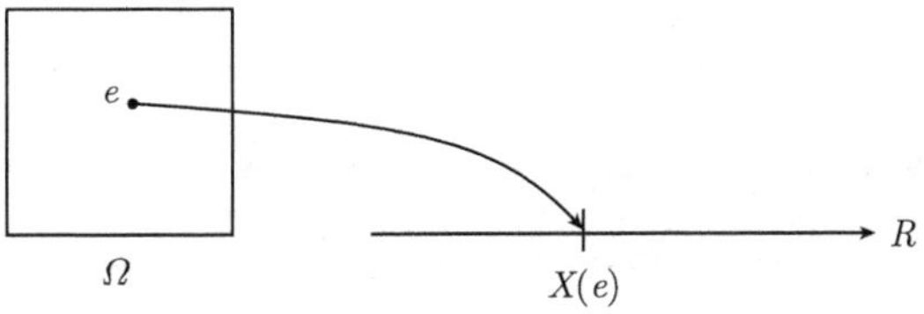

图 2-1

我们一般以大写字母 X, Y, Z 等表示随机变量，以小写字母 x, y, z 等表示实数。

例 2.1　抛一枚骰子，抛出的点数记为 X，则 X 是一个随机变量。X 的可能取值范围是 1,2,3,4,5,6。$\{X=1\}$表示随机事件“抛出 1 点”，$\{X\geqslant 5\}$表示随机事件“抛出 5 或 6 点”，$\{X=\pi\}$也是一个随机事件：不可能事件。

因此我们看到，随机变量与随机事件的关系：随机变量在某范围内取值表示随机事件。

有一个常用的随机变量，用于描述事件 A 发生的情况，即定义

$$X=\begin{cases}1, & \text{若事件 } A \text{ 发生}\\ 0, & \text{若事件 } A \text{ 不发生}\end{cases},$$

X 可以看成一次试验中事件 A 发生的次数。

引入随机变量后，我们就可以利用随机变量来描述随机现象，对事件及事件概率的研究扩大为对随机变量及其取值规律的研究。有了随机变量，我们还可以使用更多的数学工具。

对随机事件，我们不但关心试验出现什么结果，更关心这些结果出现的概率。同样对随机变量，我们不但要知道它取什么数值，还要知道它取这些数值的概率。这样的取值与概率的对应描述，我们称之为 X 的**概率分布**。描述随机变量概率分布的一个重要函数就是随机变量的分布函数。

二、随机变量的分布函数

对任意实数 x，$\{X \leqslant x\}$可以表示随机事件，其概率 $P(X \leqslant x)$ 与 x 有关，对每个 x，都有唯一的概率值 $P(X \leqslant x)$ 与之对应，从而构成函数关系，记为 $F(x) = P(X \leqslant x)$。显然，$F(x)$ 是一个取值范围在 [0,1] 的普通函数。

定义 2.2 设 X 是一个随机变量，x 是任意实数，称函数

$$F(x) = P(X \leqslant x), \quad -\infty < x < \infty$$

为随机变量 X 的分布函数。

如果把随机变量的取值看成数轴上的一个点，则 $F(x)$ 表示随机变量 X 在区间 $(-\infty, x]$ 取值的概率 (图 2-2)。

图 2-2

例 2.2 某人射击命中率为 0.6，独立射击 2 枪，命中 X 枪，求 X 的分布函数。

解 独立射击 2 枪，相当于做 2 次独立重复试验，命中数 X 的可能取值为 0,1,2。

$$P(X=0) = (1-0.6)^2 = 0.16,$$
$$P(X=1) = C_2^1 \cdot 0.6 \cdot (1-0.6) = 0.48,$$
$$P(X=2) = 0.6^2 = 0.36。$$

根据分布函数定义及概率可加性有

当 $x < 0$ 时，$X \leqslant x$ 是不可能事件，$F(x) = P(X \leqslant x) = 0$；

当 $0 \leqslant x < 1$ 时，$X \leqslant x \Leftrightarrow X = 0$，$F(x) = P(X \leqslant x) = P(X = 0) = 0.16$；

当 $1 \leqslant x < 2$ 时，$X \leqslant x \Leftrightarrow \{X = 0\} \cup \{X = 1\}$，

$$F(x) = P(X \leqslant x) = P(X = 0) + P(X = 1) = 0.16 + 0.48 = 0.64;$$

当 $x \geqslant 2$ 时，$X \leqslant x$ 是必然事件，$F(x) = P(X \leqslant x) = 1$。

因此有

$$F(x) = \begin{cases} 0, & x < 0 \\ 0.16, & 0 \leqslant x < 1 \\ 0.64, & 1 \leqslant x < 2 \\ 1, & x \geqslant 2 \end{cases}。$$

$F(x)$ 图形为阶梯上升函数，在 0, 1, 2 处有跳跃，见图 2-3。

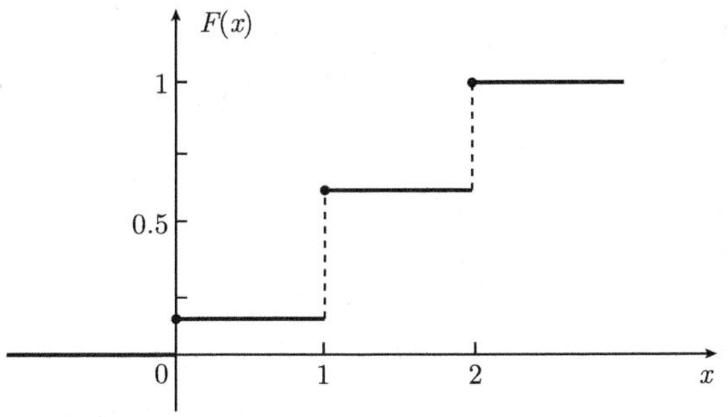

图 2-3

有了随机变量 X 的分布函数 $F(x)$，就可以用其描述 X 在某些范围取值的概率，如对任意实数 $a, b\ (a<b)$ 有

$$P(a<X\leqslant b)=P(X\leqslant b)-P(X\leqslant a)=F(b)-F(a),$$
$$P(X>b)=1-P(X\leqslant b)=1-F(b),$$
$$P(X\geqslant b)=1-P(X<b)=1-F(b-0)。$$

分布函数 $F(x)$ 有如下**基本性质**:

(1) $F(x)$ 为单调不减函数，即对任意实数 $x_2>x_1$，有 $F(x_2)\geqslant F(x_1)$。

证明　对 $x_2>x_1$，$F(x_2)-F(x_1)=P(X\leqslant x_2)-P(X\leqslant x_1)=P(x_1<X\leqslant x_2)\geqslant 0$。

(2) $0\leqslant F(x)\leqslant 1$，且 $F(-\infty)=\lim\limits_{x\to-\infty}F(x)=0$，$F(+\infty)=\lim\limits_{x\to+\infty}F(x)=1$。

(3) $F(x)$ 为右连续，即 $F(x_0+0)=\lim\limits_{x\to x_0+0}F(x)=F(x_0)$。

任一随机变量的分布函数 $F(x)$ 必满足以上三性质。反之，任一函数 $F(x)$ 具有以上三性质，则 $F(x)$ 必定是某个随机变量的分布函数。

例 2.3　设随机变量 X 的分布函数为

(1) $F(x)=A+B\arctan x,\quad -\infty<x<+\infty$，

(2) $F(x)=\begin{cases}0, & x\leqslant -a\\ A+B\arcsin(x/a), & -a<x\leqslant a\\ 1, & x>a\end{cases}$，

试求常数 A，B。

解　(1) 根据分布函数性质 (2)，

$$0=\lim_{x\to-\infty}F(x)=\lim_{x\to-\infty}(A+B\arctan x)=A-\frac{\pi}{2}B,$$

$$1=\lim_{x\to+\infty}F(x)=\lim_{x\to+\infty}(A+B\arctan x)=A+\frac{\pi}{2}B,$$

解得

$$A=\frac{1}{2},\quad B=\frac{1}{\pi}。$$

(2) 根据分布函数的右连续性，

$$\begin{cases} \lim\limits_{x\to -a+0} F(x) = F(-a) \\ \lim\limits_{x\to a+0} F(x) = F(a) \end{cases},\quad 即 \begin{cases} A + B\arcsin(-1) = 0 \\ A + B\arcsin(1) = 1 \end{cases},$$

得 $\begin{cases} A - \dfrac{\pi}{2}B = 0 \\ A + \dfrac{\pi}{2}B = 1 \end{cases}$，解得 $A = \dfrac{1}{2}$，$B = \dfrac{1}{\pi}$。

例 2.4　一个靶子是半径为 2 米的圆盘，设击中靶上任一同心圆盘上的点的概率与该圆盘的面积成正比，若射击都能中靶，以 X 表示弹着点与圆心的距离。求随机变量 X 的分布函数。

解　若 $x < 0$，由于距离非负，$\{X \leqslant x\}$ 是不可能事件，因此

$$F(x) = P(X \leqslant x) = 0。$$

若 $0 \leqslant x \leqslant 2$，由题意，

$$P(0 \leqslant X \leqslant x) = k\,x^2。$$

由于每次射击必然中靶，因此 $x = 2$ 时，上述概率为 1，

$$P(0 \leqslant X \leqslant 2) = k\,2^2 = 1,$$

可得

$$k = \frac{1}{4},$$

所以

$$F(x) = P(X \leqslant x) = P(X < 0) + P(0 \leqslant X \leqslant x) = \frac{1}{4}x^2。$$

若 $x > 2$，$\{X \leqslant x\}$ 是必然事件，因此

$$F(x) = P(X \leqslant x) = 1。$$

综合可得

$$F(x) = \begin{cases} 0, & x < 0 \\ x^2/4, & 0 \leqslant x < 2 \\ 1, & x \geqslant 2 \end{cases}。$$

$F(x)$ 的图形是一条单调不减的连续曲线 (图 2-4)。

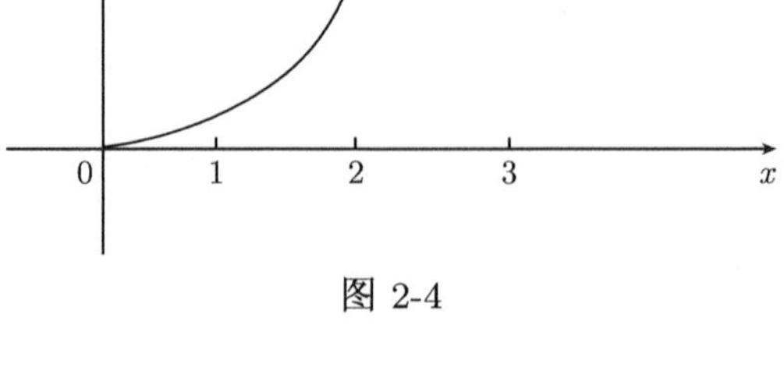

图 2-4

第二节　离散型随机变量及其分布

一、离散型随机变量

本节主要研究一类常用的随机变量，这类随机变量的可能取值具有特征：取有限个值 x_1，x_2，$\cdots,x_n$，或可列无限个值 x_1，x_2，$\cdots$，x_n，$\cdots$。

例如，抛一只骰子，设抛出点数为 X。则 X 的可能取值为有限个：$1,2,3,\cdots,6$。

例如，连续对目标射击，直到命中为止，设命中时所打的枪数为 X。则 X 的可能取值可列无限个：$1,2,3,\cdots$。

定义 2.3　若随机变量 X 的可能取值为有限个或可列无限多个，则称 X 为**离散型随机变量**。

非离散型随机变量 X 的所有可能取值不能按一定的顺序排列起来，不能明确指出某个取值的前或后面是哪一个值。例如，X 的取值为 (0, 1) 区间内的所有实数，无法指出 0.5 之后 X 取哪个值。

我们研究离散型随机变量，不仅要知道它取哪些值，而且要知道这些取值对应的概率。通过离散型随机变量的分布律可以了解这些信息。

定义 2.4　设离散型随机变量 X 的所有可能取值为 $x_1,x_2,\cdots,x_n,\cdots$，$X$ 取值 x_k 的相应概率为 p_k，即

$$P(X=x_k)=p_k,\quad k=1,2,\cdots。$$

我们称之为离散型随机变量 X 的分布律。

分布律也可以用表格形式给出：

X	x_1	x_2	$\cdots$	x_n	$\cdots$
P	p_1	p_2	$\cdots$	p_n	$\cdots$

分布律具有如下性质：

(1) $p_k \geqslant 0$，$k=1,2,\cdots$；

(2) $\sum\limits_{k} p_k=1$。

例 2.5　盒中有 6 只元件 (3 只正品，3 只次品)，任取一只测试，取出后不放回，直到 3 只次品都找到为止。设 3 只次品都找到时的测试次数为 X，求 X 的分布律。

解　X 的可能取值为 3,4,5,6。样本点总数看成 6 只元件中 3 只次品的所有出现方式，共有 C_6^3 种。

$X=3$，即 3 只次品在前 3 次出现，只有 1 种方式，

$$P(X=3)=\frac{1}{C_6^3}=\frac{1}{20}。$$

$X=4$，即第 4 只为次品，前 3 次有 2 次出现次品，只有 $C_3^2=3$ 种方式，

$$P(X=4)=\frac{C_3^2}{C_6^3}=\frac{3}{20}。$$

X=5，即第 5 只为次品，前 4 次有 2 次出现次品，只有 $C_4^2=6$ 种方式，

$$P(X=5)=\frac{C_4^2}{C_6^3}=\frac{6}{20}。$$

X=6，即第 6 只为次品，前 5 次有 2 次出现次品，只有 $C_5^2=10$ 种方式，

$$P(X=6)=\frac{C_5^2}{C_6^3}=\frac{10}{20}。$$

从而得到 X 的分布律

X	3	4	5	6
P	1/20	3/20	6/20	10/20

二、常用离散型随机变量

1. 0-1 分布

若随机变量 X 的可能取值只有 0, 1，且

$$P(X=1)=p,\quad P(X=0)=q,\quad 0<p<1,\quad q=1-p,$$

或用表格形式，

X	0	1
P	$1-p$	p

则称 X 服从 0-1 分布。

0-1 分布可以用来描述只有两种结果的随机试验。例如，射击，定义 A 为命中，$\bar{A}$ 为未命中；抽检产品，定义 A 为抽取正品，$\bar{A}$ 为抽取次品。设 $P(A)=p$，令

$$X=\begin{cases}1, & \text{事件 } A \text{ 发生}\\ 0, & \text{事件 } \bar{A} \text{ 发生}\end{cases},$$

则 X 服从 0-1 分布。

2. 二项分布

若随机变量 X 的分布律为

$$p_k=P(X=k)=C_n^k p^k q^{n-k},\quad k=0,1,\cdots,n,$$

其中 $0<p<1$, $q=1-p$，则称 X 服从参数为 n, p 的二项分布，记为 $X\sim B(n,\ p)$。

$n=1$ 时，$P(X=k)=p^kq^{1-k}$, $k=0,1$，二项分布退化为 0-1 分布。

容易验证二项分布的分布律满足分布律性质，显然 $p_k\geqslant 0$，且

$$\sum_{k=0}^{n}p_k=\sum_{k=0}^{n}C_n^k p^k q^{n-k}=(p+q)^n=1,$$

可见满足分布律性质。

二项分布的随机变量 X 的概率背景：设 n 重伯努利试验中 A 发生的次数为 X，A 发生的概率为 p，则 X 服从二项分布 $B(n,p)$。

例如，抛骰子 10 次，出现 6 点次数 $X \sim B(10,1/6)$。又如，从次品率 0.1 的一大批产品中任取 20 个，则其中次品数 $X \sim B(20,\ 0.1)$。

下面以 $X \sim B\ (10,\ 0.6)$ 为例，我们通过图表形式看一下 X 的概率分布情况。

由图 2-5 可见，对固定的 n 和 p，$X=k$ 的概率先随 k 的增加而增加，达到最大值后，再单调减小。

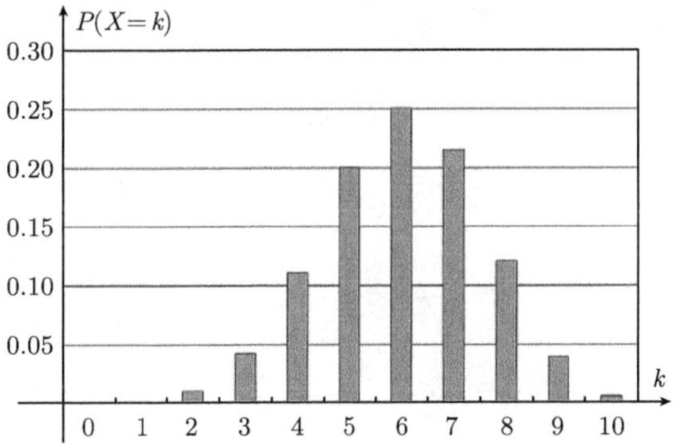

图 2-5

以下讨论，对 $X \sim B(n,\ p)$，k 为何值时 $P(X=k)$ 达到最大值？设 $p_k = P(X=k)$ 在 $k=k_0$ 达到最大值，则 $p_{k_0} \geqslant p_{k_0-1}$，$p_{k_0} \geqslant p_{k_0+1}$，于是

$$\frac{p_{k_0}}{p_{k_0-1}} = \frac{C_n^{k_0} p^{k_0} q^{n-k_0}}{C_n^{k_0-1} p^{k_0-1} q^{n-k_0+1}} = \frac{(n-k_0+1)p}{k_0 q} \geqslant 1,$$

$$\frac{p_{k_0}}{p_{k_0+1}} = \frac{C_n^{k_0} p^{k_0} q^{n-k_0}}{C_n^{k_0+1} p^{k_0+1} q^{n-k_0-1}} = \frac{(k_0+1)q}{(n-k_0)p} \geqslant 1,$$

解出 $(n+1)p-1 \leqslant k_0 \leqslant (n+1)p$。

由此得到结论：

(1) 当 $(n+1)p$ 为整数时，p_k 在 $k=(n+1)p-1$ 和 $k=(n+1)p$ 达到最大。

(2) 当 $(n+1)p$ 不是整数时，p_k 在 $k=[(n+1)p]$ 达到最大。其中，$[x]$ 表示不超过 x 的最大整数。

例如，$X \sim B\ (14,\ 0.4)$，$(n+1)p=6$，所以 p_k 在 $k=5$ 和 $k=6$ 处达到最大值 0.2066 (图 2-6)。

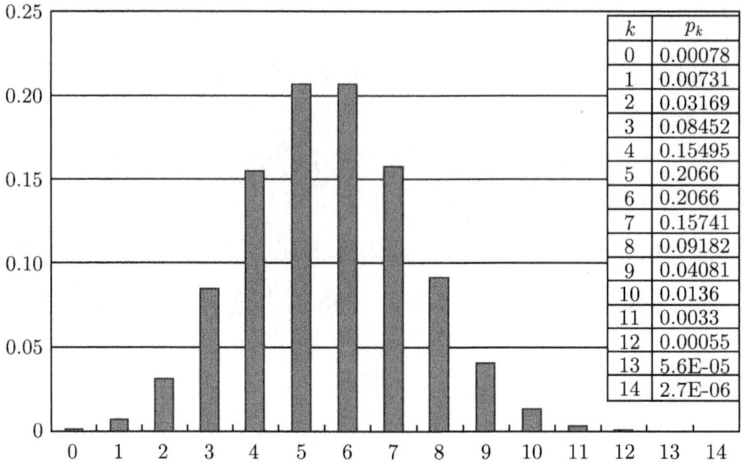

k	p_k
0	0.00078
1	0.00731
2	0.03169
3	0.08452
4	0.15495
5	0.2066
6	0.2066
7	0.15741
8	0.09182
9	0.04081
10	0.0136
11	0.0033
12	0.00055
13	5.6E-05
14	2.7E-06

图 2-6

例 2.6　已知某人射击时，射 2 枪至多中 1 枪的概率为 0.36，求此人射 3 枪至少中 1 枪的概率。

解　设此人射击命中率为 p，射 2 枪时命中 X 枪，则 $X \sim B(2,\ p)$。

$$P(X=k)=C_2^k p^k(1-p)^{2-k},\quad k=0,1,2。$$

至多中 1 枪的概率，

$$P(X\leqslant 1)=P(X=0)+P(X=1)=(1-p)^2+2p(1-p)=0.36,$$

解得，p=0.8。

设此人射 3 枪时命中 Y 枪，则 $Y\sim B(3,\ 0.8)$，

$$P(Y=k)=C_3^k 0.8^k 0.2^{3-k},\quad k=0,1,2,3。$$

至少中 1 枪的概率，

$$P(Y\geqslant 1)=1-P(Y=0)=1-0.2^3=0.992。$$

3. 泊松分布

如果随机变量 X 的分布律为

$$p_k=P(X=k)=\frac{\lambda^k}{k!}e^{-\lambda},\quad k=0,1,2,\cdots,$$

其中 $\lambda>0$ 为常数，则称 X 服从参数为 λ 的泊松分布，记为 $X\sim P(\lambda)$。

验证分布律性质，

显然 $p_k\geqslant 0$，且 $\sum\limits_{k=0}^{\infty}p_k=\sum\limits_{k=0}^{\infty}\frac{\lambda^k}{k!}e^{-\lambda}=e^{-\lambda}\sum\limits_{k=0}^{\infty}\frac{\lambda^k}{k!}=e^{-\lambda}e^{\lambda}=1$。

满足分布律性质。

泊松分布是概率论中的重要分布之一，常用于描述大量试验中稀有事件出现频数的概率模型。例如，单位时间内电话总机接到的呼叫数，每天某高速公路发生的交通事故数，每页印刷品出现的印刷错误数，这些都服从泊松分布。还有很多其他的实例。

例 2.7　第二次世界大战期间，德国从本土向伦敦发射 V2 飞弹，伦敦共受 535 发飞弹袭击，将伦敦分为 N=576 个区域，每个区域的平均落弹数 λ=535/576=0.9288，以 f_k 表示落 k 发飞弹的区域数，有如下数据：

k	0	1	2	3	4	$\geqslant 5$
f_k	229	211	93	35	7	1

设 X 表示一个区域的落弹数，计算一个区域落 k 发飞弹的发生频率，并与 λ=0.9288 的泊松分布的概率 $P(X=k)$ 比较。

解　一个区域落 k 发飞弹的发生频率为 $\dfrac{f_k}{N}$，λ=0.9288 的泊松分布的概率为

$$P(X=k)=\frac{0.9288^k}{k!}e^{-0.9288},\quad k=0,1,2,\cdots。$$

列表计算如下：

k	0	1	2	3	4	$\geqslant 5$
f_k	229	211	93	35	7	1
f_k/N	0.3976	0.3663	0.1615	0.0608	0.0122	0.0017
$P(X=k)$	0.3950	0.3669	0.1704	0.0528	0.0122	0.0027

可见一个区域落 k 发飞弹的发生频率与泊松分布的概率整体非常吻合，这表明一个区域的落弹数 X 非常接近泊松分布 $P(0.9288)$。

例 2.8　设随机变量 X 服从参数为 λ 的泊松分布，且已知 $P(X=1)=P(X=2)$，求 $P(X=4)$。

解　X 的分布律为

$$P(X=k)=\frac{\lambda^k}{k!}e^{-\lambda},\quad k=0,1,2,\cdots。$$

由条件 $P(X=1)=P(X=2)$，得到

$$\frac{\lambda^1}{1\,!}e^{-\lambda}=\frac{\lambda^2}{2\,!}e^{-\lambda},$$

解得 $\lambda=2$，因此

$$P(X=4)=\frac{2^4}{4!}e^{-2}=\frac{2}{3}e^{-2}。$$

4. 几何分布

如果随机变量 X 的分布律为

$$p_k=P(X=k)=q^{k-1}p,\quad k=1,2,\cdots。$$

其中 $0<p<1$ 为常数，$q=1-p$, 则称 X 服从参数为 p 的几何分布，记为 $X\sim g(p)$。

验证分布律性质，显然 $p_k \geqslant 0$，且

$$\sum_{k=1}^{\infty} p_k = \sum_{k=1}^{\infty} q^{k-1} p = p \sum_{k=1}^{\infty} q^{k-1} = p \frac{1}{1-q} = 1。$$

满足分布律性质。

几何分布的概率背景：在 n 重伯努利试验中，每次只有两个结果 A 与 $\bar{A}$，设 $P(A)=p$。将试验进行到 A 首次出现为止。令 X 为 A 首次出现时所需的试验次数，则 X 服从几何分布 $g(p)$。

例如，某人射击命中率 p，连续射击直到命中为止，则命中时所打的枪数 X 服从几何分布 $g(p)$。

几何分布的无记忆性　在 n 重伯努利试验中，A 首次出现时所需的试验次数服从几何分布，若前 t 次试验 A 没有出现，则再试验 s 次。A 首次出现的概率与前面没有成功的 t 次试验无关。好像把前面 t 次试验给忘了，这称为无记忆性。无记忆性的概率表达为 $P(X=s+t|X>t)=P(X=s)$。

证明　$X \sim g(p)$，则 $P(X=k)=q^{k-1}p$，其中 $q=1-p$，$k=1,2,\cdots$。

$$P(X>t) = \sum_{k=t+1}^{\infty} P(X=k) = \sum_{k=t+1}^{\infty} q^{k-1} p = p \sum_{k=t+1}^{\infty} q^{k-1} = p\frac{q^t}{1-q} = q^t,$$

$$\begin{aligned} P(X=s+t|X>t) &= \frac{P(X=s+t \cap X>t)}{P(X>t)} = \frac{P(X=s+t)}{P(X>t)} \\ &= \frac{q^{s+t-1}p}{q^t} = q^{s-1}p = P(X=s)。\end{aligned}$$

得证。

第三节　连续型随机变量及其分布

一、连续型随机变量

有一类随机变量，其取值可以取到某区间内的所有实数，不能一一列举。如元件的寿命、等候班车的时间、工件的长度等。以下我们给出连续型随机变量的定义。

定义 2.5　设随机变量 X 的分布函数为 $F(x)$，若存在非负可积函数 $p(x)$，对任意实数 x 有

$$F(x) = \int_{-\infty}^{x} p(t)\mathrm{d}t$$

则称 X 为**连续型随机变量**，称函数 $p(x)$ 为 X 的概率密度函数，简称密度函数。

由定义可见，任何连续型随机变量的密度函数具有如下性质：

(1) $p(x) \geqslant 0$；

(2) $\displaystyle\int_{-\infty}^{+\infty} p(x)\mathrm{d}x = 1$；

(3) 对于任意实数 $a, b\ (a<b)$,

$$P(a<X\leqslant b)=F(b)-F(a)=\int_a^b p(x)\mathrm{d}x;$$

(4) 由于 $p(x)$ 为可积函数，根据微积分性质，分布函数 $F(x)$ 为连续函数;

(5) 若 $p(x)$ 在点 x 连续，则分布函数 $F(x)$ 在 x 处可导，且 $p(x)=F'(x)$。

关于 (2) 的说明，$\int_{-\infty}^{+\infty} p(x)\mathrm{d}x=\lim\limits_{x\to+\infty}\int_{-\infty}^{x} p(x)\mathrm{d}x=\lim\limits_{x\to+\infty}F(x)=1$。

另外，从图形上看，(2) 表示函数 $p(x)$ 在整个 x 轴上覆盖的面积为 1(图 2-7)。(3) 表示随机变量 X 在区间 $(a, b]$ 取值的概率等于密度函数 $p(x)$ 在 (a, b) 覆盖的曲边梯形面积 (图 2-8)。后面会证明，这一结论与区间的开闭无关。

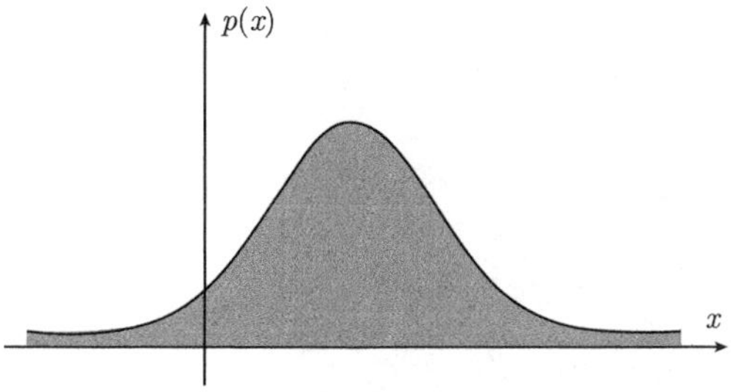

图 2-7

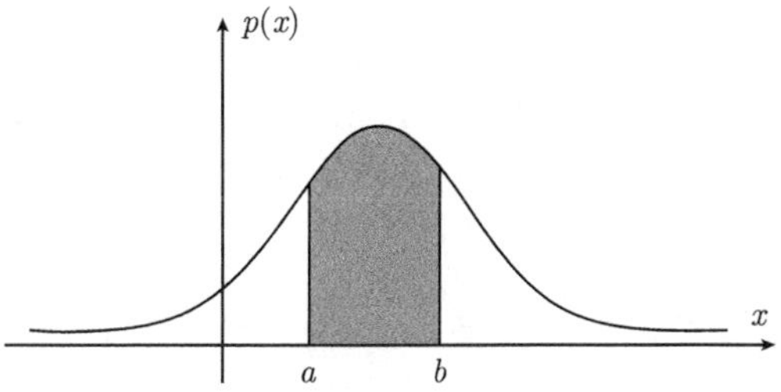

图 2-8

在性质 (3) 中，令 $a=x$，$b=x+\Delta x$，则有

$$P(x<X\leqslant x+\Delta x)=F(x+\Delta x)-F(x)=\int_x^{x+\Delta x} p(x)\mathrm{d}x\approx p(x)\Delta x。$$

这说明，连续型随机变量 X 在小区间 Δx 内取值的概率近似与密度成正比，一点 x 处的密度函数值越大，该点附近取值的概率也越大。这一点与物理学中的密度性质相似，这也就是 $p(x)$ 称为概率密度函数的原因。

连续型随机变量 X 有一重要特性，即 X 在一点 x_0 处取值的概率为 0。事实上，对任意 $\Delta x>0$ 有

$$0\leqslant P(X=x_0)\leqslant P(x_0-\Delta x<X\leqslant x_0)=F(x_0)-F(x_0-\Delta x)。$$

由于分布函数 $F(x)$ 为连续函数，令 $\Delta x\to 0$，上式趋向于 0，所以，$P(X=x_0)=0$。

根据这一性质我们可知，连续型随机变量 X 在某一区间取值的概率与区间的开或闭无关，所以

$$P(a<X<b)=P(a<X\leqslant b)=P(a\leqslant X<b)=P(a\leqslant X\leqslant b)=\int_a^b p(x)\mathrm{d}x。$$

对连续型随机变量 X，在一点取值的概率为 0，即 $P(X=x_0)=0$。但是事件$\{X=x_0\}$是有可能发生的。因此对连续型随机变量，概率为 0 的事件与不可能事件并不等价。

例 2.9　设随机变量 X 的概率密度函数为

$$p(x)=Ae^{-|x|},\quad -\infty<x<\infty,$$

试求，(1) 常数 A；(2)$P(0<X<2)$；(3) 分布函数 $F(x)$。

解　(1) $\int_{-\infty}^{+\infty}p(x)\mathrm{d}x=\int_{-\infty}^{0}Ae^{x}\mathrm{d}x+\int_{0}^{+\infty}Ae^{-x}\mathrm{d}x=2A=1$，因此 $A=\frac{1}{2}$。从而，$p(x)=\frac{1}{2}e^{-|x|}$，$-\infty<x<\infty$。

(2) $P(0<X<2)=\int_{0}^{2}\frac{1}{2}e^{-x}\mathrm{d}x=\frac{1}{2}(1-e^{-2})$。

(3) $x<0$ 时，$F(x)=\int_{-\infty}^{x}p(x)\mathrm{d}x=\int_{-\infty}^{x}\frac{1}{2}e^{x}\mathrm{d}x=\frac{1}{2}e^{x}$；

$$x\geqslant 0\text{时},F(x)=\int_{-\infty}^{x}p(x)\mathrm{d}x=\int_{-\infty}^{0}\frac{1}{2}e^{x}\mathrm{d}x+\int_{0}^{x}\frac{1}{2}e^{-x}\mathrm{d}x=1-\frac{1}{2}e^{-x},$$

因此

$$F(x)=\begin{cases}\frac{1}{2}e^{x}, & x<0\\ 1-\frac{1}{2}e^{-x}, & x\geqslant 0\end{cases}。$$

利用 $F(x)$，也可求 $P(0<X<2)=F(2)-F(0)=\left(1-\frac{1}{2}e^{-2}\right)-\frac{1}{2}=\frac{1}{2}(1-e^{-2})$。

二、常用连续型随机变量

1. 均匀分布

若随机变量 X 的概率密度函数为

$$p(x)=\begin{cases}\frac{1}{b-a}, & a<x<b,\\ 0, & \text{其他}\end{cases},$$

则称 X 在区间 $[a,b]$ 上服从**均匀分布**，记为 $X\sim U[a,b]$。

X 的分布函数为

$$F(x)=\begin{cases}0, & x<a\\ \frac{x-a}{b-a}, & a\leqslant x<b\\ 1, & x\geqslant b\end{cases}。$$

均匀分布的密度函数 $p(x)$ 及分布函数 $F(x)$ 图形如图 2-9、图 2-10 所示。

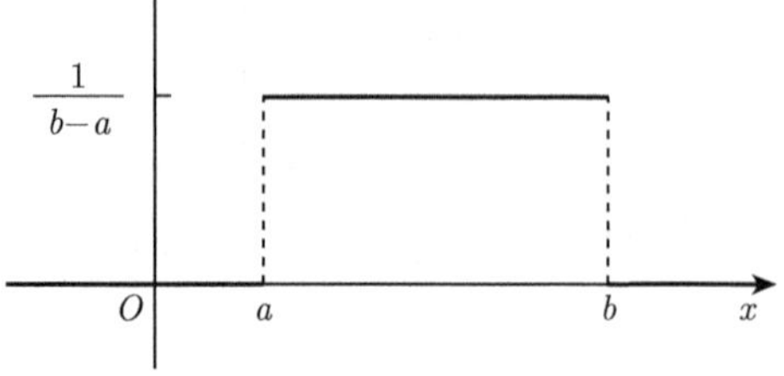

图 2-9

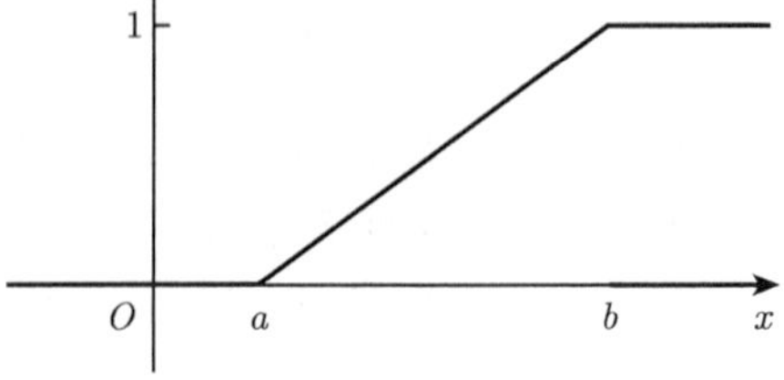

图 2-10

均匀分布的概率背景　例如，在 [0,1] 区间内随机投点，落点坐标 $X \sim U[0,\ 1]$，又如，班车每个整点出发，某人随机到达，则达到时刻 $X \sim U[0,\ 60]$(单位：分钟)。

设随机变量 X 服从 $[a,b]$ 上的均匀分布，考虑 X 在 $[a,b]$ 内的子区间 $(x,x+\Delta x)$ 取值的概率，

$$P(x < X < x+\Delta x) = \int_x^{x+\Delta x} p(x)\mathrm{d}x = \int_x^{x+\Delta x} \frac{1}{b-a}\mathrm{d}x = \frac{\Delta x}{b-a},$$

此概率为子区间与原区间的长度之比，与子区间的位置无关。因此只要子区间长度相同，X 落在其中的概率是等可能的。这也体现了均匀分布的“均匀性”。

2. 指数分布

若随机变量 X 的概率密度函数为

$$p(x) = \begin{cases} \lambda e^{-\lambda x}, & x \geqslant 0 \\ 0, & x < 0 \end{cases}。$$

其中 $\lambda>0$ 为常数，则称 X 服从参数为 λ 的**指数分布**，记为 $X \sim E(\lambda)$。

X 的分布函数为

$$F(x) = \begin{cases} 1-e^{-\lambda x}, & x \geqslant 0 \\ 0, & \text{其他} \end{cases}。$$

指数分布的密度函数 $p(x)$ 及分布函数 $F(x)$ 的图形如图 2-11 与图 2-12 所示。

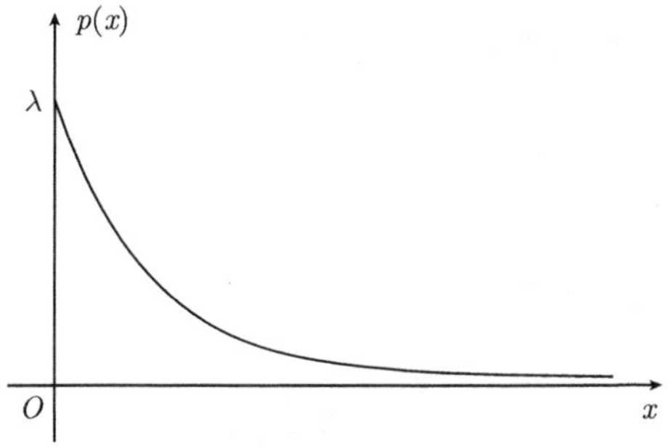

图 2-11

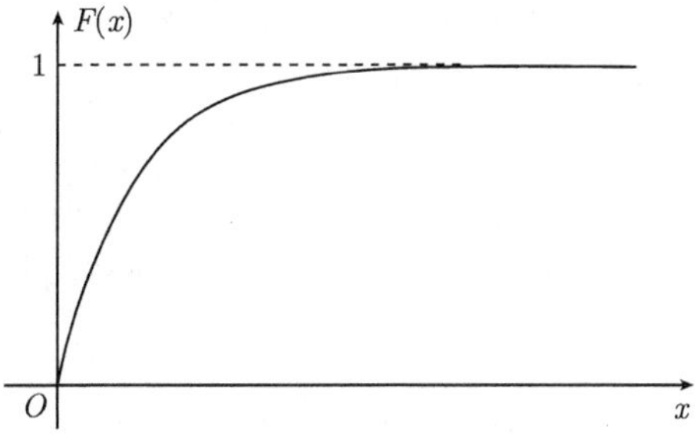

图 2-12

指数分布有很多实际应用，常用于描述各种寿命的分布，如电子设备的寿命、生物体的寿命、随机服务系统的服务时间。

例 2.10　设某类电子元件的使用寿命 X(小时) 服从参数为 $\lambda=1/2000$ 的指数分布，(1) 任取一只元件，求能使用 1000 小时以上的概率；(2) 一只元件已经正常使用了 1000 小时以上，求还能再使用 1000 小时以上的概率。

解　X 的分布函数为

$$F(x) = \begin{cases} 1-e^{-\frac{1}{2000}x}, & x \geqslant 0 \\ 0, & x < 0 \end{cases}。$$

(1) $P(X>1000) = 1-P(X<1000) = 1-F(1000) = 1-(1-e^{-1/2}) = e^{-1/2}$；

(2) 所求概率为

$$P(X>2000|X>1000)=\frac{P(X>2000\cap X>1000)}{P(X>1000)}=\frac{P(X>2000)}{P(X>1000)}$$
$$=\frac{1-F(2000)}{1-F(1000)}=\frac{e^{-1}}{e^{-1/2}}=e^{-1/2}。$$

一只元件能使用 1000 小时以上的概率为 $e^{-1/2}$，已使用了 1000 小时以上，再使用 1000 小时以上的概率仍然为 $e^{-1/2}$，这反映了指数分布的一个重要特性：**无记忆性**。即已使用了 1000 小时以上，再使用 1000 小时以上的概率不受影响，好像忘记了已使用 1000 小时以上。无记忆性的一般表示为

$$P(X>s+t|X>s)=P(X>t),$$

实际上，

$$P(X>s+t|X>s)=\frac{P(\{X>s+t\}\cap\{X>s\})}{P(X>s)}=\frac{P(X>s+t)}{P(X>s)}$$
$$=\frac{1-F(s+t)}{1-F(s)}=\frac{e^{-\lambda(s+t)}}{e^{-\lambda s}}=e^{-\lambda t}=P(X>t)。$$

3. 正态分布

若随机变量 X 的密度函数为

$$p(x)=\frac{1}{\sqrt{2\pi}\sigma}e^{-\frac{(x-\mu)^2}{2\sigma^2}},\quad -\infty<x<\infty。$$

其中 $\mu,\ \sigma(>0)$ 为常数，则称 X 服从参数为 $\mu,\ \sigma^2$ 的正态分布，记为 $X\sim N(\mu,\ \sigma^2)$。

正态分布的分布函数为

$$F(x)=\int_{-\infty}^{x}\frac{1}{\sqrt{2\pi}\sigma}e^{-\frac{(t-\mu)^2}{2\sigma^2}}\mathrm{d}t。$$

正态分布的密度函数 $p(x)$ 及分布函数 $F(x)$ 的图形如图 2-13 与图 2-14 所示。

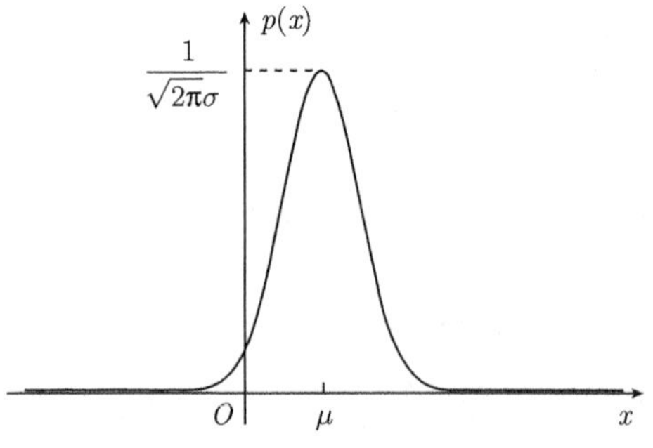

图 2-13

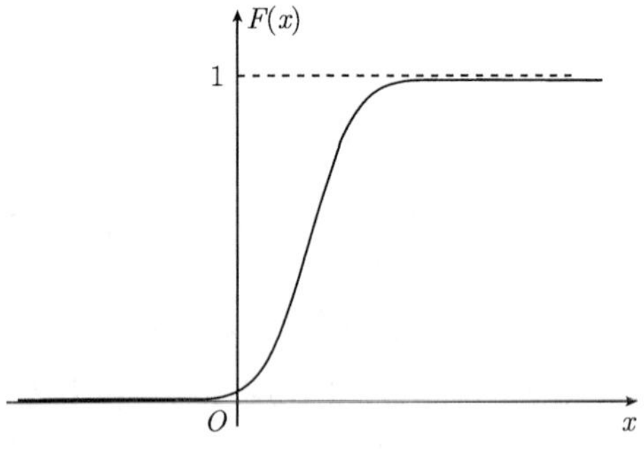

图 2-14

利用极坐标和二重积分，可以验证 $\int_{-\infty}^{\infty}p(x)\mathrm{d}x=\int_{-\infty}^{\infty}\frac{1}{\sqrt{2\pi}\sigma}e^{-\frac{(t-\mu)^2}{2\sigma^2}}\mathrm{d}t=1$(略)。

正态分布 $X\sim N(\mu,\ \sigma^2)$ 密度函数 $p(x)$ 的图形具有以下特点：

(1) 曲线 $p(x)$ 关于 $x=\mu$ 对称，且对任意 $b>0$ 有 $P(X\leqslant\mu-b)=P(X\geqslant\mu+b)$ (图 2-15)。

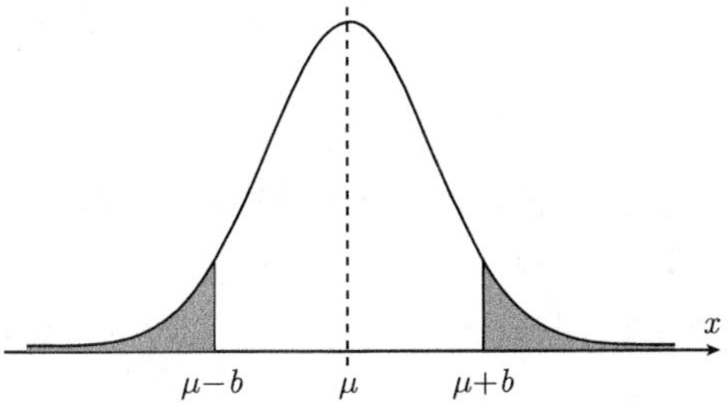

图 2-15

(2) $x \to \pm\infty$, $p(x) \to 0$，曲线以 x 轴为渐近线。

(3) $x = \mu$ 时 $p(x)$ 取到最大值 $\dfrac{1}{\sqrt{2\pi}\sigma}$，由于密度图形覆盖面积总为 1，因此固定 μ 时，σ 越小，最大值越大，图形越高越陡峭；σ 越大，最大值越小，图形越低越平缓 (图 2-16)。

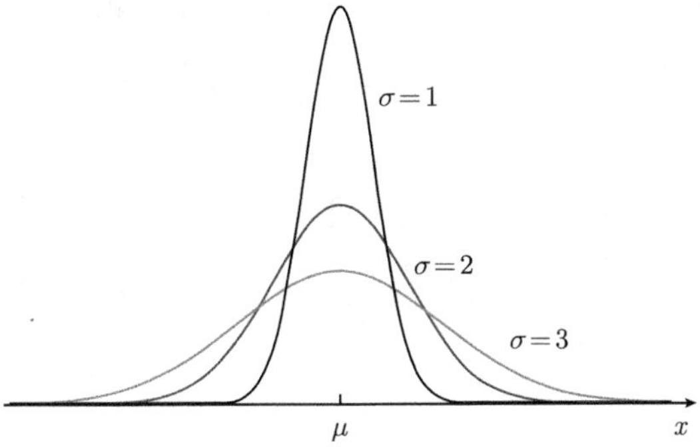

图 2-16

(4) 固定 σ，μ 变化时，曲线沿对称轴 $x = \mu$ 平移 (图 2-17)。

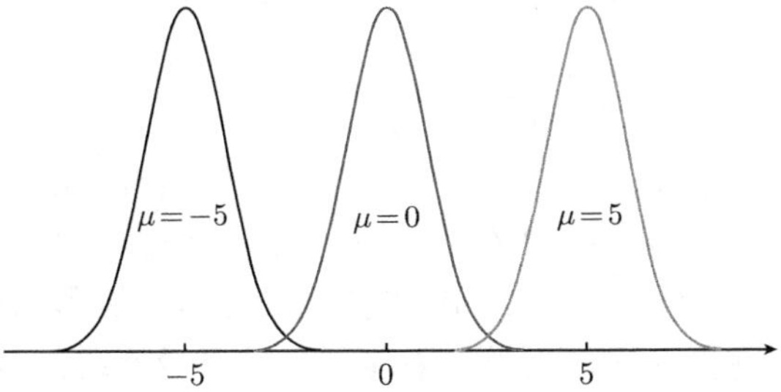

图 2-17

当 $\mu = 0$, $\sigma = 1$ 时，$X \sim N(0,\ 1)$，称 X 服从**标准正态分布**，其密度函数和分布函数特别记为 $\varphi(x)$ 和 $\Phi(x)$。

$$\varphi(x) = \frac{1}{\sqrt{2\pi}} e^{-\frac{x^2}{2}},$$

$$\Phi(x) = \int_{-\infty}^{x} \frac{1}{\sqrt{2\pi}} e^{-\frac{t^2}{2}} \mathrm{d}t。$$

对标准正态分布的分布函数 $\Phi(x)$，有 $\Phi(-x) = 1 - \Phi(x)$。

事实上，性质 (1) 中令 $\mu=0$，有 $P(X\leqslant -b)=P(X\geqslant b)$，从而

$$\Phi(-x)=P(X\leqslant -x)=P(X\geqslant x)=1-P(X<x)=1-\Phi(x)。$$

正态分布是概率统计中最重要的分布之一，很多自然和社会现象中的随机变量都服从正态分布，如某地区的成年男子的身高、一批工件的直径、测量误差等。正态分布的概率计算常通过查表实现，即将一般的正态分布化为标准正态分布，然后查标准正态分布的分布函数表 $\Phi(x)$，得到所求概率。

定理 2.1　若随机变量 $X\sim N(\mu,\ \sigma^2)$，则 $Z=\dfrac{X-\mu}{\sigma}\sim N(0,\ 1)$。

证明　只要证明 Z 的分布函数为 $\Phi(x)$ 即可。Z 的分布函数为

$$P(Z\leqslant x)=P\left(\frac{X-\mu}{\sigma}\leqslant x\right)=P(X\leqslant \mu+\sigma x)=\int_{-\infty}^{\mu+\sigma x}\frac{1}{\sqrt{2\pi}\sigma}e^{-\frac{(t-\mu)^2}{2\sigma^2}}\mathrm{d}t,$$

令 $\dfrac{t-\mu}{\sigma}=v$，得到，$P(Z\leqslant x)=\displaystyle\int_{-\infty}^{x}\frac{1}{\sqrt{2\pi}}e^{-\frac{v^2}{2}}\mathrm{d}v=\Phi(x)$，得证。

由定理，若 $X\sim N(\mu,\ \sigma^2)$，则 X 的分布函数 $F(x)$ 和概率 $P(a<X<b)$ 可用 $\Phi(x)$ 表示：

$$F(x)=P(X\leqslant x)=P\left(\frac{X-\mu}{\sigma}<\frac{x-\mu}{\sigma}\right)=\Phi\left(\frac{x-\mu}{\sigma}\right),$$

$$P(a<X<b)=P\left(\frac{a-\mu}{\sigma}<\frac{X-\mu}{\sigma}<\frac{b-\mu}{\sigma}\right)=\Phi\left(\frac{b-\mu}{\sigma}\right)-\Phi\left(\frac{a-\mu}{\sigma}\right)。$$

利用上式，我们可以得到，

$$P(|X-\mu|\leqslant \sigma)=P\left(-1\leqslant\frac{X-\mu}{\sigma}\leqslant 1\right)=\Phi(1)-\Phi(-1)=2\Phi(1)-1=0.6826,$$

$$P(|X-\mu|\leqslant 2\sigma)=P\left(-2\leqslant\frac{X-\mu}{\sigma}\leqslant 2\right)=\Phi(2)-\Phi(-2)=2\Phi(2)-1=0.9544,$$

$$P(|X-\mu|\leqslant 3\sigma)=P\left(-3\leqslant\frac{X-\mu}{\sigma}\leqslant 3\right)=\Phi(3)-\Phi(-3)=2\Phi(3)-1=0.9974。$$

我们看到，正态分布的随机变量 $X\sim N(\mu,\ \sigma^2)$，虽然其理论取值范围是 $(-\infty,\ +\infty)$，但是在区间 $[\mu-3\sigma,\ \mu+3\sigma]$ 内的取值的可能性超过 99.7%，在这之外的取值的可能性不足千分之三。这表明在一次随机试验中，X 的取值几乎可以肯定落入 $[\mu-3\sigma,\ \mu+3\sigma]$ 中，这称为“3σ 法则”。该法则在针对实际问题，特别是产品质量问题的统计推断中有着重要的应用 (图 2-18)。

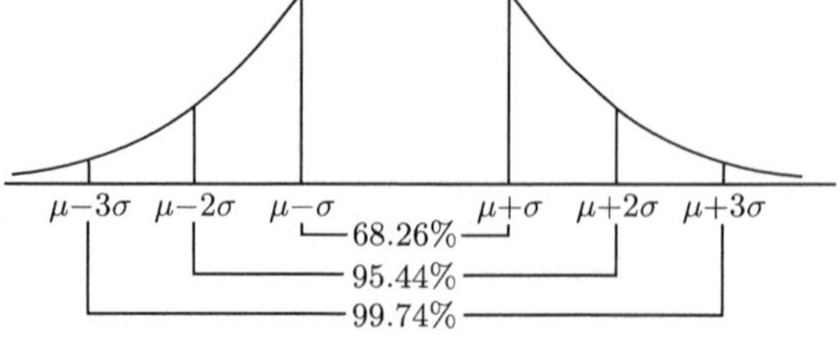

图 2-18

例 2.11 设随机变量 $X \sim N(10,\ 2^2)$。(1) 求概率 $P(7<X<15)$；(2) 求 d 的值，使得 $P(|X-10|<d)=0.9$。

解 $X \sim N(10,\ 2^2)$，则 $\dfrac{X-10}{2} \sim N(0,\ 1)$。

$$\begin{aligned}(1)\ P(7<X<15) &= P\left(\frac{7-10}{2}<\frac{X-10}{2}<\frac{15-10}{2}\right)=\varPhi(2.5)-\varPhi(-1.5)\\ &=\varPhi(2.5)-[1-\varPhi(1.5)]=0.9938-(1-0.9332)=0.927。\end{aligned}$$

$$(2)\ P(|X-10|<d)=P\left(\left|\frac{X-10}{2}\right|<\frac{d}{2}\right)=\varPhi\left(\frac{d}{2}\right)-\varPhi\left(-\frac{d}{2}\right)=2\varPhi\left(\frac{d}{2}\right)-1=0.9,$$

则 $\varPhi\left(\dfrac{d}{2}\right)=0.95$，查表 $\varPhi(1.65)=0.95$，$\dfrac{d}{2}=1.65$，得 $d=3.3$。

例 2.12 某单位计划招聘 155 名员工，按考试成绩从高分到低分依次录取。现有 526 人报名，假设报名者的成绩 $X \sim N(\mu,\ \sigma^2)$。已知报名者中 90 分以上有 12 人，60 分以下有 83 人。已知某人成绩为 78 分，问此人能否被录取？

解 $X \sim N(\mu,\ \sigma^2)$，$\dfrac{X-\mu}{\sigma} \sim N(0,\ 1)$。

90 分以上有 12 人，因此

$$P(X>90)=\frac{12}{526}=0.02281, P(X\leqslant 90)=1-0.0228=0.9772,$$

$$P(X\leqslant 90)=P\left(\frac{X-\mu}{\sigma}\leqslant\frac{90-\mu}{\sigma}\right)=\varPhi\left(\frac{90-\mu}{\sigma}\right)=0.9772, \text{查表}, \frac{90-\mu}{\sigma}=2,$$

$$P(X<60)=\frac{83}{526}=0.1578,$$

$$P(X<60)=P\left(\frac{X-\mu}{\sigma}<\frac{60-\mu}{\sigma}\right)=\varPhi\left(\frac{60-\mu}{\sigma}\right)=0.1578,$$

$$\varPhi\left(-\frac{60-\mu}{\sigma}\right)=1-\varPhi\left(\frac{60-\mu}{\sigma}\right)=1-0.1578=0.8422, \text{查表}, -\frac{60-\mu}{\sigma}=1,$$

解 μ, σ 的方程组，得到 $\mu=70,\ \sigma=10$。因此，$X \sim N(70,\ 10^2)$，

$$\begin{aligned}P(X\geqslant 78)=&1-P(X<78)=1-P\left(\frac{X-70}{10}<\frac{78-70}{10}\right)=1-\varPhi(0.8)\\ =&1-0.7881=0.2119。\end{aligned}$$

而录取率为 $\dfrac{155}{526}=0.2947>0.2119$，所以此人能被录取。

第四节 随机变量函数的分布

设 X 是随机变量，$y=g(x)$ 是普通实函数。构造随机变量 Y，当 X 取值 x 时，Y 取值 $y=g(x)$，称 Y 是随机变量 X 的函数，记为 $Y=g(X)$。我们需要讨论，已知 X 的概率分布，如何求 $Y=g(X)$ 的概率分布。分 X 为离散型和连续型两种情况讨论。

一、离散型随机变量的函数

设 X 是离散型随机变量，其分布律为

X	x_1	x_2	$\cdots$	x_n	$\cdots$
P	p_1	p_2	$\cdots$	p_n	$\cdots$

对于 X 的函数 $Y=g(X)$，Y 也是离散型随机变量，求 Y 的分布律。

当 X 取值 x_k 时，$Y=g(X)$ 取值 $y_k=g(x_k)$，$k=1,2,\cdots$。

(1) 若 $y_1,y_2,\cdots,y_n,\cdots$ 的取值互不相同，则 $X=x_k$ 时，一定有 $Y=y_k=g(x_k)$，所以 $Y=y_k$ 的概率与 $X=x_k$ 的概率相同，即

$$P(Y=y_k)=P(Y=g(x_k))=P(X=x_k)=p_k,$$

从而得到 Y 的分布律：

Y	y_1	y_2	$\cdots$	y_n	$\cdots$
P	p_1	p_2	$\cdots$	p_n	$\cdots$

(2) 若 $y_1,y_2,\cdots,y_n,\cdots$ 的取值有相同的，则应把相同的 y_k 对应的概率相加，作为 $P(Y=y_k)$ 的概率取值。即

$$P(Y=y_k)=\sum_{i:\ y_k=g(x_i)}P(X=x_i),$$

同样得到 Y 的分布律。

例 2.13　设随机变量 X 的分布律为

X	-1	0	1	2	3
P	0.2	0.2	0.1	0.3	0.2

求 $Y=(X-1)^2$ 的分布律。

解　X 取值 $-1, 0, 1, 2, 3$ 时，Y 依次取值 4, 1, 0, 1, 4，于是，

$$P(Y=0)=P(X=1)=0.1,$$
$$P(Y=1)=P(X=0)+P(X=2)=0.2+0.3=0.5,$$
$$P(Y=4)=P(X=-1)+P(X=3)=0.2+0.2=0.4。$$

所以，得到 Y 的分布律如下：

Y	0	1	4
P	0.1	0.5	0.4

例 2.14　设随机变量 X 的分布律为 $P(X=k)=1/2^k$，$k=1,2,\cdots$，求 $Y=\sin\left(\dfrac{\pi}{2}X\right)$ 的概率分布。

解　X 与 Y 的取值关系如下表，Y 的取值具有周期性，Y 只取 $-1, 0, 1$ 三个值，

X	1	2	3	4	5	6	7	8	9	$\cdots$
P	1	0	-1	0	1	0	-1	0	1	$\cdots$

$$\begin{aligned}P(Y=-1)=&P(X=3)+P(X=7)+P(X=11)+\cdots\\=&\frac{1}{2^3}+\frac{1}{2^7}+\frac{1}{2^{11}}+\cdots=\frac{1/2^3}{1-1/2^4}=\frac{2}{15},\\P(Y=0)=&P(X=2)+P(X=4)+P(X=6)+\cdots\\=&\frac{1}{2^2}+\frac{1}{2^4}+\frac{1}{2^6}+\cdots=\frac{1/2^2}{1-1/2^2}=\frac{1}{3},\\P(Y=1)=&P(X=1)+P(X=5)+P(X=9)+\cdots\\=&\frac{1}{2}+\frac{1}{2^5}+\frac{1}{2^9}+\cdots=\frac{1/2}{1-1/2^4}=\frac{8}{15}。\end{aligned}$$

得到 Y 的分布律

Y	-1	0	1
P	$2/15$	$1/3$	$8/15$

二、连续型随机变量的函数

设 X 是连续型随机变量，$y=g(x)$ 为连续实函数，则 $Y=g(X)$ 也是连续型随机变量。已知 X 的密度函数 $p_X(x)$，求 Y 的密度函数 $p_Y(y)$。

常用的方法是分布函数法，即先求 Y 的分布函数 $F_Y(y)$，

$$F_Y(y)=P(Y\leqslant y)=P(g(X)\leqslant y)=\int\limits_{x:\ g(x)\leqslant y} p_X(x)\mathrm{d}x,$$

然后，$p_Y(y)=F_Y'(y)$。

例 2.15　设随机变量 X 服从 $[-1, 1]$ 上的均匀分布，$Y=2X+1$，求 Y 的密度函数 $p_Y(y)$。

解　X 的密度函数 $p_X(x)=\begin{cases}1/2, & -1\leqslant x\leqslant 1\\ 0, & \text{其他}\end{cases}$，记 Y 的分布函数为 $F_Y(y)$，由于 Y 的可能取值范围是 $[-1, 3]$，因此

$y<-1$ 时，

$$F_Y(y)=P(Y\leqslant y)=0,$$

$-1\leqslant y\leqslant 3$ 时，

$$\begin{aligned}F_Y(y)=&P(Y\leqslant y)=P(2X+1\leqslant y)\\=&P\left(X\leqslant\frac{1}{2}y-\frac{1}{2}\right)=\int_{-1}^{\frac{1}{2}y-\frac{1}{2}}\frac{1}{2}\mathrm{d}x=\frac{1}{4}(y+1),\end{aligned}$$

$y>3$ 时，

$$F_Y(y)=P(Y\leqslant y)=1。$$

得到

$$p_Y(y)=F_Y'(y)=\begin{cases}\dfrac{1}{4}, & -1\leqslant y\leqslant 3\\ 0, & 其他\end{cases},$$

Y 仍然服从均匀分布，$Y\sim U[-1,\ 3]$。

例 2.16　设随机变量 X 的概率密度为 $p_X(x)$，$-\infty<x<\infty$，求 $Y=X^2$ 的密度函数 $p_Y(y)$。

解　先求 Y 的分布函数 $F_Y(y)$。Y 的可能取值范围 $[0,+\infty)$，因此
$y<0$ 时，

$$F_Y(y)=P(Y\leqslant y)=0,$$

$y>0$ 时，

$$\begin{aligned}F_Y(y)=&P(Y\leqslant y)=P(X^2\leqslant y)\\=&P(-\sqrt{y}\leqslant X\leqslant\sqrt{y})=F_X(\sqrt{y})-F_X(-\sqrt{y})。\end{aligned}$$

对 $F_Y(y)$ 求导，

$$p_Y(y)=F_Y'(y)=\begin{cases}\dfrac{1}{2\sqrt{y}}[p_X(\sqrt{y})+p_X(-\sqrt{y})], & y>0\\ 0, & y\leqslant 0\end{cases}。$$

若已知 X 的概率密度代入上式，便可求 $Y=X^2$ 的概率密度。例如，X 服从标准正态分布，X 的概率密度 $\varphi(x)=\dfrac{1}{\sqrt{2\pi}}e^{-\frac{x^2}{2}}$，代入可得

$$p_Y(y)=\begin{cases}\dfrac{1}{\sqrt{2\pi y}}e^{-\frac{y}{2}}, & y>0\\ 0, & y\leqslant 0\end{cases}。$$

称 Y 服从自由度为 1 的 χ^2 分布，χ^2 分布是统计学中的一个重要分布。

在 $y=g(x)$ 严格单调的情况下，可以直接推导出 $Y=g(X)$ 的密度函数 $p_Y(y)$。

定理 2.2　设随机变量 X 的可能取值范围为 $(a,\ b)$，X 的概率密度为 $p_X(x)$，$a<x<b$(其中 a 可为 $-\infty$，b 可为 $+\infty$)，设函数 $y=g(x)$ 处处可导，且恒有 $g'(x)>0$ [或恒有 $g'(x)<0$]，则 $Y=g(X)$ 为连续型随机变量，其概率密度为

$$p_Y(y)=\begin{cases}p_X[g^{-1}(y)]\cdot|[g^{-1}(y)]'|, & \alpha<y<\beta\\ 0, & 其他\end{cases}。$$

其中，$\alpha=\min\{g(a),\ g(b)\}$，$\beta=\max\{g(a),\ g(b)\}$，$g^{-1}(y)$ 为 $y=g(x)$ 的反函数。

证明　设随机变量 $X,\ Y$ 的分布函数分别为 $F_X(x)$，$F_Y(y)$，由题设，X 在 $(a,\ b)$ 取值，相应 Y 在 $(\alpha,\ \beta)$ 取值。

(1) 设 $g'(x)>0$，$y=g(x)$ 是严格单调递增函数，其反函数 $x=g^{-1}(y)$ 也在 $(\alpha,\ \beta)$ 严格单调递增，且 $[g^{-1}(y)]'>0$。

当 $y\in(\alpha,\beta)$ 时，

$$g(X)\leqslant y\Leftrightarrow X\leqslant g^{-1}(y)。$$

因此，

$$F_Y(y)=P(Y\leqslant y)=P(g(X)\leqslant y)=P(X\leqslant g^{-1}(y))=F_X(g^{-1}(y)),$$

所以 Y 的密度

$$\begin{aligned}p_Y(y)=F_Y'(y)&=\frac{\mathrm{d}}{\mathrm{d}y}\left(F_X[g^{-1}(y)]\right)=F_X'\left(g^{-1}(y)\right)\cdot[g^{-1}(y)]'\\&=p_X\left(g^{-1}(y)\right)\cdot(g^{-1}(y))'=p_X\left(g^{-1}(y)\right)\cdot|(g^{-1}(y))'|,\quad \alpha<y<\beta。\end{aligned}$$

(2) 设 $g'(x)<0$，$y=g(x)$ 是严格单调递减函数，其反函数 $x=g^{-1}(y)$ 也在 $(\alpha,\ \beta)$ 严格单调递减，且 $[g^{-1}(y)]'<0$。

当 $y\in(\alpha,\beta)$ 时，

$$g(X)\leqslant y\Leftrightarrow X\geqslant g^{-1}(y),$$

因此，

$$F_Y(y)=P(Y\leqslant y)=P(g(X)\leqslant y)=P(X\geqslant g^{-1}(y))=1-F_X(g^{-1}(y)),$$

得到 Y 的密度

$$\begin{aligned}p_Y(y)=F_Y'(y)&=\frac{\mathrm{d}}{\mathrm{d}y}\left(1-F_X[g^{-1}(y)]\right)=-F_X'\left(g^{-1}(y)\right)\cdot[g^{-1}(y)]'\\&=-p_X\left(g^{-1}(y)\right)\cdot(g^{-1}(y))'=p_X\left(g^{-1}(y)\right)\cdot|(g^{-1}(y))'|,\quad \alpha<y<\beta。\end{aligned}$$

定理得证。

例 2.17　设随机变量 $X\sim N(\mu,\ \sigma^2)$，求 X 的线性函数 $Y=aX+b\ (a\neq 0)$ 的密度函数 $p_Y(y)$。

解　X 的密度函数为

$$P_X(x)=\frac{1}{\sqrt{2\pi}\sigma}e^{-\frac{(x-\mu)^2}{2\sigma^2}},\quad -\infty<x<+\infty,$$

由 $y=ax+b$ 严格单调，解得反函数

$$x=g^{-1}(y)=\frac{y-b}{a},\quad [g^{-1}(y)]'=\frac{1}{a},$$

根据定理 2.2，$Y=aX+b$ 的密度为

$$\begin{aligned}p_Y(y)=&p_X(g^{-1}(y))\cdot|[g^{-1}(y)]'|=p_X\left(\frac{y-b}{a}\right)\cdot\left|\frac{1}{a}\right|,\\=&\frac{1}{\sqrt{2\pi}\sigma}e^{-\frac{\left(\frac{y-b}{a}-\mu\right)^2}{2\sigma^2}}\cdot\left|\frac{1}{a}\right|=\frac{1}{\sqrt{2\pi}|a|\sigma}e^{-\frac{[y-(a\mu+b)]^2}{2a^2\sigma^2}}。\end{aligned}$$

可见，Y 仍然服从正态分布，$Y\sim N(a\mu+b,\ a^2\sigma^2)$。

上述结论中，对 $X\sim N(\mu,\ \sigma^2)$，令 $a=\dfrac{1}{\sigma}$，$b=-\dfrac{\mu}{\sigma}$，则有 $a\mu+b=0$，$a^2\sigma^2=1$，$Y=aX+b=\dfrac{X-\mu}{\sigma}\sim N(0,1)$，正是定理 2.1 的内容。

习　题　二

1. 将 3 个小球随机放入 4 个盒子中，设盒子中球的最多个数为 X，求 X 的分布律。

2. 将 1~9 共九个数随机放入 3×3 的格子，设各列最小值为 a_1, a_2, a_3，求 $T = \max\{a_1, a_2, a_3\}$ 的分布律。

3. 问 C 取何值时以下数列称为概率分布律：

(1) $p_k = C\left(\dfrac{2}{3}\right)^k,\quad k = 1, 2, 3;$

(2) $p_k = C\dfrac{\lambda^k}{k!},\quad k = 1, 2, \cdots$。

4. 设离散型随机变量 X 的分布律为

X	-1	0	1
P	$1/4$	a	b

分布函数为 $F(x) = \begin{cases} c, & -\infty < x < -1 \\ d, & -1 \leqslant x < 0 \\ 3/4, & 0 \leqslant x < 1 \\ e, & 1 \leqslant x < +\infty \end{cases}$，

试求常数 a, b, c, d, e。

5. 甲、乙两人射击，各射 3 次。甲、乙命中率分别为 0.6，0.7，求 (1) 两人射中次数相等的概率；(2) 甲比乙射中次数多的概率。

6. 某街道有 n 个路口装有红绿灯，各路口出现红绿灯相互独立，红绿灯显示时间长度为 1:2。现有一辆汽车从头沿街道行驶，以 X 表示该车首次遇红灯前已通过的路口个数，求 X 的分布律。

7. 设有甲、乙两种颜色和味觉都极为相似的名酒各 4 杯，若从中挑 4 杯能将甲酒全部挑出来，算是试验成功一次，

(1) 某人随机地去猜，问他试验成功一次的概率是多少？

(2) 某人声称他通过品尝可区分这两种酒，他独立试验 10 次成功 3 次。利用小概率事件原理推断，他是猜对的，还是确有区分能力的。

8. 已知每天到达某港口的油船数 X 服从参数为 2.5 的泊松分布，而港口的服务能力最多只能服务 3 只船，如果一天中到达港口的油船多于 3 只，则超过 3 只的油船必须转港。(1) 求一天中必须有油船转港的概率；(2) 求一天中最大可能到达港口的油船数及其概率；(3) 问服务能力提高到多少只油船时，才能使到达油船以 90%的概率得到服务。

9. 在区间 [2,6] 随机投点，设落点坐标 X，现对 X 进行三次独立观测，求至少有两次观测值大于 3 的概率。

10. 下列函数是随机变量 x 的密度函数，试确定常数 a。

(1) $p(x) = ae^{-|x|},\quad -\infty < x < \infty;$

(2) $p(x) = \begin{cases} a\sin\dfrac{x}{2}, & 0 \leqslant x \leqslant 2\pi \\ 0, & \text{其他} \end{cases}$；

(3) $p\,(x) = \begin{cases} \cos x, & 0 \leqslant x \leqslant a \\ 0, & \text{其他} \end{cases}$；

(4) $p(x)=\begin{cases}\dfrac{a}{1+x^2}, & |x|\leqslant 1\\ 0, & |x|>1\end{cases}$。

11. 设随机变量 X 的分布函数为

$$F(x)=\begin{cases}A+Be^{-x^2/2}, & x>0\\ 0, & x\leqslant 0\end{cases},$$

求 A，B 及概率 $P(-1<X\leqslant 1)$。

12. 设随机变量 X 的概率密度函数为

$$p(x)=\begin{cases}Ax^3, & 0<x<1\\ 0, & 其他\end{cases},$$

(1) 求常数 A；(2) 求 X 的分布函数 $F(x)$；(3) 求常数 B，使 $P(X<B)=P(X>B)$。

13. 设随机变量 X 概率密度函数

$$p(x)=\begin{cases}\dfrac{1}{18}x^2, & -3\leqslant x\leqslant 3\\ 0, & 其他\end{cases},$$

求关于 y 的方程：$4y^2+4Xy+X+2=0$ 有实根的概率。

14. 设 $X\sim N(5,4)$，求 a，使得 (1)$P(X<a)=0.9$；(2)$P(|X-5|>a)=0.01$。

15. 设随机变量 $X\sim N(60,9)$，求分点 x_1，x_2，使 X 落在 $(-\infty,\ x_1)$，$(x_1,\ x_2)$，$(x_2,\ +\infty)$ 的概率之比为 3:4:5。

16. 设随机变量 X 和 Y 均服从正态分布，$X\sim N\left(\mu,4^2\right)$，$Y\sim N\left(\mu,5^2\right)$，记 $p_1=P\left(X\leqslant\mu-4\right)$，$p_2=P\left(Y\geqslant\mu+5\right)$，试比较 p_1 和 p_2 的大小。

17. 在电源电压不超过 200V, 介于 200~240V, 超过 240V 三种情况下, 某电子元件损坏的概率分别为 0.1, 0.001, 0.2。设电源电压 X 服从正态分布 N (220，25^2)。求 (1) 该电子元件损坏的概率；(2) 已知该电子元件损坏，问此时电压介于 200~240V 的概率。

18. 某种英语考试的标准分 X 服从均值 500 正态分布，已知考分 612 以上占全体考生的 5.5%，若将及格线设定为 85%的考生都能通过，问及格分应是多少分 (取整)。

19. 设离散型随机变量 X 的分布律为

X	-2	$-1/2$	0	$1/2$	4
P	$1/8$	$1/4$	$1/8$	$1/6$	$1/3$

求下列随机变量的分布律：(1)$Y=2X$；(2) $Y=X^2$；(3) $Y=\sin\left(\dfrac{\pi}{2}X\right)$。

20. 设随机变量 X 服从 $[-1,\ 1]$ 上的均匀分布，$Y=X^2$，求 Y 的密度函数 $p_Y(y)$。

21. 设随机变量 X 的密度为 $p(x)=\dfrac{1}{4\sqrt{\pi}}e^{-\frac{1}{16}(x^2-4x+4)}$, 求 $Y=2X+4$ 的密度。

22. 设随机变量 X 服从 $[0,\ \pi]$ 的均匀分布，求 $Y=\sin X$ 的概率密度。

23. 设随机变量 $X\sim N(0,1)$，求 $Y=2(1-|X|)$ 的概率密度函数。

24. 设随机变量 X 服从柯西分布，即密度函数为

$$p_X(x)=\frac{1}{\pi(1+x^2)},\quad -\infty<x<+\infty,$$

求 $Y=1-\sqrt[3]{X}$ 的密度函数 $p_Y(y)$。

25. 设随机变量 X 的密度函数为 $p(x)=\begin{cases}\dfrac{1}{3\sqrt[3]{x^2}}, & 1\leqslant x\leqslant 8\\ 0, & 其他\end{cases}$，$F(x)$ 是 X 的分布函数，试求 $Y=F(X)$ 所服从的分布。

26. 设随机变量 X 服从参数为 2 的指数分布，证明 $Y=1-e^{-2X}$ 在区间 [0,1] 上服从均匀分布。

第三章　二维随机变量及其分布

实际问题中，很多随机试验的结果是多因素的，需要两个或多个随机变量来描述，例如，在平面上随机投点，落点坐标需要 X, Y 两个随机变量来确定；任取一名高考考生，其语文、数学、外语三门课的成绩需要 X, Y, Z 三个随机变量来确定。研究这些随机变量，不但要研究单个的 X, Y, Z，还要研究它们之间的相互关系。这样，便形成了作为整体考虑的二维和三维随机变量 (X, Y) 和 (X, Y, Z)，多维随机变量也称为随机向量。由二维随机变量到多维随机变量，其性质没有本质的不同，因此本章我们主要研究二维随机变量。

第一节　二维随机变量的分布函数

定义 3.1　设 (X, Y) 为二维随机变量，对任意实数 (x, y)，二元函数

$$F(x,y) = P\{(X \leqslant x) \cap (Y \leqslant y)\} = P\{X \leqslant x, Y \leqslant y\}$$

称为二维随机变量 (X, Y) 的联合分布函数，简称分布函数。

如果将 (X, Y) 看成平面上随机点的坐标，则分布函数 $F(x, y)$ 在 (x, y) 处的函数值

$$F(x,y) = P\{X \leqslant x, Y \leqslant y\} \tag{3.1}$$

就是随机点 (X, Y) 落入以 (x, y) 为右上顶点的无穷矩形区域的概率 (图 3-1)。

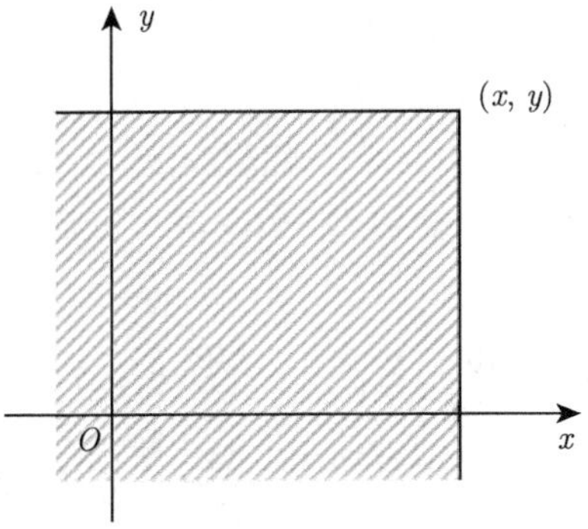

图 3-1

联合分布函数 $F(x, y)$ 具有以下基本性质:

(1) $F(x, y)$ 分别是 x 和 y 的单调不减函数，即对任意固定的 y，当 $x_2 > x_1$ 时，$F(x_2, y) \geqslant F(x_1, y)$；对任意固定的 x，当 $y_2 > y_1$ 时，有 $F(x, y_2) \geqslant F(x, y_1)$。

(2) $0 \leqslant F(x, y) \leqslant 1$，且对任意固定的 y，$F(-\infty, y) = 0$；对任意固定的 x，$F(x, -\infty) = 0$，以及 $F(-\infty, -\infty) = 0$，$F(+\infty, +\infty) = 1$。

(3) $F(x,y)$ 关于 x,y 右连续，即

$$F(x+0,y)=F(x,y),\quad F(x,y+0)=F(x,y)。$$

(4) 对任意实数 $x_2>x_1$，$y_2>y_1$，有

$$F(x_2,y_2)-F(x_1,y_2)-F(x_2,y_1)+F(x_1,y_1)\geqslant 0。$$

性质 (1)~性质 (3) 与一维随机变量相似，性质 (4) 反映了随机变量 (X,Y) 在矩形区域取值的概率非负 (图 3-2)，实际上

$$\begin{aligned}&P(x_1<X\leqslant x_2,y_1<Y\leqslant y_2)\\=&P(X\leqslant x_2,Y\leqslant y_2)-P(X\leqslant x_1,Y\leqslant y_2)-P(X\leqslant x_2,Y\leqslant y_1)+P(X\leqslant x_1,Y\leqslant y_1)\\=&F(x_2,y_2)-F(x_1,y_2)-F(x_2,y_1)+F(x_1,y_1)\geqslant 0。\end{aligned}$$

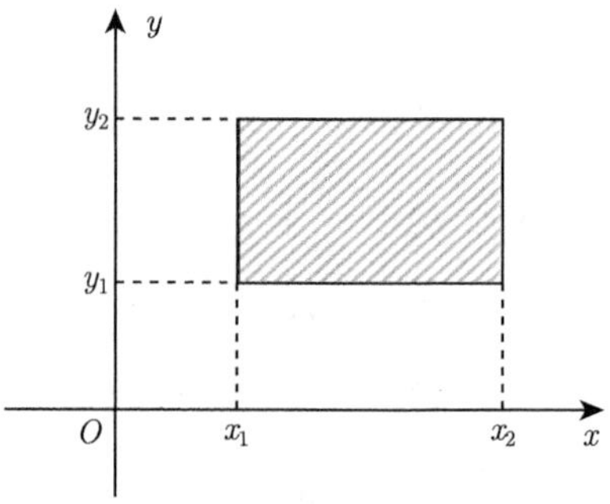

图 3-2

应当注意，任意二维随机变量 (X,Y) 具有性质 (1)~性质 (4)，反之，如果存在二维函数 $F(x,y)$ 满足以上四条性质，则必存在随机变量 X,Y，使得 $F(x,y)$ 成为 (X,Y) 的分布函数。

对于二维随机变量 (X,Y)，其中，单个随机变量 X 或 Y 的分布称为**边缘分布**。若已知二维随机变量 (X,Y) 的联合分布函数 $F(x,y)$，可以导出 X 和 Y 的边缘分布函数 $F_X(x)$，$F_Y(y)$：

$$\begin{aligned}F_X(x)&=P(X\leqslant x)=P(X\leqslant x,Y\leqslant+\infty)\\&=F(x,+\infty)=\lim_{y\to+\infty}F(x,y),\end{aligned}\tag{3.2}$$

$$\begin{aligned}F_Y(y)&=P(Y\leqslant y)=P(X\leqslant+\infty,Y\leqslant y)\\&=F(+\infty,y)=\lim_{x\to+\infty}F(x,y)。\end{aligned}\tag{3.3}$$

例 3.1　设二维随机变量 (X,Y) 的联合分布函数为

$$F(x,y)=A\left(B+\arctan\frac{x}{2}\right)\left(C+\arctan\frac{y}{3}\right),\quad -\infty<x,y<+\infty。$$

(1) 求常数 A,B,C；

(2) 求 X,Y 的边缘分布函数；

(3) 求概率 $P(Y>3)$。

解　(1) 由分布函数的性质，对任意 x,y 有

$$F(x,-\infty)=A\left(B+\arctan\frac{x}{2}\right)\left(C-\frac{\pi}{2}\right)=0,$$

$$F(-\infty,y)=A\left(B-\frac{\pi}{2}\right)\left(C+\arctan\frac{y}{3}\right)=0,$$

$$F(+\infty,+\infty)=A\left(B+\frac{\pi}{2}\right)\left(C+\frac{\pi}{2}\right)=1,$$

可以解得，$B=\dfrac{\pi}{2}$，$C=\dfrac{\pi}{2}$，$A=\dfrac{1}{\pi^2}$。

(2) X 的边缘分布函数为

$$\begin{aligned}F_X(x)=F(x,+\infty)&=\lim_{y\to+\infty}\frac{1}{\pi^2}\left(\frac{\pi}{2}+\arctan\frac{x}{2}\right)\left(\frac{\pi}{2}+\arctan\frac{y}{3}\right)\\&=\frac{1}{\pi}\left(\frac{\pi}{2}+\arctan\frac{x}{2}\right),\quad -\infty<x<+\infty。\end{aligned}$$

同理，Y 的边缘分布函数为

$$F_Y(y)=\frac{1}{\pi}\left(\frac{\pi}{2}+\arctan\frac{y}{3}\right),\quad -\infty<y<+\infty。$$

(3) $P(Y>3)=1-P(Y\leqslant 3)=1-F_Y(3)=1-\left(\dfrac{1}{2}+\dfrac{1}{\pi}\arctan 1\right)=\dfrac{1}{4}$。

二维分布函数的概念可以推广到 n 维随机变量。

定义 3.2　设 $(X_1,X_2,\cdots,X_n)$ 是 n 维随机变量，对任意实数 $x_1,x_2,\cdots,x_n$，称 n 维函数

$$F(x_1,x_2,\cdots,x_n)=P\{X_1\leqslant x_1,X_2\leqslant x_2,\cdots,X_n\leqslant x_n\}$$

为随机变量 $(X_1,X_2,\cdots,X_n)$ 的联合分布函数。

与二维情况类似，我们可以求得 $(X_1,X_2,\cdots,X_n)$ 的 k 维边缘分布函数 $(1\leqslant k<n)$，例如，$(X_1,X_2,\cdots,X_n)$ 中 X_1 的边缘分布函数为

$$F_{X_1}(x_1)=F(x_1,+\infty,\cdots,+\infty),$$

$(X_1,X_2,\cdots,X_n)$ 中 (X_1,X_2) 的边缘分布函数为

$$F_{(X_1,X_2)}(x_1,x_2)=F(x_1,x_2,+\infty,\cdots,+\infty)。$$

下面我们通过随机事件的独立性概念引入随机变量相互独立的概念。

定义 3.3　设随机变量 X,Y 满足，对任意 x,y，随机事件 $X\leqslant x$ 与 $Y\leqslant y$ 独立，即

$$P(X\leqslant x,Y\leqslant y)=P(X\leqslant x)P(Y\leqslant y),$$

即

$$F(x,y)=F_X(x)F_Y(y),\tag{3.4}$$

则称随机变量 X,Y 相互独立。

我们不加证明地给出随机变量独立性的一个重要性质：若随机变量 X,Y 相互独立，$f(x)$，$g(y)$ 为 X,Y 的连续或分段连续函数，则随机变量的函数 $f(X)$ 与 $g(Y)$ 相互独立。(随机变量的函数的概念见本章第四节)

例如，X,Y 相互独立，则 X^2 与 Y^3 相互独立，$\sin X$ 与 $\cos Y$ 相互独立。

对于 n 维随机变量 $(X_1,X_2,\cdots,X_n)$，若对任意实数 $x_1,x_2,\cdots,x_n$，有

$$P(X_1\leqslant x_1,X_2\leqslant x_2,\cdots,X_n\leqslant x_n)=P(X_1\leqslant x_1)P(X_2\leqslant x_2)\cdots P(X_n\leqslant x_n),$$

即

$$F(x_1,x_2,\cdots,x_n)=F_{X_1}(x_1)F_{X_2}(x_2)\cdots F_{X_n}(x_n),$$

则称 $X_1,X_2,\cdots,X_n$ 相互独立。

第二节　二维离散型随机变量

一、定义与性质

定义 3.4　若二维随机变量 (X,Y) 的可能取值是有限多个或可列无限多个，则称 (X,Y) 为离散型随机变量。

定义 3.5 (离散型随机变量联合分布律)　设二维离散型随机变量 (X,Y) 的所有可能取值为 (x_i,y_j)，$i,j=1,2,\cdots$，则称

$$P(X=x_i,Y=y_j)=p_{ij},\quad i,j=1,2,\cdots \tag{3.5}$$

为离散型随机变量 (X,Y) 的联合分布律。

我们可以用表格形式表示 (X,Y) 的联合分布律：

X \ Y	y_1	y_2	$\cdots$	y_j	$\cdots$
x_1	p_{11}	p_{12}	$\cdots$	p_{1j}	$\cdots$
x_2	p_{21}	p_{22}	$\cdots$	p_{2j}	$\cdots$
$\vdots$	$\vdots$	$\vdots$		$\vdots$	
x_i	p_{i1}	p_{i2}	$\cdots$	p_{ij}	$\cdots$
$\vdots$	$\vdots$	$\vdots$		$\vdots$	

离散型随机变量的联合分布律具有如下性质：

(1) $p_{ij}\geqslant 0,i,j=1,2,\cdots$；

(2) $\sum\limits_{i=1}^{\infty}\sum\limits_{j=1}^{\infty}p_{ij}=1$。

二、边缘分布及独立性条件

在二维联合分布中，可推导单个随机变量 X 或 Y 的分布律，称为边缘分布律。

$$P(X=x_i)=P(X=x_i,Y<+\infty)=P\left(X=x_i,\bigcup_{j=1}^{\infty}(Y=y_j)\right)$$

$$=\sum_{j=1}^{\infty}P(X=x_i,Y=y_j)=\sum_{j=1}^{\infty}p_{ij}\overset{\text{记为}}{=\!=}p_{i\bullet}。\tag{3.6}$$

同理

$$P(Y=y_j)=\sum_{i=1}^{\infty}P(X=x_i,Y=y_j)=\sum_{i=1}^{\infty}p_{ij}\overset{\text{记为}}{=\!=}p_{\bullet j}。\tag{3.7}$$

边缘分布律可以表示为

X	x_1	x_2	$\cdots$	x_n	$\cdots$
P	$p_{1\bullet}$	$p_{2\bullet}$	$\cdots$	$p_{n\bullet}$	$\cdots$

Y	y_1	y_2	$\cdots$	y_n	$\cdots$
P	$p_{\bullet 1}$	$p_{\bullet 2}$	$\cdots$	$p_{\bullet n}$	$\cdots$

显然，边缘分布律满足一维随机变量分布律的性质。

二维离散型随机变量 (X,Y) 的联合分布律和边缘分布律可以出现在同一张表中。

X \ Y	y_1	y_2	$\cdots$	y_j	$\cdots$	$p_{i\bullet}$
x_1	p_{11}	p_{12}	$\cdots$	p_{1j}	$\cdots$	$p_{1\bullet}$
x_2	p_{21}	p_{22}	$\cdots$	p_{2j}	$\cdots$	$p_{2\bullet}$
$\vdots$	$\vdots$	$\vdots$		$\vdots$		$\vdots$
x_i	p_{i1}	p_{i2}	$\cdots$	p_{ij}	$\cdots$	$p_{i\bullet}$
$\vdots$	$\vdots$	$\vdots$		$\vdots$		$\vdots$
$p_{\bullet j}$	$p_{\bullet 1}$	$p_{\bullet 2}$	$\cdots$	$p_{\bullet j}$	$\cdots$	1

二维离散型随机变量 (X,Y) 的联合分布函数为

$$F(x,y)=\sum_{x_i\leqslant x}\sum_{y_j\leqslant y}p_{ij},\tag{3.8}$$

其中，和式是对一切满足 $x_i\leqslant x, y_j\leqslant y$ 的 i,j 求和。

边缘分布函数为

$$F_X(x)=\sum_{x_i\leqslant x}^{\infty}p_{i\bullet}=\sum_{x_i\leqslant x}\sum_{j=1}^{\infty}p_{ij},\quad F_Y(y)=\sum_{y_j\leqslant y}^{\infty}p_{\bullet j}=\sum_{y_j\leqslant y}\sum_{i=1}^{\infty}p_{ij}。\tag{3.9}$$

二维离散型随机变量 (X,Y) 在区域 D 取值的概率可以表示为

$$P((X,Y)\in D)=\sum_{(x_i,y_j)\in D}p_{ij}。$$

二维离散型随机变量 (X,Y) 的独立性等价于：对任意 $i,j=1,2,\cdots$，随机事件 $\{X=x_i\}$ 与 $\{Y=y_j\}$ 独立，即

$$P(X=x_i,Y=y_j)=P(X=x_i)P(Y=y_j),\quad i,j=1,2,\cdots,$$

即

$$p_{ij}=p_{i\bullet}p_{\bullet j},\quad i,j=1,2,\cdots。\tag{3.10}$$

例 3.2　将一枚硬币抛 3 次，设 X 是 3 次中正面出现的次数，Y 表示出现正面次数与反面次数之差的绝对值，试求 (X,Y) 的联合分布律及边缘分布律。

解　X 的可能取值为 $0,1,2,3$，$Y=|X-(3-X)|=|2X-3|$，Y 的可能取值为 $1,3$，但 (X,Y) 的可能取值只有 $(0,3),(1,1),(2,1),(3,3)$，其他 (X,Y) 取值概率为 0。

$$P(X=0,Y=3)=P(X=0)=\frac{1}{2^3}=\frac{1}{8},$$

$$P(X=1,Y=1)=P(X=1)=C_3^1\frac{1}{2^3}=\frac{3}{8},$$

$$P(X=2,Y=1)=P(X=2)=C_3^2\frac{1}{2^3}=\frac{3}{8},$$

$$P(X=3,Y=3)=P(X=3)=\frac{1}{2^3}=\frac{1}{8}。$$

(X,Y) 的联合分布律及边缘分布律如下：

X \ Y	1	3	$p_{i\bullet}$
0	0	1/8	1/8
1	3/8	0	3/8
2	3/8	0	3/8
3	0	1/8	1/8
$p_{\bullet j}$	3/4	1/4	1

例 3.3　设随机变量 X,Y 同分布，$X,Y\sim\begin{pmatrix}-1 & 0 & 1\\ 0.25 & 0.5 & 0.25\end{pmatrix}$，已知 $P(XY=0)=1$。

(1) 求 (X,Y) 的联合分布律；

(2) 求 $P(X=Y)$；

(3) 问 X,Y 是否独立？

解　(1) 设 (X,Y) 的联合分布律为

X \ Y	-1	0	1	$p_{i\bullet}$
-1	p_{11}	p_{12}	p_{13}	0.25
0	p_{21}	p_{22}	p_{23}	0.5
1	p_{31}	p_{32}	p_{33}	0.25
$p_{\bullet j}$	0.25	0.5	0.25	1

$\because P(XY=0)=1, \therefore P(XY\neq 0)=0$，
因此，$p_{11}=P(X=-1,Y=-1)=0$，同理，$p_{13}=p_{31}=p_{33}=0$。

由边缘分布得，$p_{12}=0.25$，$p_{21}=0.25$，$p_{23}=0.25$，$p_{32}=0.25$，$p_{22}=0$。

从而，所求联合分布律为

$X \backslash Y$	-1	0	1
-1	0	0.25	0
0	0.25	0	0.25
1	0	0.25	0

(2) $P(X=Y)=p_{11}+p_{22}+p_{33}=0$。

(3) 因为 $p_{22}=0$，而 $p_{2\bullet}=p_{\bullet 2}=0.5$，$p_{22}\neq p_{2\bullet}\times p_{\bullet 2}$，所以 X,Y 不独立。

三、常用二维离散型随机变量

1. 三项分布

若二维离散型随机变量 (X,Y) 的分布律为

$$P(X=i,Y=j)=\frac{n!}{i!j!(n-i-j)!}p_1^i p_2^j(1-p_1-p_2)^{n-i-j}, \quad i,j=0,1,\cdots,n,\quad i+j\leqslant n \tag{3.11}$$

其中，$0<p_1,p_2<1$，$p_1+p_2<1$，则称 (X,Y) 服从参数为 n,p_1,p_2 的三项分布，记为 $T(n,p_1,p_2)$。三项分布是二项分布的推广，是多项分布的一种。

在 n 重独立试验中，若每次试验有三种结果，A_1,A_2,A_3，$P(A_i)=p_i$，$p_1+p_2+p_3=1$，设 A_1 发生 X 次，A_2 发生 Y 次，则 (X,Y) 服从三项分布。$P(X=i,Y=j)$ 表示 A_1 发生 i 次，A_2 发生 j 次，A_3 发生 $n-i-j$ 次的概率。

例 3.4　证明三项分布的边缘分布是二项分布，即若 $(X,Y)\sim T(n,p_1,p_2)$，则 $X\sim B(n,p_1),Y\sim B(n,p_2)$。

证明　以 X 的边缘分布为例，对 $k=1,2,\cdots,n$

$$P(X=k)=\sum_{j=0}^{n-k}P(X=k,\ Y=j)$$

$$=\sum_{j=0}^{n-k}\frac{n!}{k!j!(n-k-j)!}p_1^k p_2^j(1-p_1-p_2)^{n-k-j}$$

$$=\frac{n!}{k!\,(n-k)!}p_1^k\sum_{j=0}^{n-k}\frac{(n-k)!}{j![(n-k)-j]!}p_2^j(1-p_1-p_2)^{(n-k)-j}$$

$$=\frac{n!}{k!\,(n-k)!}p_1^k(1-p_1)^{n-k}=C_n^k p_1^k(1-p_1)^{n-k}。$$

可见，X 服从二项分布 $B(n,p_1)$。

例 3.5　设 100 只产品中，含有一、二、三等品分别为 50, 30, 20 只，从中**有放回**地抽取 15 只，求恰有一、二、三等品 8,4,3 只的概率。

解　所抽取的 15 只产品中含有一、二等品的数目 X,Y 服从三项分布 $T(15,0.5,0.3)$，所求概率为

$$P(X=8,Y=4)=\frac{15!}{8!4!3!}0.5^8 0.3^4 0.2^3=0.0570。$$

2. 二维超几何分布

若二维离散型随机变量 (X,Y) 的分布律为

$$P(X=n_1,Y=n_2)=\frac{C_{N_1}^{n_1}C_{N_2}^{n_2}C_{N_3}^{n_3}}{C_N^n},\tag{3.12}$$

其中，$N=N_1+N_2+N_3$，$n=n_1+n_2+n_3$，则称 (X,Y) 服从二维超几何分布。

总共 N 个元素分为 A，B，C 三类，每类分别有 N_1,N_2,N_3 个，从中不放回地取出 n 个，设取到 A 类 X 个，B 类 Y 个，则 (X,Y) 服从二维超几何分布。$P(X=n_1,Y=n_2)$ 表示取到 A 类 n_1 个，B 类 n_2 个，C 类 n_3 个的概率。

例 3.6　设 100 只产品中，含有一、二、三等品分别为 50,30,20 只，从中**不放回**地抽取 15 只，求恰有一、二、三等品 8,4,3 只的概率。

解　所抽取的 15 只产品中含有一、二等品的数目 X,Y 服从二维超几何分布，所求概率为

$$P(X=8,Y=4)=\frac{C_{50}^8C_{30}^4C_{20}^3}{C_{100}^{15}}=0.0662。$$

由例 3.5 和例 3.6 可见，同样的问题，由于抽样方式的不同，分别服从三项分布和二维超几何分布。

第三节　二维连续型随机变量

一、定义与性质

定义 3.6　对于二维随机变量 (X,Y) 的分布函数 $F(x,y)$，如果存在非负函数 $p(x,y)$，使得对于任意的 (x,y) 有

$$F(x,y)=\int_{-\infty}^{x}\int_{-\infty}^{y}p(u,v)\mathrm{d}u\mathrm{d}v,\tag{3.13}$$

则称 (X,Y) 是二维连续型随机变量，称 $p(x,y)$ 为 (X,Y) 的联合概率密度函数。简称概率密度。

二维连续型随机变量的联合概率密度具有下列性质：

(1) $p(x,y)\geqslant 0$；

(2) $\int_{-\infty}^{+\infty}\int_{-\infty}^{+\infty}p(x,y)\mathrm{d}x\mathrm{d}y=F(+\infty,+\infty)=1$；

(3) 设 D 是平面区域，则随机点 (X,Y) 落入 D 内的概率为

$$P((X,Y)\in D)=\iint\limits_D p(x,y)\mathrm{d}x\mathrm{d}y;$$

(4) 若 $p(x,y)$ 在点 (x,y) 处连续，则有

$$\frac{\partial^2 F(x,y)}{\partial x \partial y} = p(x,y)。$$

由偏导数和积分性质，当 $\Delta x, \Delta y$ 充分小时，

$$\begin{aligned}&P(x < X \leqslant x+\Delta x,\ y < Y \leqslant y+\Delta y)\\ =&\int_x^{x+\Delta x}\int_y^{y+\Delta y} p(u,v)\mathrm{d}u\mathrm{d}v \approx p(x,y)\Delta x\Delta y,\end{aligned}$$

因此，$p(x,y)$ 的大小反映了 (X,Y) 落在点 (x,y) 附近的概率大小。

二、边缘密度及独立性条件

在研究二维随机变量 (X,Y) 时，X 和 Y 作为一维随机变量，其概率密度称为边缘密度，分别记为 $p_X(x)$, $p_Y(y)$。以下讨论边缘密度与联合密度的关系，设 X 和 Y 的边缘分布函数分别为 $F_X(x)$, $F_Y(y)$，则

$$F_X(x) = F(x,+\infty) = \int_{-\infty}^{x}\int_{-\infty}^{+\infty} p(t,y)\mathrm{d}t\mathrm{d}y = \int_{-\infty}^{x}\left[\int_{-\infty}^{+\infty} p(t,y)\mathrm{d}y\right]\mathrm{d}t,$$

因此，X 的边缘密度函数

$$p_X(x) = F_X'(x) = \int_{-\infty}^{+\infty} p(x,y)\mathrm{d}y, \tag{3.14}$$

同理，Y 的边缘密度函数

$$p_Y(y) = F_Y'(y) = \int_{-\infty}^{+\infty} p(x,y)\mathrm{d}x。 \tag{3.15}$$

下面我们引入用密度函数表示的独立性条件。由本章第一节式 (3.4)，随机变量 X,Y 的独立性条件为，联合密度函数可以表示为边缘密度函数的乘积：

$$F(x,y) = F_X(x)F_Y(y), \quad \forall (x,y),$$

即

$$\begin{aligned}\int_{-\infty}^{x}\int_{-\infty}^{y} p(u,v)\mathrm{d}u\mathrm{d}v &= \int_{-\infty}^{x} p_X(t)\mathrm{d}t\int_{-\infty}^{y} p_Y(t)\mathrm{d}t\\ &= \int_{-\infty}^{x}\int_{-\infty}^{y} p_X(x)p_Y(y)\mathrm{d}x\mathrm{d}y。\end{aligned}$$

上式对任意 (x,y) 成立，因此得到用密度函数表示的独立性条件

$$p(x,y) = p_X(x)p_Y(y), \quad \forall (x,y)。 \tag{3.16}$$

以上结果可以推广到 n 维随机变量 $(X_1, X_2, \cdots, X_n)$。

定义 3.7 设 $(X_1, X_2, \cdots, X_n)$ 为 n 维随机变量，若存在非负函数 $p(x_1, x_2, \cdots, x_n)$ 使得对任意实数 $x_1, x_2, \cdots, x_n$，有

$$F(x_1, x_2, \cdots, x_n) = \int_{-\infty}^{x_1} \int_{-\infty}^{x_2} \cdots \int_{-\infty}^{x_n} p(u_1, u_2, \cdots, u_n) \mathrm{d}u_1 \mathrm{d}u_2 \cdots \mathrm{d}u_n,$$

则称 $(X_1, X_2, \cdots, X_n)$ 为 n 维连续型随机变量，$p(x_1, x_2, \cdots, x_n)$ 为 $(X_1, X_2, \cdots, X_n)$ 的联合密度函数。n 维密度函数的性质与二维密度函数相似，不再一一列出。

与二维情况类似，我们可以求得 $(X_1, X_2, \cdots, X_n)$ 的 k 维边缘密度函数 $(1 \leqslant k < n)$，例如，$(X_1, X_2, \cdots, X_n)$ 中 X_1 的边缘密度函数为

$$p_{X_1}(x_1) = \int_{-\infty}^{+\infty} \int_{-\infty}^{+\infty} \cdots \int_{-\infty}^{+\infty} p(x_1, u_2, u_3, \cdots, u_n) \mathrm{d}u_2 \mathrm{d}u_3 \cdots \mathrm{d}u_n,$$

$(X_1, X_2, \cdots, X_n)$ 中 (X_1, X_2) 的边缘密度函数为

$$p_{(X_1, X_2)}(x_1, x_2) = \int_{-\infty}^{+\infty} \int_{-\infty}^{+\infty} \cdots \int_{-\infty}^{+\infty} p(x_1, x_2, u_3, u_4, \cdots, u_n) \mathrm{d}u_3 \mathrm{d}u_4 \cdots \mathrm{d}u_n。$$

n 维随机变量的独立性条件可以表示为：若对任意实数 $x_1, x_2, \cdots, x_n$，有

$$p(x_1, x_2, \cdots, x_n) = p_{X_1}(x_1) p_{X_2}(x_2) \cdots p_{X_n}(x_n),$$

则 $(X_1, X_2, \cdots, X_n)$ 相互独立。

例 3.7 设二维随机变量 (X, Y) 的密度函数为

$$p(x, y) = \begin{cases} Ce^{-(3x+4y)}, & x > 0, y > 0 \\ 0, & \text{其他} \end{cases}。$$

试求：

(1) 常数 C；

(2) 联合分布函数 $F(x, y)$；

(3) $P(X + Y \geqslant 1)$；

(4) 问 X, Y 是否独立？

解 (1) 由密度函数性质

$$\begin{aligned} \int_{-\infty}^{+\infty} \int_{-\infty}^{+\infty} p(x, y) \mathrm{d}x \mathrm{d}y &= C \int_{0}^{+\infty} \int_{0}^{+\infty} e^{-(3x+4y)} \mathrm{d}x \mathrm{d}y \\ &= C \int_{0}^{+\infty} e^{-3x} \mathrm{d}x \int_{0}^{+\infty} e^{-4y} \mathrm{d}y = \frac{C}{12} = 1, \end{aligned}$$

所以 $C = 12$。

(2) $x \leqslant 0$ 或 $y \leqslant 0$ 时，

$$p(x, y) = 0, \quad F(x, y) = \int_{-\infty}^{x} \int_{-\infty}^{y} p(u, v) \mathrm{d}u \mathrm{d}v = 0。$$

$x>0$ 且 $y>0$ 时，

$$F(x,y)=\int_{-\infty}^{x}\int_{-\infty}^{y}p(u,v)\mathrm{d}u\mathrm{d}v=12\int_{0}^{x}\mathrm{d}u\int_{0}^{y}e^{-(3u+4v)}\mathrm{d}v$$
$$=12\int_{0}^{x}e^{-3u}\mathrm{d}u\int_{0}^{y}e^{-4v}\mathrm{d}v=(1-e^{-3x})(1-e^{-4y}),$$

$$\therefore F(x,y)=\begin{cases}(1-e^{-3x})(1-e^{-4y}), & x>0,y>0\\ 0, & \text{其他}\end{cases}。$$

(3) $P(X+Y\geqslant 1)=1-P(X+Y<1)=1-12\int_{0}^{1}\mathrm{d}x\int_{0}^{1-x}e^{-(3x+4y)}\mathrm{d}y=4e^{-3}-3e^{-4}$。

(4) $$F_X(x)=\lim_{y\to\infty}F(x,y)=\begin{cases}(1-e^{-3x}), & x>0\\ 0, & x\leqslant 0\end{cases},$$

$$F_Y(y)=\lim_{x\to\infty}F(x,y)=\begin{cases}(1-e^{-4y}), & y>0\\ 0, & y\leqslant 0\end{cases},$$

显然，$F(x,y)=F_X(x)F_Y(y)$，所以 X,Y 相互独立。

例 3.8 设二维随机变量 (X,Y) 的密度函数为

$$p(x,y)=\begin{cases}1/2, & (x,y)\in D\\ 0, & \text{其他}\end{cases},$$

其中，区域 D 由 $\left\{y=\dfrac{1}{x},y=0,x=1,x=e^2\right\}$ 围成 (图 3-3)，求 X,Y 的边缘密度函数。

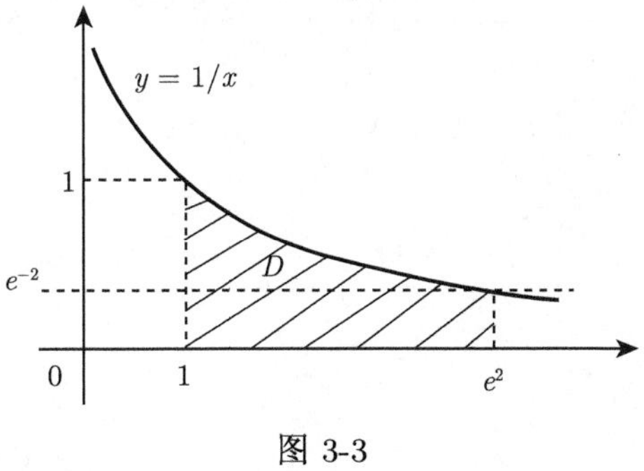

图 3-3

解 $p_X(x)=\int_{-\infty}^{+\infty}p(x,y)\mathrm{d}y$

$$=\begin{cases}\int_{0}^{1/x}1/2\mathrm{d}y, & 1\leqslant x\leqslant e^2\\ 0, & \text{其他}\end{cases}$$

$$=\begin{cases}\dfrac{1}{2x}, & 1\leqslant x\leqslant e^2\\ 0, & \text{其他}\end{cases};$$

$$p_Y(y)=\int_{-\infty}^{+\infty}p(x,y)\mathrm{d}x=\begin{cases}\int_1^{e^2}\frac{1}{2}\mathrm{d}x=\frac{1}{2}(e^2-1), & 0\leqslant y\leqslant e^{-2}\\ \int_1^{1/y}\frac{1}{2}\mathrm{d}x=\frac{1}{2}\left(\frac{1}{y}-1\right), & e^{-2}\leqslant y\leqslant 1\\ 0, & \text{其他}\end{cases}。$$

三、常用二维连续型随机变量

1. **二维均匀分布**

设 D 为平面有界区域，其面积为 S_D，若二维连续型随机变量 (X,Y) 的联合密度为

$$p(x,y)=\begin{cases}1/S_D, & (x,y)\in D\\ 0, & \text{其他}\end{cases},$$

则称 (X,Y) 服从区域 D 上的二维均匀分布。

二维均匀分布的应用很广，例如，在圆 C 内随机投点，落点坐标 (X,Y)，则 (X,Y) 服从圆 C 上的二维均匀分布；又如，甲在 1 到 3 点之间，乙在 2 到 4 点间随机到达某地，到达时刻分别为 X,Y，则 (X,Y) 服从区域 $[1,3]\times[2,4]$ 上的二维均匀分布。

二维均匀分布的特点：随机点落在 D 内任一子区域 D_k 的概率与 D_k 的面积成正比，与 D_k 的形状和 D_k 在 D 内的位置无关，这是因为

$$P\left((X,Y)\in D_k\right)=\iint\limits_{D_k}p(x,y)\mathrm{d}x\mathrm{d}y=\iint\limits_{D_k}1/S_D\mathrm{d}x\mathrm{d}y=S_{D_k}/S_D。$$

由此可见，利用二维均匀分布所求概率结果为面积之比，这正是平面上的几何概型求概率的方法。

例 3.9 两独立信号可在某一分钟内随机进入接收机，若收到两信号的时间间隔小于 5 秒，则信号相互干扰，求两信号不干扰的概率。

解 设两信号进入接收机的时刻为 X,Y (秒)，则 $|X-Y|>5$ 时，信号不干扰。由题意，$X,Y\sim U[0,60]$，

$$p_X(x)=\begin{cases}1/60, & 0\leqslant x\leqslant 60\\ 0, & \text{其他}\end{cases},\quad p_Y(y)=\begin{cases}1/60, & 0\leqslant y\leqslant 60\\ 0, & \text{其他}\end{cases},$$

由 X,Y 独立性，联合密度

$$p(x,y)=p_X(x)p_Y(y)=\begin{cases}1/3600, & 0\leqslant x,y\leqslant 60\\ 0, & \text{其他}\end{cases},$$

$$\begin{aligned}P(|X-Y|>5)&=\iint\limits_{|x-y|>5}p(x,y)\mathrm{d}x\mathrm{d}y\\&=\iint\limits_{|x-y|>5}\frac{1}{3600}\mathrm{d}x\mathrm{d}y=\frac{1}{3600}S_{|x-y|>5}\\&=\frac{55^2}{3600}=0.8403,\end{aligned}$$

其中 $S_{|x-y|>5}=55^2$ (图 3-4)。

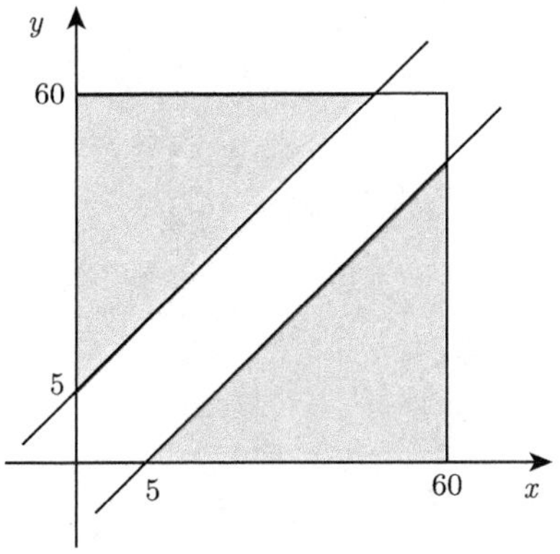

图 3-4

2. **二维正态分布**

若二维随机变量 (X,Y) 的联合密度为

$$p(x,y)=\frac{1}{2\pi\sigma_1\sigma_2\sqrt{1-\rho^2}}\exp\left\{-\frac{1}{2(1-\rho^2)}\left[\left(\frac{x-\mu_1}{\sigma_1}\right)^2-2\rho\left(\frac{x-\mu_1}{\sigma_1}\right)\left(\frac{y-\mu_2}{\sigma_2}\right)+\left(\frac{y-\mu_2}{\sigma_2}\right)^2\right]\right\},\tag{3.17}$$

其中，μ_1，μ_2，$\sigma_1>0,\sigma_2>0$，$|\rho|<1$ 均为常数，则称 (X,Y) 服从二维正态分布，记为 $(X,Y)\sim N(\mu_1,\mu_2,\sigma_1^2,\sigma_2^2,\rho)$ (图 3-5)。

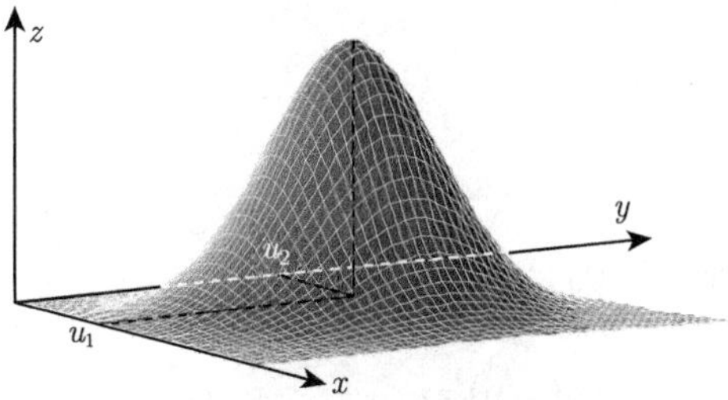

图 3-5　二维正态分布密度函数图形

下面给出二维正态分布的两个重要性质：

定理 3.1　设 (X,Y) 服从二维正态分布 $N(\mu_1,\mu_2,\sigma_1^2,\sigma_2^2,\rho)$，则 X,Y 的边缘分布为 $X\sim N(\mu_1,\sigma_1^2)$，$Y\sim N(\mu_2,\sigma_2^2)$。

证明　令 $u=\dfrac{x-\mu_1}{\sigma_1}$，$v=\dfrac{y-\mu_2}{\sigma_2}$，则 (X,Y) 的联合密度

$$p(x,y)=\frac{1}{2\pi\sigma_1\sigma_2\sqrt{1-\rho^2}}\cdot\exp\left\{-\frac{1}{2(1-\rho^2)}\left[\left(\frac{x-\mu_1}{\sigma_1}\right)^2-2\rho\left(\frac{x-\mu_1}{\sigma_1}\right)\left(\frac{y-\mu_2}{\sigma_2}\right)+\left(\frac{y-\mu_2}{\sigma_2}\right)^2\right]\right\}$$

$$
\begin{aligned}
&= \frac{1}{2\pi\sigma_1\sigma_2\sqrt{1-\rho^2}} \exp\left[-\frac{1}{2(1-\rho^2)}(u^2 - 2\rho uv + v^2)\right] \\
&= \frac{1}{2\pi\sigma_1\sigma_2\sqrt{1-\rho^2}} \exp\left\{-\frac{1}{2(1-\rho^2)}[\rho^2u^2 + v^2 - 2\rho uv + (1-\rho^2)u^2]\right\} \\
&= \frac{1}{2\pi\sigma_1\sigma_2\sqrt{1-\rho^2}} \exp\left[-\frac{(v-\rho u)^2}{2(1-\rho^2)} - \frac{u^2}{2}\right]。
\end{aligned}
$$

X 的边缘密度为

$$
\begin{aligned}
p_X(x) &= \int_{-\infty}^{+\infty} p(x,y)\mathrm{d}y \\
&= \frac{1}{\sqrt{2\pi}\sigma_1} e^{-\frac{u^2}{2}} \int_{-\infty}^{+\infty} \frac{1}{\sqrt{2\pi}\sqrt{1-\rho^2}} \exp\left[-\frac{(v-\rho u)^2}{2(1-\rho^2)}\right]\mathrm{d}v。
\end{aligned}
$$

因为积分中的被积函数是 $N(\rho u,\ 1-\rho^2)$ 的密度函数，所以积分值为 1，从而，

$$
p_X(x) = \frac{1}{\sqrt{2\pi}\sigma_1} e^{-\frac{u^2}{2}} = \frac{1}{\sqrt{2\pi}\sigma_1} e^{-\frac{(x-\mu_1)^2}{2\sigma_1^2}},
$$

即 $X \sim N(\mu_1, \sigma_1^2)$，同理 $Y \sim N(\mu_2, \sigma_2^2)$。

定理 3.2　设 (X,Y) 服从二维正态分布 $N(\mu_1, \mu_2, \sigma_1^2, \sigma_2^2, \rho)$，则 X, Y 相互独立的充要条件为 $\rho = 0$。

证明　充分性：设 $\rho = 0$，二维正态分布 (X,Y) 的密度函数为

$$
\begin{aligned}
p(x,y) &= \frac{1}{2\pi\sigma_1\sigma_2} \exp\left\{-\frac{1}{2}\left[\frac{(x-\mu_1)^2}{\sigma_1^2} + \frac{(y-\mu_2)^2}{\sigma_2^2}\right]\right\} \\
&= \frac{1}{\sqrt{2\pi}\sigma_1} e^{-\frac{(x-\mu_1)^2}{2\sigma_1^2}} \cdot \frac{1}{\sqrt{2\pi}\sigma_2} e^{-\frac{(y-\mu_2)^2}{2\sigma_2^2}} = p_X(x)p_Y(y),
\end{aligned}
$$

所以，X 与 Y 相互独立。

必要性：设 X, Y 相互独立，则对任意实数 x, y 有

$$
p(x,y) = p_X(x) \cdot p_Y(y),
$$

特别地，令 $x = \mu_1$，$y = \mu_2$，由 $p(\mu_1,\ \mu_2) = p_X(\mu_1) \cdot p_Y(\mu_2)$ 得到：

$$
\frac{1}{2\pi\sigma_1\sigma_2\sqrt{1-\rho^2}} = \frac{1}{\sqrt{2\pi}\,\sigma_1} \cdot \frac{1}{\sqrt{2\pi}\,\sigma_2},
$$

从而得到 $\rho = 0$。

第四节　条 件 分 布

在随机事件的研究中，讨论了条件概率问题，而在随机变量的研究中，可以类似讨论条件分布问题。

我们先看一维随机变量的条件分布问题，讨论随机事件 $A=\{X\in S\}$ 发生条件下 X 的条件分布函数。设 X 的分布函数为

$$F(x)=P(X\leqslant x),$$

则 A 发生条件下 X 的条件分布函数为

$$F(x|A)=P(X\leqslant x|A)。$$

例 3.10　设随机变量 X 的密度为

$$p(x)=\begin{cases}2x, & 0\leqslant x\leqslant 1\\ 0, & 其他\end{cases},$$

求 $X>\dfrac{1}{2}$ 条件下 X 的条件分布函数。

解　$P\left(X>\dfrac{1}{2}\right)=\displaystyle\int_{1/2}^{1}2x\mathrm{d}x=\dfrac{3}{4}$，由条件分布函数定义

$$F\left(x|X>\frac{1}{2}\right)=P\left(X\leqslant x|X>\frac{1}{2}\right)=\frac{P\left(X\leqslant x,X>\frac{1}{2}\right)}{P\left(X>\frac{1}{2}\right)}=\frac{4}{3}P\left(X\leqslant x,X>\frac{1}{2}\right)。$$

$$x\leqslant\frac{1}{2}\text{ 时，}P\left(X\leqslant x,X>\frac{1}{2}\right)=0,$$

$$\frac{1}{2}<x\leqslant 1\text{ 时,}P\left(X\leqslant x,X>\frac{1}{2}\right)=P\left(\frac{1}{2}<X\leqslant x\right)=\int_{1/2}^{x}2x\mathrm{d}x=x^2-\frac{1}{4},$$

$$x>1\text{ 时,}P\left(X\leqslant x,X>\frac{1}{2}\right)=P\left(X>\frac{1}{2}\right)=\frac{3}{4},$$

从而

$$F\left(x|X>\frac{1}{2}\right)=\begin{cases}0, & x\leqslant 1/2\\ \dfrac{4}{3}x^2-\dfrac{1}{3}, & \dfrac{1}{2}<x\leqslant 1\\ 1, & x>1\end{cases}。$$

对于二维随机变量 (X,Y)，我们分别按照离散型和连续型随机变量的场合，讨论在 X 或 Y 取定某个值的条件下，另一随机变量的条件分布。

一、离散型随机变量的条件分布

设 (X,Y) 为二维离散型随机变量，其概率分布律为

$$P(X=x_i,Y=y_j)=p_{ij},\quad i,j=1,2,\cdots。$$

当 $P(Y=y_j)=p_{\bullet j}>0$ 时，可得

$$P(X=x_i|Y=y_j)=\frac{P(X=x_i,Y=y_j)}{P(Y=y_j)}=\frac{p_{ij}}{p_{\bullet j}},\quad i=1,2,\cdots,\tag{3.18}$$

称为 $Y=y_j$ 条件下，随机变量 X 的条件分布律，可记为

$X\|_{Y=y_j}$	x_1	x_2	$\cdots$	x_i	$\cdots$
P	$p_{1j}/p_{\bullet j}$	$p_{2j}/p_{\bullet j}$	$\cdots$	$p_{ij}/p_{\bullet j}$	$\cdots$

同样，当 $P(X=x_i)=p_{i\bullet}>0$ 时，可得

$$P(Y=y_j|X=x_i)=\frac{P(X=x_i,Y=y_j)}{P(X=x_i)}=\frac{p_{ij}}{p_{i\bullet}},\quad j=1,2,\cdots,\tag{3.19}$$

称为 $X=x_i$ 条件下，随机变量 Y 的条件分布律，可记为

$Y\|_{X=x_i}$	y_1	y_2	$\cdots$	y_j	$\cdots$
P	$p_{i1}/p_{i\bullet}$	$p_{i2}/p_{i\bullet}$	$\cdots$	$p_{ij}/p_{i\bullet}$	$\cdots$

容易验证，上述条件分布具有离散型随机变量分布律的一切性质。

当 X,Y 相互独立时，$p_{ij}=p_{i\bullet}p_{\bullet j}$，有

$$P(X=x_i|Y=y_j)=\frac{p_{ij}}{p_{\bullet j}}=\frac{p_{i\bullet}p_{\bullet j}}{p_{\bullet j}}=p_{i\bullet}=P(X=x_i),$$

同样

$$P(Y=y_j|X=x_i)=p_{\bullet j}=P(Y=y_j),$$

所以，当 X,Y 独立时，条件分布成为无条件分布。

例 3.11　(X,Y) 的联合分布律如下，求 $Y=1$ 条件下 X 的条件分布律。

X \ Y	1	2
1	1/16	1/16
2	3/16	0
3	1/8	3/16
4	1/4	1/8

解　$P(Y=1)=\frac{5}{8}$，$P(X=x_i|Y=y_j)=\frac{p_{ij}}{p_{\bullet j}}$，因此

$$P(X=1|Y=1)=\frac{1/16}{5/8}=\frac{1}{10},\quad P(X=2|Y=1)=\frac{3/16}{5/8}=\frac{3}{10},$$

$$P(X=3|Y=1)=\frac{1/8}{5/8}=\frac{1}{5},\quad P(X=4|Y=1)=\frac{1/4}{5/8}=\frac{2}{5},$$

所求条件分布律为

$X\big\|_{Y=1}$	1	2	3	4
P	1/10	3/10	1/5	2/5

二、连续型随机变量的条件分布

对于二维连续型随机变量 (X,Y)，由于 $P(Y=y)=0$，因此不能直接用

$$P(X\leqslant x|Y=y)=\frac{P(X\leqslant x,Y=y)}{P(Y=y)}$$

来定义 $Y=y$ 时 X 的条件分布函数。

定义 3.8　对给定的 y，设 $\varepsilon>0$，若对任意 x，极限

$$\lim_{\varepsilon\to 0}P(X\leqslant x|y\leqslant Y<y+\varepsilon)=\lim_{\varepsilon\to 0}\frac{P(X\leqslant x,y\leqslant Y<y+\varepsilon)}{P(y\leqslant Y<y+\varepsilon)}$$

存在，则称为 $Y=y$ 条件下，X 的条件分布函数，记为 $F_{X|Y=y}(x)$。

若 (X,Y) 的分布函数为 $F(x,y)$，密度函数为 $p(x,y)$，Y 的边缘密度为 $p_Y(y)$，则

$$\begin{aligned}F_{X|Y=y}(x)&=\lim_{\varepsilon\to 0}\frac{P(X\leqslant x,y\leqslant Y<y+\varepsilon)}{P(y\leqslant Y<y+\varepsilon)}=\lim_{\varepsilon\to 0}\frac{F(x,y+\varepsilon)-F(x,y)}{F_Y(y+\varepsilon)-F_Y(y)}\\&=\frac{\lim\limits_{\varepsilon\to 0}\dfrac{F(x,y+\varepsilon)-F(x,y)}{\varepsilon}}{\lim\limits_{\varepsilon\to 0}\dfrac{F_Y(y+\varepsilon)-F_Y(y)}{\varepsilon}}=\frac{\dfrac{\partial F(x,y)}{\partial y}}{\dfrac{\mathrm{d}}{\mathrm{d}y}F_Y(y)}\\&=\frac{\dfrac{\partial}{\partial y}\displaystyle\int_{-\infty}^{x}\int_{-\infty}^{y}p(u,v)\mathrm{d}u\mathrm{d}v}{p_Y(y)}=\frac{\displaystyle\int_{-\infty}^{x}p(u,y)\mathrm{d}u}{p_Y(y)}=\int_{-\infty}^{x}\frac{p(u,y)}{p_Y(y)}\mathrm{d}u,\end{aligned}$$

所以，

$$F_{X|Y=y}(x)=\int_{-\infty}^{x}\frac{p(u,y)}{p_Y(y)}\mathrm{d}u。\tag{3.20}$$

对 $F_{X|Y=y}(x)$ 求导，得到 $Y=y$ 条件下，X 的条件密度函数，记为 $p_{X|Y=y}(x)$，

$$p_{X|Y=y}(x)=\frac{p(x,y)}{p_Y(y)}。\tag{3.21}$$

类似可得，在 $X=x$ 条件下，Y 的条件分布函数、条件密度函数分别为

$$F_{Y|X=x}(y)=\int_{-\infty}^{y}\frac{p(x,v)}{p_X(x)}\mathrm{d}v,\tag{3.22}$$

$$p_{Y|X=x}(y)=\frac{p(x,y)}{p_X(x)}。\tag{3.23}$$

当 X,Y 相互独立时，$p(x,y)=p_X(x)p_Y(y)$，从而

$$p_{X|Y=y}(x)=\frac{p(x,y)}{p_Y(y)}=p_X(x),\quad p_{Y|X=x}(y)=\frac{p(x,y)}{p_X(x)}=p_Y(y),$$

条件密度成为无条件密度。

例 3.12 设随机变量 (X,Y) 的密度函数为

$$p(x,y)=\begin{cases} e^{-y}, & 0<x<y \\ 0, & \text{其他} \end{cases},$$

求 $Y=y$ 条件下，X 的条件密度函数与条件分布函数。

解 $p_Y(y)=\int_{-\infty}^{+\infty}p(x,y)\mathrm{d}x=\int_0^y e^{-y}\mathrm{d}x=ye^{-y},\quad y>0,$

当 $y>0$ 时，由式 (3.21)，$p_{X|Y=y}(x)=\dfrac{p(x,y)}{p_Y(y)}=\begin{cases} 1/y, & 0<x<y \\ 0, & \text{其他} \end{cases},$

由式 (3.20)，$F_{X|Y=y}(x)=\displaystyle\int_{-\infty}^{x}p_{X|Y=y}(u)\mathrm{d}u=\begin{cases} 0, & x\leqslant 0 \\ \displaystyle\int_0^x\frac{1}{y}\mathrm{d}u=\frac{x}{y}, & 0<x<y \\ 1, & x\geqslant y \end{cases}$。

例 3.13 设随机变量 X 在 $(0,1)$ 上随机取值，在 $X=x$ 的条件下，Y 在区间 $(0,x)$ 上随机取值，(1) 求 Y 的密度函数 $p_Y(y)$，(2) 求概率 $P(X^2+Y^2<1|X=x),0<x<1$。

解 (1) 由题设，X 的密度函数为 $p_X(x)=\begin{cases} 1, & 0<x<1 \\ 0, & \text{其他} \end{cases}$，当 $X=x(0<x<1)$ 时，Y 的条件密度为

$$p_{Y|X=x}(y)=\begin{cases} \dfrac{1}{x}, & 0<y<x<1 \\ 0, & \text{其他} \end{cases},$$

由式 (3.23) 得

$$p(x,y)=p_X(x)p_{Y|X=x}(y)=\begin{cases} \dfrac{1}{x}, & 0<y<x<1 \\ 0, & \text{其他} \end{cases},$$

从而，Y 的密度函数为

$$p_Y(y)=\int_{-\infty}^{+\infty}p(x,y)\,\mathrm{d}x=\int_y^1\frac{1}{x}\,\mathrm{d}x=-\ln y,\quad 0<y<1。$$

(2) 对 $0<x<1$，有

$$\begin{aligned} P(X^2+Y^2<1|X=x)&=P(Y^2<1-X^2|X=x)\\ &=P(0<Y<\sqrt{1-X^2}|X=x)\\ &=\int_0^{\sqrt{1-x^2}}p_{Y|X=x}(y)\mathrm{d}y=\int_0^{\min(x,\sqrt{1-x^2})}\frac{1}{x}\mathrm{d}y\\ &=\frac{1}{x}\min(x,\sqrt{1-x^2})=\min(1,\sqrt{1/x^2-1})。\end{aligned}$$

积分上限出现 $\min(x,\sqrt{1-x^2})$，是因为被积函数 $P_{Y|X=x}(y)$ 非 0 条件要求 $y<x$。

第五节　二维随机变量函数的分布

对于二维随机变量 (X,Y) 及实函数 $z=g(x,y)$，可定义随机变量 (X,Y) 的函数 $Z=g(X,Y)$，即对 (X,Y) 做随机试验，得 (x,y)，以 $z=g(x,y)$ 作为随机变量 Z 的取值，从而得到随机变量 (X,Y) 的函数 $Z=g(X,Y)$。若已知 (X,Y) 的概率分布，我们将研究随机变量 Z 的概率分布问题，按照 (X,Y) 是离散型或连续型分别讨论。

一、离散型随机变量函数的分布

设二维离散型随机变量 (X,Y) 的分布律为

$$P(X=x_i,Y=y_j)=p_{ij},\quad i,j=1,2,\cdots。$$

若 (X,Y) 的函数 $Z=g(X,Y)$，设 Z 的可能取值为 z_k，$k=1,2,\cdots$，则 Z 的概率分布为

$$\begin{aligned}P(Z=z_k)&=P(g(X,Y)=z_k)\\&=\sum_{g(x_i,y_j)=z_k}P(X=x_i,Y=y_j)=\sum_{g(x_i,y_j)=z_k}p_{ij}。\end{aligned}\tag{3.24}$$

例 3.14　设随机变量 (X,Y) 的联合分布律为

$$P(X=i,Y=j)=\frac{1}{34}|3i-4j|,\quad i,j=1,2,3。$$

求 $Z=X+Y$ 的分布律。

解　分布律列表并将 $Z=X+Y$ 的值写在 (X,Y) 相应处，记为 (Z)，

X \ Y	1	2	3
1	1/34 (2)	5/34 (3)	9/34 (4)
2	2/34 (3)	2/34 (4)	6/34 (5)
3	5/34 (4)	1/34 (5)	3/34 (6)

相同的 (Z) 对应的概率值相加，

Z	2	3	4	5	6
P	1/34	2/34+5/34	5/34+2/34+9/34	1/34+6/34	3/34

得到

Z	2	3	4	5	6
P	1/34	7/34	16/34	7/34	3/34

例 3.15 设 X 和 Y 独立，均服从几何分布 $P(X=k)=P(Y=k)=pq^{k-1}(k=1,2,\cdots)$，试求 $Z=\max(X,Y)$ 的概率分布律。

解 $\{Z=n\}=\left\{\bigcup\limits_{k=1}^{n}(X=n,Y=k)\right\}\cup\left\{\bigcup\limits_{k=1}^{n-1}(X=k,Y=n)\right\}$，由于 X 和 Y 独立，所以对 $n=1,2,\cdots$ 有

$$\begin{aligned}P(Z=n)&=P\left(\bigcup_{k=1}^{n}(X=n,Y=k)\right)+P\left\{\bigcup_{k=1}^{n-1}(X=k,Y=n)\right\}\\&=\sum_{k=1}^{n}P\left(X=n,Y=k\right)+\sum_{k=1}^{n-1}P\left(X=k,Y=n\right)\\&=\sum_{k=1}^{n}P\left(X=n\right)P\left(Y=k\right)+\sum_{k=1}^{n-1}P\left(X=k\right)P\left(Y=n\right)\\&=\sum_{k=1}^{n}p^2q^{n+k-2}+\sum_{k=1}^{n-1}p^2q^{n+k-2}\\&=p^2q^{n-1}\left(\frac{1-q^n}{1-q}+\frac{1-q^{n-1}}{1-q}\right)=pq^{n-1}(2-q^n-q^{n-1})。\end{aligned}$$

例 3.16 设 X 和 Y 独立，分别服从参数为 λ_1 和 λ_2 泊松分布，试求 $Z=X+Y$ 的概率分布律。

解 X 与 Y 的可能取值都是 $0,1,2,\cdots$，所以 $Z=X+Y$ 的所有可能取值也是 $0,1,2,\cdots$，对任意 $n=0,1,2,\cdots$，

$$\begin{aligned}P\left(Z=n\right)&=P(X+Y=n)=P\left(\bigcup_{k=0}^{n}(X=k,Y=n-k)\right)\\&=\sum_{k=0}^{n}P(X=k)P(Y=n-k)=\sum_{k=0}^{n}\frac{\lambda_1^k}{k!}e^{-\lambda_1}\frac{\lambda_2^{n-k}}{(n-k)!}e^{-\lambda_2}\\&=\frac{e^{-(\lambda_1+\lambda_2)}}{n!}\sum_{k=0}^{n}\frac{n!}{k!(n-k)!}\lambda_1^k\lambda_2^{n-k}\\&=\frac{e^{-(\lambda_1+\lambda_2)}}{n!}(\lambda_1+\lambda_2)^n。\end{aligned}$$

所以，$Z=X+Y$ 服从参数为 $\lambda_1+\lambda_2$ 的泊松分布，这称为泊松分布的**可加性**。泊松分布的可加性可以推广到 n 个独立泊松分布随机变量的情况，即若随机变量 $X_1,X_2,\cdots,X_n$ 相互独立，$X_k\sim P(\lambda_k),k=1,2,\cdots,n$，则

$$X_1+X_2+\cdots+X_n\sim P(\lambda_1+\lambda_2+\cdots+\lambda_n)。$$

另外，我们不加证明地给出结论，二项分布也具有分布可加性：若 $X\sim B(k_1,p)$，$Y\sim B(k_2,p)$ 且 X,Y 独立，则 $Z=X+Y\sim B(k_1+k_2,p)$。同样，二项分布的可加性也能推广到 n 个独立随机变量的情形，即若随机变量 $X_1,X_2,\cdots,X_n$ 相互独立，$X_i\sim B(k_i,p),i=1,2,\cdots,n$，则

$$X_1+X_2+\cdots+X_n\sim B(k_1+k_2+\cdots+k_n,p)。$$

二、连续型随机变量函数的分布

对于二维连续型随机变量 (X,Y)，其函数 $Z=g(X,Y)$ 可能是离散型，也可能是连续型。对于离散型的情况，可以按照 Z 的每个取值，根据相应 (X,Y) 的取值范围，分别求其概率，得到 Z 的分布律，通过例子说明。

例 3.17　设 (X,Y) 服从区域 $D=\{-1\leqslant x\leqslant 2,\ -3\leqslant y\leqslant 1\}$ 上的均匀分布，$Z=\{k$，当 $(X,Y)\in$ 第 k 象限，$k=1,2,3,4\}$，求 Z 的分布律。

解
$$P(Z=1)=P((X,Y)\in \text{第 1 象限})=2/12,$$
$$P(Z=2)=P((X,Y)\in \text{第 2 象限})=1/12,$$
$$P(Z=3)=P((X,Y)\in \text{第 3 象限})=3/12,$$
$$P(Z=4)=P((X,Y)\in \text{第 4 象限})=6/12,$$

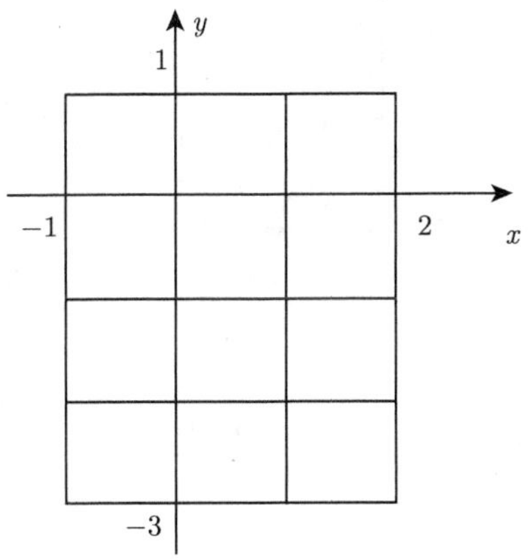

得到 Z 的分布律

Z	1	2	3	4
P	1/6	1/12	1/4	1/2

对于 $Z=g(X,Y)$ 是连续型的情况，设已知 (X,Y) 的密度函数 $p(x,y)$，求 $Z=g(X,Y)$ 的密度函数。和第二章类似，通常利用分布函数法来求解，即

(1) 求 Z 的分布函数 $F_Z(z)$

$$F_Z(z)=P(Z\leqslant z)=P(g(X,Y)\leqslant z)=P((X,Y)\in D_z)=\iint\limits_{D_z}p(x,y)\mathrm{d}x\mathrm{d}y,$$

其中，$D_z=\{(x,y)|g(x,y)\leqslant z\}$。

(2) 求 Z 的密度函数：$p_Z(z)=F_Z'(z)$。

例 3.18　设 X,Y 相互独立，X 服从于 $U(0,1)$，Y 服从于 $E(1)$，求 $Z=2X+Y$ 的概率密度函数。

解　(X,Y) 的联合密度函数为

$$p(x,y)=p_X(x)p_Y(y)=\begin{cases} e^{-y}, & 0\leqslant x\leqslant 1, y\geqslant 0\\ 0, & \text{其他}\end{cases},$$

$$F_Z(z) = P(Z \leqslant z) = P(2X + Y \leqslant z) = \iint\limits_{2x+y\leqslant z} p(x,y)\mathrm{d}x\mathrm{d}y。$$

$$z < 0, \quad F_Z(z) = \iint\limits_{2x+y\leqslant z} 0\mathrm{d}x\mathrm{d}y = 0,$$

$$0 \leqslant z < 2, \quad F_Z(z) = \int_0^{z/2}\mathrm{d}x\int_0^{z-2x} e^{-y}\mathrm{d}y = \frac{z}{2} + \frac{1}{2}e^{-z} - \frac{1}{2},$$

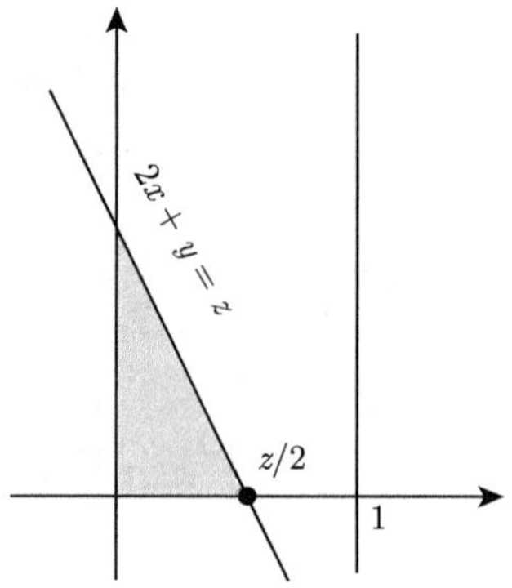

$$z \geqslant 2, \quad F_Z(z) = \int_0^{1}\mathrm{d}x\int_0^{z-2x} e^{-y}\mathrm{d}y = 1 - \frac{1}{2}(e^2-1)e^{-z},$$

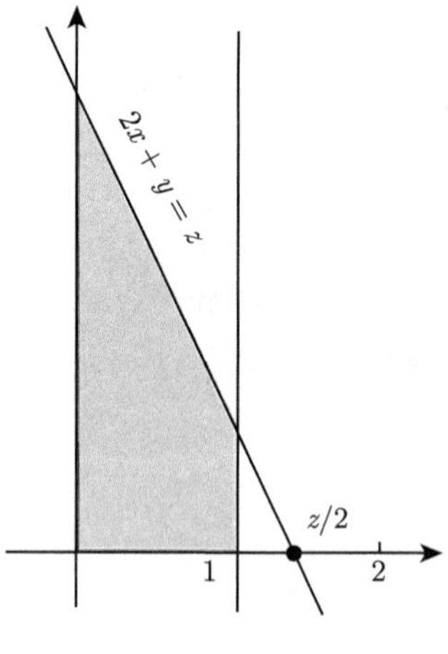

$$\therefore p_Z(z) = F_Z'(z) = \begin{cases} \dfrac{1}{2} - \dfrac{1}{2}e^{-z}, & 0 \leqslant z < 2 \\ \dfrac{1}{2}(e^2-1)e^{-z}, & z \geqslant 2 \\ 0, & z < 0 \end{cases} 。$$

例 3.19　在区间 $[0,1]$ 随机投两点，求两点间距离 Z 的分布函数与密度函数。

解　设两点坐标 (X,Y)，则 $Z=|X-Y|$，(X,Y) 服从 $[0,1]\times[0,1]$ 上的二维均匀分布，其密度为

$$p(x,y)=\begin{cases}1, & 0\leqslant x,y\leqslant 1\\ 0, & \text{其他}\end{cases}。$$

先求 Z 的分布函数 $F_Z(z)$，

$$F_Z(z)=P(Z\leqslant z)=P(|X-Y|\leqslant z)=\iint\limits_{|x-y|\leqslant z}p(x,y)\mathrm{d}x\mathrm{d}y,$$

显然，$z<0$ 时，$F_Z(z)=0$；$z>1$ 时，$F_Z(z)=1$；$0\leqslant z\leqslant 1$ 时，

$$\begin{aligned}F_Z(z)&=\iint\limits_{|x-y|\leqslant z}p(x,y)\mathrm{d}x\mathrm{d}y\\&=\iint\limits_{|x-y|\leqslant z}\mathrm{d}x\mathrm{d}y=S_{D_z}=1-(1-z)^2\\&=2z-z^2,\end{aligned}$$

得到 $F_Z(z)=\begin{cases}0, & z<0\\ 2z-z^2, & 0\leqslant z\leqslant 1\\ 1, & z>1\end{cases}$。

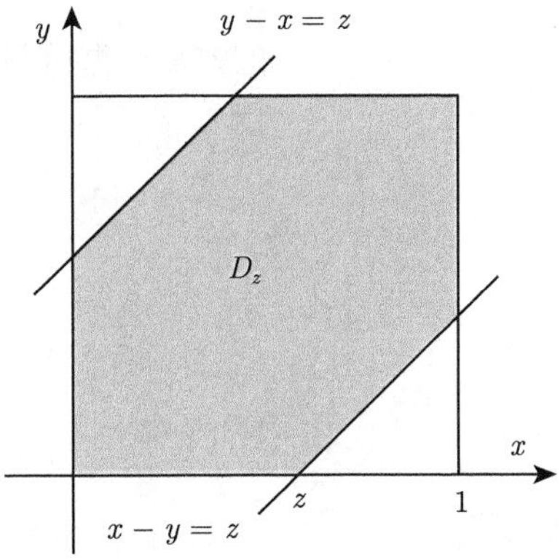

Z 的密度函数为

$$p_Z(z)=F_Z'(z)=\begin{cases}2-2z, & 0\leqslant z\leqslant 1\\ 0, & \text{其他}\end{cases}。$$

以下我们给出几个常用函数的分布公式。

1. *和与差的分布*

设 (X,Y) 为二维随机变量，其联合密度函数为 $p(x,y)$，求 $Z=X+Y$ 的密度函数 $p_Z(z)$，用分布函数法，

$$F_Z(z)=P(Z\leqslant z)=P(X+Y\leqslant z)=\iint\limits_{D_z}p(x,y)\mathrm{d}x\mathrm{d}y,$$

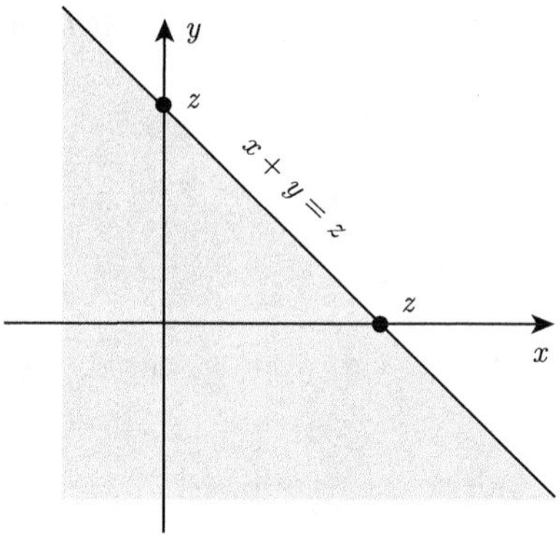

其中，$D_z = \{(x,y)|x+y \leqslant z\}$，按 x 型区域积分，

$$F_Z(z) = \int_{-\infty}^{+\infty} \mathrm{d}x \int_{-\infty}^{z-x} p(x,y)\mathrm{d}y,$$

作变量变换 $u = y + x$，

$$\begin{aligned} F_Z(z) &= \int_{-\infty}^{+\infty} \left(\int_{-\infty}^{z} p(x, u-x)\mathrm{d}u \right) \mathrm{d}x \\ &= \int_{-\infty}^{z} \left(\int_{-\infty}^{+\infty} p(x, u-x)\mathrm{d}x \right) \mathrm{d}u, \end{aligned}$$

求导得，$p_Z(z) = F'_Z(z) = \displaystyle\int_{-\infty}^{+\infty} p(x, z-x)\mathrm{d}x$，如果按 y 型区域积分，可得

$$p_Z(z) = \int_{-\infty}^{+\infty} p(z-y, y)\mathrm{d}y。$$

特别地，若 X, Y 相互独立时，可以化为

$$\begin{aligned} p_Z(z) &= \int_{-\infty}^{+\infty} p_X(x)p_Y(z-x)\mathrm{d}x, \\ p_Z(z) &= \int_{-\infty}^{+\infty} p_X(z-y)p_Y(y)\mathrm{d}y, \end{aligned} \tag{3.25}$$

以上两式称为**卷积公式**。

类似可以得到差的分布公式，设 $Z = X - Y$ 的密度函数 $p_Z(z)$，则

$$p_Z(z) = \int_{-\infty}^{+\infty} p(x, x-z)\mathrm{d}x = \int_{-\infty}^{+\infty} p(z+y, y)\mathrm{d}y。$$

例 3.20　设随机变量 X, Y 相互独立且有相同分布，其密度函数均为

$$p(x) = \begin{cases} e^{1-x}, & x > 1 \\ 0, & \text{其他} \end{cases},$$

用卷积公式求 $Z = X + Y$ 的密度函数。

解　由卷积公式，$Z=X+Y$ 的密度函数

$$p_Z(z)=\int_{-\infty}^{+\infty}p_X(x)p_Y(z-x)\mathrm{d}x。$$

显然，z 的可能取值范围是 $z>2$，所以 $z\leqslant 2$ 时，$p_Z(z)=0$。

由 X 与 Y 的密度函数可知，仅当 $x>1$ 且 $z-x>1$ 即 $1<x<z-1$ 时，上述积分的被积函数不等于 0，于是

$$p_Z(z)=\begin{cases}\displaystyle\int_1^{z-1}e^{1-x}e^{1-(z-x)}\mathrm{d}x, & z>2\\ 0, & \text{其他}\end{cases}=\begin{cases}(z-2)e^{2-z}, & z>2\\ 0, & \text{其他}\end{cases}。$$

例 3.21　设随机变量 X,Y 相互独立且均服从标准正态分布，求 $Z=X+Y$ 的密度函数。

解　X,Y 的密度函数均为

$$p(t)=\frac{1}{\sqrt{2\pi}}e^{-t^2/2},\quad -\infty<t<+\infty。$$

由卷积公式

$$\begin{aligned}p_Z(z)&=\int_{-\infty}^{+\infty}p_X(x)p_Y(z-x)\mathrm{d}x\\&=\frac{1}{2\pi}\int_{-\infty}^{+\infty}e^{-z^2/2}\cdot e^{-(z-x)^2/2}\mathrm{d}x=\frac{1}{2\pi}e^{-z^2/4}\int_{-\infty}^{+\infty}e^{-(x-z/2)^2}\mathrm{d}x\\&=\frac{1}{2\sqrt{\pi}}e^{-z^2/4}\int_{-\infty}^{+\infty}\frac{1}{\sqrt{\pi}}e^{-(x-z/2)^2}\mathrm{d}x=\frac{1}{2\sqrt{\pi}}e^{-z^2/4},\end{aligned}$$

最后一个积分的被积函数是正态分布 $N(z/2,1/2)$ 的密度函数，所以积分值为 1。由结果可见，$Z\sim N(0,2)$。

一般情形，可以推出，若 X,Y 相互独立，$X\sim N(\mu_1,\sigma_1^2),Y\sim N(\mu_2,\sigma_2^2)$，则 $X+Y\sim N(\mu_1+\mu_2,\sigma_1^2+\sigma_2^2)$。

更一般的情形可以推广到 n 维，设 $X_1,X_2,\cdots,X_n$ 相互独立，$X_i\sim N(\mu_i,\sigma_i^2),i=1,2,\cdots,n$，则 $X_1+X_2+\cdots+X_n\sim N(\mu_1+\mu_2+\cdots+\mu_n,\sigma_1^2+\sigma_2^2+\cdots+\sigma_n^2)$。

下面我们不加证明地给出积和商的公式。

2. 积与商的分布

设 $Z=XY$ 的密度函数 $p_Z(z)$，则

$$p_Z(z)=\int_{-\infty}^{+\infty}p\left(\frac{z}{y},y\right)\frac{1}{|y|}\mathrm{d}y。$$

设 $Z=X/Y$ 的密度函数 $p_Z(z)$，则

$$p_Z(z)=\int_{-\infty}^{+\infty}p(zy,y)|y|\mathrm{d}y。$$

3. max 与 min 的分布

设随机变量 X,Y 相互独立，其分布函数分别为 $F_X(x)$ 和 $F_Y(y)$，令 $M=\max(X,Y),N=\min(X,Y)$，以下我们推导 M 和 N 的分布函数。

$M=\max(X,Y)$，对于任意 z，$M\leqslant z$ 等价于 $X\leqslant z$ 且 $Y\leqslant z$，因此

$$\begin{aligned}F_M(z)&=P(M\leqslant z)=P(\max(X,Y)\leqslant z)=P(X\leqslant z,Y\leqslant z)\\&=P(X\leqslant z)P(Y\leqslant z)=F_X(z)F_Y(z)。\end{aligned}\tag{3.26}$$

类似有 $N=\min(X,Y)$，对任意 $z,N>z$ 等价于 $X>z$ 且 $Y>z$，

$$\begin{aligned}F_N(z)&=P(N\leqslant z)=P\left(\min(X,Y)\leqslant z\right)=1-P\left(\min(X,Y)>z\right)\\&=1-P(X>z,Y>z)=1-P(X>z)P(Y>z)\\&=1-\left[1-F_X(z)\right]\left[1-F_Y(z)\right]。\end{aligned}\tag{3.27}$$

以上结果可以推广到 n 个相互独立随机变量 $X_1,X_2,\cdots,X_n$ 的情形，设 X_i 的分布函数为 $F_{X_i}(x_i),i=1,2,\cdots,n$，令 $M=\max(X_1,X_2,\cdots,X_n)$，$N=\min(X_1,X_2,\cdots,X_n)$，则 M 的分布函数 $F_M(z)$，N 的分布函数 $F_N(z)$ 分别为

$$F_M(z)=F_{X_1}(z)F_{X_2}(z)\cdots F_{X_n}(z),\tag{3.28}$$

$$F_N(z)=1-\left[1-F_{X_1}(z)\right]\left[1-F_{X_2}(z)\right]\cdots\left[1-F_{X_n}(z)\right]。\tag{3.29}$$

特别地，当随机变量 $\mathrm{X}_1,X_2,\cdots,X_n$ 相互独立且具有相同的分布函数 $F(x)$ 时，有

$$F_M(z)=[F(z)]^n,\tag{3.30}$$

$$F_N(z)=1-[1-F(z)]^n。\tag{3.31}$$

例 3.22 二维随机变量 (X,Y) 在区域 $D=\{(x,y):0<x,y<a\}$ 上服从均匀分布，求 $M=\max(X,Y)$ 的概率密度函数。

解 (X,Y) 的联合密度函数为

$$p(x,y)=\begin{cases}1/a^2, & 0<x,y<a\\ 0, & 其他\end{cases},$$

可以求得

$$p_X(x)=\int_{-\infty}^{+\infty}p(x,y)\mathrm{d}y=\begin{cases}1/a, & 0<x<a\\ 0, & 其他\end{cases},$$

$$p_Y(y)=\int_{-\infty}^{+\infty}p(x,y)\mathrm{d}x=\begin{cases}1/a, & 0<x<a\\ 0, & 其他\end{cases},$$

可见，$p(x,y)=p_X(x)p_Y(y)$，所以 X,Y 相互独立，均服从 $(0,a)$ 上的均匀分布，由式 (3.26)，$M=\max(X,Y)$ 的分布函数

$$F_M(z)=F_X(z)F_Y(z)=\begin{cases}z^2/a^2, & 0<z<a\\ 0, & 其他\end{cases},$$

从而得到 $M=\max(X,Y)$ 的密度函数为

$$p_M(z)=F'_M(z)=\begin{cases}2z/a^2, & 0<z<a\\ 0, & \text{其他}\end{cases}。$$

以上讨论随机变量 X,Y 函数的分布时，X,Y 同为离散型或同为连续型。若出现 X,Y 一个是连续型，另一个是离散型的情形，可以用分布函数法，把离散型随机变量的所有取值看成样本空间的划分，由全概率公式求解。

例 3.23 设随机变量 X,Y 独立，其中，$P(X=k)=1/3, k=1,2,3$，Y 服从指数分布 $E(1)$，求随机变量 $Z=X+Y$ 的概率密度函数。

解 Y 的密度函数 $p_Y(y)=\begin{cases}e^{-y}, & y\geqslant 0\\ 0, & \text{其他}\end{cases}$，设 $Z=X+Y$ 的分布函数为 $F_Z(z)$，则

$$\begin{aligned}F_Z(z)&=P(Z\leqslant z)=P(X+Y\leqslant z)\\&=\sum_{k=1}^{3}P(X=k)P(X+Y\leqslant z|X=k)\\&=\frac{1}{3}\sum_{k=1}^{3}P(Y\leqslant z-k)=\frac{1}{3}\sum_{k=1}^{3}F_Y(z-k),\end{aligned}$$

$$\begin{aligned}p_Z(z)&=F'_Z(z)=\frac{1}{3}[p_Y(z-1)+p_Y(z-2)+p_Y(z-3)]\\&=\begin{cases}0, & z<1\\ e^{1-z}/3, & 1\leqslant z<2\\ (e^{1-z}+e^{2-z})/3, & 2\leqslant z<3\\ (e^{1-z}+e^{2-z}+e^{3-z})/3, & z\geqslant 3\end{cases}。\end{aligned}$$

习　题　三

1. 盒中装有 3 只黑球，2 只红球，2 只白球，从中任取 4 球，以 X 表示黑球数，Y 表示红球数，(1) 求 (X,Y) 的联合分布律；(2) 求概率 $P(X>Y)$，$P(Y=2X)$，$P(X+Y<3)$。

2. 设随机变量 X 在数字 $1,2,3$ 中任取一个，随机变量 Y 在 $1\sim X$ 中任取一个，求 (X,Y) 的联合分布律及 X,Y 的边缘分布律。

3. 已知随机变量 (X,Y) 的联合分布律为

X \ Y	1	2	3
1	1/6	1/9	1/18
2	1/3	a	b

(1) 求 a,b 满足的关系式；(2) 若 X,Y 独立，求 a,b 的值。

4. 设随机变量 X,Y 服从的共同概率分布为

$$X,\ Y \sim \begin{pmatrix} -1 & 0 & 1 \\ 1/4 & 1/2 & 1/4 \end{pmatrix},$$

已知 $P(XY=0)=1$，(1) 求 X,Y 的联合分布律；(2) 求 $P(X=Y)$；(3) 讨论 X,Y 的独立性。

5. 设二维随机变量 (X,Y) 的联合密度为

$$p(x,y)=\begin{cases} xe^{-y}, & 0<x<y \\ 0, & \text{其他} \end{cases},$$

求 (X,Y) 的联合分布函数。

6. 已知随机变量 (X,Y) 的联合分布函数为

$$F(x,y)=\begin{cases} 1-e^{-x}-e^{-y}+e^{-x-y}, & x>0,y>0 \\ 0, & \text{其他} \end{cases},$$

问 X,Y 是否相互独立。

7. 已知随机变量 (X,Y) 的联合密度函数为

$$p(x,y)=Ce^{-(x^2+y^2)/2}(1+\sin x\sin y),\quad -\infty<x,y<+\infty,$$

求 C 及 X,Y 的边缘密度，并判断 X,Y 是否相互独立？

8. 已知随机变量 (X,Y) 的联合密度函数为

$$p(x,y)=\begin{cases} \dfrac{24}{5}(2-x)y, & 0\leqslant y\leqslant x\leqslant 1 \\ 0, & \text{其他} \end{cases},$$

问 X,Y 是否相互独立。

9. 已知随机变量 (X,Y) 的联合密度函数为

$$p(x,y)=\begin{cases} Ax^2y^2, & (x,y)\in G \\ 0, & \text{其他} \end{cases},$$

按照 (1) $G=\{(x,y)|0<x<3,\ 0<y<3\}$；(2) $G=\{(x,y)|0<x<y<3\}$，分别求常数 A 并讨论 X,Y 的独立性。

10. 设二维随机变量 (X,Y) 的联合密度函数为

$$p(x,y)=\begin{cases} Ae^{-2(x+y)}, & x>0,y>0 \\ 0, & \text{其他} \end{cases},$$

求：(1) 常数 A；(2) 联合分布函数 $F(x,y)$；(3) X 的边缘密度；(4) $P(X<2,0<Y<1)$；(5) $P(X+Y<2)$。

11. 设二维随机变量 (X,Y) 的联合密度函数为

$$p(x,y)=\begin{cases} e^{-y}, & 0<x<y \\ 0, & \text{其他} \end{cases},$$

求：(1) X,Y 的边缘密度；(2) 概率 $P(X+Y<1)$。

12. 设 X,Y 独立，且均为非负连续型随机变量，证明

$$P(X<Y)=\int_0^{\infty}F_X(x)p_Y(x)\mathrm{d}x,$$

其中，$F_X(x)$ 是 X 的分布函数，$p_Y(y)$ 是 Y 的密度函数。

13. 设二维随机变量 (X,Y) 的联合分布律为

$X \backslash Y$	-1	0	2
0	0.1	0.2	0
1	0.3	0.05	0.1
2	0.15	0	0.1

(1) 求 $Y=0$ 时，X 的条件分布；(2) 判断 X，Y 的独立性。

14. 某人射击命中率为 p，现对目标进行连续射击，直到命中目标两次为止，设 X 为首次命中目标时的射击次数，Y 为总共进行的射击次数，试求 (X,Y) 的联合分布律与条件分布律。

15. 已知 (X,Y) 的联合分布律为

$$P(X=n,Y=m)=\frac{e^{-14}7.14^m6.86^{n-m}}{m!(n-m)!},\quad n=0,1,2,\cdots;\quad m=1,2,\cdots,n,$$

(1) 求 X,Y 的边缘分布律；(2) 求 X,Y 的条件分布律。

16. 设随机变量 X 服从 $[0,1]$ 上的均匀分布，求 $X>1/2$ 条件下 X 的条件分布函数。

17. 设随机变量 X,Y 相互独立，$X\sim N(\mu,\sigma^2)$，$Y\sim U(-a,a)$，求 (X,Y) 的联合密度函数和条件密度函数。

18. 设二维随机变量 (X,Y) 的联合密度函数为

$$p(x,y)=\begin{cases} xe^{-y}, & 0<x<y \\ 0, & \text{其他} \end{cases},$$

(1) 求 $p_{X|Y=y}(x)$，$p_{Y|X=x}(y)$；(2) 求 $P(X<1|Y<2)$，$P(X<1|Y=2)$。

19. 设随机变量 X 在 $(0,1)$ 上随机取值，当观察到 $X=x$ 时，Y 在区间 $(x,1)$ 上随机取值，(1) 求 Y 的密度函数 $p_Y(y)$；(2) 求概率 $P(Y>1/2)$，$P(X+Y>1)$。

20. 设二维随机变量 (X,Y) 的联合分布律为

$X \backslash Y$	-1	1	2
-1	5/20	2/20	6/20
2	3/20	3/20	1/20

试求以下分布律：(1) $Z=X+Y$；(2) $Z=XY$；(3) $Z=X/Y$；(4) $Z=\max(X,Y)$。

21. 设随机变量 X,Y 相互独立，其分布律为

$$P(X=k)=P(Y=k)=1/2^k,\quad k=1,2,\cdots,$$

试求 $Z=X+Y$ 的分布律。

22. 若 $X\sim B(k_1,p)$，$Y\sim B(k_2,p)$ 且 X,Y 独立，证明 $Z=X+Y\sim B(k_1+k_2,p)$。

23. 设随机变量 X,Y 相互独立，且都等可能地取 1, 2, 3 为值，令随机变量 $U=\max(X,Y)$，$V=\min(X,Y)$，求 (U,V) 的联合分布律。

24. 设随机变量 X,Y 相互独立且有相同分布，其密度函数均为

$$p(x)=\begin{cases} e^{1-x}, & x>1 \\ 0, & \text{其他} \end{cases},$$

用分布函数法求 $Z=X+Y$ 的密度函数。

25. 设随机变量 X,Y 都服从均匀分布，$X\sim U[0,2], Y\sim U[0,1]$，且 X,Y 独立，求 $Z=X+Y$ 的概率密度。

26. 设 $Z=X-Y$，用分布函数法证明 Z 的密度函数 $p_Z(z)$ 可表示为

$$p_Z(z)=\int_{-\infty}^{+\infty}p(z+y,y)\mathrm{d}y。$$

27. 设随机变量 (X,Y) 的密度函数为

$$p(x,y)=\begin{cases} 3x, & 0<y<x<1 \\ 0, & \text{其他} \end{cases},$$

求 $Z=X-Y$ 的密度函数。

28. 设二维随机变量 (X,Y) 在矩形区域 $D=\{(x,y)|0\leqslant x\leqslant 2, 0\leqslant y\leqslant 1\}$ 上服从均匀分布，试求边长为 X,Y 的矩形面积 Z 的概率密度函数。

29. 设随机变量 X,Y 相互独立，均服从参数为 p 的几何分布，求 $Z=\max(X,Y)$ 的概率分布。

30. 设随机变量 X,Y 相互独立，均服从参数相同的泊松分布，已知 $P(X=1)=2P(X=2)$，求 $P(\max(X,Y)>0)$。

31. 设随机变量 X,Y 相互独立，均服从区间 $(0,1)$ 上的均匀分布，令 $U=\max(X,Y)$，$V=\min(X,Y)$，求 U,V 的密度函数。

32. 设系统 L 由两个相互独立的子系统 L_1,L_2 连接而成，L_1,L_2 的寿命 X,Y 分别服从参数为 α,β 的指数分布，按以下连接方式求系统 L 寿命 Z 的概率密度函数：(1) 串联；(2) 并联；(3) 备用 (L_1 损坏，L_2 启动)。

33. 设随机变量 X,Y 独立，其中 X 的分布律为 $P(X=k)=k/3, k=1,2$，Y 的密度函数为 $p(y)$，求随机变量 $Z=2X+Y$ 的概率密度函数 $g(z)$。

第四章　随机变量的数字特征

通过前几章的学习，我们知道随机变量或随机向量的分布函数完全刻画了随机变量或随机向量的概率特征。然而，有时我们认为函数还是复杂了一些，能否用更为简单的数字来刻画随机变量的概率特征呢？答案是可以的，但这时就不能完整地描述随机变量的概率特征了，只能刻画随机变量某一方面的概率性质。

例如，考察一批灯泡的寿命，这可以用分布函数来描述。如果不知道分布函数，而仅知道灯泡的平均寿命，虽不能对灯泡的寿命状况提供一个完整的刻画，但也给我们提供了一个重要的参考数据。这个重要的数字特征称为数学期望，简称为期望或均值。

又如，对一射手进行评定时，除了考察其射击命中的平均值，还要了解其命中点是比较分散还是比较集中。这个重要的数字特征就是方差。它可用来刻画随机变量的分散程度。

有时，我们需要比较两个随机变量之间的相关程度。比如，在学习过程中，有些课程是有着密切联系的，如数学与物理的学习，于是可以推断一个学生的数学成绩与物理成绩之间会有比较强的相关程度。这种描述随机变量之间相关程度的重要数字特征称为相关系数。总之，这些刻画随机变量性质的数字就称为随机变量的数字特征。虽然这些数字特征不能完全地刻画随机变量，但它们简单方便，在实际中有着重要的应用价值。

第一节　数 学 期 望

一、离散型随机变量的数学期望

数学期望简单地说，就是随机变量的平均取值，该概念很早就由数学家惠更斯于 1657 年提出了，但这个“平均值”该如何理解呢？我们看下面的例子。

一个班上有一个学生，在期末考试中语文 90 分，数学 85 分，自然 80 分。这三门的平均分数为 $\bar{x} = 85$ 分；但这个成绩并没有考虑到这三门课的重要性。如果每周语文有 8 节课，数学有 6 节课，自然有 2 节课。那么用下面的方法计算该学生的平均成绩，就更为合理了。

$$\bar{x}_w = \frac{90 \times 8 + 85 \times 6 + 80 \times 2}{8 + 6 + 2} = 86.9,$$

这种平均称为加权平均。受这个问题的计算的启发，我们给出下面定义。

定义 4.1　设离散型随机变量 X 的分布律为 $P(X = x_i) = p_i$，$i = 1, 2, \cdots$，若级数 $\sum\limits_{i=1}^{+\infty} |x_i| p_i$ 收敛，则称 $\sum\limits_{i=1}^{+\infty} x_i p_i$ 为 X 的**数学期望**，记为 EX。即

$$EX = \sum_{i=1}^{+\infty} x_i p_i。\tag{4.1}$$

随机变量的数学期望可简称为**期望**。数学期望 EX 反映了随机变量 X 取值的平均，所以也称为**均值**。由于数学期望是由分布函数唯一确定的，所以也称为相应分布的数学期望。若 $\sum\limits_{i=1}^{+\infty}|x_i|p_i$ 发散，则称随机变量 X 的**数学期望不存在**。显然，随机变量的数学期望 EX 不一定存在。

可能有些同学会产生疑问，为什么定义中要求级数 $\sum\limits_{i=1}^{+\infty}x_ip_i$ 绝对收敛呢？事实上，由于数学期望刻画随机变量 X 取值的平均大小，这是不应该受到随机变量取值次序的不同而改变的。即相应的级数不论求和次序如何改变，其值都应该保持不变。这在数学上就相当于要求级数 $\sum\limits_{i=1}^{+\infty}|x_i|p_i$ 收敛，或者说，我们需要级数 $\sum\limits_{i=1}^{+\infty}x_ip_i$ 绝对收敛，仅要求级数 $\sum\limits_{i=1}^{+\infty}x_ip_i$ 条件收敛是不够的。下面我们来看几个例子。

例 4.1　某人参加一抽奖活动，中大奖的概率为 0.01，奖金为 10 000 元；中小奖的概率为 0.1，奖金为 100 元。若用 X 表示所得奖金，则 X 为随机变量，其分布律为

X	0	100	10 000
P	0.89	0.1	0.01

求 X 的数学期望。

解　根据定义 4.1，X 的数学期望为

$$EX = 0\times 0.89 + 100\times 0.1 + 10000\times 0.01 = 110,$$

于是所得奖金的期望为 110 元。

例 4.2 (二项分布的数学期望)　设随机变量 $X\sim B(n,\ p)$，求 X 的数学期望。

解　二项分布的概率分布如下：

$$P\,(X=k)=C_n^kp^k(1-p)^{n-k},\quad k=0,1,\cdots,n。$$

根据定义 4.1，计算如下：

$$\begin{aligned}EX&=\sum_{k=0}^{n}kp_k=\sum_{k=0}^{n}kC_n^kp^k(1-p)^{n-k}=\sum_{k=1}^{n}\frac{k\cdot n!}{k!\,(n-k)!}p^k(1-p)^{n-k}\\&=np\sum_{k=1}^{n}\frac{(n-1)!}{(k-1)!\,(n-k)!}p^{k-1}(1-p)^{(n-1)-(k-1)}=np。\end{aligned}$$

例 4.3 (泊松分布的数学期望)　设随机变量 X 服从参数为 λ 的泊松分布 $P(\lambda),\lambda>0$。求 X 的数学期望。

解　泊松分布的概率分布如下：

$$P\,(X=k)=\frac{\lambda^k}{k!}e^{-\lambda},\quad k=0,1,\cdots,$$

则 X 的数学期望为

$$EX=\sum_{k=0}^{+\infty}kP\left(X=k\right)=\sum_{k=1}^{+\infty}k\frac{\lambda^k}{k!}e^{-\lambda}=\lambda\sum_{k=1}^{+\infty}\frac{\lambda^{(k-1)}}{(k-1)!}e^{-\lambda}=\lambda\sum_{k=0}^{+\infty}\frac{\lambda^k}{k!}e^{-\lambda}=\lambda。$$

于是我们发现，泊松分布中的参数 λ 表示随机变量的均值。例如，当随机变量 X 代表某高速公路发生的交通事故数时，λ 就代表平均发生的交通事故数。这样我们对泊松分布中的参数 λ 就有了直观的理解。

二、连续型随机变量的数学期望

下面我们考虑连续型随机变量的情形。定义如下：

定义 4.2　设连续型随机变量 X 的密度函数为 $p(x)$，若积分 $\int_{-\infty}^{+\infty}|x|p(x)\,\mathrm{d}x<+\infty$，则称 $\int_{-\infty}^{+\infty}x\,p(x)\,\mathrm{d}x$ 为 X 的**数学期望**或**均值**。记为 EX。即

$$EX=\int_{-\infty}^{+\infty}x\,p(x)\,\mathrm{d}x。\tag{4.2}$$

事实上，若 X 是一个连续型随机变量，则 $p(x)\Delta x$ 近似表示 X 在 $(x,\ x+\Delta x]$ 内取值的概率。而这里的积分类似于定义 4.1 中的求和，于是可以看出，公式 (4.1) 与公式 (4.2) 本质是相同的。

类似地，连续型随机变量的数学期望也不一定存在。例如，连续型柯西 (Cauchy) 分布的数学期望是不存在的。柯西分布的密度函数如下：

$$p(x)=\frac{1}{\pi\left(1+x^2\right)},\quad x\in(-\infty,\ +\infty),$$

由于

$$\int_{-\infty}^{+\infty}\frac{|x|}{\pi(1+x^2)}\,\mathrm{d}x=\frac{2}{\pi}\int_{0}^{+\infty}\frac{x}{1+x^2}\,\mathrm{d}x=+\infty,$$

所以该分布的数学期望不存在。值得注意的是，尽管柯西分布的密度函数是关于 y 轴对称，但它的期望不是零，而是不存在。

例 4.4 (均匀分布的数学期望)　设随机变量 X 服从 $[a,b]$ 上的均匀分布，求 X 的数学期望。

解　均匀分布的密度函数为

$$p(x)=\begin{cases}\dfrac{1}{b-a}, & a\leqslant x\leqslant b\\ 0, & \text{其他}\end{cases},$$

则 X 的数学期望

$$EX=\int_{-\infty}^{+\infty}x\,p(x)\,\mathrm{d}x=\int_a^b\frac{x}{b-a}\,\mathrm{d}x=\left.\frac{x^2}{2(b-a)}\right|_a^b=\frac{a+b}{2}。$$

例 4.5 (指数分布的数学期望)　设随机变量 $X \sim E(\lambda), \lambda > 0$，求 X 的数学期望。

解　由第二章知，指数分布 X 的密度函数为

$$p(x) = \lambda e^{-\lambda x}, \quad x > 0,$$

于是由定义 4.2 得

$$EX = \int_{-\infty}^{+\infty} x\,p(x)\,\mathrm{d}x = \int_0^{+\infty} \lambda x e^{-\lambda x}\,\mathrm{d}x = -xe^{-\lambda x}\Big|_0^{+\infty} + \int_0^{+\infty} e^{-\lambda x}\mathrm{d}x = \frac{-1}{\lambda}e^{-\lambda x}\Big|_0^{+\infty} = \frac{1}{\lambda}。$$

例 4.6 (正态分布的数学期望)　设随机变量 X 服从正态分布 $N(\mu,\ \sigma^2)$，求 X 的数学期望。

解　随机变量 X 的密度函数为

$$p(x) = \frac{1}{\sqrt{2\pi}\sigma}e^{\frac{-(x-\mu)^2}{2\sigma^2}}, \quad x \in \mathbf{R},$$

其数学期望的计算如下：

$$\begin{aligned} EX &= \int_{-\infty}^{+\infty} x\,p(x)\,\mathrm{d}x = \int_{-\infty}^{+\infty} \frac{x}{\sqrt{2\pi}\sigma}e^{\frac{-(x-\mu)^2}{2\sigma^2}}\,\mathrm{d}x \\ &= \frac{1}{\sqrt{2\pi}}\int_{-\infty}^{+\infty} (\mu + \sigma t)e^{\frac{-t^2}{2}}\,\mathrm{d}t = \mu\int_{-\infty}^{+\infty} \frac{1}{\sqrt{2\pi}}e^{\frac{-t^2}{2}}\,\mathrm{d}t \\ &\quad + \frac{\sigma}{\sqrt{2\pi}}\int_{-\infty}^{+\infty} te^{\frac{-t^2}{2}}\,\mathrm{d}t = \mu。 \end{aligned}$$

其中，第三个等号是运用变量变换 $t = \dfrac{x-\mu}{\sigma}$。于是得 X 的数学期望为 μ。特别地，标准正态分布 $N(0,\ 1)$ 的期望为 0。这与正态分布的函数图像完全吻合，因为其密度函数曲线是关于 $x = \mu$ 对称的。

三、随机变量函数的数学期望

随机变量的数学期望是一个经常使用的数字特征。在实际当中，我们还会遇到求随机变量函数的数学期望的问题，首先看一个例子。

例 4.7　一个商店每天出售一种小商品，其销售量 X 是一个随机变量，分布律如下：

$$\begin{pmatrix} 0 & 1 & 2 & 3 \\ 0.4 & 0.3 & 0.2 & 0.1 \end{pmatrix}$$

若每出售一件商品可赚 1.5 元，Y 表示商店每天的利润，则 Y 的分布律为

$$\begin{pmatrix} 0 & 1.5 & 3 & 4.5 \\ 0.4 & 0.3 & 0.2 & 0.1 \end{pmatrix}$$

若我们考虑平均利润，则要计算 Y 的期望。由 Y 的分布律可知

$$EY = 0 \times 0.4 + 1.5 \times 0.3 + 3 \times 0.2 + 4.5 \times 0.1 = 1.5。$$

又因为 $Y=1.5X$，对于上面的等式，我们可以直接利用 X 的分布律来计算 EY

$$EY=E(1.5X)=1.5\times0\times0.4+1.5\times0.3+1.5\times2\times0.2+1.5\times3\times0.1=1.5。$$

两个答案一致。其中第二种方法避免了计算 Y 的分布律的过程。

一般地，已知随机变量 X 的分布，且 $Y=g(X)$ 也是一个随机变量，现需求 Y 的数学期望。若根据数学期望的定义，我们需要求出随机变量 Y 的分布。但由上面例题的启发，我们可以不必求出 Y 的密度函数，而直接利用 X 的分布来求 EY。下面我们不加证明地给出随机变量函数的期望的计算定理。

定理 4.1　设随机变量 X 的函数 $Y=g(X)$ 也是一个随机变量，则下面结论成立。

(1) 若 X 为离散型随机变量，其分布律为 $P(X=x_k)=p_k$，$k=1,2,\cdots$，若 $\sum\limits_{k=1}^{+\infty}|g(x_k)|p_k$ 收敛，则 Y 的数学期望为

$$EY=E[g(X)]=\sum_{k=1}^{+\infty}g(x_k)P(X=x_k)=\sum_{k=1}^{+\infty}g(x_k)p_k。\tag{4.3}$$

(2) 若 X 为连续型随机变量，其密度函数为 $p(x)$，若 $\int_{-\infty}^{+\infty}|g(x)|p(x)\,\mathrm{d}x<+\infty$，则

$$EY=E[g(X)]=\int_{-\infty}^{+\infty}g(x)p(x)\,\mathrm{d}x。\tag{4.4}$$

定理 4.1 可以被推广到随机向量情形。

定理 4.2　设随机向量 $(X,\ Y)$ 的函数 $Z=g(X,\ Y)$ 是一个随机变量，则下面结论成立。

(1) 若 $(X,\ Y)$ 为离散型的随机向量，其联合分布律为 $P(X=x_i,\ Y=y_j)=p_{ij}$，$i,j=1,2,\cdots$，若 $\sum\limits_{i=1}^{+\infty}\sum\limits_{j=1}^{+\infty}|g(x_i,y_j)|p_{ij}$ 收敛，则

$$EZ=E[g(X,Y)]=\sum_{i=1}^{+\infty}\sum_{j=1}^{+\infty}g(x_i,\ y_j)p_{ij}。\tag{4.5}$$

(2) 若 $(X,\ Y)$ 为连续型的随机向量，其联合密度为 $p(x,y)$，若

$$\int_{-\infty}^{+\infty}\int_{-\infty}^{+\infty}|g(x,y)|p(x,y)\mathrm{d}x\mathrm{d}y<+\infty,$$

则

$$EZ=E[g(X,\ Y)]=\int_{-\infty}^{+\infty}\int_{-\infty}^{+\infty}g(x,y)p(x,y)\,\mathrm{d}x\mathrm{d}y。\tag{4.6}$$

这两个定理极其重要，它们提供了计算随机变量或向量函数的期望的一般方法，而不需要先计算随机变量或向量函数的分布。事实上，经过第三章的学习，可以发现求随机变量或

向量函数的分布不是一件容易的事。但运用定理 4.1 及定理 4.2，我们发现求随机变量函数的期望比求随机变量的分布函数要容易得多。这也是我们使用数字特征比使用分布函数更方便的地方。

例 4.8　设二维随机向量 $(X,\ Y)$ 的联合分布律为

X \\ Y	1	2
-1	0.15	0.25
1	0.35	0.25

$Z = X + Y$，则 Z 的数学期望是多少？

解　利用定理 4.2 的公式 (4.5)，得

$$EZ = E(X+Y) = (-1+1)\times 0.15 + (-1+2)\times 0.25 + (1+1)\times 0.35 + (1+2)\times 0.25 = 1.7。$$

例 4.9　设随机变量 X 服从 $U[0,\pi]$，试求 $E(\sin X)$。

解　由定理 4.1 得

$$E(\sin X) = \int_0^{\pi} \frac{\sin x}{\pi} \mathrm{d}x = 0。$$

这里如果计算 $\sin X$ 的密度函数，问题会复杂得多。可以看出，利用定理 4.1 及定理 4.2 计算随机变量的数学期望给我们带来很大的方便。

例 4.10　设随机向量 $(X,\ Y)$ 的联合密度函数为

$$p(x,y) = \begin{cases} x+y, & 0 \leqslant x \leqslant 1, 0 \leqslant y \leqslant 1 \\ 0, & \text{其他} \end{cases},$$

求数学期望 $E(XY)$。

解　由定理 4.2 的公式 (4.6)，得

$$E(XY) = \int_{-\infty}^{+\infty}\int_{-\infty}^{+\infty} xyp(x,y)\mathrm{d}x\mathrm{d}y = \int_0^1\int_0^1 xy(x+y)\mathrm{d}x\mathrm{d}y = \frac{1}{3}。$$

例 4.11　设 $X_1, X_2, \cdots, X_n$ 均服从 $[0,1]$ 上的均匀分布，且相互独立。令 $X_{(n)} = \max(X_1, X_2, \cdots, X_n)$。试求 $EX_{(n)}$。

解　利用第三章最后一节的结论，当随机变量 $X_1, X_2, \cdots, X_n$ 相互独立且具有相同的分布函数 $F(x)$ 时，$X_{(n)}$ 的分布函数为

$$[F(x)]^n = \begin{cases} 0, & x < 0 \\ x^n, & 0 \leqslant x < 1 \\ 1, & x \geqslant 1 \end{cases}。$$

于是 $X_{(n)}$ 的密度函数为

$$p(x) = \begin{cases} nx^{n-1}, & 0 \leqslant x \leqslant 1 \\ 0, & \text{其他} \end{cases}。$$

由定义 4.2，得

$$EX_{(n)}=\int_{-\infty}^{+\infty}xp(x)\mathrm{d}x=\int_{0}^{1}nx^{n}\mathrm{d}x=\frac{n}{n+1}。$$

本题如果仍然使用定理 4.1 进行计算，则需要计算 n 重积分，反而变得复杂了。因此我们在学习过程中需要灵活运用，不可一成不变。

四、数学期望的性质

下面我们来研究一下数学期望的性质，这些性质虽然简单，但经常会用到。首先我们假设下列等式中所涉及的数学期望均存在。

(1) 设 a 为常数，则 $E(a)=a$。

(2) 线性性质：对任意有限常数 a,b，$E(aX+bY)=aEX+bEY$。

证明　这里我们仅对连续型情况加以证明。不妨设 $(X,\ Y)$ 的联合密度函数为 $p(x,y)$，利用定理 4.2 可知

$$\begin{aligned}E(aX+bY)&=\int_{-\infty}^{+\infty}\int_{-\infty}^{+\infty}(ax+by)p(x,y)\mathrm{d}x\mathrm{d}y\\&=\int_{-\infty}^{+\infty}\int_{-\infty}^{+\infty}axp(x,y)\mathrm{d}x\mathrm{d}y+\int_{-\infty}^{+\infty}\int_{-\infty}^{+\infty}byp(x,y)\mathrm{d}x\mathrm{d}y\\&=a\int_{-\infty}^{+\infty}x\left(\int_{-\infty}^{+\infty}p(x,y)\mathrm{d}y\right)\mathrm{d}x+b\int_{-\infty}^{+\infty}y\left(\int_{-\infty}^{+\infty}p(x,y)\mathrm{d}x\right)\mathrm{d}y\\&=a\int_{-\infty}^{+\infty}xp_X(x)\mathrm{d}x+b\int_{-\infty}^{+\infty}yp_Y(y)\mathrm{d}y=aEX+bEY。\end{aligned}$$

一般地，对任意 n 个实数 a_i，$i=1,2,\cdots,n$ 和任意 n 个期望有限的随机变量 $X_1,\ \cdots,\ X_n$，有

$$E(a_1X_1+a_2X_2+\cdots+a_nX_n)=a_1EX_1+a_2EX_2+\cdots+a_nEX_n。$$

(3) 若 $X,\ Y$ 相互独立，则 $E(XY)=EX\cdot EY$。

证明　同样我们仅对连续型加以证明，假设随机变量 X 和 Y 的密度函数分别为 $p_X(x)$，$p_Y(y)$。于是

$$\begin{aligned}E(XY)&=\int_{-\infty}^{+\infty}\int_{-\infty}^{+\infty}xyp_X(x)p_Y(y)\mathrm{d}x\mathrm{d}y\\&=\int_{-\infty}^{+\infty}\left(\int_{-\infty}^{+\infty}xp_X(x)\mathrm{d}x\right)yp_Y(y)\mathrm{d}y\\&=\int_{-\infty}^{+\infty}xp_X(x)\mathrm{d}x\cdot\int_{-\infty}^{+\infty}yp_Y(y)\mathrm{d}y\\&=EX\cdot EY。\end{aligned}$$

一般地，若 $X_1,\ \cdots,\ X_n$ 相互独立，则

$$E(X_1X_2\cdots X_n)=EX_1EX_2\cdots EX_n。$$

在求解数学期望时，如果能恰当利用上述性质，将使求解过程变得更为简捷。下面我们来看一些例题。首先运用期望的性质计算二项分布的期望。

例 4.12　设 $X \sim B(n,p)$，求 X 的数学期望。

解　由二项分布的定义知，X 可以看成 n 次独立重复试验中试验成功的次数，其中每次试验成功的概率为 p。设第 i 次试验成功的次数记为 X_i，则 X_i 服从 0-1 分布 $B(1,p)$，显然 X_i 的期望为 p。且

$$X = X_1 + X_2 + \cdots + X_n,$$

由期望的线性性质得

$$EX = E(X_1 + X_2 + \cdots + X_n) = EX_1 + EX_2 + \cdots + EX_n = np。$$

这和例 4.2 由 X 的分布直接计算的结果相同，但计算过程简化了很多。

例 4.13 (超几何分布的数学期望)　在 N 件产品中含 M 件次品，其余为正品。现从中任意不放回地取出 n 件，求抽得的平均次品数。

解　令 X 为抽到的次品数。由第一章的例 1.5 知 $P(X=k) = \dfrac{C_M^k C_{N-M}^{n-k}}{C_N^n}$，如果直接计算期望，则计算较为复杂。运用期望性质则可以简化运算。首先定义

$$X_i = \begin{cases} 1, & 第\ i\ 件次品被抽到 \\ 0, & 第\ i\ 件次品未被抽到 \end{cases}, \quad i = 1, \cdots, M。$$

则 $X = X_1 + X_2 + \cdots + X_M$，且

$$P(X_i = 1) = \frac{C_1^1 C_{N-1}^{n-1}}{C_N^n} = \frac{n}{N},$$

而 $EX_i = P(X_i = 1) = n/N$。利用性质 (2)，得

$$EX = E(X_1 + X_2 + \cdots + X_M) = EX_1 + EX_2 + \cdots + EX_M = \frac{nM}{N}。$$

例 4.14　将 n 个球放入 M 个盒子，设每个球落入各个盒子是等可能的。求有球盒子数 X 的数学期望。

解　令随机变量

$$X_i = \begin{cases} 1, & 第\ i\ 个盒子中有球 \\ 0, & 第\ i\ 个盒子中无球 \end{cases}, \quad i = 1, \cdots, M。$$

故而有 $X = X_1 + X_2 + \cdots + X_M$，且 X_i 的数学期望为

$$\begin{aligned} E(X_i) &= P(X_i = 1) \\ &= 1 - P(X_i = 0) \\ &= 1 - \left(\frac{M-1}{M}\right)^n。 \end{aligned}$$

所以 $EX = EX_1 + EX_2 + \cdots + EX_M = MEX_1 = M\left[1 - \left(\frac{M-1}{M}\right)^n\right]$。

例 4.15　设随机变量 X 和 Y 独立，且 $X \sim U[-1,1]$，$Y \sim E(2)$，求 $E\left(X^2Y\right)$。

解　由随机变量 X 和 Y 独立，得到随机变量 X^2 和 Y 也相互独立。于是运用期望的性质 (3)，有

$$E\left(X^2Y\right) = E(X^2) \cdot EY = \left(\int_{-1}^{1} \frac{1}{2}x^2 \mathrm{d}x\right) \times \frac{1}{2} = \frac{1}{6}。$$

第二节　方　　差

一、方差的定义

除了数学期望之外，另一个重要的数字特征是方差，它反映了随机变量的分散程度。首先可以用 $X - EX$ 来表示随机变量相对于期望的偏差，由于离散程度是不受正负号影响的，于是我们采用 $(X - EX)^2$ 来刻画随机变量的离散程度。最后对其求期望得 $E(X - EX)^2$。我们就用这个数字来衡量随机变量的分散程度。具体定义如下：

定义 4.3　设 X 是一个随机变量，若 $EX^2 < +\infty$，则称 $E(X - EX)^2$ 为随机变量 X 的**方差**，记为 $D(X)$ 或 $\mathrm{Var}(X)$。同时称 $\sqrt{D(X)}$ 为 X 的**均方差**或**标准差**，记为 $\sigma(X)$。

与数学期望类似，随机变量的方差也不一定存在。事实上，方差 $D(X)$ 是随机变量 X 的函数 $g(X) = (X - EX)^2$ 的数学期望。于是我们利用定理 4.1 得到下列方差的计算公式。

当 X 为离散型随机变量，其分布律为 $P(X = x_k) = p_k$，$k = 1, 2, \cdots$ 时，

$$D(X) = E(X - EX)^2 = \sum_{k=1}^{+\infty} (x_k - EX)^2 p_k。$$

当 X 为连续型随机变量，其密度函数为 $p(x)$ 时，

$$D(X) = E(X - EX)^2 = \int_{-\infty}^{+\infty} (x - EX)^2 p(x)\, \mathrm{d}x。$$

此外，一般地，我们还可以得到方差下面的计算公式。由期望的线性性质得

$$\begin{aligned} D(X) &= E(X - EX)^2 = E\left[X^2 - 2XEX + (EX)^2\right] \\ &= EX^2 - 2EX \cdot EX + (EX)^2 = EX^2 - (EX)^2。\end{aligned}$$

于是

$$D(X) = EX^2 - (EX)^2。\tag{4.7}$$

这是计算方差的常用公式。

例 4.16 (二项分布的方差)　设 $X \sim B(n,p)$，试求 $D(X)$。

解　二项分布的概率如下：

$$P(X = k) = C_n^k p^k (1-p)^{n-k}, \quad k = 0, 1, \cdots, n,$$

其数学期望为 $EX = np$。根据公式 (4.7)，只需计算 EX^2，具体如下：

$$\begin{aligned}EX^2 &= \sum_{k=0}^{n} k^2 C_n^k p^k (1-p)^{n-k} = \sum_{k=1}^{n} \frac{k^2 \cdot n!}{k!\,(n-k)!} p^k (1-p)^{n-k} \\ &= np\sum_{k=1}^{n} \frac{[(k-1)+1](n-1)!}{(k-1)!\,(n-k)!} p^{k-1}(1-p)^{(n-1)-(k-1)} \\ &= np\sum_{k=1}^{n} \frac{(k-1)(n-1)!}{(k-1)!\,(n-k)!} p^{k-1}(1-p)^{(n-1)-(k-1)} \\ &\quad + np\sum_{k=1}^{n} \frac{(n-1)!}{(k-1)!\,(n-k)!} p^{k-1}(1-p)^{(n-1)-(k-1)} \\ &= np\,[(n-1)p+1] = (np)^2 + np(1-p)\end{aligned}$$

利用公式 (4.7)，得

$$D(X) = EX^2 - (EX)^2 = (np)^2 + np(1-p) - (np)^2 = np(1-p) = npq。$$

类似地，设随机变量 X 服从参数为 λ 的泊松分布 $P(\lambda), \lambda > 0$。则 X 的方差 $D(X) = \lambda$ (作为习题，请同学们自己验算)。注意泊松分布的期望和方差均为 λ。

例 4.17 (均匀分布的方差)　设随机变量 X 服从 $[a, b]$ 上的均匀分布，试求 $D(X)$。

解　均匀分布的密度函数为

$$p(x) = \begin{cases} \dfrac{1}{b-a}, & a \leqslant x \leqslant b \\ 0, & \text{其他} \end{cases},$$

X 的数学期望 $EX = \dfrac{a+b}{2}$。X^2 的数学期望为

$$EX^2 = \int_{-\infty}^{+\infty} x^2 p(x)\,\mathrm{d}x = \int_a^b \frac{x^2}{b-a}\,\mathrm{d}x = \frac{b^3-a^3}{3(b-a)} = \frac{a^2+ab+b^2}{3},$$

则由公式 (4.7) 得

$$D(X) = EX^2 - (EX)^2 = \frac{a^2+ab+b^2}{3} - \left(\frac{a+b}{2}\right)^2 = \frac{(b-a)^2}{12}。$$

例 4.18 (指数分布的方差)　设随机变量 X 服从参数为 λ 的指数分布 $E(\lambda)$，试求 $D(X)$。

解　随机变量 X 的密度函数为 $p(x) = \lambda e^{-\lambda x}$，$x > 0$，且 X 的数学期望 $EX = 1/\lambda$。由于

$$\begin{aligned}EX^2 &= \int_{-\infty}^{+\infty} x^2 p(x)\,\mathrm{d}x = \int_0^{+\infty} x^2 \lambda e^{-\lambda x}\mathrm{d}x = -x^2 e^{-\lambda x}\Big|_0^{+\infty} + 2\int_0^{+\infty} x e^{-\lambda x}\mathrm{d}x \\ &= \frac{2}{\lambda}\int_0^{+\infty} x\lambda e^{-\lambda x}\mathrm{d}x = \frac{2}{\lambda^2}。\end{aligned}$$

所以 X 的方差 $D(X)=EX^2-(EX)^2=2\lambda^{-2}-\lambda^{-2}=\lambda^{-2}$。

例 4.19 (正态分布的方差)　设随机变量 X 服从正态分布 $N(\mu,\sigma^2)$，试求 $D(X)$。

解　随机变量 X 的密度函数为 $p(x)=\dfrac{1}{\sqrt{2\pi}\sigma}e^{\frac{-(x-\mu)^2}{2\sigma^2}}$，$x\in\mathbf{R}$，数学期望为 $EX=\mu$，故其方差

$$D(X)=E(X-EX)^2=\int_{-\infty}^{+\infty}(x-\mu)^2p(x)\,\mathrm{d}x=\int_{-\infty}^{+\infty}\frac{(x-\mu)^2}{\sqrt{2\pi}\sigma}e^{\frac{-(x-\mu)^2}{2\sigma^2}}\,\mathrm{d}x,$$

作变量变换 $t=\dfrac{x-\mu}{\sigma}$，则 X 的方差为

$$D(X)=\frac{\sigma^2}{\sqrt{2\pi}}\int_{-\infty}^{+\infty}t^2e^{\frac{-t^2}{2}}\,\mathrm{d}t=\sigma^2\left[-\frac{1}{\sqrt{2\pi}}te^{\frac{-t^2}{2}}\Big|_{-\infty}^{+\infty}+\frac{1}{\sqrt{2\pi}}\int_{-\infty}^{+\infty}e^{\frac{-t^2}{2}}\,\mathrm{d}t\right]=\sigma^2。$$

可见 $N(\mu,\sigma^2)$ 中的参数 σ^2 等于正态分布的方差。特别地，若 X 服从标准正态分布，则 X 的方差为 1。于是我们发现正态分布中的两个参数均有着重要的意义。

二、方差的性质

下面来介绍方差的几个性质。这些性质并不难，但大家学习的时候要注意它们与期望的性质之间的差别，以免引起混淆。

(1) 常数的方差为 0，即任意常数 a，$D(a)=0$。

(2) 设 a, b 为任意有限常数，若 X 的方差存在，则

$$D(aX+b)=a^2D(X)。\tag{4.8}$$

证明　$aX+b$ 的期望为 $E(aX+b)=aEX+b$，由方差的定义知，

$$D(aX+b)=E[aX+b-(aEX+b)]^2=E(aX-aEX)^2=a^2E(X-EX)^2=a^2D(X)。$$

(3) 对任意的随机变量 X 和 Y，若 X 和 Y 的方差均存在，则

$$D(X\pm Y)=D(X)+D(Y)\pm 2E[(X-EX)(Y-EY)]。$$

特别地，当 X 和 Y 独立时，

$$D(X\pm Y)=D(X)+D(Y)。\tag{4.9}$$

证明　我们仅证明和的情形，差的情形可以类似得到。

$$\begin{aligned}D(X+Y)&=E[X+Y-E(X+Y)]^2=E[(X-EX)+(Y-EY)]^2\\&=E\left[(X-EX)^2+(Y-EY)^2+2(X-EX)(Y-EY)\right]\\&=D(X)+D(Y)+2E[(X-EX)(Y-EY)]。\end{aligned}$$

当 X 和 Y 独立时，则 $X-EX$ 与 $Y-EY$ 也是独立的。利用期望的性质 (3)，

$$E[(X-EX)(Y-EY)]=E(X-EX)E(Y-EY)=0,$$

所以

$$D(X+Y)=D(X)+D(Y)。$$

上述性质可以推广到 n 个的情形，任意 n 个随机变量 $X_1,\cdots,X_n$，则

$$D(X_1+\cdots+X_n)=\sum_{k=1}^{n}D(X_k)+2\sum_{1\leqslant i<j\leqslant n}E\left[(X_i-EX_i)(X_j-EX_j)\right]。$$

进而，如果 $X_1,\cdots,X_n$ 两两独立，则

$$D(X_1+\cdots+X_n)=D(X_1)+D(X_2)+\cdots+D(X_n)。$$

下面我们看几个例子说明一下方差性质的应用。首先我们还是运用方差的性质来计算二项分布的方差。

例 4.20 试计算二项分布 $B(n,p)$ 的方差。

解 设 $X\sim B(n,p)$，则 X 可以表示成 n 个独立同分布随机变量的和：

$$X=X_1+X_2+\cdots+X_n,$$

其中，$X_i\sim B(1,p)$，$i=1,\ 2,\ \cdots,\ n$。于是，由方差性质 (3)，以及 X_i 的方差为 pq，得 X 的方差为

$$D(X)=D\left(X_1\right)+D\left(X_2\right)+\cdots+D\left(X_n\right)=np(1-p)=npq。$$

不难看出，该方法比例 4.16 直接计算要简单得多。

例 4.21 设随机变量 X,Y 相互独立，均服从标准正态分布，试求 $D(|X-Y|)$。

解 由第三章的内容，不难看出 $Z=X-Y\sim N(0,2)$。于是

$$D(|X-Y|)=D(|Z|)。$$

利用公式 (4.7)，可得 $D(|Z|)=E|Z|^2-(E|Z|)^2=EZ^2-(E|Z|)^2$。再利用定理 4.1，有

$$\begin{aligned}E|Z|&=\int_{-\infty}^{+\infty}|z|\frac{1}{\sqrt{2\pi}\sqrt{2}}e^{-\frac{z^2}{2\cdot 2}}\mathrm{d}z=\int_{0}^{+\infty}\frac{1}{\sqrt{\pi}}ze^{-\frac{z^2}{4}}\mathrm{d}z\\&=-\int_{0}^{+\infty}\frac{2}{\sqrt{\pi}}\mathrm{d}(e^{-\frac{z^2}{4}})=\frac{2}{\sqrt{\pi}}。\end{aligned}$$

最终得到 $D(|Z|)=EZ^2-(E|Z|)^2=2-\left(\frac{2}{\sqrt{\pi}}\right)^2=2-\frac{4}{\pi}$。

三、切比雪夫不等式

下面我们介绍一下切比雪夫不等式，该不等式在概率论的历史上占据着极为重要的作用。

定理 4.3 (切比雪夫不等式) 设随机变量 X 的期望 EX 和方差 DX 均存在，则对任意的 $\varepsilon>0$，有

$$P\left(|X-EX|\geqslant\varepsilon\right)\leqslant\frac{DX}{\varepsilon^2}。$$

证明　这里我们仅对随机变量 X 为连续型情况加以证明。设随机变量 X 的密度函数为 $p(x)$，则

$$P(|X-EX|\geqslant\varepsilon)=\int\limits_{\{x:|x-EX|\geqslant\varepsilon\}}p(x)\mathrm{d}x\leqslant\int\limits_{\{x:|x-EX|\geqslant\varepsilon\}}\frac{(x-EX)^2}{\varepsilon^2}p(x)\mathrm{d}x$$
$$\leqslant\frac{1}{\varepsilon^2}\int_{-\infty}^{+\infty}(x-EX)^2p(x)\mathrm{d}x=\frac{DX}{\varepsilon^2}。$$

切比雪夫不等式是一个重要的不等式，它在大数定律的证明中起着重要的作用。下面我们举一个例子说明切比雪夫不等式的用处。

由方差的性质 (1) 知，常数的方差为零；反之，若随机变量 X 的方差为零，该随机变量是否为常数？直观上看结果是显然的，但如何证明呢？事实上我们可以运用切比雪夫不等式得到严格的证明。假设 $D(X)=0$，对任意的 $\varepsilon>0$，

$$0\leqslant P(|X-EX|\geqslant\varepsilon)\leqslant\frac{DX}{\varepsilon^2}=0,$$

即 $P(|X-EX|\geqslant\varepsilon)=0$。从而

$$P(X\neq EX)=P\left(\bigcup_{i=1}^{n}\left\{|X-EX|\geqslant\frac{1}{n}\right\}\right)$$
$$=\lim_{n\to\infty}P\left(|X-EX|\geqslant\frac{1}{n}\right)=0。$$

即 $P(X=EX)=1$。也就是说，随机变量 X 几乎处处为一常数。这样我们就给出了证明。最后举一个切比雪夫不等式的简单应用。

例 4.22　已知正常男性成人血液中，每毫升白细胞数平均是 7300，均方差是 700，利用切比雪夫不等式估计每毫升血液含白细胞数在 5200 到 9400 之间的概率至少是多少？

解　设每毫升白细胞数为随机变量 X，则 $EX=7300$，$\sqrt{DX}=700$。概率

$$P(5200\leqslant X\leqslant 9400)=P(|X-EX|\leqslant 2100)=1-P(|X-EX|>2100),$$

由切比雪夫不等式得到

$$P(|X-EX|>2100)\leqslant\frac{D(X)}{2100^2}=\frac{700^2}{2100^2}=\frac{1}{9}。$$

因此得

$$P(5200\leqslant X\leqslant 9400)=P(|X-EX|\leqslant 2100)\geqslant\frac{8}{9}。$$

第三节　协方差与相关系数

前面两节我们学习了随机变量的数字特征。这一节将介绍随机向量的数字特征。我们知道，在第三章表示随机向量之间的关系有条件分布、独立性等。那么如何用数字来描述两个随机变量之间的关系呢？这就需要相关系数的概念了。

首先我们介绍一下协方差的概念。

一、协方差

定义 4.4 对随机变量 X 和 Y，若 EX、EY 和 $E(XY)$ 均存在，则称 $E[(X-EX)(Y-EY)]$ 为 X **和** Y **的协方差**，记为 $\operatorname{cov}(X,Y)$。即

$$\operatorname{cov}(X,Y)=E\left[(X-EX)(Y-EY)\right]。$$

协方差的概念可以看成方差概念的自然推广。事实上，$DX=\operatorname{cov}(X,X)$。也就是说，随机变量的方差相当于自己和自己的协方差。由方差的性质 (3)，不难看出：

$$D(X\pm Y)=D(X)+D(Y)\pm 2\operatorname{cov}(X,Y)。$$

类似地，对任意 n 个随机变量 $X_1,\cdots,X_n$，有

$$D(X_1+\cdots+X_n)=\sum_{k=1}^{n}D(X_k)+2\sum_{1\leqslant i<j\leqslant n}\operatorname{cov}(X_i,X_j)。$$

此外，将协方差的定义展开得

$$\begin{aligned}\operatorname{cov}(X,Y)&=E\left[(X-EX)(Y-EY)\right]\\&=EXY-E[XEY]-E[YEX]+EX\cdot EY。\end{aligned}$$

注意到后面两项可以消去，于是得到下列协方差的计算公式：

$$\operatorname{cov}(X,Y)=E(XY)-EX\cdot EY。\tag{4.10}$$

类似地，协方差有如下的性质：

(1) 对称性，$\operatorname{cov}(X,Y)=\operatorname{cov}(Y,X)$。

(2) 对常数 a, b, c, $d\in\mathbf{R}$，$\operatorname{cov}(aX+c,bY+d)=ab\operatorname{cov}(X,Y)$。

(3) $\operatorname{cov}(X_1+X_2,Y)=\operatorname{cov}(X_1,Y)+\operatorname{cov}(X_2,Y)$。

(4) 若 X 和 Y 独立，则 $\operatorname{cov}(X,Y)=0$。

证明 我们仅对性质 (4) 加以证明，由式 (4.10) 得

$$\operatorname{cov}(X,Y)=E(XY)-EX\cdot EY。$$

利用期望的性质 (3)，得 $\operatorname{cov}(X,Y)=0$。

例 4.23 设 $(X,Y)\sim N(\mu_1,\mu_2,\sigma_1^2,\sigma_2^2,\rho)$，求 $\operatorname{cov}(X,Y)$。

解 由第三章，二维正态分布的密度函数为

$$\begin{aligned}p(x,y)=&\frac{1}{2\pi\sigma_1\sigma_2\sqrt{1-\rho^2}}\\&\cdot\exp\left\{-\frac{1}{2(1-\rho^2)}\left[\left(\frac{x-\mu_1}{\sigma_1}\right)^2-2\rho\left(\frac{x-\mu_1}{\sigma_1}\right)\left(\frac{y-\mu_2}{\sigma_2}\right)+\left(\frac{y-\mu_2}{\sigma_2}\right)^2\right]\right\}\end{aligned}$$

且 $EX=\mu_1, EY=\mu_2$，于是

$$\operatorname{cov}(X,Y)=E\left[(X-EX)(Y-EY)\right]=\int_{-\infty}^{+\infty}\int_{-\infty}^{+\infty}(x-\mu_1)(y-\mu_2)p(x,y)\,\mathrm{d}x\mathrm{d}y。$$

对积分进行变量变换，$u=\dfrac{x-\mu_1}{\sigma_1}, v=\dfrac{y-\mu_2}{\sigma_2}$，得

$$\begin{aligned}\operatorname{cov}(X,Y)&=\frac{\sigma_1\sigma_2}{2\pi\sqrt{1-\rho^2}}\int_{-\infty}^{+\infty}\int_{-\infty}^{+\infty}uv\exp\left\{-\frac{1}{2(1-\rho^2)}\left[(u-\rho v)^2+(1-\rho^2)v^2\right]\right\}\mathrm{d}u\mathrm{d}v\\&=\frac{\sigma_1\sigma_2}{\sqrt{2\pi}}\int_{-\infty}^{+\infty}ve^{-\frac{v^2}{2}}\mathrm{d}v\int_{-\infty}^{+\infty}u\frac{1}{\sqrt{2\pi(1-\rho^2)}}\exp\left[-\frac{(u-\rho v)^2}{2(1-\rho^2)}\right]\mathrm{d}u\\&=\frac{\sigma_1\sigma_2\rho}{\sqrt{2\pi}}\int_{-\infty}^{+\infty}v^2e^{-\frac{v^2}{2}}\mathrm{d}v\\&=\sigma_1\sigma_2\rho。\end{aligned}$$

例 4.24　设随机向量 $(X,\ Y)$ 的联合密度函数为

$$p(x,y)=\begin{cases}\dfrac{1}{4}, & |x|\leqslant y, 0\leqslant y\leqslant 2\\ 0, & \text{其他}\end{cases},$$

试求 X 和 Y 的协方差 $\operatorname{cov}(X,Y)$。

解　先求 X 和 Y 的期望

$$EX=\iint xp(x,y)\mathrm{d}x\mathrm{d}y=\int_0^2\left(\int_{-y}^{y}\frac{x}{4}\mathrm{d}x\right)\mathrm{d}y=0,$$

$$EY=\iint yp(x,y)\mathrm{d}x\mathrm{d}y=\int_0^2\left(\int_{-y}^{y}\frac{y}{4}\mathrm{d}x\right)\mathrm{d}y=\frac{4}{3},$$

再求 $E(XY)=\displaystyle\iint xyp(x,y)\mathrm{d}x\mathrm{d}y=\int_0^2\left(\int_{-y}^{y}\frac{xy}{4}\mathrm{d}x\right)\mathrm{d}y=0$。利用公式 (4.10) 得

$$\operatorname{cov}(X,Y)=E(XY)-EX\cdot EY=0。$$

最后我们介绍重要的柯西–施瓦茨 (Cauchy-Schwarz) 不等式。该不等式有多种形式，如积分形式、数列形式等。我们这里介绍的是概率论中的形式，事实上，它们的证明与结论都是类似的。

定理 4.4 (柯西–施瓦茨不等式)　设随机变量 X 和 Y 的方差均存在，则

$$[\operatorname{cov}(X,Y)]^2\leqslant D(X)D(Y),$$

其中等号成立的充要条件是存在不全为 0 的常数 a 和 b，使得

$$P(Y=aX+b)=1。$$

证明　对任意的 $t\in\mathbf{R}$，定义函数

$$u(t)=E\left[t(X-EX)-(Y-EY)\right]^2=t^2D(X)-2t\operatorname{cov}(X,Y)+D(Y),$$

显然 $u(t) \geqslant 0$。由判别式知 $[2\mathrm{cov}(X,Y)]^2 - 4D(X)D(Y) \leqslant 0$，即

$$[\mathrm{cov}(X,Y)]^2 \leqslant D(X)D(Y)。$$

等式成立的充要条件是 $u(t)=0$ 有一个二重实根，设其为 t_0。于是

$$u(t_0) = E\left[t_0(X-EX)-(Y-EY)\right]^2 = D\left[t_0(X-EX)-(Y-EY)\right] = 0,$$

由上一节切比雪夫不等式后的论述知，

$$P\left(t_0(X-EX)-(Y-EY)=0\right)=1。$$

等式的必要性得证。

等式部分的充分性是显然的，若存在不全为 0 的常数 a, b，使得 $P(Y=aX+b)=1$。于是

$$\begin{aligned}\mathrm{cov}(X,Y) &= E(XY)-EX\cdot EY = E[X(aX+b)]-EX\cdot E(aX+b)\\ &= aE(X^2)-a(EX)^2 = \sqrt{DX\cdot a^2DX} = \sqrt{DX\cdot DY}。\end{aligned}$$

等式的充分性得证。

二、相关系数

在讲述相关系数之前，我们先介绍一下标准化的概念。在已知随机变量 X 的均值 EX 和方差 $D(X)$ 时，我们可以进行如下变换：

$$X^* = \frac{X-EX}{\sqrt{D(X)}}。$$

不难看出

$$EX^* = E\frac{X-EX}{\sqrt{D(X)}} = 0, \quad DX^* = D\left(\frac{X-EX}{\sqrt{D(X)}}\right) = \frac{E(X-EX)^2}{D(X)} = 1。$$

则称 X^* 为 X **的标准化随机变量**。例如，若 $X \sim N(\mu,\ \sigma^2)$，则其标准化随机变量 $(X-\mu)/\sigma \sim N(0,\ 1)$，也就是说，正态分布标准化后就服从标准正态分布了。

下面介绍相关系数的概念。

定义 4.5 设随机变量 X 和 Y 的方差均存在，且 $D(X)>0$，$D(Y)>0$，则称

$$\frac{\mathrm{cov}(X,Y)}{\sqrt{D(X)D(Y)}}$$

为 X **和** Y **的相关系数**，记为 ρ_{XY} 或者 $\mathrm{Corr}(X,Y)$。若 $\rho_{XY}>0$，则称 X **和** Y **正相关**；若 $\rho_{XY}<0$，则称 X **和** Y **负相关**。

考虑 X 和 Y 的标准化随机变量 $X^* = \dfrac{X-EX}{\sqrt{D(X)}}$ 和 $Y^* = \dfrac{Y-EY}{\sqrt{D(Y)}}$，则

$$\mathrm{cov}\left(X^*,\ Y^*\right) = \mathrm{cov}\left(\frac{X-EX}{\sqrt{D(X)}},\ \frac{Y-EY}{\sqrt{D(Y)}}\right) = \frac{\mathrm{cov}\left(X,Y\right)}{\sqrt{D(X)D(Y)}} = \rho_{XY}。$$

可见相关系数是随机变量标准化后的协方差。由柯西–施瓦茨不等式，可知相关系数 ρ_{XY} 满足下列性质：

(1) $|\rho_{XY}| \leqslant 1$；

(2) $|\rho_{XY}| = 1$ 的充分必要条件是存在不同为 0 的常数 a, b，使得 $P(Y = aX + b) = 1$。即 X 和 Y 以概率 1 具有线性关系。

上面的性质表明，相关系数 ρ_{XY} 刻画了 X 和 Y 间的线性相关特征。$|\rho_{XY}|$ 越大，表明 X 和 Y 之间线性关系越密切，当 $|\rho_{XY}| = 1$ 时表明 X 和 Y 以概率 1 线性相关。反之，若 $|\rho_{XY}|$ 越小，表明 X 和 Y 的线性关系越弱。特别地，对于 $\rho_{XY} = 0$ 的情形，我们给出如下的定义。

定义 4.6　若随机变量 X 和 Y 的相关系数 $\rho_{XY} = 0$，则称 X 和 Y **线性无关**或**不相关**。

(3) 若随机变量 X 和 Y 独立，则 X 和 Y 不相关。但反之未必成立。

证明　若随机变量 X 和 Y 独立，则由期望的性质 (3) 得 $E(XY) = EX \cdot EY$，于是 $\operatorname{cov}(X, Y) = E(XY) - EX \cdot EY = 0$，所以 $\rho_{XY} = 0$。

不难发现，例 4.24 已经举出了反例。虽然随机变量 X 和 Y 不相关，但 X 和 Y 也不独立。可见独立和不相关并非等价，不相关比独立的条件要弱一些。下面我们再举一个例子来说明这个问题。

例 4.25　设 $X \sim N(0,1)$，$Y = X^2$，试求 ρ_{XY}。

解　因为 $EX = 0$，且 $E(XY) = \int_{-\infty}^{+\infty} x^3 \varphi(x) \mathrm{d}x = 0$，所以

$$\operatorname{cov}(X,\ Y) = E(XY) - E(X)E(Y) = 0,$$

进而 $\rho_{XY} = 0$。

在该例中，虽然 X 和 Y 不相关，但事实上它们之间有着严格的非线性函数关系，所以不独立。于是我们就明白“相关系数 ρ_{XY} 刻画了 X 和 Y 之间的线性相关特征”这句话的含义了。即使相关系数 ρ_{XY} 为零，也只能说明 X 和 Y 没有线性关系，也许 X 和 Y 有着很强的非线性关系呢！而独立性则说明随机变量 X 和 Y 之间没有任何关系。

下面的性质给出了 X 和 Y 不相关的几个等价条件：

(4) 下面四个命题相互等价：

(a) $\rho_{XY} = 0$；

(b) $\operatorname{cov}(X, Y) = 0$；

(c) $E(XY) = EX \cdot EY$；

(d) $D(X \pm Y) = D(X) + D(Y)$。

一般地，独立性与不相关是不等价的，但在正态分布的情况下，独立性与不相关却是等价的。

例 4.26　设 (X, Y) 服从二维正态分布 $N(\mu_1, \mu_2, \sigma_1^2, \sigma_2^2, \rho)$，则它们的独立性和不相关性等价。

证明 例 4.23 求得了 $\operatorname{cov}(X,Y)=\sigma_1\sigma_2\rho$，所以 X 和 Y 的相关系数为

$$\rho_{X\,Y}=\frac{\operatorname{cov}(X,Y)}{\sqrt{D(X)D(Y)}}=\frac{\sigma_1\sigma_2\rho}{\sigma_1\sigma_2}=\rho。$$

于是我们发现二维正态分布中参数 ρ 的含义了，它就是随机变量 X 和 Y 的相关系数。由第三章的定理 3.2 知，X 和 Y 独立等价于 $\rho=0$。于是 X 和 Y 的独立性与不相关性等价。

第四节　矩与协方差阵

一、矩

作为期望和方差的推广，在本节我们将介绍矩的概念。对于随机变量 X 和正整数 k，我们定义 X^k 的数学期望 EX^k 为随机变量 X 的 k 阶矩。若 $k=1$，则 EX 就是 X 的期望。因此，矩可以看作期望的推广；同样，可以定义中心化后随机变量的期望 $E(X-EX)^k$。若 $k=2$，则 $E(X-EX)^2$ 就是 X 的方差。下面我们给出具体的定义。

定义 4.7 设 X 是一个随机变量，对正整数 k，若 $E(|X|^k)<\infty$，则称 EX^k 为 X 的 k **阶原点矩**或 k **阶矩**；若 $E(|X-EX|^k)<\infty$，则称 $E\left(X-EX\right)^k$ 为 X 的 k **阶中心矩**。

同样，随机变量的 k 阶矩也不一定存在。若 X 的 k 阶矩或 k 阶中心矩存在，则可以运用随机变量函数的期望计算公式 (即定理 4.1) 计算 k 阶矩及 k 阶中心矩。

例 4.27 设 $X\sim N(\mu,\sigma^2)$，求 X 的 k 阶中心矩，其中 k 为任意正整数。

解 随机变量 X 的密度函数为 $p(x)=\dfrac{1}{\sqrt{2\pi}\sigma}e^{\frac{-(x-\mu)^2}{2\sigma^2}}$，$x\in\mathbf{R}$，数学期望为 $EX=\mu$，故其 k 阶中心矩为

$$E(X-EX)^k=\int_{-\infty}^{+\infty}(x-\mu)^k\frac{1}{\sqrt{2\pi}\sigma}e^{\frac{-(x-\mu)^2}{2\sigma^2}}\mathrm{d}x=\int_{-\infty}^{+\infty}\sigma^k t^k\frac{1}{\sqrt{2\pi}}e^{\frac{-t^2}{2}}\mathrm{d}t,$$

其中第二个等号还是利用变量变换 $t=\dfrac{x-\mu}{\sigma}$。

当 k 为奇数时，被积函数是一个可积的奇函数，所以 $E(X-EX)^k=0$。

当 k 为偶数时，有

$$\begin{aligned}E(X-EX)^k&=\sigma^k\int_{-\infty}^{+\infty}t^k\frac{1}{\sqrt{2\pi}}e^{\frac{-t^2}{2}}\mathrm{d}t=-\sigma^k\int_{-\infty}^{+\infty}t^{k-1}\frac{1}{\sqrt{2\pi}}\mathrm{d}(e^{\frac{-t^2}{2}})\\&=\frac{-\sigma^k}{\sqrt{2\pi}}t^{k-1}e^{\frac{-t^2}{2}}\Big|_{-\infty}^{+\infty}+\sigma^k\left(k-1\right)\int_{-\infty}^{+\infty}t^{k-2}\frac{1}{\sqrt{2\pi}}e^{\frac{-t^2}{2}}\mathrm{d}t\\&=\sigma^k\left(k-1\right)\int_{-\infty}^{+\infty}t^{k-2}\frac{1}{\sqrt{2\pi}}e^{\frac{-t^2}{2}}\mathrm{d}t\\&=\cdots\cdots=\sigma^k\left(k-1\right)\left(k-3\right)\cdots3\cdot1\cdot\int_{-\infty}^{+\infty}\frac{1}{\sqrt{2\pi}}e^{\frac{-t^2}{2}}\mathrm{d}t\\&=\sigma^k\left(k-1\right)\left(k-3\right)\cdots3\cdot1。\end{aligned}$$

综上所述，得

$$E(X-EX)^k=\begin{cases}0, & k\text{ 为奇数}\\ \sigma^k(k-1)!!, & k\text{ 为偶数}\end{cases}。$$

我们将随机变量标准化后的三阶矩称为偏度，同时将标准化随机变量的四阶矩称为峰度。由例 4.27 不难看出，正态分布的偏度为 0，峰度为 3。峰度可以用来衡量分布形状的陡峭程度。在实际中，高于四阶的矩是较少用到的。

二、协方差阵

对于 n 维随机向量 $X=(X_1,X_2,\cdots,X_n)^{\mathrm{T}}$，也可以定义其数学期望及协方差阵。

定义 4.8 对随机向量 $X=(X_1,X_2,\cdots,X_n)^{\mathrm{T}}$，称

$$EX=(EX_1,EX_2,\cdots,EX_n)^{\mathrm{T}}$$

为 X 的**数学期望**。记 $c_{ij}=\mathrm{cov}(X_i,X_j),i,j=1,2,\cdots,n$。称矩阵

$$\Sigma=(c_{ij})_{n\times n}=\begin{bmatrix}c_{11} & c_{12} & \cdots & c_{1n}\\ c_{21} & c_{22} & \cdots & c_{2n}\\ \vdots & \vdots & & \vdots\\ c_{n1} & c_{n2} & \cdots & c_{nn}\end{bmatrix}$$

为 X 的**协方差阵**。

显然，协方差阵是一个对称阵。例如，我们考虑二维正态分布 (X_1,X_2) 时，其协方差阵为

$$\Sigma=\begin{bmatrix}\sigma_1^2 & \sigma_1\sigma_2\rho\\ \sigma_1\sigma_2\rho & \sigma_2^2\end{bmatrix}。$$

此时二维正态分布的联合密度函数可以写成如下形式：

$$p(x)=\frac{1}{(2\pi)^{\frac{2}{2}}(\det\Sigma)^{\frac{1}{2}}}\exp\left[-\frac{1}{2}(x-\mu)^{\mathrm{T}}\Sigma^{-1}(x-\mu)\right],$$

其中 $x=(x_1,x_2)^{\mathrm{T}},\mu=(\mu_1,\mu_2)^{\mathrm{T}}=(EX_1,EX_2)^{\mathrm{T}}$。该公式展开后与第三章公式 (3.17) 是完全相同的。且容易记忆，因为它与一维正态分布的公式是类似的。

习 题 四

1. 随机变量 X 的分布律为

$$\begin{pmatrix}-1 & 0 & 1 & 2\\ 0.2 & 0.3 & 0.4 & 0.1\end{pmatrix}$$

试求 EX。

2. 袋中有 5 个球，编号为 1，2，3，4，5，现从中任取 3 个球，用 X 表示取出 3 个球中的最大编号，求 EX。

3. 设随机变量 X 的密度函数为

$$p(x)=\begin{cases} ax, & 0<x<2 \\ bx+c, & 2\leqslant x<4 \\ 0, & \text{其他} \end{cases}。$$

又 $EX=2$, $P(1<X<3)=3/4$，求常数 a,b,c 的值。

4. (几何分布的数学期望)　独立重复地做一项试验，每次试验成功的概率为 p，$0<p<1$，记 X 为第一次成功时试验的次数，则 X 的期望是多少？

5. 设我国每年某种出口商品的需求量 (单位为吨) 为 [2000，4000] 的均匀分布。若售出该种商品 1 吨，收益 3 万元；如不能售出，每吨的仓库保管费为 1 万元，试问该商品应出口多少吨才能得到最大收益？

6. 已知随机变量 $Y=\ln X\sim N(\mu,\ \sigma^2)$，此时我们称 X 为对数正态分布，试求其数学期望 EX。

7. 已知随机变量 X 与 Y 服从 $x^2+y^2\leqslant R^2$ 上的均匀分布，记 $Z=\sqrt{X^2+Y^2}$，求 $E(Z)$。

8. 有 N 个人将他们的帽子抛向空中，帽子充分混合后，每人随机地从中取出一顶，求刚好拿到自己帽子的人数的数学期望。

9. 设 $X_1,X_2,\cdots,X_n$ 均服从 [0, 1] 上的均匀分布，且相互独立。令 $X_{(1)}=\min(X_1,X_2,\cdots,X_n)$。试求 $EX_{(1)}$。

10. 设随机变量 X 的密度函数为 $p(x)=\dfrac{1}{2}e^{-|x-\mu|},\mu\in\mathbf{R}$，试求 DX。

11. 设随机变量 X 服从参数为 λ 的泊松分布 $P(\lambda),\lambda>0$。试求 DX。

12. 设随机变量 X 的方差存在，试证明：$DX\leqslant E(X-c)^2$，c 为任意常数。

13. 设 X_1, X_2, X_3 相互独立，X_1 服从 $U[0,\ 6]$，X_2 服从 $N(0,4)$，X_3 服从参数为 $\lambda=5$ 的泊松分布，令 $Y=X_1-2X_2+3X_3$，试求 $D(Y)$。

14. 设随机变量 X 服从 $N(0,4)$，随机变量 Y 服从 $U[0,4]$，且 X 和 Y 相互独立，试求 $D(X+Y)$; $D(2X-3Y)$。

15. 设 X 和 Y 的相关系数为 0.25，$EX=0,EY=2,DX=DY=1$，试求 $E(2X+Y)^2$。

16. 已知随机变量 X 与 Y 独立同分布，且 X 的概率分布为 $P(X=1)=1-P(X=2)=\dfrac{2}{3}$。记 $U=\max(X,Y)$，$V=\min(X,Y)$，求：(1) $(U,\ V)$ 的概率分布；(2) $E(U)$ 和 $E(V)$；(3) U 与 V 的协方差 $\mathrm{cov}(U,\ V)$。

17. 设随机变量 X 和 Y 的联合概率分布为

X \ Y	0	1
0	$1-p$	0
1	0	p

试求：(1) $\mathrm{cov}(X,Y)$；(2) ρ_{XY}。

18. 设随机向量 $(X,\ Y)$ 在矩形 $\{(x,y)|0\leqslant x\leqslant 2,0\leqslant y\leqslant 1\}$ 上服从均匀分布。令

$$U=\begin{cases} 0, & \text{若 } X\leqslant Y \\ 1, & \text{若 } X>Y \end{cases}; \qquad V=\begin{cases} 0, & \text{若 } X\leqslant 2Y \\ 1, & \text{若 } X>2Y \end{cases}。$$

求：(1) 二维随机向量 $(U,\ V)$ 的概率分布；(2) U 和 V 的相关系数 ρ_{UV}。

19. 设 $X_1, \cdots, X_n$ 为 n 个独立同分布的随机变量，它们的数学期望为 μ，方差为 σ^2。$\bar{X} = \frac{1}{n}\sum_{i=1}^{n} X_i$ 表示样本均值，随机变量 $S^2 = \frac{1}{n-1}\sum_{i=1}^{n}\left(X_i - \bar{X}\right)^2$ 称为样本方差。求: (1) $E\bar{X}, D(\bar{X})$; (2) $E\left(S^2\right)$。

20. 设随机向量 (X, Y) 的联合密度函数为

$$p(x,y) = \begin{cases} x+y, & 0 \leqslant x \leqslant 1, \quad 0 \leqslant y \leqslant 1 \\ 0, & \text{其他} \end{cases},$$

试求：X 和 Y 的相关系数 ρ_{XY}。

21. 设 X 和 Y 为两个随机变量，参数 $a, b, c, d \in \mathbf{R}$，且 $ac > 0$。试证：$aX + b$ 和 $cY + d$ 的相关系数与 X 和 Y 的相关系数相同。

22. 利用切比雪夫不等式确定，在投掷一枚均匀硬币时需要掷多少次，才能保证正面向上的频率在 0.4 与 0.6 之间的概率不小于 90%？

23. 试证明下面结论。

(1) 设 X 是取非负整数值的离散型随机变量，则

$$EX = \sum_{k=1}^{+\infty} P(X \geqslant k)。$$

(2) 若 X 是取非负实数值的连续型随机变量，分布函数为 $F(x)$，密度函数为 $p(x)$，则

$$EX = \int_0^{+\infty} [1 - F(x)] \mathrm{d}x。$$

24. 已知随机变量 X 与 Y 相互独立，求证：$D(XY) \geqslant DX \cdot DY$。

25. 设随机变量 X 的密度函数为

$$p(x) = \begin{cases} \frac{x}{2}, & 0 < x < 2 \\ 0, & \text{其他} \end{cases},$$

试计算 k 阶矩 EX^k。

26. 设二维随机变量 (X, Y) 的密度函数为

$$p(x,y) = \begin{cases} \frac{x+y}{8}, & 0 \leqslant x \leqslant 2, \quad 0 \leqslant y \leqslant 2 \\ 0, & \text{其他} \end{cases},$$

求 (X, Y) 的协方差阵。

27. 设二维正态分布随机变量 (X, Y) 的协方差阵为

$$\varSigma = \begin{bmatrix} 196 & -91 \\ a & 169 \end{bmatrix},$$

试求：a 及 X 和 Y 的相关系数 ρ_{XY}。

第五章　极 限 理 论

极限理论是概率论的重要内容，在概率统计的理论研究与实际应用中具有非常重要的意义。极限理论主要包含大数定律与中心极限定理，它反映了随机变量序列的频率稳定性与分布稳定性问题。

第一章中我们提出了频率的稳定性问题，即随着试验次数 n 的增加，事件的频率将在某个数值 p 附近稳定地摆动。而稳定性究竟怎样描述，如何用数学语言把它表达出来，大数定律从理论上阐述了这一问题。

大量随机因素的叠加会产生正态分布的特征，中心极限定理从理论上揭示了这一现象。

第一节　大 数 定 律

大数定律是研究随机现象统计规律性的理论，大数定律揭示了随机变量平均值的收敛规律，我们先介绍随机变量收敛的概念。

定义 5.1　设 $Y_1,Y_2,\cdots,Y_n,\cdots$ 为随机变量序列，若存在常数 a，对任意给定的 $\varepsilon>0$，有

$$\lim_{n\to\infty}P(|Y_n-a|\geqslant\varepsilon)=0,\ \text{或}\ \lim_{n\to\infty}P(|Y_n-a|<\varepsilon)=1,$$

则称随机变量序列 $Y_1,Y_2,\cdots,Y_n\cdots$ 依概率收敛于 a，记为 $Y_n\xrightarrow{P}a$。

随机变量序列的收敛性是指 $n\to\infty$ 时，随机变量 Y_n 与常数 a 的偏差小于任意正数 ε 的**概率**将趋向于 1，这与数学分析中的极限定义有明显不同。

定义 5.2　设 $X_1,X_2,\cdots,X_n,\cdots$ 为随机变量序列，若

$$\lim_{n\to\infty}P\left(\left|\frac{1}{n}\sum_{k=1}^{n}X_k-\frac{1}{n}\sum_{k=1}^{n}EX_k\right|\geqslant\varepsilon\right)=0$$

或

$$\lim_{n\to\infty}P\left(\left|\frac{1}{n}\sum_{k=1}^{n}X_k-\frac{1}{n}\sum_{k=1}^{n}EX_k\right|<\varepsilon\right)=1,$$

则称 $\{X_n\}$ 服从大数定律。

不同的大数定律主要是条件的不同。以下我们介绍三个常用的大数定律：切比雪夫大数定律、独立同分布大数定律与伯努利大数定律。

定理 5.1 (切比雪夫大数定律)　设 $X_1,X_2,\cdots$ 为两两互不相关的随机变量序列，其方差一致有界，即存在常数 C，使得 $DX_k<C$，对一切 $k=1,2,\cdots$ 成立，则 $\{X_n\}$ 服从大数定律，即

$$\lim_{n\to\infty}P\left(\left|\frac{1}{n}\sum_{k=1}^{n}X_k-\frac{1}{n}\sum_{k=1}^{n}EX_k\right|\geqslant\varepsilon\right)=0$$

或

$$\frac{1}{n}\sum_{k=1}^{n}X_k \xrightarrow{P} \frac{1}{n}\sum_{k=1}^{n}EX_k。$$

证明 先证 $\frac{1}{n^2}D\left(\sum_{k=1}^{n}X_k\right) \to 0$。由于 $\{X_k\}$ 两两互不相关，即 $\mathrm{cov}(X_i,X_j)=0$，所以

$$\begin{aligned}\frac{1}{n^2}D\left(\sum_{k=1}^{n}X_k\right) &= \frac{1}{n^2}\left[\sum_{k=1}^{n}DX_k + 2\sum_{1\leqslant i<j\leqslant n}\mathrm{cov}(X_i,X_j)\right] \\ &= \frac{1}{n^2}\sum_{k=1}^{n}DX_k < \frac{1}{n^2}\sum_{k=1}^{n}C = \frac{C}{n} \to 0\end{aligned}$$

根据切比雪夫不等式

$$\begin{aligned}0 \leqslant &P\left(\left|\frac{1}{n}\sum_{k=1}^{n}X_k - \frac{1}{n}\sum_{k=1}^{n}EX_k\right| \geqslant \varepsilon\right) = P\left(\left|\frac{1}{n}\sum_{k=1}^{n}X_k - E\left(\frac{1}{n}\sum_{k=1}^{n}X_k\right)\right| \geqslant \varepsilon\right) \\ \leqslant &D\left(\frac{1}{n}\sum_{k=1}^{n}X_k\right)\Big/\varepsilon^2 = \frac{1}{n^2}D\left(\sum_{k=1}^{n}X_k\right)\Big/\varepsilon^2 \to 0\end{aligned}$$

定理 5.2 (独立同分布大数定律) 设 $X_1, X_2, \cdots$ 为相互独立且分布相同的随机变量序列，数学期望存在，$EX_n=\mu$，则 $\{X_n\}$ 服从大数定律，即

$$\lim_{n\to\infty} P\left(\left|\frac{1}{n}\sum_{k=1}^{n}X_k - \mu\right| \geqslant \varepsilon\right) = 0。$$

证明 只在方差存在的情况下给出证明。

因为 $\{X_n\}$ 同分布，设 $DX_n=\sigma^2<\infty$，从而方差一致有界，由于 $X_1, X_2, \cdots$ 相互独立，必有两两互不相关，而 $\frac{1}{n}\sum_{k=1}^{n}EX_k=\mu$，根据切比雪夫大数定律

$$\lim_{n\to\infty} P\left(\left|\frac{1}{n}\sum_{i=1}^{n}X_i - \frac{1}{n}\sum_{i=1}^{n}EX_i\right| \geqslant \varepsilon\right) = \lim_{n\to\infty} P\left(\left|\frac{1}{n}\sum_{i=1}^{n}X_i - \mu\right| \geqslant \varepsilon\right) = 0,$$

因此，大数定律成立。可以表示为 $\frac{1}{n}\sum_{k=1}^{n}X_k \xrightarrow{P} \mu$。

大数定律给出了频率稳定性的严格数学定义，即大量独立随机观测的平均值依概率收敛于分布的期望值。因此，对于一些具有随机性的测量结果，以多次测量的平均值作为测量值会更加准确。这也为估计任意分布的随机变量的数学期望提供了可行方法。

例 5.1 以上述思想方法，计算定积分 $\int_0^1 f(x)\mathrm{d}x$。

解 设 X 服从 $[0,1]$ 上的均匀分布，密度 $p(x)=1, 0\leqslant x\leqslant 1$，则

$$E[f(X)]=\int_{-\infty}^{+\infty}f(x)p(x)\mathrm{d}x=\int_0^1 f(x)\mathrm{d}x。$$

根据大数定律，n 很大时，$f(X)$ 的 n 个观测值的平均值接近于期望值 $E[f(X)]$，即 $E[f(X)]\approx\frac{1}{n}\sum\limits_{k=1}^{n}f(x_k)$。具体求法：在计算机上用随机数发生器产生 n 个 [0,1] 区间上均匀分布的随机数 $x_1,x_2,\cdots,x_n$，便有 $\int_0^1 f(x)\mathrm{d}x\approx\frac{1}{n}\sum\limits_{k=1}^{n}f(x_k)$。算例，$\int_0^1 e^{x^2}\mathrm{d}x$ 准确值为 1.4626517⋯，取 $n=10^4$，近似值为 1.46285；取 $n=10^5$，近似值为 1.46268。

例 5.2　设 $X_1,X_2,\cdots,X_n$ 独立同分布，均服从参数为 λ 的指数分布，当 n 趋于无穷大时，问 $Y_n=\frac{1}{n}\sum\limits_{k=1}^{n}X_k^2$ 依概率收敛于何值？

解　设 $X\sim E(\lambda)$，$X_1,X_2,\cdots,X_n$ 相互独立与 X 同分布，根据独立性的性质，可得 $X_1^2,X_2^2,\cdots,X_n^2$ 相互独立且分布相同。由独立同分布大数定律，

$$Y_n=\frac{1}{n}\sum_{k=1}^{n}X_k^2\xrightarrow{P}EX^2。$$

$X\sim E(\lambda)$，因此 $EX=\frac{1}{\lambda}$，$DX=\frac{1}{\lambda^2}$，

$$EX^2=DX+(EX)^2=\frac{1}{\lambda^2}+\left(\frac{1}{\lambda}\right)^2=\frac{2}{\lambda^2},$$

$$\therefore Y_n=\frac{1}{n}\sum_{k=1}^{n}X_k^2\xrightarrow{P}\frac{2}{\lambda^2}。$$

定理 5.3 (伯努利大数定律)　设 n_A 是 n 重伯努利试验中 A 发生的次数，A 发生的概率为 p，则对任意 $\varepsilon>0$，有

$$\lim_{n\to\infty}P\left(\left|\frac{n_A}{n}-p\right|\geqslant\varepsilon\right)=0$$

证明　令

$$X_k=\begin{cases}1, & \text{第 } k \text{ 次试验中 } A \text{ 发生}\\ 0, & \text{第 } k \text{ 次试验中 } A \text{ 不发生}\end{cases},\quad k=1,2,\cdots,n。$$

则 $X_1,X_2,\cdots,X_n$ 相互独立，均服从 0-1 分布，$EX_k=p$，$\frac{1}{n}\sum\limits_{k=1}^{n}EX_k=p$。

显然，$n_A=X_1+X_2+\cdots+X_n$，$\frac{n_A}{n}=\frac{1}{n}\sum\limits_{k=1}^{n}X_k$，由独立同分布大数定律

$$\lim_{n\to\infty}P\left(\left|\frac{n_A}{n}-p\right|\geqslant\varepsilon\right)=\lim_{n\to\infty}P\left(\left|\frac{1}{n}\sum_{k=1}^{n}X_k-\frac{1}{n}\sum_{k=1}^{n}EX_k\right|\geqslant\varepsilon\right)=0$$

或

$$\lim_{n\to\infty} P\left(\left|\frac{n_A}{n}-p\right|<\varepsilon\right)=1。$$

因此伯努利大数定律成立，可以表示为 $\frac{n_A}{n}\xrightarrow{P}p$。

伯努利大数定律表明，当试验次数 n 不断增加时，事件 A 发生的频率与 A 发生的概率 p 的偏差小于任意正数 ε 的概率趋向于 1，这从理论上说明了频率的稳定性。从实用的角度看，当试验次数充分大时，可以用事件发生的频率代替事件发生的概率。

第二节　中心极限定理

有一类随机变量，由大量独立随机因素叠加而成，其中每一个因素的影响是微小的、不占主导地位的。那么，这样的随机变量其分布会呈现出正态分布的特征。

我们看下面的例子。设随机变量 X 的概率分布为 $P(X=0)=0.4$，$P(X=1)=0.6$，对 X 做 n 次独立观测，得到 $X_1,X_2,\cdots,X_n$，令 $X=X_1+X_2+\cdots+X_n$，考察 X 的概率分布情况 (图 5-1)。

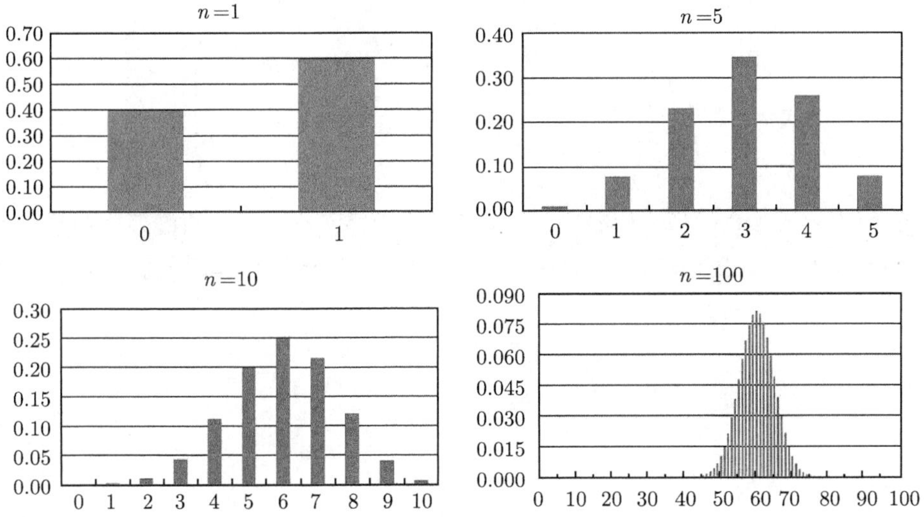

图 5-1

从图 5-1 中可以看到，随着 n 的增加，$X=X_1+X_2+\cdots+X_n$ 的分布逐渐呈现出正态分布的特征，$n=100$ 时，正态分布的 3σ 原理等特征已经显现。这正是中心极限定理的客观背景。

定义 5.3 (标准化随机变量)　若随机变量 X 满足

$$EX=0,\quad DX=1,$$

则称 X 为标准化随机变量。

对于任意随机变量 X，令 $Y=\frac{X-E(X)}{\sqrt{D(X)}}$，则 Y 为标准化随机变量。

定理 5.4　独立同分布中心极限定理 (林德贝格–列维)　随机变量序列 $X_1, X_2, \cdots, X_n$ 独立同分布，数学期望与方差均存在，$EX_k = \mu$，$DX_k = \sigma^2 > 0$，则对任意 x 有

$$\lim_{n\to\infty} P\left(\frac{\sum\limits_{k=1}^{n} X_k - n\mu}{\sqrt{n}\sigma} \leqslant x\right) = \int_{-\infty}^{x} \frac{1}{\sqrt{2\pi}} e^{-\frac{t^2}{2}} \mathrm{d}t = \Phi(x)。$$

证明略。

设上述随机变量序列和 $\sum\limits_{k=1}^{n} X_k$ 的标准化随机变量为 Y_n，则

$$Y_n = \frac{\sum\limits_{k=1}^{n} X_k - E\left(\sum\limits_{k=1}^{n} X_k\right)}{\sqrt{D\left(\sum\limits_{k=1}^{n} X_k\right)}} = \frac{\sum\limits_{k=1}^{n} X_k - n\mu}{\sqrt{n}\sigma}。$$

定理 5.4 说明，Y_n 的分布函数

$$F_n(x) = P(Y_n \leqslant x) = P\left(\frac{\sum\limits_{k=1}^{n} X_k - n\mu}{\sqrt{n}\sigma} \leqslant x\right)$$

的极限形式是 $\Phi(x)$，也就是说随机变量之和的标准化随机变量 Y_n 的极限分布是标准正态分布。在实际问题中，一般当 n 较大时，可以认为独立同分布随机变量的和近似服从正态分布

$$\frac{\sum\limits_{k=1}^{n} X_k - n\mu}{\sqrt{n}\sigma} \overset{近似}{\sim} N(0,1),$$

或

$$\sum_{k=1}^{n} X_k \overset{近似}{\sim} N(n\mu, n\sigma^2),$$

即

$$\sum_{k=1}^{n} X_k \overset{近似}{\sim} N\left[E\left(\sum_{k=1}^{n} X_k\right), D\left(\sum_{k=1}^{n} X_k\right)\right]。$$

一般而言，n 个随机变量之和的概率分布，即使已知每个随机变量的分布也是很难求出的，而利用中心极限定理，当 n 很大时，可以用正态分布来近似描述 $\sum\limits_{k=1}^{n} X_k$ 的分布，这为解决很多实际问题提供了方便。

例 5.3　一信号接收器同时收到 20 个信号电压，设它们互相独立均服从均匀分布 $U(0,10)$，求电压之和大于 105 的概率。

解　记信号电压为 V_k，则 $EV_k=5$，$DV_k=10^2/12$，$k=1,2,\cdots,20$。

设 $V=\sum\limits_{k=1}^{n}V_k$，则 $EV=\sum\limits_{k=1}^{n}EV_k=100$，$DV=\sum\limits_{k=1}^{n}DV_k=\dfrac{500}{3}$，由中心极限定理，$V\overset{\text{近似}}{\sim}N\left(100,\ \dfrac{500}{3}\right)$，$\therefore\ \dfrac{V-100}{\sqrt{500/3}}\overset{\text{近似}}{\sim}N(0,1)$，

$$P(V>105)=P\left(\frac{V-100}{\sqrt{500/3}}>\frac{105-100}{\sqrt{500/3}}\right)\approx 1-\Phi(0.39)=0.3483。$$

例 5.4　某元件的使用寿命 (单位：小时) 服从指数分布，已知其平均寿命为 20 小时。某仪器不间断地使用该元件，一只损坏后自动更换另一只。问应至少准备多少只，才能以 95% 以上的概率保证可连续使用 2000 小时。

解　设至少准备 n 只，第 k 只寿命记为 X_k，$X_k\sim E(\lambda)$，平均寿命 $EX_k=1/\lambda=20$，所以，$DX_k=1/\lambda^2=400$，则 $E\sum\limits_{k=1}^{n}X_k=20n$，$D\sum\limits_{k=1}^{n}X_k=400n$，由中心极限定理，

$$\sum_{k=1}^{n}X_k\overset{\text{近似}}{\sim}N(20n,400n),$$

从而

$$P\left(\sum_{k=1}^{n}X_k\geqslant 2000\right)=P\left(\frac{\sum\limits_{k=1}^{n}X_k-20n}{\sqrt{400n}}\geqslant\frac{2000-20n}{\sqrt{400n}}\right)$$
$$=1-\Phi\left(\frac{2000-20n}{\sqrt{400n}}\right)=\Phi\left(-\frac{2000-20n}{\sqrt{400n}}\right)>0.95,$$

查表，$\Phi(1.64)=0.95$，$\therefore -\dfrac{2000-20n}{\sqrt{400n}}>1.64$，即 $20n-32.8\sqrt{n}-2000>0$，解之，$n>117.8$ 或 $n<85$(舍)，所以应至少准备 118 只。

例 5.5　由大数定律我们知道，独立同分布随机变量 $\{X_k\}$ 的平均值依概率收敛于其均值 μ，设 n 很大，试用中心极限定理求 $\dfrac{1}{n}\sum\limits_{k=1}^{n}X_k$ 与 μ 的偏差小于 ε 的概率。

解　设 $EX_k=\mu$，$DX_k=\sigma^2$，由中心极限定理

$$\sum_{k=1}^{n}X_k\overset{\text{近似}}{\sim}N(n\mu,n\sigma^2),\qquad 从而\ \frac{\dfrac{1}{n}\sum\limits_{k=1}^{n}X_k-\mu}{\sigma/\sqrt{n}}\overset{\text{近似}}{\sim}N(0,1),$$

$$\therefore P\left(\left|\frac{1}{n}\sum_{k=1}^{n}X_k-\mu\right|<\varepsilon\right)=P\left(\left|\frac{\dfrac{1}{n}\sum\limits_{k=1}^{n}X_k-\mu}{\sigma/\sqrt{n}}\right|<\frac{\varepsilon}{\sigma/\sqrt{n}}\right)=2\Phi\left(\frac{\varepsilon}{\sigma/\sqrt{n}}\right)-1。$$

定理 5.5 (拉普拉斯中心极限定理) 设 μ_n 是 n 重伯努利试验中 A 发生的次数，每次试验中 A 发生的概率为 p，$q=1-p$，则对任意 x 有

$$\lim_{n\to\infty} P\left(\frac{\mu_n-np}{\sqrt{npq}}\leqslant x\right)=\frac{1}{\sqrt{2\pi}}\int_{-\infty}^{x} e^{-\frac{t^2}{2}}\mathrm{d}t=\Phi(x)。$$

证明 令 $X_k=\begin{cases}1, & \text{第 } k \text{ 次试验 } A \text{ 发生}\\ 0, & \text{第 } k \text{ 次试验 } A \text{ 不发生}\end{cases}$，$k=0,1,\cdots,n$，则 $X_1,X_2,\cdots,X_n$ 相互独立，均服从 0-1 分布，$\mu_n=\sum\limits_{k=1}^{n}X_k$，且 $EX_k=p, DX_k=\sigma^2=pq$，代入独立同分布中心极限定理，可见定理 5.4 成立。

显然，拉普拉斯中心极限定理中的 μ_n 服从二项分布 $B(n,p)$，定理表明，μ_n 的标准化随机变量 $\dfrac{\mu_n-np}{\sqrt{npq}}$，其极限分布为标准正态分布。当 n 充分大时，$\dfrac{\mu_n-np}{\sqrt{npq}}$ 近似服从标准正态分布。等价地，n 充分大时 $\mu_n \overset{\text{近似}}{\sim} N(np,npq)$。

这说明，服从二项分布的随机变量，n 充分大时近似服从正态分布。

这一性质，也为二项分布的计算带来方便。例如，按二项分布计算

$$P(a\leqslant\mu_n\leqslant b)=\sum_{a\leqslant k\leqslant b}C_n^k p^k q^{n-k},$$

当求和项数很多时，计算复杂。而用中心极限定理，计算简单。

$$\begin{aligned}P(a\leqslant\mu_n\leqslant b)=&P\left(\frac{a-np}{\sqrt{npq}}\leqslant\frac{\mu_n-np}{\sqrt{npq}}\leqslant\frac{b-np}{\sqrt{npq}}\right)\\=&\Phi\left(\frac{b-np}{\sqrt{npq}}\right)-\Phi\left(\frac{a-np}{\sqrt{npq}}\right)。\end{aligned}$$

例 5.6 某厂有 200 台独立运行的机床，设每台机床只有 60%的时间开动，开动时每台需耗电 1 千瓦，问至少给该厂供应多少千瓦的电，才能以 0.999 以上的概率保证该厂正常用电。

解 设至少应给该厂供电 m 千瓦，记 μ_n 为该厂同时开动的机床数，则 $\mu_n\sim B(200,0.6)$，$n=200$，$p=0.6$，$np=120$，$npq=48$，由中心极限定理，$\mu_n\overset{\text{近似}}{\sim}N(120,48)$，令 $P(\mu_n\leqslant n)\geqslant 0.999$，即

$$P(\mu_n\leqslant n)=P\left(\frac{\mu_n-120}{\sqrt{48}}\leqslant\frac{n-120}{\sqrt{48}}\right)=\Phi\left(\frac{n-120}{\sqrt{48}}\right)\geqslant 0.999。$$

查表，$\Phi(3.1)=0.999$，由 $\dfrac{n-120}{\sqrt{48}}\geqslant 3.1$，解得 $n\geqslant 141.5$，所以应至少给该厂供应 142 千瓦的电。

例 5.7 某保险公司开办车辆盗窃险。有 5000 辆车参保。若一年内整车被盗, 赔偿 2 万元。设每辆车一年内被盗的概率为 0.004, 问 (1) 若每车年交保费 300 元, 求保险公司盈利

超过 100 万元的概率；(2) 若保险公司希望每年盈利超过 120 万元的概率达到 90%，问保险公司应要求每车每年交保费多少元？

解 设每年有 X 辆车被盗，则 $X\sim B(5000,0.004)$，$EX=5000\times0.004=20$，$DX=5000\times0.004\times0.996=19.92$，由中心极限定理，

$$X\overset{\text{近似}}{\sim}N(20,\ 19.92),\quad \frac{X-20}{\sqrt{19.92}}\overset{\text{近似}}{\sim}N(0,\ 1)。$$

(1) 盈利超过 100 万元等价于 $X<25$，

$$P(X<25)=P\left(\frac{X-20}{\sqrt{19.92}}<\frac{25-20}{\sqrt{19.92}}\right)=\varPhi(1.12)=0.8686。$$

(2) 设每车应年交保费 y 万元，则盈利等于 $5000y-2X$，

$$P(5000y-2X>120)=P(X<2500y-60)$$
$$=P\left(\frac{X-20}{\sqrt{19.92}}<\frac{2500y-60-20}{\sqrt{19.92}}\right)=\varPhi\left(\frac{2500y-80}{\sqrt{19.92}}\right)=0.9。$$

查表 $\varPhi(1.28)=0.9$，于是 $\dfrac{2500y-80}{\sqrt{19.92}}=1.28$，解出 $y=0.034285$(万元) 所以，每车应每年交保费 343 元。

习 题 五

1. 设 $\{X_k\}$ 为相互独立的随机变量序列，其分布律为

X_k	$\sqrt{\ln k}$	$-\sqrt{\ln k}$
p_k	1/2	1/2

$k=1,2,\cdots,n$，试利用切比雪夫不等式证明 $\{X_k\}$ 服从大数定律。

2. 设 $\{X_k\}$ 为独立同分布的随机变量序列，其公共分布为 (0,1) 上均匀分布，令 $Y_n=\left(\prod\limits_{i=1}^{n}X_i\right)^{1/n}$，证明存在常数 C，使得 $Y_n\xrightarrow{P}C$。

3. 抛一枚均匀硬币，试用切比雪夫不等式、中心极限定理分别确定，至少抛多少次才能使出现正面向上的频率介于 0.4~0.6 的概率不小于 0.9。

4. 设随机变量 X 服从泊松分布，$P(X=k)=\dfrac{1}{k!}e^{-1}$，$k=0,1,2,\cdots$，做 100 次独立试验，获得 $X_1,X_2,\cdots,X_{100}$，求概率 $P(X_1+X_2+\cdots+X_{100}<120)$。

5. 计算器在进行加法运算时，将每个加数舍入成最靠近它的整数，设所有舍入误差相互独立且在 $(-0.5,0.5)$ 上服从均匀分布。

(1) 将 1500 个数相加，求误差总和的绝对值大于 15 的概率；

(2) 为使误差总和的绝对值小于 10 的概率不小于 0.96，最多允许多少个数相加？

6. 商店出售某种大件商品，根据经验，该商品每周销量服从参数为 $\lambda=2$ 的泊松分布，设各周销量相互独立，用中心极限定理计算该商店 50 周的时间售出该商品件数在 90 件到 110 件之间的概率。

7. 某种元件次品率为 0.05，现任取 1000 件，求其中次品数不超过 60 的概率。

8. 某系统由 100 个独立工作的部件组成，运行时每个部件损坏的概率为 0.1，整个系统维持运行的必要条件是至少有 85 个部件正常工作。

(1) 求整个系统正常运行的概率；

(2) 要使整个系统正常运行的概率达到 0.98，问每个部件正常工作的概率应达到多少？

9. 某产品合格率为 0.9，问每盒中至少要装多少只产品，才能以 95%的概率保证一盒内至少有 100 只合格品。

10. 现从良种率为 1/6 的种子中任取 6000 粒，试以 0.99 的概率推断，在这 6000 粒种子中良种所占的比例与 1/6 的差的绝对值不超过多少？相应的良种粒数在哪个范围内？

第六章　统计量与抽样分布

前面我们介绍了概率论的基本内容。从本章起，我们将进入本课程的另外一个部分 —— 数理统计学。数理统计学也是一门研究随机现象的学科，它以概率论为其理论基础，但它的研究内容及方式与概率论又有所不同。通过概率论的学习，可以看到概率论有着严谨的理论体系，从公理到定理，以演绎的方式展开；而数理统计则比较注重应用，它的理论方法往往更具有归纳的特点。

粗略地讲，数理统计是一门研究带有随机因素数据的学科。它的内容大致分为两类：一是研究如何有效地收集随机数据，如抽样调查；二是研究如何有效地分析已获得的随机数据，这类问题包含众多的分支，如参数估计、假设检验等。本书主要就是介绍这方面的基本内容。

数理统计的应用十分广泛。事实上，它几乎渗透到人类活动的一切领域。例如，农业、生物领域的“生物统计”；经济、商业领域的“计量统计”；金融领域的“保险统计”；气象领域的“气象统计”；医学领域的“医学统计”；教育和心理学领域的“教育统计”等。这些领域的统计方法的基础就是数理统计。

第一节　总体与样本

一、总体

在数理统计中，我们将所研究的对象的全体称为**总体**。而将总体中每个成员称为**个体**。例如，我们研究一家工厂的某种产品的废品率。这种产品的全体就是我们的总体，而每件产品则是个体。又如，我们要研究某市小学生的身高与体重。那么该市全体小学生的身高与体重就是我们的总体，而每个小学生的身高与体重就是个体。实际上，我们真正关心的并不是总体或个体本身，而是它们的某一项或几项数量指标 X。

例 6.1　现用一把尺子测量一个物体的长度。假定进行了 n 次测量，得到一组数值 $x_1, x_2, \cdots, x_n$。

在这个问题中，我们可以将总体理解为一切可能的测量值的全体。由于各种随机的因素，在不同的测量中得到的测量值是不同的。因此，我们通常将总体的数量指标 X 看成随机变量，它的分布称为总体的分布。在上例中，假定物体的真正长度为 μ(未知)。如果测量过程没有系统误差，可以认为总体 X 服从 $N(\mu, \sigma^2)$。其中 σ^2 反映了测量的精度，在某些情况下也可以设 σ^2 为已知。

如果一个总体所包含的个体数量是有限的，则称之为有限总体。如果总体所包含的个体数量是无限的，则称之为无限总体。在实际问题中，即使是有限总体，其数量也是比较大的，我们往往将它近似地看作无限总体。例如，研究某地区农民的收入。尽管该地区农民的数量是有限的，我们仍然将其看成无限总体，甚至还可以将总体分布取成连续型分布。

二、样本

为了对总体 X 进行研究，通常要从总体中随机地抽取一些个体，这些个体就称为**样本**。抽得样本的过程称为**抽样**。样本中个体的数量称为**样本容量**。

设对总体进行了 n 次观测，得到一组数据 $(x_1, x_2, \cdots, x_n)$。我们称这组数据为**样本观察值**或**样本值**。统计学的工作就是利用样本观察值对总体分布中的未知成分进行推断。如例 6.1 中，我们需要研究如何利用样本观察值对物体的长度 μ 进行合理的估计。值得注意的是，样本具有二重性。就一次具体的观察而言，$(x_1, x_2, \cdots, x_n)$ 是完全确定的数，也就是说，样本具有数的属性；但另一方面，由于各种随机因素的影响，在不同的观察中样本的取值会发生变化。因此，又应该将它们看成随机变量，即样本同时具有随机变量的属性。总而言之，在具体计算中，我们通常将样本看成一组数，通常用小写字母表示，记为 $(x_1, x_2, \cdots, x_n)$。而在考虑一般问题时，我们谈到样本，往往将其看做一组随机变量，通常用大写字母表示，记为 $(X_1, X_2, \cdots, X_n)$。

既然样本 $(X_1, X_2, \cdots, X_n)$ 被看做随机变量，自然需要研究其分布。为了使样本能很好地反映总体的特征，我们对随机抽样提出如下要求：

(1) 代表性：样本能够代表总体。也就是说，样本的每个分量 X_i 与总体 X 具有相同的分布。

(2) 独立性：$X_1, X_2, \cdots, X_n$ 为相互独立的随机变量。

满足上述两点性质的样本称为简单随机样本，也简称为样本。今后如不作特别声明，本书提及的样本均指简单随机样本。

设总体 X 的分布函数为 $F(x)$，则样本 $(X_1, X_2, \cdots, X_n)$ 的分布函数为

$$F(x_1, x_2, \cdots, x_n) = \prod_{i=1}^{n} F(x_i)。$$

若总体是连续性随机变量，其概率密度函数为 $p(x)$，则样本 $(X_1, X_2, \cdots, X_n)$ 的概率密度函数为

$$p(x_1, x_2, \cdots, x_n) = \prod_{i=1}^{n} p(x_i)。$$

在数理统计中，总体或者说总体分布是我们研究的对象，而样本是从总体中随机抽取的一部分个体，这些样本中包含着总体的信息，通过对这些样本进行具体的研究，我们可以得到对总体的解释。因此，如何利用样本去合理推断总体，这是数理统计这门学科需要研究的问题。这种由已知推断未知、由具体推断抽象的思想，对我们今后的研究是大有启发的。

第二节　统计量与抽样分布

在获得样本之后，我们就要对总体的未知成分进行推断。这需要对样本进行加工、整理，从中提取有用的信息。为此要针对不同的问题构造不同的样本函数，这种函数称为统计量。

定义 6.1　设 $(X_1,X_2,\cdots,X_n)$ 为总体 X 的一个样本，$T(x_1,x_2,\cdots,x_n)$ 为不含任何未知参数的函数，则称 $T(X_1,X_2,\cdots,X_n)$ 为一个**统计量**。

统计量是样本的函数，但值得注意的是，统计量中不含任何未知量。因此，一旦有了样本，就可以计算出统计量。如例 6.1 中，$\bar{X}=\dfrac{1}{n}\sum\limits_{i-1}^{n}X_i$ 是统计量，但 $\bar{X}-\mu$ 就不是统计量。下面介绍一些常用的统计量。

设 $(X_1,X_2,\cdots,X_n)$ 为总体 X 中抽取的一个样本。称统计量

$$\bar{X}=\frac{1}{n}\sum_{i-1}^{n}X_i$$

为**样本均值**；统计量

$$S^2=\frac{1}{n-1}\sum_{i=1}^{n}(X_i-\bar{X})^2$$

为**样本方差**；需要说明的是，这样定义的样本方差具有无偏性。同时我们称 $S^{*2}=\dfrac{1}{n}\sum\limits_{i=1}^{n}(X_i-\bar{X})^2$ 为样本二阶中心矩。统计量

$$S=\sqrt{\frac{1}{n-1}\sum_{i=1}^{n}(X_i-\bar{X})^2}$$

为**样本标准差**；统计量

$$A_k=\frac{1}{n}\sum_{i=1}^{n}X_i^k,\quad k=1,2,\cdots$$

为**样本 k 阶原点矩**；统计量

$$B_k=\frac{1}{n}\sum_{i=1}^{n}(X_i-\bar{X})^k,\quad k=1,2,\cdots$$

为**样本 k 阶中心矩**。

例 6.2　设 $(X_1,Y_1),(X_2,Y_2),\cdots,(X_n,Y_n)$ 为二维总体 (X,Y) 的一个样本。记

$$\bar{X}=\frac{1}{n}\sum_{i-1}^{n}X_i,\quad S_X^{*2}=\frac{1}{n}\sum_{i=1}^{n}(X_i-\bar{X})^2,$$

$$\bar{Y}=\frac{1}{n}\sum_{i-1}^{n}Y_i,\quad S_Y^{*2}=\frac{1}{n}\sum_{i=1}^{n}(Y_i-\bar{Y})^2,$$

$$S_{XY}=\frac{1}{n}\sum_{i=1}^{n}(X_i-\bar{X})(Y_i-\bar{Y}),$$

则称 $r=S_{XY}/(S_X^*\cdot S_Y^*)$ 为样本相关系数。

前面我们讲过，样本具有二重性。统计量作为样本的函数，同样具有二重性。即在一次具体的观察中，统计量是具体的数值；但脱离具体的观察或试验，统计量应看成随机变量。

统计量的分布称为**抽样分布**。研究统计量的分布对于统计推断是十分重要的。一般来说，要确定一个统计量的精确分布是十分困难的，只有在正态总体的情况下，有比较好的结论。这些我们将在下一节详细介绍。对于一般情形，我们通常利用概率论中的极限定理求出统计量的极限分布。这在统计学中称为大样本理论。

例 6.3　设 $X_1, X_2, \cdots, X_n$ 为来自均值为 μ，方差为 σ^2 的总体的一组样本，则当 n 充分大时，根据中心极限定理，有

$$\frac{\sum_{i=1}^{n} X_i - n\mu}{\sqrt{n}\sigma} \to N(0,1),$$

于是我们近似地有

$$\bar{X} \sim N\left(\mu, \frac{\sigma^2}{n}\right)。$$

上例表明，不管总体分布如何，样本均值 $\bar{X}$ 近似地服从均值为 μ，方差为 $\frac{\sigma^2}{n}$ 的正态分布。这在实际应用中是十分方便的。

第三节　正 态 总 体

本节我们将要研究正态总体下常见统计量的精确分布。在今后的各章中将会看到，正态总体的研究十分重要。这是因为在实际状况中，正态总体是实际总体一个很好的近似。这在概率论的极限理论的学习中我们已经体会到了。因此，本节的内容对于今后的学习是十分重要的。

首先我们先介绍数理统计学中占有重要地位的三大分布：χ^2 分布、t 分布和 F 分布。

一、χ^2 分布

定义 6.2　设 $X_1, X_2, \cdots, X_n$ 为独立同分布的随机变量，均服从 $N(0,1)$，则称随机变量

$$\chi_n^2 = \sum_{i=1}^{n} X_i^2 \tag{6.1}$$

为服从自由度为 n 的 χ^2**分布**，记为 $\chi_n^2 \sim \chi^2(n)$。

χ^2 分布的密度函数为

$$p(x) = \begin{cases} \dfrac{1}{2^{n/2}\Gamma(n/2)} e^{-\frac{x}{2}} x^{\frac{n}{2}-1}, & \text{当 } x > 0 \\ 0, & \text{当 } x \leqslant 0 \end{cases}。$$

它的图形见图 6-1，它随着 n 的取值不同而不同。χ^2 分布是现代统计学的奠基人之一 Pearson 提出的，它在统计学中有着重要的应用。

χ^2 分布具有下列性质：

性质 1　若 $\chi_1^2 \sim \chi^2(n_1)$，$\chi_2^2 \sim \chi^2(n_2)$，且 χ_1^2 与 χ_2^2 相互独立，则有 $\chi_1^2 + \chi_2^2 \sim \chi^2(n_1 + n_2)$。

性质 2 若 $\chi^2 \sim \chi^2(n)$，则 $E(\chi^2)=n, D(\chi^2)=2n$。

性质 1 的证明由定义可以直接得到，性质 2 的证明作为习题。下面我们不加证明地引进一个比性质 1 更为深刻的结论。

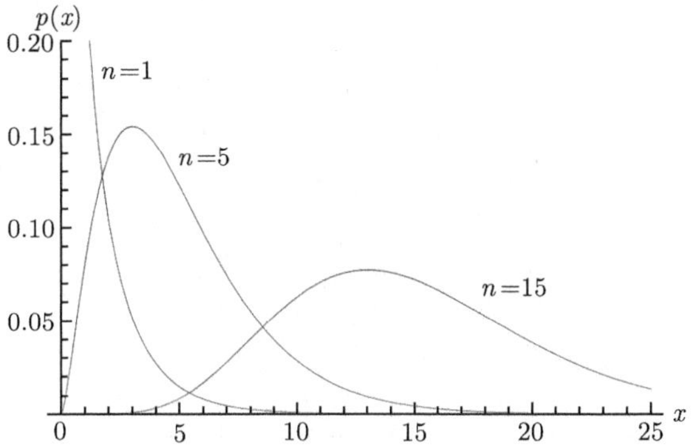

图 6-1

定理 6.1 设 $X_1, X_2, \cdots, X_n$ 为独立同分布的随机变量，均服从 $N(0,1)$。又设

$$Q_1+Q_2+\cdots+Q_k=\sum_{i=1}^{n} X_i^2,$$

其中 $Q_i(i=1,2,\cdots,k)$ 是秩为 n_i 的 $X_1, X_2, \cdots, X_n$ 的非负二次型，则 $Q_i(i=1,2,\cdots,k)$ 相互独立且分别服从自由度为 n_i 的 χ^2 分布的充要条件为

$$n_1+n_2+\cdots+n_k=n。$$

定理 6.1 称为**柯赫伦 (Cochran) 分解定理**，该定理在方差分析中有重要的应用。

二、t 分布

定义 6.3 设 $X \sim N(0,1), Y \sim \chi^2(n)$，且 X 与 Y 相互独立，则称随机变量

$$T=\frac{X}{\sqrt{Y/n}} \tag{6.2}$$

为服从自由度为 n 的 **t 分布**，记为 $T \sim t(n)$。

t 分布的密度函数为

$$p(x)=\frac{\Gamma\left(\frac{n+1}{2}\right)}{\sqrt{n\pi}\,\Gamma\left(\frac{n}{2}\right)}\left(1+\frac{x^2}{n}\right)^{-\frac{n+1}{2}},$$

它的图形见图 6-2，它随着 n 的取值不同而不同。t 分布是由英国统计学家 W. Gosset 以笔名 Student 发表的。因此，t 分布又称为学生 (Student) 分布。

如图 6-2 所示，t 分布的密度函数是偶函数，关于 y 轴对称。可以证明，当 $n\to\infty$ 时，$p(x)$ 收敛于标准正态分布 $\varphi(x)$。故当 n 足够大时，t 分布近似 $N(0,1)$。但 n 较小时，两者的差别较大，t 分布的尾部比标准正态分布的尾部的概率大。

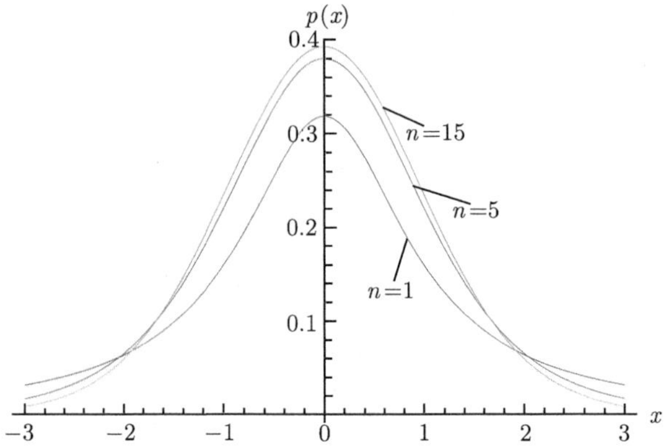

图 6-2

三、F 分布

定义 6.4　设 $U\sim\chi^2(n_1)$，$V\sim\chi^2(n_2)$，且 U 与 V 相互独立，则称随机变量

$$F=\frac{U/n_1}{V/n_2} \tag{6.3}$$

为服从自由度为 (n_1,n_2) 的 **F 分布**, 记为 $F\sim F(n_1,n_2)$。

F 分布的密度函数为

$$p(x)=\begin{cases}\dfrac{\Gamma[(n_1+n_2)/2]}{\Gamma(n_1/2)\Gamma(n_2/2)}\left(\dfrac{n_1}{n_2}\right)^{\frac{n_1}{2}}x^{\frac{n_1}{2}-1}\left(1+\dfrac{n_1}{n_2}x\right)^{-\frac{n_1+n_2}{2}}, & 当\ x>0\\ 0, & 当\ x\leqslant 0\end{cases}。$$

它的图形见图 6-3。F 分布是另一位现代统计学的奠基人 Fisher 提出的。容易验证，F 分布具有下列性质：

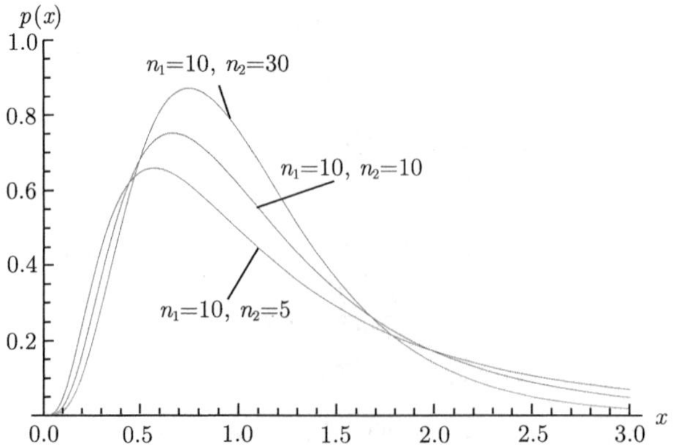

图 6-3

(1) 若 $F \sim F(n_1, n_2)$，则 $\dfrac{1}{F} \sim F(n_2, n_1)$。

(2) 若 $T \sim t(n)$，则 $T^2 \sim F(1, n)$。

四、上 α 分位点

在数理统计学中常用到上 α 分位点的概念。

定义 6.5　设 X 是一个随机变量，对于给定的数 $\alpha(0 < \alpha < 1)$，称满足条件

$$P(X > \lambda_\alpha) = \alpha$$

的实数 λ_α 为 X 的上 α 分位点。

上 α 分位点的几何意义见图 6-4。其中 $p(x)$ 为 X 的密度函数，阴影部分的面积为 α。

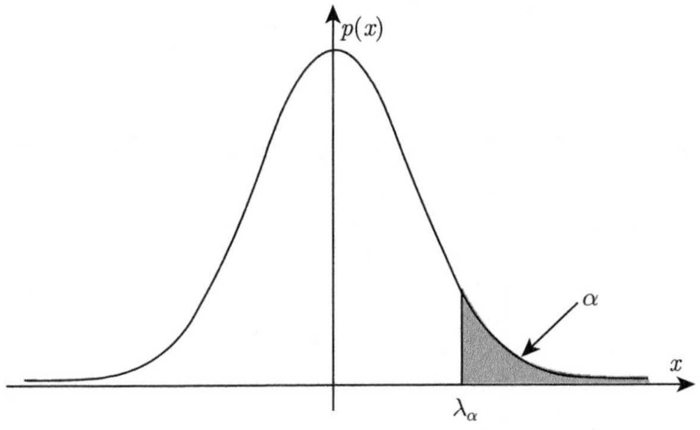

图 6-4

对于上 α 分位点 λ_α，当 $X \sim N(0,1)$ 时记为 u_α；当 X 服从 $\chi^2(n)$,$t(n)$,$F(n_1, n_2)$ 时，分别记为 $\chi^2_\alpha(n), t_\alpha(n), F_\alpha(n_1, n_2)$。根据这几个分布的性质，易见

$$u_{1-\alpha} = -u_\alpha,$$
$$t_{1-\alpha}(n) = -t_\alpha(n)。$$

另外，对于 F 分布的上 α 分位点，有如下的性质：

$$F_{1-\alpha}(n_1, n_2) = \frac{1}{F_\alpha(n_2, n_1)}。 \tag{6.4}$$

事实上，若 $F \sim F(n_1, n_2)$，则

$$\begin{aligned} 1 - \alpha =& P[F > F_{1-\alpha}(n_1, n_2)] = P\left[\frac{1}{F} < \frac{1}{F_{1-\alpha}(n_1, n_2)}\right] \\ =& 1 - P\left[\frac{1}{F} \geqslant \frac{1}{F_{1-\alpha}(n_1, n_2)}\right], \end{aligned}$$

于是

$$P\left[\frac{1}{F} > \frac{1}{F_{1-\alpha}(n_1, n_2)}\right] = P\left[\frac{1}{F} \geqslant \frac{1}{F_{1-\alpha}(n_1, n_2)}\right] = \alpha。$$

再由 F 分布的性质 (1)，得到公式 (6.4)。

在通常的 F 分布表中，只对 α 比较小的值给出了上 α 分位点。利用公式 (6.4) 我们可以计算 α 值比较大的上 α 分位点。例如，对 $n_1 = 15, n_2 = 10, \alpha = 0.95$，由公式 (6.4) 知

$$F_{0.95}(15,10) = \frac{1}{F_{0.05}(10,15)} = \frac{1}{2.54} = 0.3937。$$

五、正态总体的样本均值与样本方差的分布

对于正态总体，样本均值与样本方差及其相关的某些统计量的分布具有非常完美的结论，这些结论对于参数估计与假设检验具有重要的意义。这些结果由下列定理给出。

定理 6.2　设 $X_1, X_2, \cdots, X_n$ 是来自正态总体 $N(\mu, \sigma^2)$ 的一个样本，则

(1) $\bar{X} \sim N\left(\mu, \dfrac{\sigma^2}{n}\right)$；

(2) $(n-1)S^2/\sigma^2 \sim \chi^2(n-1)$；

(3) $\bar{X}$ 与 S^2 相互独立。

证明　(1) $\bar{X}$ 是多元正态分布$(X_1, X_2, \cdots, X_n)$ 的线性组合，于是，$\bar{X}$ 也服从正态分布。又 $E\bar{X} = \mu, D\bar{X} = \dfrac{\sigma^2}{n}$，因此，$\bar{X} \sim N\left(\mu, \dfrac{\sigma^2}{n}\right)$。

往证 (2)，(3)。作正交阵 $A = \begin{bmatrix} a_1 \\ \vdots \\ a_n \end{bmatrix}$，其中 $a_1 = \left(\dfrac{1}{\sqrt{n}}, \dfrac{1}{\sqrt{n}}, \cdots, \dfrac{1}{\sqrt{n}}\right)$。令 $Y = \begin{bmatrix} Y_1 \\ Y_2 \\ \vdots \\ Y_n \end{bmatrix} = A\begin{bmatrix} X_1 \\ X_2 \\ \vdots \\ X_n \end{bmatrix} = AX$。由于 $X \sim N(\sqrt{n}\mu a_1, \sigma^2 I_n)$，根据多元正态分布的性质，$Y \sim N(\sqrt{n}\mu A a_1, A\sigma^2 I_n A') = N(\sqrt{n}\mu A a_1, \sigma^2 I_n)$。于是 $Y_1, Y_2, \cdots, Y_n$ 相互独立，$Y_1 = \dfrac{1}{\sqrt{n}}(X_1 + \cdots + X_n) = \sqrt{n}\bar{X}$。且由 A 的正交性，可见 $Y_2, Y_3, \cdots, Y_n$ 的期望均为 0，因此我们得到 $Y_i \sim N(0, \sigma^2), i = 2, 3, \cdots, n$。同时

$$\sum_{i=1}^{n} Y_i^2 = Y'Y = (AX)'(AX) = X'A'AX = X'X = \sum_{i=1}^{n} X_i^2,$$

所以

$$\begin{aligned}(n-1)S^2 &= \sum_{i=1}^{n}(X_i - \bar{X})^2 = \sum_{i=1}^{n} X_i^2 - n\bar{X}^2 \\ &= \sum_{i=1}^{n} Y_i^2 - Y_1^2 = \sum_{i=2}^{n} Y_i^2,\end{aligned}$$

故 $(n-1)S^2/\sigma^2 \sim \chi^2(n-1)$，且与 $\bar{X}$ 相互独立。证毕。

推论 6.1　设 $X_1, X_2, \cdots, X_n$ 是来自正态总体 $N(\mu, \sigma^2)$ 的一个样本，则

$$T = \frac{\sqrt{n}(\bar{X}-\mu)}{S} \sim t(n-1)。$$

证明　根据定理 6.2，$\dfrac{\sqrt{n}(\bar{X}-\mu)}{\sigma} \sim N(0,1)$，$(n-1)S^2/\sigma^2 \sim \chi^2(n-1)$，且相互独立。因此，

$$T = \frac{\sqrt{n}(\bar{X}-\mu)}{S} = \frac{\sqrt{n}(\bar{X}-\mu)/\sigma}{\sqrt{(n-1)S/[(n-1)\sigma^2]}} \sim t(n-1)。$$

推论 6.2　设 $X_1, X_2, \cdots, X_{n_1}$ 是来自正态总体 $N(\mu_1, \sigma_1^2)$ 的一个样本，$Y_1, Y_2, \cdots, Y_{n_2}$ 为来自正态总体 $N(\mu_2, \sigma_2^2)$ 的一个样本，且两样本相互独立。记 $\bar{X}$ 和 $\bar{Y}$ 分别为它们的样本均值，样本方差分别为

$$S_1^2 = \frac{1}{n_1-1}\sum_{i=1}^{n_1}(X_i-\bar{X})^2,$$

$$S_2^2 = \frac{1}{n_2-1}\sum_{i=1}^{n_2}(Y_i-\bar{Y})^2。$$

则

$$F = \frac{S_1^2\sigma_2^2}{S_2^2\sigma_1^2} \sim F(n_1-1, n_2-1)。$$

证明　根据定理 6.2 及 F 分布的定义直接得到。

推论 6.3　设 $X_1, X_2, \cdots, X_{n_1}$ 是来自正态总体 $N(\mu_1, \sigma^2)$ 的一个样本，$Y_1, Y_2, \cdots, Y_{n_2}$ 为来自正态总体 $N(\mu_2, \sigma^2)$ 的一个样本，且两样本相互独立。则

$$T = \sqrt{\frac{n_1 n_2(n_1+n_2-2)}{n_1+n_2}}\frac{(\bar{X}-\bar{Y})-(\mu_1-\mu_2)}{\sqrt{(n_1-1)S_1^2+(n_2-1)S_2^2}} \sim t(n_1+n_2-2)。$$

证明　由定理 6.2，有

$$\bar{X}-\bar{Y} \sim N\left(\mu_1-\mu_2, \left(\frac{1}{n_1}+\frac{1}{n_2}\right)\sigma^2\right),$$

$$[(n_1-1)S_1^2+(n_2-1)S_2^2]/\sigma^2 \sim \chi^2(n_1+n_2-2),$$

且两者相互独立，再由 t 分布的定义得到结论。

习　题　六

1. 设总体 $X \sim N(\mu, \sigma^2)$，其中 μ 未知，σ^2 已知，$X_1, X_2, \cdots, X_n$ 是来自总体 X 的一个样本。问：$X_1-\mu, \bar{X}, \dfrac{1}{\sigma^2}\sum\limits_{i=1}^{n}(X_i-\bar{X})^2, \dfrac{1}{\sigma^2}\sum\limits_{i=1}^{n}(X_i-\mu)^2, \min\limits_{1\leqslant i\leqslant n} X_i$ 中哪些是统计量，哪些不是统计量？

2. 设 $X_1, X_2, \cdots, X_n$ 是来自总体 $U[0,1]$ 的样本，求样本均值 $\bar{X}$ 的期望与方差。

3. 设 $X_1, X_2, \cdots, X_n$ 为来自均值为 μ，方差为 σ^2 的总体的样本，证明：

(1) $S^2=\dfrac{1}{n-1}\left[\sum\limits_{i=1}^{n}X_i^2-n\bar{X}^2\right]$；

(2) $E(S^2)=\sigma^2$。

4. 若 $\chi^2\sim\chi^2(n)$，证明：$E(\chi^2)=n, D(\chi^2)=2n$。

5. 设 $X_1,X_2,\cdots,X_{10}$ 是来自正态总体 $N(0,5)$ 的样本，试求 $P\left(\sum\limits_{i=1}^{10}X_i^2>80\right)$。

6. 设 $p_n(x)$ 为自由度为 n 的 t 分布的密度函数，求证：

$$\lim_{n\to\infty}p_n(x)=\frac{1}{\sqrt{2\pi}}e^{-x^2/2}。$$

7. 设 $X_1,X_2,\cdots,X_{15}$ 是来自正态总体 $N(0,4)$ 的样本，求 $Y=\dfrac{X_1^2+X_2^2+\cdots+X_{10}^2}{2(X_{11}^2+X_{12}^2+\cdots+X_{15}^2)}$ 的分布。

8. 设 $X_1,X_2,\cdots,X_{2n}(n\geqslant 2)$ 是来自正态总体 $N(\mu,\sigma^2)$ 的样本，$\bar{X}=\dfrac{1}{2n}\sum\limits_{i=1}^{2n}X_i$，$Y=\sum\limits_{i=1}^{n}(X_i+X_{n+i}-2\bar{X})^2$，求 $E(Y)$。

9. 设 $X_1,X_2,\cdots,X_{n+1}$ 是来自正态总体 $N(\mu,\sigma^2)$ 的样本，$\bar{X}=\dfrac{1}{n}\sum\limits_{i-1}^{n}X_i$，$S^2=\dfrac{1}{n-1}\sum\limits_{i=1}^{n}(X_i-\bar{X})^2$，求 $\dfrac{X_{n+1}-\bar{X}}{S}\sqrt{\dfrac{n}{n+1}}$ 的分布。

10. 设 $X_1,X_2,\cdots,X_5$ 是来自正态总体 $N(12,4)$ 的样本，试求：

(1) $\bar{X}$ 大于 13 的概率；

(2) $\min\limits_{1\leqslant i\leqslant 5}X_i$ 小于 10 的概率；

(3) $\max\limits_{1\leqslant i\leqslant 5}X_i$ 大于 15 的概率。

11. 设从同一个总体中抽得两组样本，容量分别为 n_1 与 n_2，样本均值、样本方差分别记为 $\bar{X},\bar{Y},S_1^2$，S_2^2。现将两组样本合并在一起，试将联合样本的均值和方差用 $\bar{X},\bar{Y},S_1^2,S_2^2$ 表示出来。

12. 设 $X_1,X_2,\cdots,X_{n_1}$是来自正态总体 $N(\mu_1,\sigma^2)$ 的样本，$Y_1,Y_2,\cdots,Y_{n_2}$ 是来自正态总体 $N(\mu_2,\sigma^2)$ 的样本，试求 $\dfrac{\sum\limits_{i=1}^{n_1}(X_i-\bar{X})^2+\sum\limits_{j=1}^{n_2}(Y_i-\bar{Y})^2}{n_1+n_2-2}$ 的期望和方差。

第七章　参数估计

参数估计与假设检验是统计推断的两个主要内容。在很多情形下，总体的分布类型已知，而其中某些参数未知。例如，我们知道总体的分布是正态分布，但其中的期望与方差未知。利用样本构造合理的统计量对未知参数进行估计，这就是参数估计的主要任务。参数估计又可分为点估计与区间估计。当然，与参数估计对应的还有非参数估计，此时，我们连总体的分布类型也不知道，例如，我们只知道总体是连续性分布，但不知道其具体类型。如何对总体的某些特征进行估计就称为非参数估计。本章我们只研究参数估计。

第一节　矩估计

设总体的分布为$F(x;\theta)$，其中$\theta=(\theta_1,\theta_2,\cdots,\theta_k)'$为$k$维向量。我们根据样本$X_1,X_2,\cdots,X_n$构造一个统计量$\hat{\theta}(X_1,X_2,\cdots,X_n)$作为$\theta$的估计，则称$\hat{\theta}(X_1,X_2,\cdots,X_n)$为$\theta$的**估计量**。如果$x_1,x_2,\cdots,x_n$是一组样本观察值，代入$\hat{\theta}$后得到的具体值$\hat{\theta}(x_1,x_2,\cdots,x_n)$称为$\theta$的**估计值**。这样的估计称为点估计。

矩估计的思想方法是用样本矩去作为总体矩的估计。具体地，设参数$\theta=(\theta_1,\theta_2,\cdots,\theta_k)'$可表示为总体矩$\mu_1,\mu_2,\cdots,\mu_k$的函数$\theta_i=h_i(\mu_1,\mu_2,\cdots,\mu_k)$，$i=1,2,\cdots,k$，以样本矩$A_1,A_2,\cdots,A_k$代替总体矩$\mu_1,\mu_2,\cdots,\mu_k$，所得的估计量就是**矩估计量**。具体步骤如下：

(1) 求总体的各阶原点矩

$$\mu_i=g_i(\theta_1,\theta_2,\cdots,\theta_k),\quad i=1,2,\cdots,k; \tag{7.1}$$

(2) 解上述方程组，得

$$\theta_i=h_i(\mu_1,\mu_2,\cdots,\mu_k),\quad i=1,2,\cdots,k; \tag{7.2}$$

(3) 将样本矩$A_1,A_2,\cdots,A_k$代替式(7.2)中的总体矩$\mu_1,\mu_2,\cdots,\mu_k$，即得矩估计

$$\hat{\theta}_i=h_i(A_1,A_2,\cdots,A_k),\quad i=1,2,\cdots,k。\tag{7.3}$$

矩估计的理论背景：根据第五章的大数定律，我们知道

$$A_j=\frac{1}{n}\sum_{i=1}^{n}X_i^j\xrightarrow{P}\mu_j,\quad j=1,2,\cdots。$$

若h为已知的连续函数，可以证明

$$h(A_1,A_2,\cdots,A_k)\xrightarrow{P}h(\mu_1,\mu_2,\cdots,\mu_k),$$

这称为矩估计的**相合性**。

例 7.1　设总体 $X \sim N(\mu, \sigma^2)$，其中 μ, σ^2 为未知参数，$X_1, X_2, \cdots, X_n$ 是总体 X 的一个样本。求 μ, σ^2 的矩估计。

解　因为 $EX = \mu, DX = \sigma^2$，于是

$$\mu = \mu_1;$$
$$\sigma^2 = \mu_2 - \mu_1^2。$$

将样本矩 A_1, A_2 代入，得到

$$\hat{\mu} = A_1 = \bar{X};$$
$$\widehat{\sigma^2} = A_2 - A_1^2 = \frac{1}{n}\sum_{i=1}^{n}(X_i - \bar{X})^2。$$

需要注意的是，方差 σ^2 的矩估计并不是样本方差 S^2，而是样本二阶中心矩 $S^{*2} = \frac{1}{n}\sum_{i=1}^{n}(X_i - \bar{X})^2 = \frac{n-1}{n}S^2$。

例 7.2　设 $X_1, X_2, \cdots, X_n$ 是来自总体 $X \sim U[\theta_1, \theta_2]$ 的一个样本，求 θ_1, θ_2 的矩估计。

解　这里有两个未知参数，故首先求出总体的一阶、二阶矩。

$$\begin{cases} \mu_1 = EX = \dfrac{\theta_1 + \theta_2}{2} \\ \mu_2 = EX^2 = DX + (EX)^2 = \dfrac{(\theta_2 - \theta_1)^2}{12} + \dfrac{(\theta_1 + \theta_2)^2}{4} \end{cases},$$

解上述方程组，得到 θ_1, θ_2 的表达式：

$$\begin{cases} \theta_1 = \mu_1 - \sqrt{3(\mu_2 - \mu_1^2)} \\ \theta_2 = \mu_1 + \sqrt{3(\mu_2 - \mu_1^2)} \end{cases}。$$

分别以 A_1, A_2 代替 μ_1, μ_2，即得 θ_1, θ_2 的矩估计为

$$\begin{cases} \hat{\theta}_1 = \bar{X} - \sqrt{3}S^* \\ \hat{\theta}_2 = \bar{X} + \sqrt{3}S^* \end{cases}。$$

例 7.3　设在 n 次独立试验中事件 A 发生 k 次，求事件 A 发生的概率 p 的矩估计。

解　令 X 表示在一次试验中事件 A 发生与否，即

$$X = \begin{cases} 1, & 若\ A\ 发生 \\ 0, & 若\ A\ 不发生 \end{cases}。$$

设 $X_1, X_2, \cdots, X_n$ 是来自总体 X 的样本。因为 $p = EX$，故得概率 p 的矩估计

$$\hat{p} = \bar{X} = \frac{k}{n}。$$

例 7.4　设 $X_1, X_2, \cdots, X_n$ 是来自总体 $X \sim P(\lambda)$ 的样本，求 λ 的矩估计。

解　因为 $\lambda = EX$，所以 λ 的矩估计为 $\hat{\lambda} = \bar{X}$。另外，我们知道泊松分布的方差也是 λ，因此也可以用样本二阶中心矩 $S^{*2} = \dfrac{1}{n}\sum\limits_{i=1}^{n}(X_i - \bar{X})^2$ 作为 λ 的矩估计。我们究竟采用哪一个呢？在实际中，我们一般选用阶数较低的样本矩，所以，我们选用 $\bar{X}$ 作为 λ 的矩估计。

例 7.5　设 $(X_1, Y_1), (X_2, Y_2), \cdots, (X_n, Y_n)$ 为二维总体 (X, Y) 的一个样本，求相关系数 ρ 的矩估计。

解　因为$\rho = \dfrac{\operatorname{cov}(X,Y)}{\sqrt{DX \cdot DY}} = \dfrac{EXY - EX \cdot EY}{\sqrt{[EX^2 - (EX)^2] \cdot [EY^2 - (EY)^2]}}$，故相关系数 ρ 是矩 $(EX, EX^2, EY, EY^2, EXY)$ 的函数。将样本矩代替原点矩，得到 ρ 的矩估计为

$$\hat{\rho} = \frac{\dfrac{1}{n}\sum\limits_{i=1}^{n} X_i Y_i - \bar{X} \cdot \bar{Y}}{\sqrt{\left(\dfrac{1}{n}\sum\limits_{i=1}^{n} X_i^2 - \bar{X}^2\right)\left(\dfrac{1}{n}\sum\limits_{i=1}^{n} Y_i^2 - \bar{Y}^2\right)}} = \frac{S_{XY}}{S_X^* \cdot S_Y^*},$$

其中

$$\bar{X} = \frac{1}{n}\sum_{i-1}^{n} X_i, \quad S_X^{*2} = \frac{1}{n}\sum_{i=1}^{n}(X_i - \bar{X})^2,$$

$$\bar{Y} = \frac{1}{n}\sum_{i-1}^{n} Y_i, \quad S_Y^{*2} = \frac{1}{n}\sum_{i=1}^{n}(Y_i - \bar{Y})^2,$$

$$S_{XY} = \frac{1}{n}\sum_{i=1}^{n}(X_i - \bar{X})(Y_i - \bar{Y})。$$

事实上，由例 6.2 可知，ρ 的矩估计就是样本相关系数 r。

矩估计是一种直观、简便的估计方法，它的适用范围很广，并不需要知道总体分布的具体类型，只需计算总体矩的表达式即可。但由于矩估计方法没有充分利用总体分布 $F(x;\theta)$ 中的信息，因此，矩估计往往精度不高。

第二节　极大似然估计

极大似然估计是英国著名统计学家 Fisher 于 1922 年提出的。迄今为止，该方法仍然是统计学中最重要的方法之一。

极大似然估计的思想是非常直观的。例如，靶场上打了一枪，发现这一枪打中了 10 环。现可能有两个射手打了这一枪，其中一人是神射手，另一人是普通射手。问这一枪可能是谁打的？这就相当于我们有了一个样本 (10 环)，两个射手相当于两个参数，问题是选取哪一个参数作为估计？从直观上，我们肯定会选取神射手 (因为神射手打中 10 环的概率大)。这就是极大似然估计的思想。下面我们再通过一个例子说明极大似然估计方法的思想。

例 7.6　设一个盒子中有很多红球与白球，它们的数目比为 3 : 1，但不知道是红球多还

是白球多。从盒子中有放回地随机抽取 3 个球，试根据抽得的红球数估计红球的比例是 $\frac{1}{4}$ 还是 $\frac{3}{4}$。

解 设抽得的 3 个球中红球数为 X，则 X 服从二项分布 $B(3,p)$，其中 $p=\frac{1}{4}$ 或 $p=\frac{3}{4}$。

若试验结果为 $X=0$，也就是说，此时没有抽得红球。显然这时合理的判断是 $p=\frac{1}{4}$。而如果试验结果为 $X=3$，我们当然会认为 $p=\frac{3}{4}$ 更为合理。但是，如果 X 取值为 1 或 2 呢？此时我们可以分别计算 $p=\frac{1}{4}$ 与 $p=\frac{3}{4}$ 时的概率。下面以 $X=1$ 为例：

$$P\left(X=1;p=\frac{1}{4}\right)=C_3^2\cdot\left(\frac{1}{4}\right)^1\cdot\left(\frac{3}{4}\right)^2=\frac{27}{64};$$

$$P\left(X=1;p=\frac{3}{4}\right)=C_3^2\cdot\left(\frac{3}{4}\right)^1\cdot\left(\frac{1}{4}\right)^2=\frac{9}{64}。$$

这表明当样本 $X=1$ 时从参数为 $p=\frac{1}{4}$ 的总体中抽取比从参数为 $p=\frac{3}{4}$ 的总体中抽取发生的可能性更大。因此，取 $p=\frac{1}{4}$ 作为 p 的估计比取 $p=\frac{3}{4}$ 更为合理。若样本 $X=2$，读者不难自己得出结果。

由上例可见，在已有样本的基础上，要选择参数的一个合理的估计值，就是要使得参数在取该估计值时样本发生的可能性达到最大。这就是极大似然估计的思想方法。

一般地，设总体 X 为连续型随机变量，其密度函数为 $p(x;\theta),\theta\in\Theta$，$\theta$ 为待估参数，Θ 为参数 θ 的取值范围。$(X_1,X_2,\cdots,X_n)$ 为来自总体 X 的样本，则 $(X_1,X_2,\cdots,X_n)$ 的概率密度函数为 $\prod\limits_{i=1}^{n}p(x_i;\theta)$。又设 $(x_1,x_2,\cdots,x_n)$ 是样本的一组观察值，那么样本 $(X_1,X_2,\cdots,X_n)$ 落在点 $(x_1,x_2,\cdots,x_n)$ 的邻域内的概率近似为 $\prod\limits_{i=1}^{n}p(x_i;\theta)\mathrm{d}x_i$。若总体 X 为离散型随机变量，其概率函数为 $p(x;\theta),\theta\in\Theta$，$\theta$ 为待估参数，Θ 为参数 θ 的取值范围。同样设 $(X_1,X_2,\cdots,X_n)$ 为来自总体 X 的样本，则 $(X_1,X_2,\cdots,X_n)$ 的联合概率仍为 $\prod\limits_{i=1}^{n}p(x_i;\theta)$。极大似然估计法就是选取使得上面的概率达到最大的参数值 $\hat{\theta}$ 作为 θ 的估计。为方便起见，不论总体 X 为离散型随机变量或为连续型随机变量，均记

$$L(x_1,x_2,\cdots,x_n;\theta)=\prod_{i=1}^{n}p(x_i;\theta)。\tag{7.4}$$

当样本值 $(x_1,x_2,\cdots,x_n)$ 取定时，$L(x_1,x_2,\cdots,x_n;\theta)$ 是关于 θ 的函数，称之为**似然函数**。满足下式

$$L(x_1,x_2,\cdots,x_n;\hat{\theta})=\max_{\theta\in\Theta}L(x_1,x_2,\cdots,x_n;\theta)\tag{7.5}$$

的最大值点 $\hat{\theta}(x_1,x_2,\cdots,x_n)$ 称为 θ 的**极大似然估计值**，$\hat{\theta}(X_1,X_2,\cdots,X_n)$ 称为**极大似然估计量**。

由于 $L(\theta)$ 是连乘的形式，求最大值并不方便。注意到 $\ln L(\theta)$ 是 $L(\theta)$ 的单调函数，因而有相同的最大值点。在很多情况下，求 $\ln L(\theta)$ 的最大值点比较简单。我们称 $\ln L(\theta)$ 为**对数似然函数**，称

$$\frac{\partial \ln L(\theta)}{\partial \theta}=\sum_{i=1}^{n}\frac{\partial \ln p(x_i;\theta)}{\partial \theta}=0 \tag{7.6}$$

为**似然方程 (组)**。解似然方程 (组)，得到的解往往就是极大似然估计。下面举例说明求极大似然估计的方法。

例 7.7　设总体 $X\sim B(1,p)$，$X_1,X_2,\cdots,X_n$ 是来自总体 X 的样本，试求参数 p 的极大似然估计。

解　设 $(x_1,x_2,\cdots,x_n)$ 是样本 $(X_1,X_2,\cdots,X_n)$ 的一组观察值。X 的分布律为

$$P(X=x)=p^x(1-p)^{1-x},\quad x=0,1。$$

所以似然函数为

$$L(p)=\prod_{i=1}^{n}p^{x_i}(1-p)^{1-x_i}=p^{\sum\limits_{i=1}^{n}x_i}(1-p)^{n-\sum\limits_{i=1}^{n}x_i}。$$

故对数似然函数为

$$\ln L(p)=\left(\sum_{i=1}^{n}x_i\right)\ln p+\left(n-\sum_{i=1}^{n}x_i\right)\ln(1-p)。$$

似然方程如下：

$$\frac{\mathrm{d}\ln L(p)}{\mathrm{d}p}=\frac{\sum\limits_{i=1}^{n}x_i}{p}-\frac{n-\sum\limits_{i=1}^{n}x_i}{1-p}=0。$$

解得 p 的极大似然估计值为

$$\hat{p}=\frac{\sum\limits_{i=1}^{n}x_i}{n}=\bar{x}。$$

p 的极大似然估计量为

$$\hat{p}=\frac{\sum\limits_{i=1}^{n}X_i}{n}=\bar{X}。$$

例 7.8　设总体 $X\sim P(\lambda)$，$X_1,X_2,\cdots,X_n$ 是来自总体 X 的样本，试求参数 λ 的极大似然估计。

解　设 $(x_1,x_2,\cdots,x_n)$ 是样本 $(X_1,X_2,\cdots,X_n)$ 的一组观察值。X 的分布律为

$$P(X=x)=\frac{\lambda^x}{x!}e^{-\lambda},\quad x=0,1,2,\cdots。$$

于是参数 λ 的似然函数为

$$L(\lambda)=\prod_{i=1}^{n}\frac{\lambda^{x_i}}{x_i!}e^{-\lambda}=\frac{\lambda^{\sum\limits_{i=1}^{n}x_i}}{\prod\limits_{i=1}^{n}x_i!}e^{-n\lambda}。$$

似然方程为

$$\frac{\mathrm{d}\ln L(\lambda)}{\mathrm{d}\lambda}=\frac{\sum\limits_{i=1}^{n}x_i}{\lambda}-n=0。$$

解得 λ 的极大似然估计值为

$$\hat{\lambda}=\frac{\sum\limits_{i=1}^{n}x_i}{n}。$$

λ 的极大似然估计量为

$$\hat{\lambda}=\frac{\sum\limits_{i=1}^{n}X_i}{n}=\bar{X}。$$

例 7.9　设总体 $X\sim N(\mu,\sigma^2)$，其中 μ,σ^2 为未知参数，$X_1,X_2,\cdots,X_n$ 是 X 的一个样本。求 μ,σ^2 的极大似然估计。

解　似然函数为

$$\begin{aligned}L(\mu,\sigma^2)&=\prod_{i=1}^{n}\frac{1}{\sqrt{2\pi}\sigma}\exp\left[-\frac{(x_i-\mu)^2}{2\sigma^2}\right]\\&=(2\pi)^{-\frac{n}{2}}(\sigma^2)^{-\frac{n}{2}}\exp\left[-\frac{\sum\limits_{i=1}^{n}(x_i-\mu)^2}{2\sigma^2}\right]。\end{aligned}$$

它的对数为

$$\ln L(\mu,\sigma^2)=-\frac{n}{2}\ln(2\pi)-\frac{n}{2}\ln(\sigma^2)-\frac{\sum\limits_{i=1}^{n}(x_i-\mu)^2}{2\sigma^2}。$$

似然方程组为

$$\begin{cases}\dfrac{\partial\ln L}{\partial\mu}=\dfrac{\sum\limits_{i=1}^{n}(x_i-\mu)}{\sigma^2}=0\\\dfrac{\partial\ln L}{\partial\sigma^2}=-\dfrac{n}{2\sigma^2}+\dfrac{1}{2\sigma^4}\sum\limits_{i=1}^{n}(x_i-\mu)^2=0\end{cases}。$$

由前一式解得 $\hat{\mu}=\bar{x}$，代入后一式得 $\widehat{\sigma^2}=\dfrac{1}{n}\sum\limits_{i=1}^{n}(x_i-\bar{x})^2$。因此，$\mu,\sigma^2$ 的极大似然估计量分别为 $\bar{X},S^{*2}=\dfrac{n-1}{n}S^2$。它们与矩估计相同。

例 7.10　设 $X_1,X_2,\cdots,X_n$ 是来自总体 $X\sim U[\theta_1,\theta_2]$ 的样本，求 θ_1,θ_2 的极大似然估计。

解　X 的密度函数为

$$p(x;\theta_1,\theta_2)=\begin{cases}\dfrac{1}{\theta_2-\theta_1}, & \theta_1\leqslant x\leqslant\theta_2\\0, & \text{其他}\end{cases}。$$

似然函数为

$$L(\theta_1,\theta_2)=\begin{cases}\dfrac{1}{(\theta_2-\theta_1)^n}, & \theta_1\leqslant x_i\leqslant\theta_2,\ i=1,2,\cdots,n\\ 0, & \text{其他}\end{cases}。$$

显然，$L(\theta_1,\theta_2)$ 作为 θ_1,θ_2 的函数是不连续的，此时我们不能用似然方程组来解极大似然估计，而必须从极大似然估计的定义出发，求 $L(\theta_1,\theta_2)$ 的最大值。为使 $L(\theta_1,\theta_2)$ 达到最大，须使 $\theta_2-\theta_1$ 尽可能小。但同时注意到 θ_2 不能小于 $\max(x_1,x_2,\cdots,x_n)$，θ_1 不能大于 $\min(x_1,x_2,\cdots,x_n)$，否则 $L(\theta_1,\theta_2)=0$。故得 θ_1,θ_2 的极大似然估计为

$$\hat\theta_1=\min(x_1,x_2,\cdots,x_n),\quad \hat\theta_2=\max(x_1,x_2,\cdots,x_n)。$$

由于考虑到总体的分布，极大似然估计通常比矩估计优良。但极大似然估计的计算较复杂，往往需要计算机才能得到近似解。另外，极大似然估计还具有一个优良的性质——**不变性原则**：设 $\hat\theta$ 是参数 θ 的极大似然估计，$\varphi(\theta)$ 有单值反函数，则 $\varphi(\hat\theta)$ 是 $\varphi(\theta)$ 的极大似然估计，即

$$\widehat{\varphi(\theta)}=\varphi(\hat\theta)。$$

例如，在例 7.9 中，我们求得 σ^2 的极大似然估计为 S^{*2}，因 $\varphi(\sigma)=\sigma^2(\sigma\geqslant 0)$ 有单值反函数，由此性质可得 σ 的极大似然估计为 S^*。

第三节　估计量的评价标准

通过上面两节的内容可以看出，由不同的方法可以得到不同的参数估计。那么，究竟采用哪一个估计量呢？这就涉及估计量的评价标准。这里只介绍常用的三种标准，无偏性、均方误差准则和一致性。

一、无偏性

定义 7.1　设 $\hat\theta(X_1,X_2,\cdots,X_n)$ 为参数 θ 的一个估计量，Θ 为参数 θ 的取值范围，若对任意 $\theta\in\Theta$，有

$$E[\hat\theta(X_1,X_2,\cdots,X_n)]=\theta,$$

则称 $\hat\theta$ 是 θ 的**无偏估计量**。

无偏性的实际意义是，用估计量 $\hat\theta$ 对未知参数 θ 进行估计，有时会高于 θ，有时会低于 θ，但平均来说它等于未知参数 θ。也就是说，没有系统误差。

例 7.11　设总体 X 的 k 阶原点矩 μ_k 存在，$X_1,X_2,\cdots,X_n$ 是来自总体的一个样本。则 k 阶样本原点矩 A_k 是 μ_k 的无偏估计。

证明

$$E(A_k)=E\left[\frac{1}{n}\sum_{i=1}^n X_i^k\right]=\frac{1}{n}\sum_{i=1}^n EX_i^k=\mu_k。$$

特别地，$\bar X$ 是总体的数学期望 EX 的无偏估计。

例 7.12　设总体 X 的方差 σ^2 存在且有限，$X_1, X_2, \cdots, X_n$ 是来自总体的一个样本。则样本方差 S^2 是方差 σ^2 的无偏估计。

证明　因为

$$S^2 = \frac{1}{n-1}\sum_{i=1}^{n}(X_i - \bar{X})^2 = \frac{1}{n-1}\sum_{i=1}^{n}X_i^2 - \frac{n}{n-1}(\bar{X})^2,$$

故得

$$\begin{aligned} E(S^2) &= \frac{1}{n-1}\sum_{i=1}^{n}E(X_i^2) - \frac{n}{n-1}E(\bar{X})^2 \\ &= \frac{1}{n-1}\sum_{i=1}^{n}(\sigma^2 + \mu^2) - \frac{n}{n-1}\left(\frac{\sigma^2}{n} + \mu^2\right) = \sigma^2。 \end{aligned}$$

同时可见，样本二阶中心矩 $S^{*2} = \dfrac{1}{n}\sum\limits_{i=1}^{n}(X_i - \bar{X})^2$ 不是 σ^2 的无偏估计。但有 $E(S^{*2}) = \dfrac{n-1}{n}\sigma^2 \to \sigma^2$，此时我们称 S^{*2} 为 σ^2 的**渐进无偏估计**。

例 7.13　设 $X_1, X_2, \cdots, X_n$ 是来自总体 $X \sim U[0, \theta]$ 的样本，令 $X_{(n)} = \max(X_1, X_2, \cdots, X_n)$。试证：$\hat{\theta} = \dfrac{n+1}{n}X_{(n)}$ 是 θ 的无偏估计。

证明　总体 X 的分布函数为

$$F(x) = \begin{cases} 0, & x \leqslant 0 \\ \dfrac{x}{\theta}, & 0 < x \leqslant \theta \\ 1, & x > \theta \end{cases},$$

于是 $X_{(n)}$ 的分布函数为 $F^n(x)$，所以 $X_{(n)}$ 的密度函数为

$$p_n(x;\theta) = \begin{cases} \dfrac{nx^{n-1}}{\theta^n}, & 0 \leqslant x \leqslant \theta \\ 0, & \text{其他} \end{cases}。$$

故得

$$\begin{aligned} E(\hat{\theta}) &= \frac{n+1}{n}E(X_{(n)}) \\ &= \frac{n+1}{n}\int_0^{\theta}\frac{nx^n}{\theta^n}\mathrm{d}x \\ &= \frac{n+1}{\theta^n}\left.\frac{x^{n+1}}{n+1}\right|_0^{\theta} = \theta。 \end{aligned}$$

所以 $\hat{\theta} = \dfrac{n+1}{n}X_{(n)}$ 是 θ 的无偏估计。

注意，即使 $E(\hat{\theta}) = \theta$，不一定有 $E[g(\hat{\theta})] = g(\theta)$，其中 $g(\theta)$ 是 θ 的函数。这说明，当 $\hat{\theta}$ 是 θ 的无偏估计，未必有 $g(\hat{\theta})$ 是 $g(\theta)$ 的无偏估计。

二、均方误差准则

作为参数 θ 的估计 $\hat{\theta}(X_1, X_2, \cdots, X_n)$，我们当然希望它们的差距 $\hat{\theta}-\theta$ 越小越好，由于 $\hat{\theta}$ 是随机变量，我们用 $E(\hat{\theta}-\theta)^2$ 来衡量估计量 $\hat{\theta}$ 的好坏，并将其称为**均方误差**，记为 $M(\hat{\theta}, \theta)$，即

$$M(\hat{\theta}, \theta)=E(\hat{\theta}-\theta)^2。$$

显然，均方误差越小越好，这一准则称为**均方误差准则**。又

$$\begin{aligned} M(\hat{\theta}, \theta) &= E(\hat{\theta}-E\hat{\theta}+E\hat{\theta}-\theta)^2 \\ &= E(\hat{\theta}-E\hat{\theta})^2+2E(\hat{\theta}-E\hat{\theta})(E\hat{\theta}-\theta)+(E\hat{\theta}-\theta)^2 \\ &= D(\hat{\theta})+(E\hat{\theta}-\theta)^2, \end{aligned}$$

因此，均方误差可以分解为两部分

$$M(\hat{\theta}, \theta)=D(\hat{\theta})+(E\hat{\theta}-\theta)^2, \tag{7.7}$$

第一部分是 $\hat{\theta}$ 的方差，第二部分是估计量偏差 $E\hat{\theta}-\theta$ 的平方。如果估计量是无偏估计，那么第二部分为零，均方误差就变为方差。

例 7.14　设 $X_1, X_2, \cdots, X_n$ 是来自总体 $X \sim U[0, \theta]$ 的样本，试比较 $\hat{\theta}_1=2\bar{X}$ 与 $\hat{\theta}_2=X_{(n)}$ 的均方误差。

解　因为 $\hat{\theta}_1$ 是无偏估计，所以

$$M(\hat{\theta}_1, \theta)=D(\hat{\theta}_1)=4D(\bar{X})=\frac{4\theta^2}{12n}=\frac{\theta^2}{3n}。$$

又由例 7.13 知 $X_{(n)}$ 的密度函数如下：

$$p_n(x;\theta)=\begin{cases} \dfrac{nx^{n-1}}{\theta^n}, & 0 \leqslant x \leqslant \theta \\ 0, & \text{其他} \end{cases}。$$

于是 $E(X_{(n)})=\dfrac{n}{n+1}\theta$，且

$$\begin{aligned} E(X_{(n)}^2) &= \int_0^\theta \frac{nx^{n+1}}{\theta^n}\mathrm{d}x=\frac{n}{n+2}\left.\frac{x^{n+2}}{\theta^n}\right|_0^\theta \\ &= \frac{n}{n+2}\theta^2。 \end{aligned}$$

所以

$$\begin{aligned} M(\hat{\theta}_2, \theta) &= D(X_{(n)})+(EX_{(n)}-\theta)^2 \\ &= \frac{n\theta^2}{(n+2)(n+1)^2}+\frac{\theta^2}{(n+1)^2} \\ &= \frac{2\theta^2}{(n+2)(n+1)}。 \end{aligned}$$

当 $n>2$ 时，有 $M(\hat{\theta}_1,\theta)>M(\hat{\theta}_2,\theta)$。事实上，容易看出，$\hat{\theta}_1$ 是矩估计，而 $\hat{\theta}_2$ 则是极大似然估计。这说明极大似然估计优于矩估计。

三、一致性

无偏性与均方误差都是在样本量 n 固定的前提下对估计量进行研究，有时我们也可以考虑当样本量 $n\to\infty$ 时估计量的性质。从直观上，当样本量越来越多时，样本中含有的关于未知参数的信息也越来越多，因此估计也应该越准确。也就是说，估计量应越来越接近于真实参数。这就是一致性的概念。

定义 7.2　设 $\hat{\theta}_n(X_1,X_2,\cdots,X_n)$ 为参数 θ 的一个估计量，Θ 为参数 θ 的取值范围，若对任意 $\theta\in\Theta$，有

$$\hat{\theta}_n\xrightarrow{P}\theta,$$

则称 $\hat{\theta}_n$ 是 θ 的**一致估计量**。

一致性是在样本量趋于无穷大时对估计量的要求，因此，它是估计量的大样本性质，也称为**相合性**。由本章第一节知，矩估计往往具有相合性。

第四节　区 间 估 计

一、基本概念与枢轴变量法

前面我们讨论了参数估计中的点估计问题。除了用一个点去估计未知参数外，我们还可以构造一个区间 $(\hat{\theta}_1,\hat{\theta}_2)$ 来估计参数 θ 的范围。由于 $\hat{\theta}_1,\hat{\theta}_2$ 均为随机变量，因此，我们还必须指出该区间以多大概率包含未知参数 θ，这称为区间的置信度。

定义 7.3　设 θ 是总体 X 的未知参数，$X_1,X_2,\cdots,X_n$ 是来自总体 X 的样本。若对事先给定的常数 $\alpha(0<\alpha<1)$，存在两个统计量 $\hat{\theta}_1(X_1,X_2,\cdots,X_n)$ 与 $\hat{\theta}_2(X_1,X_2,\cdots,X_n)$，使得

$$P(\hat{\theta}_1<\theta<\hat{\theta}_2)=1-\alpha, \tag{7.8}$$

则称区间 $(\hat{\theta}_1,\hat{\theta}_2)$ 是 θ 的置信度为 $1-\alpha$ 的**置信区间**，$\hat{\theta}_1,\hat{\theta}_2$ 分别称为**置信下限**和**置信上限**，$1-\alpha$ 称为**置信度**或**置信系数**。

应该特别指出的是，式 (7.8) 的含义是在重复取得多组样本的情况下，将得到很多不同的区间 $(\hat{\theta}_1,\hat{\theta}_2)$，这些区间中大约有 $100(1-\alpha)\%$ 的区间包含未知参数 θ。但对于一组样本来说，绝不能认为"$\theta\in(\hat{\theta}_1(x_1,x_2,\cdots,x_n),\hat{\theta}_2(x_1,x_2,\cdots,x_n))$ 的概率为 $1-\alpha$"。因为对于一组样本观察值来说，$\hat{\theta}_1(x_1,x_2,\cdots,x_n),\hat{\theta}_2(x_1,x_2,\cdots,x_n)$ 均为具体的数值，此时要么区间 $(\hat{\theta}_1(x_1,x_2,\cdots,x_n),\hat{\theta}_2(x_1,x_2,\cdots,x_n))$ 包含未知参数 θ，要么该区间不包含未知参数 θ。

另外，置信区间的长度可以看成区间估计的精度。当然我们希望区间估计既有高的置信度，又有好的精度。但一般来说，精度与置信度二者之间是矛盾的。随机区间的长度越长，置信度就越高，但精度下降；反之，随机区间的长度越短，精度提高，但置信度下降。在实际问题中，我们总是在保证置信度的条件下，尽可能地提高精度。

在实际问题中，有时我们只关心未知参数的上限或下限。例如，工厂生产一批电子产品，需要估计产品的平均寿命。产品寿命越长越好，因此我们只关心产品寿命的下限。这样就需要引进单侧置信区间的概念。

定义 7.4　设 θ 是总体 X 的未知参数，$X_1, X_2, \cdots, X_n$ 是来自总体 X 的样本。若对事先给定的常数 $\alpha(0 < \alpha < 1)$，存在一个统计量 $\hat{\theta}_1$，使得

$$P(\hat{\theta}_1 < \theta) = 1 - \alpha, \tag{7.9}$$

则称区间 $(\hat{\theta}_1, +\infty)$ 是 θ 的置信度为 $1-\alpha$ 的**单侧置信区间**，$\hat{\theta}_1$ 称为置信度为 $1-\alpha$ 的**单侧置信下限**。若存在统计量 $\hat{\theta}_2$，使得

$$P(\theta < \hat{\theta}_2) = 1 - \alpha, \tag{7.10}$$

则称区间 $(-\infty, \hat{\theta}_2)$ 是 θ 的置信度为 $1-\alpha$ 的**单侧置信区间**，$\hat{\theta}_2$ 称为置信度为 $1-\alpha$ 的**单侧置信上限**。

下面通过一个例子说明如何求区间估计。

例 7.15　设一批螺栓的直径服从正态分布 $N(\mu, 0.1^2)$，现从中抽取 25 枚，测得其平均直径为 2.024 厘米。求螺栓的直径 μ 的置信度为 95% 的置信区间。

解　首先样本均值 $\bar{X}$ 是总体均值 μ 的一个合理估计 (即是矩估计，又是极大似然估计)。由此构造一个样本函数

$$U = \frac{\bar{X} - \mu}{\sigma/\sqrt{n}} \sim N(0,1),$$

该函数含有未知参数 μ，但它的分布不含任何未知参数。对于给定的置信度为 $1-\alpha$，有

$$P(|U| < u_{\alpha/2}) = 1 - \alpha,$$

其中 $u_{\alpha/2}$ 为标准正态分布的上 $\dfrac{\alpha}{2}$ 分位点。利用不等式变形可得

$$P\left(-u_{\alpha/2} < \frac{\bar{X} - \mu}{\sigma/\sqrt{n}} < u_{\alpha/2}\right) = 1 - \alpha,$$

即得

$$P\left(\bar{X} - u_{\alpha/2}\frac{\sigma}{\sqrt{n}} < \mu < \bar{X} + u_{\alpha/2}\frac{\sigma}{\sqrt{n}}\right) = 1 - \alpha。$$

于是我们求得 μ 的置信度为 $1-\alpha$ 的置信区间为

$$\left(\bar{X} - u_{\alpha/2}\frac{\sigma}{\sqrt{n}}, \bar{X} + u_{\alpha/2}\frac{\sigma}{\sqrt{n}}\right)。$$

将 $\sigma = 0.1, n = 25, \alpha = 0.05, u_{\alpha/2} = u_{0.025} = 1.96, \bar{X} = 2.024$ 代入，得

$$\bar{X} - u_{\alpha/2}\frac{\sigma}{\sqrt{n}} = 2.024 - 1.96 \times \frac{0.1}{\sqrt{25}} = 1.9848,$$

$$\bar{X} + u_{\alpha/2}\frac{\sigma}{\sqrt{n}} = 2.024 + 1.96 \times \frac{0.1}{\sqrt{25}} = 2.0632。$$

所以 μ 的置信度为 95%的置信区间为 $(1.9848, 2.0632)$。

总结例 7.15，可以得到求区间估计的一般方法，具体步骤如下：

(1) 先找一个样本函数 $U(X_1, X_2, \cdots, X_n; \theta)$。它包含待估参数 θ，而不包含其他未知参数，且 U 的分布已知，不依赖于任何未知参数。这样的函数称为**枢轴变量**(注意枢轴变量不是统计量，因为它含有未知参数)。

(2) 对事先给定的置信度为 $1-\alpha$，根据 U 的分布找到两个常数 a, b，使得

$$P(a < U < b) = 1-\alpha。$$

(3) 利用不等式变形，由 $a < U < b$ 解出 $\hat{\theta}_1 < \theta < \hat{\theta}_2$，则 $(\hat{\theta}_1, \hat{\theta}_2)$ 就是 θ 的置信度为 $1-\alpha$ 的置信区间。

这种方法称为**枢轴变量法**。其中构造枢轴变量 $U(X_1, X_2, \cdots, X_n; \theta)$ 是其关键，它的构造往往是通过点估计而来的。单侧置信区间的求法是类似的，在此我们不赘述了。

二、正态总体 $N(\mu, \sigma^2)$ 中均值 μ 的置信区间

设给定置信度为 $1-\alpha$，$X_1, X_2, \cdots, X_n$ 为来自总体 $X \sim N(\mu, \sigma^2)$ 的一组样本。

(1) σ^2 已知，求 μ 的置信区间。

由例 7.15，取枢轴变量

$$U = \frac{\bar{X}-\mu}{\sigma/\sqrt{n}} \sim N(0,1)。$$

再由 $P(|U| < u_{\alpha/2}) = 1-\alpha$，利用不等式变形解得

$$P\left(\bar{X} - u_{\alpha/2}\frac{\sigma}{\sqrt{n}} < \mu < \bar{X} + u_{\alpha/2}\frac{\sigma}{\sqrt{n}}\right) = 1-\alpha。$$

于是，μ 的置信度为 $1-\alpha$ 的置信区间为

$$\left(\bar{X} - u_{\alpha/2}\frac{\sigma}{\sqrt{n}}, \bar{X} + u_{\alpha/2}\frac{\sigma}{\sqrt{n}}\right)。\tag{7.11}$$

这里顺便讲一下单侧置信区间的求法。以置信上限为例，枢轴变量仍为

$$U = \frac{\bar{X}-\mu}{\sigma/\sqrt{n}} \sim N(0,1)。$$

再由 $P(U > -u_\alpha) = 1-\alpha$，利用不等式变形解得

$$P\left(\mu < \bar{X} + u_\alpha\frac{\sigma}{\sqrt{n}}\right) = 1-\alpha。$$

于是，μ 的置信度为 $1-\alpha$ 的单侧置信区间为$\left(-\infty, \bar{X} + u_\alpha\frac{\sigma}{\sqrt{n}}\right)$。类似地，$\mu$ 的置信度为 $1-\alpha$ 的另外一个单侧置信区间为 $\left(\bar{X} - u_\alpha\frac{\sigma}{\sqrt{n}}, +\infty\right)$。

(2) σ^2 未知，求 μ 的置信区间。

由推论 6.1，取

$$T=\frac{\sqrt{n}(\bar{X}-\mu)}{S}\sim t(n-1),$$

它包含待估参数 μ，且分布完全确定，不依赖任何未知参数。在给定的置信度为 $1-\alpha$ 下，$P[|T|<t_{\alpha/2}(n-1)]=1-\alpha$。利用不等式变形解得

$$P\left[\bar{X}-t_{\alpha/2}(n-1)\frac{S}{\sqrt{n}}<\mu<\bar{X}+t_{\alpha/2}(n-1)\frac{S}{\sqrt{n}}\right]=1-\alpha。$$

于是，μ 的置信度为 $1-\alpha$ 的置信区间为

$$\left(\bar{X}-t_{\alpha/2}(n-1)\frac{S}{\sqrt{n}},\bar{X}+t_{\alpha/2}(n-1)\frac{S}{\sqrt{n}}\right)。\tag{7.12}$$

比较公式 (7.11) 与公式 (7.12) 可以发现，当 σ^2 未知时，我们只需将 σ 换成样本标准差 S(它是 σ 的合理估计)，当然区间估计中的上 α 分位点 $u_{\alpha/2}$ 也要换成 $t_{\alpha/2}(n-1)$。

例 7.16　设有一批糖果，现随机抽取 12 包，称得质量 (单位：千克) 为

9.9	10.1	10.3	10.4	10.5	10.2
9.7	9.8	10.1	10.0	9.8	10.3

假定质量服从正态分布，试求总体均值的置信度为 95% 的置信区间。

解　由样本观察值算得 $\bar{X}=10.092, S=0.2575, t_{0.025}(11)=2.201$，代入式 (7.12)

$$\bar{X}-t_{\alpha/2}(n-1)\frac{S}{\sqrt{n}}=10.092-2.201\times\frac{0.2575}{\sqrt{12}}=9.9284,$$

$$\bar{X}+t_{\alpha/2}(n-1)\frac{S}{\sqrt{n}}=10.092+2.201\times\frac{0.2575}{\sqrt{12}}=10.2556,$$

所以均值的置信度为 95% 的置信区间为 $(9.9284, 10.2556)$。

三、正态总体 $N(\mu,\sigma^2)$ 中方差 σ^2 的置信区间

这里只介绍 μ 未知的情形。

由定理 6.2 知

$$(n-1)S^2/\sigma^2\sim\chi^2(n-1),$$

上式分布已知，不依赖于任何未知参数。取作枢轴变量。故得

$$P\left[\chi^2_{1-\alpha/2}(n-1)<\frac{(n-1)S^2}{\sigma^2}<\chi^2_{\alpha/2}(n-1)\right]=1-\alpha。$$

解得

$$P\left[\frac{(n-1)S^2}{\chi^2_{\alpha/2}(n-1)}<\sigma^2<\frac{(n-1)S^2}{\chi^2_{1-\alpha/2}(n-1)}\right]=1-\alpha。$$

于是，σ^2 的置信度为 $1-\alpha$ 的置信区间为

$$\left(\frac{(n-1)S^2}{\chi^2_{\alpha/2}(n-1)},\frac{(n-1)S^2}{\chi^2_{1-\alpha/2}(n-1)}\right)。\tag{7.13}$$

注意，在密度函数不对称时，如 χ^2 分布和 F 分布，我们仍然用对称的分位点来确定置信区间。这样得到的置信区间的长度未必是最短的，但计算方便。如要求最短的置信区间，则计算过于复杂，实际中一般不会去求。

例 7.17　设将一个物体称了 10 次，得到的质量 (单位：千克) 为

10.1	10	9.8	10.5	9.7
10.1	9.9	10.2	10.3	9.9

假定质量服从正态分布，试求总体方差 σ^2 的置信度为 95% 的置信区间。

解　由样本观察值算得 $S^2=0.0583$，又 $n=10, \chi^2_{0.025}(9)=19.023, \chi^2_{0.975}(9)=2.70$。代入式 (7.13) 得 σ^2 的置信度为 95% 的置信区间为 $(0.028, 0.194)$。

四、两个正态总体 $N(\mu_1,\sigma_1^2), N(\mu_2,\sigma_2^2)$ 的均值差 $\mu_1-\mu_2$ 的置信区间

两个正态总体的区间估计问题，在实际应用中经常遇到。例如，比较甲、乙两个工厂生产的药品的治疗效果，考察一项新技术对产品的质量指标的作用等。这些问题通常可以归结为研究两个正态总体的均值差的区间估计。

设 $X_1, X_2, \cdots, X_{n_1}$ 是来自正态总体 $N(\mu_1,\sigma_1^2)$ 的一个样本，$Y_1, Y_2, \cdots, Y_{n_2}$ 为来自正态总体 $N(\mu_2,\sigma_2^2)$ 的一个样本，且两样本相互独立。记 $\bar{X}$ 和 $\bar{Y}$ 分别为它们的样本均值，S_1^2 和 S_2^2 分别为它们的样本方差。

(1) σ_1^2, σ_2^2 均已知，求 $\mu_1-\mu_2$ 的置信区间。

取

$$U=\frac{\bar{X}-\bar{Y}-(\mu_1-\mu_2)}{\sqrt{\dfrac{\sigma_1^2}{n_1}+\dfrac{\sigma_2^2}{n_2}}}\sim N(0,1),$$

再由 $P(|U|<u_{\alpha/2})=1-\alpha$，利用不等式变形解得

$$P\left(\bar{X}-\bar{Y}-u_{\alpha/2}\sqrt{\frac{\sigma_1^2}{n_1}+\frac{\sigma_2^2}{n_2}}<\mu_1-\mu_2<\bar{X}-\bar{Y}+u_{\alpha/2}\sqrt{\frac{\sigma_1^2}{n_1}+\frac{\sigma_2^2}{n_2}}\right)=1-\alpha,$$

即得 $\mu_1-\mu_2$ 的置信度为 $1-\alpha$ 的置信区间为

$$\left(\bar{X}-\bar{Y}-u_{\alpha/2}\sqrt{\frac{\sigma_1^2}{n_1}+\frac{\sigma_2^2}{n_2}}, \bar{X}-\bar{Y}+u_{\alpha/2}\sqrt{\frac{\sigma_1^2}{n_1}+\frac{\sigma_2^2}{n_2}}\right)。\tag{7.14}$$

(2) $\sigma_1^2=\sigma_2^2=\sigma^2$，但 σ^2 未知，求 $\mu_1-\mu_2$ 的置信区间。

由推论 6.3，取

$$T=\sqrt{\frac{n_1n_2(n_1+n_2-2)}{n_1+n_2}}\frac{(\bar{X}-\bar{Y})-(\mu_1-\mu_2)}{\sqrt{(n_1-1)S_1^2+(n_2-1)S_2^2}}\sim t(n_1+n_2-2),$$

在给定的置信度为 $1-\alpha$ 下，$P[|T|<t_{\alpha/2}(n_1+n_2-2)]=1-\alpha$。利用不等式变形解得

$$P\left[\bar{X}-\bar{Y}-t_{\alpha/2}(n_1+n_2-2)S_w\sqrt{\frac{1}{n_1}+\frac{1}{n_2}}<\mu_1-\mu_2\right.$$

$$< \bar{X}-\bar{Y}+t_{\alpha/2}(n_1+n_2-2)S_w\sqrt{\frac{1}{n_1}+\frac{1}{n_2}}\Bigg] = 1-\alpha,$$

其中 $S_w=\sqrt{\dfrac{(n_1-1)S_1^2+(n_2-1)S_2^2}{n_1+n_2-2}}$。从而 $\mu_1-\mu_2$ 的置信度为 $1-\alpha$ 的置信区间为

$$\left(\bar{X}-\bar{Y}-t_{\alpha/2}(n_1+n_2-2)S_w\sqrt{\frac{1}{n_1}+\frac{1}{n_2}},\bar{X}-\bar{Y}+t_{\alpha/2}(n_1+n_2-2)S_w\sqrt{\frac{1}{n_1}+\frac{1}{n_2}}\right)。\tag{7.15}$$

例 7.18　设某工厂利用两条自动化流水线灌装矿泉水。随机地抽取样本 $X_1,X_2,\cdots,X_{12}$ 和 $Y_1,Y_2,\cdots,Y_{17}$，它们是每瓶矿泉水的体积 (单位：毫升)。计算得样本均值 $\bar{X}=501.1$ 和 $\bar{Y}=499.7$，样本方差 $S_1^2=2.4,S_2^2=4.7$。假定两条流水线生产的矿泉水体积均服从正态分布，且它们的方差相等。求 $\mu_1-\mu_2$ 的置信度为 95%的置信区间。

解　首先计算 $S_w=\sqrt{\dfrac{(n_1-1)S_1^2+(n_2-1)S_2^2}{n_1+n_2-2}}=\sqrt{\dfrac{11\times2.4+16\times4.7}{12+17-2}}=1.94$。又 $t_{0.025}(27)=2.05$，代入公式 (7.14) 得 $\mu_1-\mu_2$ 的置信度为 95%的置信区间为 $(-0.101,2.901)$。

在例 7.18 中，$\mu_1-\mu_2$ 的区间估计包含零，这时我们可以认为 μ_1 与 μ_2 没有显著差异。详细讨论见下章内容 —— 假设检验。

五、两个正态总体 $N(\mu_1,\sigma_1^2),N(\mu_2,\sigma_2^2)$ 的方差比 σ_1^2/σ_2^2 的置信区间

这里我们只介绍 μ_1,μ_2 未知的情形。记号同上一小节。由推论 6.2，取

$$F=\frac{S_1^2\sigma_2^2}{S_2^2\sigma_1^2}\sim F(n_1-1,n_2-1)。$$

F 的分布已知，不依赖于任何未知参数。将 F 取作枢轴变量。在给定的置信度为 $1-\alpha$ 下得

$$P\left[F_{1-\alpha/2}(n_1-1,n_2-1)<\frac{S_1^2\sigma_2^2}{S_2^2\sigma_1^2}<F_{\alpha/2}(n_1-1,n_2-1)\right]=1-\alpha。$$

利用不等式变形，得到 $\dfrac{\sigma_1^2}{\sigma_2^2}$ 的置信度为 $1-\alpha$ 的置信区间为

$$\left(\frac{S_1^2}{S_2^2}\cdot\frac{1}{F_{\alpha/2}(n_1-1,n_2-1)},\frac{S_1^2}{S_2^2}\cdot\frac{1}{F_{1-\alpha/2}(n_1-1,n_2-1)}\right)。\tag{7.16}$$

例 7.19　设两个化验员独立地对某种聚合物的含氯量分别做了 10 次和 11 次测定，算得样本方差为 $S_1^2=0.5419,S_2^2=0.6065$。假定测量值均服从正态分布。求方差比 $\dfrac{\sigma_1^2}{\sigma_2^2}$ 的置信度为 90%的置信区间。

解　按题意 $n_1=10,n_2=11$，$1-\alpha=90\%$。于是得 $F_{0.05}(9,10)=3.02$ 及 $F_{0.95}(9,10)=\dfrac{1}{F_{0.05}(10,9)}=\dfrac{1}{3.14}$，从而由公式 (7.16) 得 $\dfrac{\sigma_1^2}{\sigma_2^2}$ 的置信度为 90%的置信区间为

$$\left(\frac{0.5419}{0.6065}\times\frac{1}{3.02},\frac{0.5419}{0.6065}\times3.14\right)=(0.296,2.806)。$$

六、非正态总体均值的区间估计 (大样本法)

当总体分布非正态时，一般很难求出统计量的具体分布。此时我们采取大样本方法。在样本量较大的情况下，利用极限定理求出枢轴变量的近似分布，然后求得参数的区间估计。

设 $X_1, X_2, \cdots, X_n$ 为来自均值为 μ，方差为 σ^2 的总体的一组样本，给定置信度为 $1-\alpha$，求均值 μ 的区间估计。

当 n 充分大时，根据中心极限定理，有

$$\frac{\sum_{i=1}^{n} X_i - n\mu}{\sqrt{n}\sigma} \to N(0,1),$$

于是

$$\frac{\bar{X}-\mu}{\sigma/\sqrt{n}} \approx N(0,1)。$$

若 σ 未知，可以用样本标准差 S 代替，得

$$U = \frac{\bar{X}-\mu}{S/\sqrt{n}} \approx N(0,1)。$$

将其取作枢轴变量，再由 $P(|U| < u_{\alpha/2}) = 1-\alpha$，利用不等式变形解得均值 μ 的置信度为 $1-\alpha$ 的置信区间为

$$\left(\bar{X} - u_{\alpha/2}\frac{S}{\sqrt{n}}, \bar{X} + u_{\alpha/2}\frac{S}{\sqrt{n}}\right)。 \tag{7.17}$$

例 7.20　设总体服从 0-1 分布，$X_1, X_2, \cdots, X_n$ 为来自总体的一组样本。求 p 的置信度为 $1-\alpha$ 的置信区间。

解　由于 $p = EX$, 注意到

$$\begin{aligned} S^2 =& \frac{1}{n-1}\sum_{i=1}^{n}(X_i-\bar{X})^2 = \frac{1}{n-1}\left(\sum_{i=1}^{n} X_i^2 - n\bar{X}^2\right) \\ =& \frac{1}{n-1}\left(\sum_{i=1}^{n} X_i - n\bar{X}^2\right) = \frac{n}{n-1}\bar{X}(1-\bar{X}), \end{aligned}$$

可以用公式 (7.17) 直接计算得到 p 的置信度为 $1-\alpha$ 的置信区间如下：

$$\left(\bar{X} - u_{\alpha/2}\sqrt{\frac{\bar{X}(1-\bar{X})}{n-1}}, \bar{X} + u_{\alpha/2}\sqrt{\frac{\bar{X}(1-\bar{X})}{n-1}}\right)。 \tag{7.18}$$

我们这里再介绍另外一种求 p 的置信度为$1-\alpha$ 的置信区间的方法。因为总体 $X \sim B(1,p)$，所以 $\sum_{i=1}^{n} X_i \sim B(n,p)$。依中心极限定理，有

$$\frac{\sum_{i=1}^{n} X_i - np}{\sqrt{np(1-p)}} \to N(0,1),$$

于是 $\bar{X} \approx N\left(p, \dfrac{p(1-p)}{n}\right)$。利用枢轴变量法可以求出 p 的置信度为 $1-\alpha$ 的置信区间为

$$\left(\bar{X} - u_{\alpha/2}\frac{\sqrt{p(1-p)}}{\sqrt{n}}, \bar{X} + u_{\alpha/2}\frac{\sqrt{p(1-p)}}{\sqrt{n}}\right)。$$

这里的 p 未知，于是我们用 $\hat{p} = \bar{X}$ 代入上式，最后得到 p 的置信度为 $1-\alpha$ 的置信区间近似为

$$\left(\bar{X} - u_{\alpha/2}\sqrt{\frac{\bar{X}(1-\bar{X})}{n}}, \bar{X} + u_{\alpha/2}\sqrt{\frac{\bar{X}(1-\bar{X})}{n}}\right)。\tag{7.19}$$

事实上，注意到

$$S^{*2} = \frac{1}{n}\sum_{i=1}^{n}(X_i - \bar{X})^2 = \bar{X}(1-\bar{X}),$$

只需将公式 (7.17) 中的 S 用 S^* 代替就可以得到公式 (7.19)。

习 题 七

1. 设总体 $X \sim B(m,p)$，其中 m 为已知常数，p 为未知参数。$X_1, X_2, \cdots, X_n$ 是来自总体 X 的一个样本。试求 p 的矩估计和极大似然估计。

2. 设总体 X 的密度函数为

$$p(x;\alpha) = \begin{cases} (\alpha+1)x^{\alpha}, & 0 \leqslant x \leqslant 1 \\ 0, & 其他 \end{cases},$$

其中 $\alpha > -1$ 为未知参数。$X_1, X_2, \cdots, X_n$ 是来自总体 X 的一个样本。试求参数 α 的矩估计和极大似然估计。

3. 设总体 X 服从对数正态分布，其密度函数为

$$p(x;\mu,\sigma^2) = (2\pi\sigma^2)^{-\frac{1}{2}}x^{-1}\exp\{-\frac{1}{2\sigma^2}(\ln x - \mu)^2\}, \quad x > 0。$$

$X_1, X_2, \cdots, X_n$ 是来自总体 X 的一个样本。试求参数 μ, σ^2 的矩估计和极大似然估计。

4. 设总体 X 的密度函数为

$$p(x;\mu,\theta) = \begin{cases} \dfrac{1}{\theta}e^{-(x-\mu)/\theta}, & x \geqslant \mu \\ 0, & 其他 \end{cases},$$

其中 $\theta > 0$，μ, θ 为未知参数。$X_1, X_2, \cdots, X_n$ 是来自总体 X 的一个样本。试求参数 μ, θ 的矩估计和极大似然估计。

5. 设总体为 $\left[\theta - \dfrac{1}{2}, \theta + \dfrac{1}{2}\right]$ 上的均匀分布，$X_1, X_2, \cdots, X_n$ 是来自总体 X 的一个样本。试求参数 θ 的矩估计和极大似然估计。

6. 设总体为 $[\theta, 2\theta]$ 上的均匀分布，$X_1, X_2, \cdots, X_n$ 是来自总体 X 的一个样本。试求参数 θ 的矩估计和极大似然估计。

7. 设总体 X 的分布律为

$$X \sim \begin{bmatrix} 0 & 1 & 2 & 3 \\ \theta^2 & 2\theta(1-\theta) & \theta^2 & 1-2\theta \end{bmatrix},$$

其中 $0<\theta<\dfrac{1}{2}$ 为未知参数。现有 8 个样本观察值为 $3,1,3,0,3,1,2,3$。试求参数 θ 的矩估计和极大似然估计。

8. 设总体 $X\sim P(\lambda)$，其中 λ 为未知参数。$X_1,X_2,\cdots,X_n$ 是来自总体 X 的一个样本。试求 $P(X=0)$ 的极大似然估计。

9. 设总体 $X\sim N(\mu,1)$，其中 μ 为未知参数。X_1,X_2 是来自总体 X 的一组样本。试验证下列两个估计量：

(1) $\hat{\mu}_1=\dfrac{1}{4}X_1+\dfrac{3}{4}X_2$;　　(2) $\hat{\mu}_2=\dfrac{1}{2}X_1+\dfrac{1}{2}X_2$

均为 μ 的无偏估计，并比较它们的均方误差。

10. 设 $\hat{\theta}_1$ 和 $\hat{\theta}_2$ 均为 θ 的无偏估计，且相互独立。$D(\hat{\theta}_1)=\sigma_1^2, D(\hat{\theta}_2)=\sigma_2^2$，$\sigma_1^2,\sigma_2^2$ 为已知参数。试求常数 c，使得 $\hat{\theta}=c\hat{\theta}_1+(1-c)\hat{\theta}_2$ 的方差达到最小。

11. 设 $X_1,X_2,\cdots,X_n$ 是来自总体 $N(\mu,\sigma^2)$ 的一个样本。试选择适当常数 c，使得 $c\sum\limits_{i=1}^{n-1}(X_{i+1}-X_i)^2$ 为 σ^2 的无偏估计。

12. 设 $X_1,X_2,\cdots,X_n$ 是来自总体 $N(\mu,\sigma^2)$ 的一个样本，其中 μ 已知。试求 σ^2 的极大似然估计，并与样本方差 S^2 比较它们的均方误差。

13. 对于方差 σ^2 已知的正态总体，问需抽取容量 n 为多大的样本，才能使总体均值 μ 的置信度为 $1-\alpha$ 的置信区间的长度不大于 L？

14. 设某种油漆的 9 个样本，其干燥时间 (单位：小时) 为

6.0，　5.7，　5.8，　6.5，　7.0，　6.3，　5.6，　6.1，　5.0

假定干燥时间服从正态总体 $N(\mu,\sigma^2)$，其中 σ^2 未知。求 μ 的置信度为 95%的置信区间。

15. 测量钢筋的直径 X，得到一组数据 (单位：厘米) 如下：

5.35，　5.41，　5.32，　5.33，　5.44，　5.36，　5.37，　5.38

设 X 服从正态分布，求 σ 的置信度为 90%的置信区间。

16. 甲、乙两组生产同种导线，现从甲组中随机抽取 4 根，从乙组中随机抽取 5 根，它们的电阻 (单位：欧姆) 分别为

甲组：　0.143，　0.142，　0.143，　0.137

乙组：　0.140，　0.142，　0.136，　0.138，　0.140

假设两组电阻值均服从正态分布，且方差相同。求 $\mu_1-\mu_2$ 的置信度为 95%的置信区间。

17. 设机器 A 和机器 B 生产钢管，随机抽取机器 A 生产的钢管 18 根，测得钢管内径的样本方差为 $S_A^2=0.34$。抽取机器 B 生产的钢管 13 根，测得钢管内径的样本方差为 $S_B^2=0.29$。假设总体均为正态分布，求方差比 $\dfrac{\sigma_A^2}{\sigma_B^2}$ 的置信度为 90%的置信区间。

18. 某市随机抽取 1000 个家庭，调查知道其中有 228 家拥有彩色电视机。试求该市拥有彩色电视机家庭比例 p 的置信度为 95%的置信区间。

19. 设 $X_1,X_2,\cdots,X_n$ 是来自总体 $X\sim P(\lambda)$ 的一个样本，试求 λ 的置信度为 $1-\alpha$ 的近似置信区间。

第八章　假设检验

前面我们简单介绍了参数估计。从本章起，我们将进入数理统计的另外一个重要的内容 —— 假设检验。简单地说，假设检验就是对总体的某些未知特征提出假设，并利用样本信息来推断该假设的正确性。本章首先介绍假设检验的基本概念，然后详细讨论正态总体的均值与方差的假设检验，最后讲述拟合优度检验及独立性检验。

第一节　假设检验的基本概念

一、假设检验问题的提出

我们先看几个例子。

例 8.1　某厂生产罐装食品，每罐标准质量为 500 克。根据经验认为质量服从正态分布，标准差为 10。现随机抽取 10 罐，称得其质量 (单位：克) 为

$$495,\quad 510,\quad 505,\quad 498,\quad 503,\quad 492,\quad 502,\quad 512,\quad 497,\quad 506$$

试问该厂生产是否正常？

若用 X 表示该厂生产的罐装食品的质量，可以假定其服从正态分布 $N(\mu, 10^2)$。于是该厂生产是否正常等于判断总体的均值 μ 是否等于 500。我们将 "$\mu = 500$" 称为一个假设，记为 $H_0 : \mu = 500$。这在统计上称为**原假设**或**零假设**。经检验如果拒绝 H_0，则等价于接受 "$\mu \neq 500$"。我们将其也看成一个假设，记为 $H_1 : \mu \neq 500$，称之为**备择假设**或**对立假设**。我们常将它们写在一起。如在例 8.1 中，假设为

$$H_0 : \mu = 500; \quad H_1 : \mu \neq 500。 \tag{8.1}$$

例 8.2　某厂生产一批产品，按质量要求，其次品率应低于 5%。现从这批产品中抽取 50 件检验，发现有 4 件次品。试问该批次品能否出厂？

用 p 表示这批产品的次品率，现在的问题就是判断 "$p \leqslant 0.05$" 是否成立。我们将其看成原假设，记为 $H_0 : p \leqslant 0.05$。此时对立假设记为 $H_1 : p > 0.05$。合在一起写为

$$H_0 : p \leqslant 0.05; \quad H_1 : p > 0.05。 \tag{8.2}$$

这类假设检验问题称为**单边检验**(原假设与对立假设各居一边)，而称假设 (8.1) 为**双边检验**(对立假设分居原假设的两边)。又如果假设中只含有一个假设，如假设 (8.1) 中的原假设，则称为**简单假设**，否则称为**复合假设**，如假设 (8.2) 中的原假设。

如果检验的假设只涉及总体分布中的未知参数，则称这种假设为**参数假设检验**，除此之外的称为**非参数假设检验**。我们看下面的例子。

例 8.3　某种建筑材料，其抗断强度以往一直服从正态分布，今改变配料方案，希望确定其抗断强度的分布是否仍为正态分布？

上述例子就是一个非参数假设检验问题，记 X 为建筑材料的抗断强度，则原假设可以记为

$$H_0: X \text{ 服从正态分布。} \tag{8.3}$$

二、假设检验的步骤

我们用例 8.1 来说明假设检验的具体操作过程。

首先还是先考虑均值 μ 的估计，由第七章可知，样本均值 $\bar{X}$ 是一个合理的估计 (它既是矩估计，又是极大似然估计)。从直观上，若原假设 $H_0: \mu = 500$ 成立，则样本均值 $\bar{X}$ 与 $\mu_0 = 500$ 的差距不会太大。这就要给出一个界限 k，当 $|\bar{X} - \mu_0| \geqslant k$ 时，则认为 $\bar{X}$ 与 $\mu_0 = 500$ 的差距显著，于是判断原假设 H_0 不成立，即对立假设 H_1 成立；当 $|\bar{X} - \mu_0| < k$，则认为 $\bar{X}$ 与 $\mu_0 = 500$ 的差距不显著，于是判断原假设 H_0 成立。那么究竟应如何确定界限 k 呢？

在原假设 H_0 成立的情况下，$\bar{X} \sim N\left(\mu_0, \dfrac{\sigma^2}{n}\right)$，其中 σ 已知 ($\sigma = 10$)。所以统计量

$$U = \frac{\bar{X} - \mu_0}{\sigma/\sqrt{n}} \sim N(0, 1)。$$

又 $|\bar{X} - \mu_0| \geqslant k$，等价于 $|U| \geqslant \dfrac{k}{\sigma/\sqrt{n}}$。于是若给定一个小概率 α(通常取 α 为 $0.1, 0.05, 0.01$ 等)，在 H_0 成立的条件下，由

$$P\left(|U| \geqslant \frac{k}{\sigma/\sqrt{n}}\right) = \alpha$$

即可确定界限 $k = \dfrac{\sigma}{\sqrt{n}} u_{\alpha/2}$。

例如，取 $\alpha = 0.05$，则 $u_{\alpha/2} = 1.96$。又 $\sigma = 10$，$n = 10$，得 $k = 6.2$。由例 8.1 的数据得样本均值 $\bar{X} = 502$，所以 $|\bar{X} - 500| = 2 < k = 6.2$，故认为原假设 H_0 成立。

我们将统计量 $U = \dfrac{\bar{X} - \mu_0}{\sigma/\sqrt{n}}$ 称为**检验统计量**，$u_{\alpha/2} = \dfrac{k}{\sigma/\sqrt{n}}$ 称为**临界值**，$W = \{|U| \geqslant u_{\alpha/2}\}$ 称为**拒绝域**，而称 $\{|U| < u_{\alpha/2}\}$ 为**接受域**。

通过以上分析，将假设检验的基本步骤归纳如下：

(1) 根据问题提出原假设 H_0 和对立假设 H_1；

(2) 构造一个合适的统计量 (往往由参数估计而来)，并在 H_0 成立的条件下推导出该统计量的分布；

(3) 给出小概率 α，确定临界值和拒绝域 W；

(4) 由样本算出统计量的观察值，若落在拒绝域 W，则拒绝 H_0；若落在接受域，则接受 H_0。

三、假设检验的两类错误

从上面的讨论可以看出，假设检验中可能犯以下两类错误：**第一类错误**是原假设 H_0 正确，但由于统计量的值落在拒绝域，而拒绝了原假设 H_0，这类错误也称为**弃真错误**；**第二类错误**是原假设 H_0 不正确，但统计量的值落在接受域，而接受了原假设 H_0，这类错误也称为**存伪错误**。

显然第一类错误的概率就是上面提到的小概率 α，即

$$P(\text{拒绝 } H_0|H_0 \text{ 为真}) = P(U \in W|H_0 \text{ 为真}) = \alpha, \tag{8.4}$$

有时也称 α 为**显著性水平**。第二类错误我们一般记为 β，即

$$P(\text{接受 } H_0|H_1 \text{ 为真}) = P(U \notin W|H_1 \text{ 为真}) = \beta。 \tag{8.5}$$

计算 β 一般比较困难。下面我们看一个例子，初学可以略去。

例 8.4　设总体 X 服从 $N(\mu, 1)$，现抽取样本 $X_1, X_2, \cdots, X_n$。在给定显著性水平 α 下，要检验假设

$$H_0 : \mu = \mu_0; \quad H_1 : \mu = \mu_1。$$

求第二类错误的概率 β。

解　由前一段可知，检验统计量为 $U = \sqrt{n}(\bar{X} - \mu_0)$。当原假设 H_0 成立时，

$$U \sim N(0, 1),$$

拒绝域 $W = \{|U| \geqslant u_{\alpha/2}\}$，此时第一类错误为 α；当 H_1 成立时，不难看出

$$U \sim N(\sqrt{n}(\mu_1 - \mu_0), 1)。$$

第二类错误的概率为

$$\begin{aligned}\beta &= P(\text{接受 } H_0|H_1 \text{ 为真}) = P(U \notin W|H_1 \text{ 为真}) \\ &= P(|U| < u_{\alpha/2}|\mu = \mu_1) \\ &= \varPhi[u_{\alpha/2} - \sqrt{n}(\mu_1 - \mu_0)] - \varPhi[-u_{\alpha/2} - \sqrt{n}(\mu_1 - \mu_0)]。\end{aligned}$$

在进行假设检验时，当然希望犯两类错误的概率越小越好。但在给定样本容量的情况下，犯两类错误的概率不可能同时减小，减少其中一个，另外一个会增大。基于这种情况，Neyman 与 Pearson(现代统计学的奠基人 K. Pearson 的儿子) 提出了一个原则：在控制第一类错误 α 的前提下，使犯第二类错误的概率 β 尽量小。这称为 **Neyman-Pearson 原则**。因为在假设检验中，原假设与备择假设的地位不是对等的，往往会“保护”原假设 H_0。也就是说，只有在证据充分的情况下，才拒绝原假设 H_0。因此首先要控制第一类错误的概率 α，然后才考虑第二类错误。值得说明的是，根据 Neyman-Pearson 的基本思想，拒绝原假设 H_0 是有充分证据的；但接受原假设 H_0，则未必有充分的理由。只能说“目前还找不到拒绝 H_0 的理由，于是我们先接受 H_0”。此时不能认为原假设 H_0 一定正确。

四、p 值检验法

在假设检验中，经常提到 p 值。本小节我们简单介绍一下 p 值的概念。这些内容初学可以略去不看。

对于假设检验

$$H_0: \theta \in \Theta_0; \quad H_1: \theta \in \Theta_1。$$

检验统计量为 $T = T(X_1, X_2, \cdots, X_n)$，拒绝域 $W = \{|T| \geqslant \lambda\}$。设 $x_1, x_2, \cdots, x_n$ 为样本观察值，检验统计量 T 的观察值为 $t = T(x_1, x_2, \cdots, x_n)$，则 p 值定义为

$$p(x_1, x_2, \cdots, x_n) = \sup_{\theta \in \Theta_0} P_\theta(|T| \geqslant |t|)。$$

事实上，p 值是基于样本观察值而计算出的拒绝原假设的概率 (当原假设为复合假设时，取最大概率)。由于 p 值依赖于样本观察值，因此也是一个统计量。下面我们举一个例子说明如何计算 p 值。

例 8.5　已知某炼铁厂的铁水含碳量 $X \sim N(4.55, 0.168^2)$，现测量了 5 炉铁水，其含碳量为

$$4.28 \qquad 4.40 \qquad 4.42 \qquad 4.35 \qquad 4.37$$

对于假设检验

$$H_0: \mu = 4.55; \quad H_1: \mu \neq 4.55。$$

试计算 p 值。

解　首先检验统计量为 $T = \dfrac{\bar{X} - 4.55}{0.168/\sqrt{5}}$，当原假设 H_0 成立时，$T \sim N(0,1)$。将样本观察值代入，计算得检验统计量的观测值 $t = \dfrac{4.364 - 4.55}{0.168/\sqrt{5}} = -2.48$。则 p 值为

$$p = P(|T| > |t|) = P(|T| > 2.48) = 2[1 - \varPhi(2.48)] = 0.0132。$$

从上面的例子可以看出，p 值越小，越应该拒绝原假设。Fisher 曾称 p 值为 “反对原假设依据的强度”。当 p 值小于显著性水平 α 时，我们拒绝原假设，否则接受原假设。可以这样形容 p 值的作用，它将假设检验的结果数量化了。有了 p 值，我们不仅知道接受还是拒绝原假设，而且还知道接受或拒绝原假设的 “程度”。随着计算机的普及，p 值的计算变得十分方便，很多统计软件的假设检验均给出了 p 值。

第二节　正态总体均值的假设检验

一、单个正态总体 $N(\mu, \sigma^2)$ 均值 μ 的假设检验

设给定显著性水平 α，$X_1, X_2, \cdots, X_n$ 为来自总体 $X \sim N(\mu, \sigma^2)$ 的一组样本。检验问题为

$$H_0: \mu = \mu_0; \quad H_1: \mu \neq \mu_0。 \tag{8.6}$$

1. σ^2 **已知** (u **检验**)

这种情况我们在本章第一节已经做了详细的讨论，检验统计量为 $U=\dfrac{\bar{X}-\mu_0}{\sigma/\sqrt{n}}$。在原假设 H_0 成立的情况下，$U\sim N(0,1)$，于是检验的拒绝域为

$$W=\left\{|U|=\left|\frac{\bar{X}-\mu_0}{\sigma/\sqrt{n}}\right|\geqslant u_{\alpha/2}\right\}。\tag{8.7}$$

这种检验方法称为 u **检验法**。如图 8-1 所示。

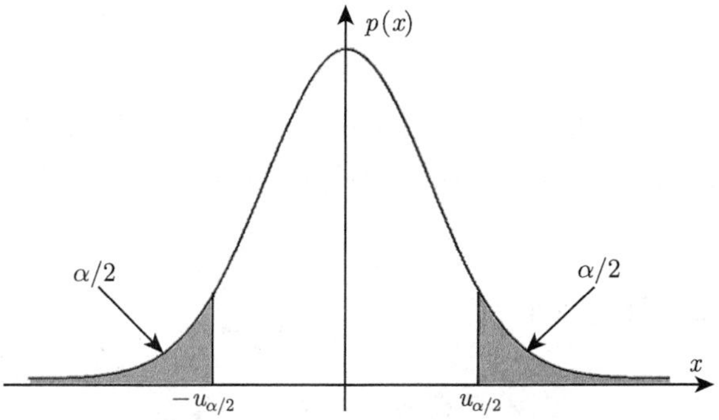

图 8-1

例 8.6　已知某零件的长度 (单位：厘米) 服从 $N(\mu,1.1^2)$，其标准长度 $\mu=32.05$。现随机抽取 6 件，测得长度为

32.56　　29.66　　31.64　　30.00　　31.87　　31.03

试问这批零件的长度是否符合产品的要求？显著性水平 $\alpha=0.05$。

解　检验统计量为 $U=\dfrac{\bar{X}-\mu_0}{\sigma/\sqrt{n}}$，由样本观察值计算得 $\bar{X}=31.13$。将 $\mu_0=32.05$，$\sigma=1.1$，$n=6$ 代入得检验统计量的观察值 $u=-2.05$。又 $u_{0.025}=1.96$。因此检验统计量的值落在拒绝域，于是拒绝原假设 H_0。即认为这批零件的长度不符合产品的要求。

下面我们顺便讲一下单边检验。先看检验问题：

$$H_0:\mu=\mu_0;\quad H_1:\mu>\mu_0。\tag{8.8}$$

与问题 (8.6) 类似，我们取检验统计量 $U=\dfrac{\bar{X}-\mu_0}{\sigma/\sqrt{n}}$，在原假设 H_0 成立的情况下，U 仍然服从 $N(0,1)$。此时 U 的值大，则判断原假设 H_0 不成立。于是拒绝域 $W=\left\{\dfrac{\bar{X}-\mu_0}{\sigma/\sqrt{n}}\geqslant u_\alpha\right\}$。同理，对于单边检验

$$H_0:\mu=\mu_0;\quad H_1:\mu<\mu_0,\tag{8.9}$$

拒绝域 $W=\left\{\dfrac{\bar{X}-\mu_0}{\sigma/\sqrt{n}}\leqslant -u_\alpha\right\}$。现在讨论更一般的单边检验问题：

$$H_0:\mu\leqslant\mu_0;\quad H_1:\mu>\mu_0。\tag{8.10}$$

注意到问题 (8.10) 的原假设为复合假设。我们仍取检验统计量 $U=\dfrac{\bar{X}-\mu_0}{\sigma/\sqrt{n}}$，由于原假设是复合假设，我们不能认为在原假设 H_0 成立的情况下，$U\sim N(0,1)$。但不难证明，如果仍取拒绝域 $W=\left\{\dfrac{\bar{X}-\mu_0}{\sigma/\sqrt{n}}\geqslant u_\alpha\right\}$，此时第一类错误均小于显著性水平 α(事实上，当 $\mu=\mu_0$ 时，第一类错误等于 α，而当 $\mu<\mu_0$ 时，第一类错误小于 α)。所以我们仍取拒绝域 $W=\left\{\dfrac{\bar{X}-\mu_0}{\sigma/\sqrt{n}}\geqslant u_\alpha\right\}$。对于检验

$$H_0:\mu\geqslant\mu_0;\quad H_1:\mu<\mu_0,\tag{8.11}$$

其拒绝域与问题 (8.9) 相同。由此可见，单边检验与双边检验只是拒绝域中不等式的方向不同，其他并无太大差别，因此在以后的检验问题中，我们就不再对单边检验作详细介绍了。

2. σ^2 未知 (t 检验)

由于 σ 未知，我们用样本标准差 $S=\sqrt{\dfrac{1}{n-1}\displaystyle\sum_{i=1}^{n}(X_i-\bar{X})^2}$ 代替 σ。于是检验统计量为 $T=\dfrac{\bar{X}-\mu_0}{S/\sqrt{n}}$。由推论 6.1 可知，在原假设 H_0 成立的情况下，$T\sim t(n-1)$。于是检验的拒绝域为

$$W=\left\{|T|=\left|\frac{\bar{X}-\mu_0}{S/\sqrt{n}}\right|\geqslant t_{\alpha/2}(n-1)\right\}。\tag{8.12}$$

上述检验方法利用 t 统计量，因此称为 t **检验法**。如图 8-2 所示。

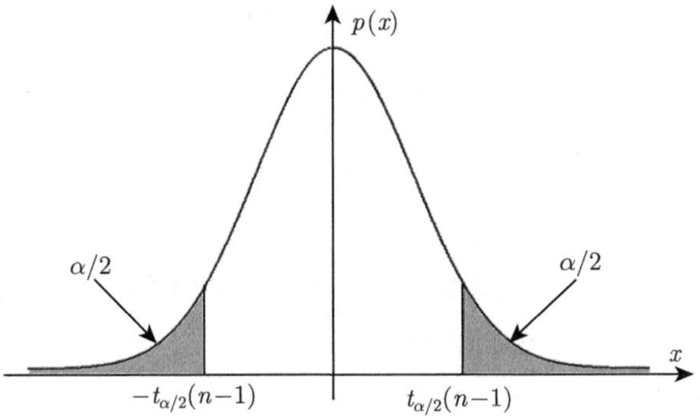

图 8-2

例 8.7　已知某厂生产 10 欧姆的电阻。假设电阻值 (单位：欧姆) 服从正态分布，方差未知。现随机抽取 10 个电阻，测得电阻值为

9.9　10.1　10.2　9.7　9.9　9.9　10　10.5　10.1　10.2

试问：我们能否认为这批产品符合要求？显著性水平 $\alpha=0.05$。

解　首先计算得样本标准差 $S=0.224$。将 $\bar{X}=10.05$，$\mu_0=10$，$n=10$ 代入，得检验统计量的观察值 $t=0.707$。又 $t_{0.025}(9)=2.262$，因此检验统计量的值落在接受域，于是接受原假设 H_0。即认为这批产品符合要求。

二、两个正态总体 $N(\mu_1,\sigma_1^2),N(\mu_2,\sigma_2^2)$ 的均值差的检验

设 $X_1,X_2,\cdots,X_{n_1}$ 是来自正态总体 $N(\mu_1,\sigma_1^2)$ 的一个样本，$Y_1,Y_2,\cdots,Y_{n_2}$ 为来自正态总体 $N(\mu_2,\sigma_2^2)$ 的一个样本，且两样本相互独立。记 $\bar{X}$ 和 $\bar{Y}$ 分别为它们的样本均值，S_1^2 和 S_2^2 分别为它们的样本方差。检验问题为

$$H_0:\mu_1=\mu_2;\quad H_1:\mu_1\neq\mu_2。$$

1. σ_1^2,σ_2^2 均已知

取检验统计量

$$U=\frac{\bar{X}-\bar{Y}}{\sqrt{\dfrac{\sigma_1^2}{n_1}+\dfrac{\sigma_2^2}{n_2}}}。$$

当原假设 H_0 成立的情况下，$U\sim N(0,1)$。此时统计量 U 的绝对值不会太大。因此，在给定显著性水平 α 下，拒绝域

$$W=\{|U|\geqslant u_{\alpha/2}\}。\tag{8.13}$$

例 8.8　设甲、乙两台机床生产同一产品，今从甲机床生产的产品中抽取 30 件产品，测得平均质量为 130 克。从乙机床生产的产品中抽取 40 件产品，测得平均质量为 125 克。假定两台机床生产的产品质量均服从正态分布，方差为 $\sigma_1^2=60,\ \sigma_2^2=80$。问在显著性水平 $\alpha=0.05$ 下，两台机床生产的产品质量是否有显著差异？

解　将 $\bar{X}=130,\ \bar{Y}=125$，$\sigma_1^2=60,\ \sigma_2^2=80$，$n_1=30,\ n_2=40$ 代入，得检验统计量的观察值 $u=-2.5$。又 $u_{0.025}=1.96$。因此检验统计量的值落在拒绝域，于是拒绝原假设 H_0。即认为两台机床生产的产品质量有显著差异。

2. σ_1^2,σ_2^2 均未知但相等

由推论 6.3，取检验统计量

$$T=\sqrt{\frac{n_1n_2(n_1+n_2-2)}{n_1+n_2}}\frac{\bar{X}-\bar{Y}}{\sqrt{(n_1-1)S_1^2+(n_2-1)S_2^2}}。$$

当原假设 H_0 成立的情况下，$T\sim t(n_1+n_2-2)$。此时统计量的值应在 0 的附近。因此，在给定显著性水平 α 下，拒绝域

$$W=\{|T|\geqslant t_{\alpha/2}(n_1+n_2-2)\}。\tag{8.14}$$

例 8.9　设某工厂利用两条自动化流水线灌装矿泉水。随机地抽取样本 $X_1,X_2,\cdots,X_{12}$ 和 $Y_1,Y_2,\cdots,Y_{17}$，它们是每瓶矿泉水的体积 (单位：毫升)。计算得样本均值 $\bar{X}=501.1$ 和 $\bar{Y}=499.7$，样本方差 $S_1^2=2.4,S_2^2=4.7$。假定两条流水线生产的矿泉水体积均服从正态分布，且它们的方差相等。问在显著性水平 $\alpha=0.05$ 下，两条生产线生产的产品是否有显著差异？

解　该题与例 7.18 相同，只是在例 7.18 中是求均值差的置信度为 95%的置信区间。将样本观察值代入得 $t=1.914$，又 $t_{0.025}(27)=2.05$。因此检验统计量的值落在接受域，于是接受原假设 H_0，即认为两条生产线生产的产品没有显著差异。该结论与例 7.18 相同。

三、基于成对数据的假设检验

上面讨论的两个正态总体均值的比较检验中，这两个正态总体是相互独立的。但在实际中，并非总是如此。可能这两个正态总体的样本来自同一个总体的重复测量，它们是成对出现且是相关的。例如，考虑两种药品的效果，测试了 n 个病人服药后的状况，记为 $(X_1,Y_1),(X_2,Y_2),\cdots,(X_n,Y_n)$。其中 (X_i,Y_i) 表示第 i 个病人服用两种药后的数据，它们是有关系的。这样的数据就称为成对数据。现令 $Z_i=X_i-Y_i, i=1,2,\cdots,n$。假定 $Z_i\sim N(\mu,\sigma^2)$，且相互独立。下面检验

$$H_0:\mu=0;\quad H_1:\mu\neq 0,$$

这是一个正态总体均值的检验。由于方差未知，利用 t 检验法，在显著性水平 α 下，拒绝域 $W=\left\{\left|\dfrac{\bar{Z}}{S_Z/\sqrt{n}}\right|\geqslant t_{\alpha/2}(n-1)\right\}$。其中 $\bar{Z}=\dfrac{1}{n}\sum\limits_{i=1}^{n}Z_i$，$S_Z^2=\dfrac{1}{n-1}\sum\limits_{i=1}^{n}(Z_i-\bar{Z})^2$。这个检验通常称为**成对 t 检验**。

例 8.10 比较两种安眠药 A,B 的疗效，以 10 个失眠患者作为试验对象。对每个患者服药后，记录其延长的睡眠时间 (单位：小时)，数据如下：

A	1.9	0.8	1.1	0.1	-0.1	4.4	5.5	1.6	4.6	3.4
B	0.7	-1.6	-0.2	-1.2	-0.1	3.4	3.7	0.8	0	2.0

问在显著性水平 $\alpha=0.01$ 下，两种药品是否有显著差异？

解 令 $Z_i=X_i-Y_i, i=1,2,\cdots,10$。数据如下：

$$1.2\quad 2.4\quad 1.3\quad 1.3\quad 0\quad 1.0\quad 1.8\quad 0.8\quad 4.6\quad 1.4$$

利用 t 检验法，计算得 $\bar{Z}=1.58$，$S_Z=1.23$。代入得统计量的观察值 $t=\dfrac{\bar{Z}}{S_Z/\sqrt{n}}=4.06$。

又 $t_{0.005}(9)=3.25$，现 $|t|=4.06>t_{0.005}(9)=3.25$。故拒绝原假设，即认为两种药品有显著差异。

第三节 正态总体方差的假设检验

一、单个正态总体 $N(\mu,\sigma^2)$ 方差 σ^2 的假设检验

设给定显著性水平 α，$X_1,X_2,\cdots,X_n$ 为来自总体 $X\sim N(\mu,\sigma^2)$ 的一组样本。检验问题为

$$H_0:\sigma^2=\sigma_0^2;\quad H_1:\sigma^2\neq\sigma_0^2。$$

这里假定 μ 未知。由定理 6.2 知，取检验统计量

$$\chi^2=\frac{(n-1)S^2}{\sigma_0^2}。$$

在原假设 H_0 成立的情况下，$\chi^2 \sim \chi^2(n-1)$。此时 χ^2 的值不应太大或太小。于是，在给定显著性水平 α 下，拒绝域

$$W=\{\chi^2 \leqslant \chi^2_{1-\alpha/2}(n-1)\} \cup \{\chi^2 \geqslant \chi^2_{\alpha/2}(n-1)\}。 \tag{8.15}$$

上述检验称为 χ^2**检验法**。如图 8-3 所示。

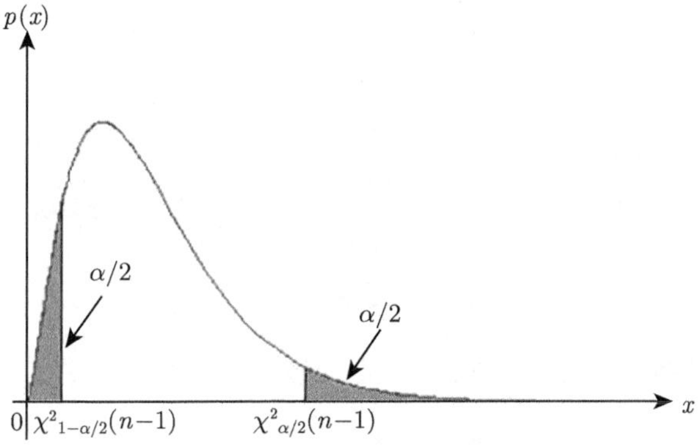

图 8-3

例 8.11　设某厂生产的铜丝的折断力服从正态分布。现从中随机抽取 10 根进行检验，测得其折断力 (单位：牛顿) 为

575　576　570　569　572　582　577　580　572　585

试问在显著性水平 $\alpha=0.05$ 下，能否认为该厂生产的铜丝的折断力的方差为 64?

解　由样本计算得 $\chi^2=\dfrac{(n-1)S^2}{\sigma_0^2}=\dfrac{251.6}{64}=3.93$。又 $\chi^2_{0.975}(9)=2.70, \chi^2_{0.025}(9)=19.02$。

检验统计量的值落在接受域。故接受原假设，认为该厂生产的铜丝的折断力的方差为 64。

二、两个正态总体 $N(\mu_1,\sigma_1^2), N(\mu_2,\sigma_2^2)$ 的方差比 σ_1^2/σ_2^2 的假设检验

设 $X_1,X_2,\cdots,X_{n_1}$ 是来自正态总体 $N(\mu_1,\sigma_1^2)$ 的一个样本，$Y_1,Y_2,\cdots,Y_{n_2}$ 为来自正态总体 $N(\mu_2,\sigma_2^2)$ 的一个样本，且两样本相互独立。检验问题为

$$H_0:\sigma_1^2=\sigma_2^2;\quad H_1:\sigma_1^2 \neq \sigma_2^2,$$

同样我们假定均值 μ_1,μ_2 未知。由推论 6.2，统计量

$$F=\frac{S_1^2\sigma_2^2}{S_2^2\sigma_1^2} \sim F(n_1-1,n_2-1),$$

在原假设 H_0 成立的情况下，有 $F=\dfrac{S_1^2}{S_2^2} \sim F(n_1-1,n_2-1)$。在给定显著性水平 α 下，拒绝域

$$W=\{F \leqslant F_{1-\alpha/2}(n_1-1,n_2-1)\} \cup \{F \geqslant F_{\alpha/2}(n_1-1,n_2-1)\}。 \tag{8.16}$$

上述检验称为 **F 检验法**。如图 8-4 所示。

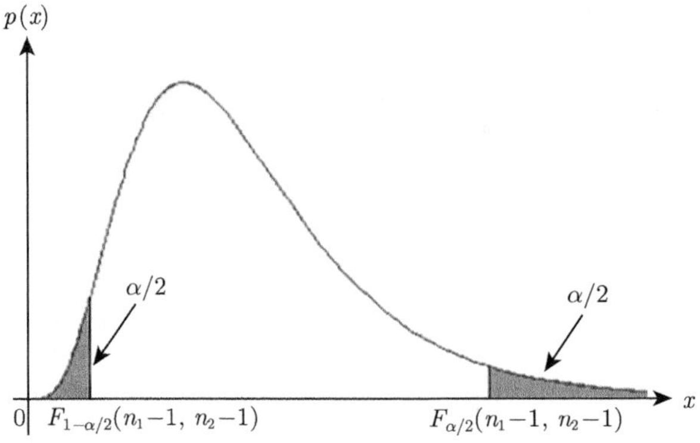

图 8-4

例 8.12　设甲、乙两台机床加工同一种轴，现随机抽取若干根，测得直径 (单位: 毫米) 为

甲：　20.5　19.7　19.8　20.4　20.1　20.0　19.0　19.9

乙：　19.7　20.8　20.5　19.8　19.4　20.6　19.2

假定甲乙机床加工轴的直径均服从正态分布。试问甲、乙两台机床加工的精度有无显著差异？

解　由样本计算得 $S_1^2 = 0.216, S_2^2 = 0.397$。所以 $F = \dfrac{S_1^2}{S_2^2} = \dfrac{0.216}{0.397} = 0.544$。又 $F_{0.975}(7,6) = \dfrac{1}{F_{0.025}(6,7)} = \dfrac{1}{5.12} = 0.195$，$F_{0.025}(7,6) = 5.7$。因为

$$F_{0.975}(7,6) = 0.195 < F = 0.544 < F_{0.025}(7,6) = 5.7,$$

所以接受原假设 H_0，即认为甲、乙两台机床加工的精度无显著差异。

第四节　拟合优度检验

前面两节讨论的假设检验都是在假定总体分布为正态分布的前提下进行的检验，这称为参数假设检验。在实际问题中，我们常常不知道总体的分布类型，这就需要对总体的分布类型进行推断，如例 8.3 中检验分布是否为正态分布。这种检验称为**分布拟合优度检验**。一般地，假设如下：

$$H_0 : F(x) = F_0(x;\theta), \tag{8.17}$$

其中 F_0 为某个已知的分布函数，$\theta = (\theta_1, \theta_2, \cdots, \theta_r)'$ 为未知参数。

下面介绍**皮尔逊 χ^2 拟合优度检验**。其基本思想就是利用事件的频率与概率之间的偏差构造检验统计量。我们先看最简单的问题：

$$H_0 : P(X = x_i) = p_i, \quad i = 1, 2, \cdots, k, \tag{8.18}$$

其中 $p_i, i = 1, 2, \cdots, k$ 为已知的概率，满足 $\sum\limits_{i=1}^{k} p_i = 1$。设 $X_1, X_2, \cdots, X_n$ 是一组样本。构造**皮尔逊 χ^2 统计量**的步骤如下：

(1) 计算 $(X_1, X_2, \cdots, X_n)$ 中取 x_i 的实际频数 $n_i, i=1,2,\cdots,k$，即

$$n_i = \{X_1, X_2, \cdots, X_n \text{ 中取 } x_i \text{ 的个数}\};$$

(2) 计算实际频数与理论频数的偏差平方和

$$\chi^2 = \sum_{i=1}^{k} \frac{(n_i - np_i)^2}{np_i}, \tag{8.19}$$

这称为**皮尔逊 χ^2 统计量**，它度量了实际数据与理论分布 H_0 的拟合程度。χ^2 统计量的值越大，则拟合程度越差。可以证明，当假设 (8.18) 为真时，χ^2 统计量的渐进分布为自由度 $k-1$ 的 χ^2 分布。

(3) 在给定显著性水平 α 下，拒绝域为

$$W = \{\chi^2 \geqslant \chi^2_\alpha(k-1)\}。 \tag{8.20}$$

例 8.13　设某医院一年中出生的婴儿为 1521 人，其中男性 802 人，女性 719 人。问：能否认为男女出生率相同？

解　设 X 为两点分布，$X=1$ 表示出生的为男孩，$P(X=1)=p$。检验问题为

$$H_0: p = 0.5。$$

由式 (8.19) 计算 χ^2 统计量为

$$\chi^2 = \frac{(802-1521\times 0.5)^2}{1521\times 0.5} + \frac{(719-1521\times 0.5)^2}{1521\times 0.5} = 4.53。$$

若取显著性水平 $\alpha = 0.05$，临界值 $\chi^2_{0.05}(1) = 3.84$，于是拒绝原假设，即认为男女出生率不同。

下面我们考虑一般的假设检验问题 (8.17)。具体步骤如下：

(1) 将样本空间分为 k 个互不相交的事件 $A_1, A_2, \cdots, A_k$。

(2) 计算样本 $(X_1, X_2, \cdots, X_n)$ 落在事件 A_i 的实际频数 $n_i, i=1,2,\cdots,k$，

$$n_i = \{X_1, X_2, \cdots, X_n \text{ 落在事件 } A_i \text{ 的个数}\}。$$

(3) 计算每个事件 A_i 上的理论频数。若参数 θ 未知，先算出 θ 的极大似然估计 $\hat{\theta}$，然后计算理论上样本落在事件 A_i 的概率 $\hat{p}_i = P(X \in A_i | \theta = \hat{\theta}), i=1,2,\cdots,k$。最后得到每个事件上的理论频数为 $n\hat{p}_i$。也就是说，应该有 $n\hat{p}_i$ 个样本落在事件 A_i 中。

(4) 计算实际频数与理论频数的偏差平方和

$$\chi^2 = \sum_{i=1}^{k} \frac{(n_i - n\hat{p}_i)^2}{n\hat{p}_i}。 \tag{8.21}$$

(5) 在给定显著性水平 α 下，下面定理给出了检验的拒绝域

$$W = \{\chi^2 \geqslant \chi^2_\alpha(k-r-1)\}。 \tag{8.22}$$

定理 8.1 (Pearson-Fisher 定理) 当原假设 H_0 为真时，公式 (8.21) 定义的统计量的极限分布为自由度为 $k-r-1$ 的 χ^2 分布。

值得注意的是，皮尔逊拟合优度检验只适合大样本情形，通常要求 $n \geqslant 50$。将样本空间划分为事件，要求每个事件上的理论频数不应太小，一般每个 $n\hat{p}_i$ 最好不小于 5，否则需将相邻的事件合并。同时 k 不应太大或太小，一般在 4~20。

例 8.14 在一试验中，每隔一段时间观察一次由某种铀所放射的 α 粒子数，共观察了 100 次，数据如表 8-1 所示。

表 8-1

x_i	0	1	2	3	4	5	6	7	8	9	10	11	$\geqslant 12$
n_i	1	5	16	17	26	11	9	9	2	1	2	1	0

表中 n_i 表示实际频数。从理论上，放射的 α 粒子数应服从泊松分布。试在显著性水平 $\alpha = 0.05$ 下，检验 H_0：X 服从泊松分布 $P(\lambda)$。

解 因为总体中有未知参数，首先用极大似然估计得 $\hat{\lambda} = \bar{X} = \dfrac{1}{100}\sum\limits_{i=1}^{11} x_i n_i = 4.2$。又因为要求每个事件上的理论频数不应太小，故将样本空间适当合并。将 $\{X=0\}$ 与 $\{X=1\}$ 合并为 $\{X=0 \text{ 或 } 1\}$，将 $\{X=8\},\cdots,\{X\geqslant 12\}$ 合并为 $\{X \geqslant 8\}$。并计算其理论频数，结果如表 8-2 所示。

表 8-2

x_i	n_i	$\hat{p}_i$	$n\hat{p}_i$	$n_i - n\hat{p}_i$	$\dfrac{(n_i - n\hat{p}_i)^2}{n\hat{p}_i}$
0,1	6	0.078	7.8	−1.8	0.415
2	16	0.132	13.2	2.8	0.594
3	17	0.185	18.5	−1.5	0.122
4	26	0.194	19.4	6.6	2.245
5	11	0.163	16.3	−5.3	1.723
6	9	0.114	11.4	−2.4	0.505
7	9	0.069	6.9	2.1	0.639
$\geqslant 8$	6	0.065	6.5	−0.5	0.0385

由表 8-2 计算得 χ^2 统计量为 6.2815。又临界值 $\chi^2_{0.05}(8-1-1) = 12.592$，于是接受原假设，即认为样本服从泊松分布。

例 8.15 研究某种建筑材料的抗压强度是否服从正态分布，200 次试验的数据如表 8-3 所示。

表 8-3

压强区间/(千克/厘米)	实际频数
190~200	10
200~210	26
210~220	56
220~230	64
230~240	30
240~250	14

试在显著性水平 $\alpha=0.05$ 下，检验 H_0：X 服从正态分布。

解　因为原假设中的参数 μ,σ^2 未知，它们的极大似然估计分别为样本均值与样本二阶中心矩。记 x_i^* 表示第 i 组的组中值，于是

$$\begin{aligned}\hat{\mu}=&\bar{X}=\frac{1}{n}\sum_i n_i x_i^*=\frac{1}{200}(195\times 10+205\times 26+215\times 56\\&+225\times 64+235\times 30+245\times 14)=221,\end{aligned}$$

$$\begin{aligned}\hat{\sigma}^2=&S^{*2}=\frac{1}{n}\sum_i (x_i^*-\bar{X})^2 n_i=\frac{1}{200}[(-26)^2\times 10+(-16)^2\times 26\\&+(-6)^2\times 56+4^2\times 64+14^2\times 30+24^2\times 14]=152。\end{aligned}$$

然后计算每个区间上的理论概率与频数，结果如表 8-4 所示。

表 8-4

压强区间/(千克/厘米)	实际频数 n_i	理论概率 $\hat{p}_i$	理论频数 $n\hat{p}_i$	$(n_i-n\hat{p}_i)^2$	$\dfrac{(n_i-n\hat{p}_i)^2}{n\hat{p}_i}$
190～200	10	0.045	9	1	0.11
200～210	26	0.142	28.4	5.76	0.20
210～220	56	0.281	56.2	0.04	0.00
220～230	64	0.299	59.8	17.64	0.29
230～240	30	0.171	34.2	17.64	0.52
240～250	14	0.062	12.4	2.56	0.23

由表 8-4 计算得 χ^2 统计量为 1.35。又临界值 $\chi^2_{0.05}(6-2-1)=7.815$，于是接受原假设，即认为样本来自正态分布。

第五节　独立性检验

在实际应用中我们常会遇到这样的问题：判断两个随机变量之间是否独立。例如，患肺癌与吸烟是否有关，患高血压与冠心病是否相关等。这类问题我们可以用本章第四节的 χ^2 拟合优度加以检验。

设 $(X_1,Y_1),(X_2,Y_2),\cdots,(X_n,Y_n)$ 为二维总体 (X,Y) 的一个样本，我们的问题是检验：

$$H_0: X \text{ 与 } Y \text{ 独立。} \tag{8.23}$$

分别将随机变量 X 与 Y 的取值范围分成 r 个与 s 个互不相交的区间 $A_1,A_2,\cdots,A_r$ 和 $B_1,B_2,\cdots,B_s$。用 n_{ij} 表示指标 X 落在 A_i，指标 Y 落在 B_j 的样本点的个数。又记 $n_{i\cdot}=\sum\limits_{j=1}^{s}n_{ij},i=1,2,\cdots,r;n_{\cdot j}=\sum\limits_{i=1}^{r}n_{ij},j=1,2,\cdots,s$。我们将这些数据用表 8-5 给出，此表称为**列联表**。

表 8-5　$r \times s$ 列联表

	B_1	B_2	$\cdots$	B_j	$\cdots$	B_s	行和
A_1	n_{11}	n_{12}	$\cdots$	n_{1j}	$\cdots$	n_{1s}	$n_{1\cdot}$
A_2	n_{21}	n_{22}	$\cdots$	n_{2j}	$\cdots$	n_{2s}	$n_{2\cdot}$
$\vdots$	$\vdots$	$\vdots$		$\vdots$	$\vdots$		$\vdots$
A_i	n_{i1}	n_{i2}	$\cdots$	n_{ij}	$\cdots$	n_{is}	$n_{i\cdot}$
$\vdots$	$\vdots$	$\vdots$		$\vdots$	$\vdots$		$\vdots$
A_r	n_{r1}	n_{r2}	$\cdots$	n_{rj}	$\cdots$	n_{rs}	$n_{r\cdot}$
列和	$n_{\cdot 1}$	$n_{\cdot 2}$	$\cdots$	$n_{\cdot j}$	$\cdots$	$n_{\cdot s}$	n

记

$$p_{ij} = P(X \in A_i, Y \in B_j), \quad i = 1, \cdots, r; \quad j = 1, \cdots, s;$$

$$p_{i\cdot} = P(X \in A_i), \quad i = 1, \cdots, r; \quad p_{\cdot j} = P(Y \in B_i), \quad j = 1, \cdots, s。$$

于是独立性检验就相当于检验:

$$H_0 : p_{ij} = p_{i\cdot} p_{\cdot j}, \quad i = 1, \cdots, r; \quad j = 1, \cdots, s。$$

该假设中含有 $r+s$ 个未知参数 $p_{i\cdot}, i=1, \cdots, r; p_{\cdot j}, j=1, \cdots, s$。但显然有$\sum_{i=1}^{r} p_{i\cdot}=1$，$\sum_{j=1}^{s} p_{\cdot j}=1$。因此仅有 $r+s-2$ 个独立的未知参数。下面用 χ^2 检验法对其加以检验。首先用极大似然估计对未知参数进行估计。当原假设成立时，似然函数为

$$\begin{aligned} L &= \prod_{i=1}^{r} \prod_{j=1}^{s} p_{ij}^{n_{ij}} = \prod_{i=1}^{r} \prod_{j=1}^{s} (p_{i\cdot} p_{\cdot j})^{n_{ij}} = \prod_{i=1}^{r} p_{i\cdot}^{n_{i\cdot}} \prod_{j=1}^{s} p_{\cdot j}^{n_{\cdot j}} \\ &= \prod_{i=1}^{r-1} p_{i\cdot}^{n_{i\cdot}} \left(1 - \sum_{i=1}^{r-1} p_{i\cdot}\right)^{n_{r\cdot}} \prod_{j=1}^{s-1} p_{\cdot j}^{n_{\cdot j}} \left(1 - \sum_{j=1}^{s-1} p_{\cdot j}\right)^{n_{\cdot s}}。 \end{aligned}$$

对数似然为

$$\ln L = \sum_{i=1}^{r-1} n_{i\cdot} \ln p_{i\cdot} + n_{r\cdot} \ln \left(1 - \sum_{i=1}^{r-1} p_{i\cdot}\right) + \sum_{j=1}^{s-1} n_{\cdot j} \ln p_{\cdot j} + n_{\cdot s} \ln \left(1 - \sum_{j=1}^{s-1} p_{\cdot j}\right)。$$

解似然方程组

$$\frac{\partial \ln L}{\partial p_{i\cdot}} = \frac{-n_{r\cdot}}{1 - \sum\limits_{i=1}^{r-1} p_{i\cdot}} + \frac{n_{i\cdot}}{p_{i\cdot}} = 0, \quad i = 1, \cdots, r-1;$$

$$\frac{\partial \ln L}{\partial p_{\cdot j}} = \frac{-n_{\cdot s}}{1 - \sum\limits_{j=1}^{s-1} p_{\cdot j}} + \frac{n_{\cdot j}}{p_{\cdot j}} = 0, \quad j = 1, \cdots, s-1。$$

得

$$\hat{p}_{i\cdot} = \frac{n_{i\cdot}}{n}, \quad i = 1, \cdots, r; \quad \hat{p}_{\cdot j} = \frac{n_{\cdot j}}{n}, \quad j = 1, \cdots, s。$$

将其代入 χ^2 检验统计量

$$\chi^2=\sum_{i=1}^{r}\sum_{j=1}^{s}\frac{(n_{ij}-n\hat{p}_{i\cdot}\hat{p}_{\cdot j})^2}{n\hat{p}_{i\cdot}\hat{p}_{\cdot j}}=\sum_{i=1}^{r}\sum_{j=1}^{s}\frac{(n_{ij}-n_{i\cdot}n_{\cdot j}/n)^2}{n_{i\cdot}n_{\cdot j}/n}。$$

当原假设成立时，它的渐进分布为自由度 $rs-(r+s-2)-1=(r-1)(s-1)$ 的 χ^2 分布。于是，在给定显著性水平 α 下，检验的拒绝域为 $W=\{\chi^2\geqslant\chi^2_\alpha((r-1)(s-1))\}$。

例 8.16　我们调查了 520 人研究患高血压与冠心病的关系。数据如表 8-6 所示。

表 8-6

	患高血压	无高血压	总计
患冠心病	48	36	84
无冠心病	88	348	436
总计	136	384	520

试问：在显著性水平 $\alpha=0.05$ 下，高血压与冠心病有无关系。

解　因为 $n_{11}=48,n_{12}=36,n_{21}=88,n_{22}=348$，又 $n_{1\cdot}=84,n_{2\cdot}=436$，$n_{\cdot 1}=136,n_{\cdot 2}=384$。于是 χ^2 检验统计量为

$$\begin{aligned}\chi^2=&\frac{(48-84\times136/520)^2}{84\times136/520}+\frac{(36-84\times384/520)^2}{84\times384/520}\\&+\frac{(88-436\times136/520)^2}{436\times136/520}+\frac{(348-436\times384/520)^2}{436\times384/520}=49.8。\end{aligned}$$

查分布表得 $\chi^2_{0.05}(1)=3.84<\chi^2=49.8$。因此，拒绝原假设，即认为患高血压与冠心病有关。

习　题　八

1. 设总体 $X\sim N(\mu,\sigma^2)$，其中 μ,σ^2 为未知常数。试问下面的假设哪些是简单假设，哪些是复合假设：

(1) $H_0:\mu=0,\sigma=1$;　　(2) $H_0:\mu=0,\sigma>1$;

(3) $H_0:\mu<0,\sigma=1$;　　(4) $H_0:0<\mu<3$。

2. 某公司的桶装油的标准质量为 10 公斤。现随机抽取 10 桶，称得质量为 10.2, 9.7, 10.1, 10.3, 10.1, 9.8, 9.9, 10.4, 10.3, 9.8(公斤)。假定每桶油的质量服从正态分布。试问：在显著性水平 $\alpha=0.01$ 下，该公司的桶装油质量是否为 10 公斤？

3. 某批矿砂的 5 个样本的锂含量为 (单位：%)：3.25,3.27,3.24,3.26,3.24。假定总体服从正态分布，试问在显著性水平 $\alpha=0.01$ 下，能否认为这批矿砂的锂含量的均值为 3.25%？

4. 某厂生产的钢索的断裂强度服从正态分布 $N(\mu,40^2)$。现从这批钢索中抽取 9 根测得其断裂强度的平均值 $\bar{X}$，较正常生产的均值 μ 大 20(公斤/厘米 ^{2})。试问：在显著性水平 $\alpha=0.01$ 下，能否认为这批钢索的质量有所提高？

5. 两台车床生产同一类产品。假定产品的某种性能分别服从正态分布 $N(\mu_i,\sigma_i^2)$，$i=1,2$，且已知 $\sigma_1^2=8,\sigma_2^2=6$，两个样本值分别为 $(26,25,23,26,25,29,21)$，$(30,26,32,28,28,30,29)$。试问在显著性水平 $\alpha=0.05$ 下，两台车床生产的产品质量有无显著差异？

6. 比较 A, B 两种小麦品种的蛋白质含量。随机抽取 A 种小麦 10 个样本，测得 $\bar{X}=14.3, S_1^2=1.62$。随机抽取 B 种小麦 5 个样本，测得 $\bar{Y}=11.7, S_2^2=0.14$。假定这两种小麦蛋白质含量均服从正态分布，且方差相同。试问：在显著性水平 $\alpha=0.01$ 下，两种小麦的蛋白质含量有无差异？

7. 设 $X_1, X_2, \cdots, X_{n_1}$ 是来自正态总体 $N(\mu_1, \sigma^2)$ 的一个样本，$Y_1, Y_2, \cdots, Y_{n_2}$ 为来自正态总体 $N(\mu_2, \sigma^2)$ 的一个样本，且两样本相互独立，参数均未知。试构造假设 $H_0: \mu_1 = C\mu_2$ 的双边检验，其中 C 为非零已知常数，显著性水平为 α。

8. 设甲、乙两个试验员，对同样的试验进行分析，各人的分析数据结果如下：

试验号数	1	2	3	4	5	6	7	8
甲	4.3	3.2	3.8	3.5	3.5	4.8	3.3	3.9
乙	3.7	4.1	3.8	3.8	4.6	3.9	2.8	4.4

试问：甲乙两人的试验分析有无显著差异 $(\alpha=0.05)$？

9. 某厂生产的瓶装矿泉水要求标准差 $\sigma=0.02$。随机抽取 20 瓶矿泉水，发现其样本标准差 $S=0.03$。假定瓶装矿泉水质量服从正态分布。试问：在显著性水平 $\alpha=0.05$ 下，能否认为它们达到了标准差 $\sigma=0.02$ 的要求？

10. 两台机床加工同一种零件，测得直径为

机床甲：　20.5　19.8　19.7　20.4　20.1　20.0　19.0　19.9

机床乙：　19.7　20.8　20.5　19.8　19.4　20.6　19.2

假定产品直径均服从正态分布。试问甲、乙两台机床加工的精度有无显著差异 $(\alpha=0.05)$？

11. 在豌豆试验中，观测到黄色和绿色豆子的数目分别为 70 和 27，试问：在显著性水平 $\alpha=0.05$ 下，检验黄色和绿色豆子的数目为 3:1 是否正确。

12. 在孟德尔豌豆试验中，同时考虑豌豆的颜色与形状，共有四种组合：(黄，圆)，(黄，非圆)，(绿，圆)，(绿，非圆)。按照孟德尔理论，这四类比例为 9:3:3:1。在一次观察中，发现这四类观测到的数目分别为 315，101，108，32。试在显著性水平 $\alpha=0.05$ 下，检验孟德尔的理论是否正确。

13. 为检验一个骰子的均匀性，投掷 60 次，观测到出现 $1,2,3,4,5,6$ 点的次数为 $13,19,11,8,5,4$。试检验这个骰子是否为均匀的 $(\alpha=0.05)$。

14. 某修理厂希望知道每天送来修理的汽车数是否服从泊松分布。下表给出了该厂 250 天的送修车数：

送修车数	0	1	2	3	4	5	6	7	8	9	10
天数	2	8	21	31	44	48	39	22	17	13	5

试在显著性水平 $\alpha=0.05$ 下，检验原假设 H_0：每天送来修理的车数服从泊松分布。

15. 对某汽车零件制造厂生产的汽缸螺栓口径抽样 100 次，数据如下：

口径区间	实际频数	口径区间	实际频数
10.93～10.95	5	11.01～11.03	17
10.95～10.97	8	11.03～11.05	6
10.97～10.99	20	11.05～11.07	6
10.99～11.01	34	11.07～11.09	4

试检验螺栓口径是否服从正态分布 $(\alpha=0.05)$？

16. 调查某市郊区桑场采桑员和辅助人员桑毛虫皮炎发病情况，数据如下：

	采桑	不采桑	总计
患病	18	12	30
不患病	4	78	82
总计	22	90	112

试问：发生皮炎病是否与工种有关 ($\alpha = 0.05$)？

17. 某工厂三种配方商场的产品质量如下表：

	配方 1	配方 2	配方 3	总计
合格品	63	47	65	175
不合格品	16	7	3	26
总计	79	54	68	201

试在显著性水平 $\alpha = 0.05$ 下，检验原假设 H_0：三种配方生产的产品质量无显著差异？

第九章　方 差 分 析

在 20 世纪 20 年代，英国统计学家 Ronald A. Fisher 在进行试验设计时，为了解释试验数据首先引入了方差分析 (analysis of variance，ANOVA)。方差分析，又称“变异数分析”或“F 检验”，是数理统计的基本方法之一。

依照所感兴趣的因素数量，方差分析可分为单因素方差分析、双因素方差分析、多因素方差分析三大类；依照因素的特性不同，方差分析有三种形态：固定效应方差分析 (fix-effect analysis of variance)、随机效应方差分析 (random-effect analysis of variance) 与混合效应方差分析 (mixed-effect analysis of variance)。

一个复杂的事物，其中往往有许多因素互相制约又互相依存。方差分析的目的是通过数据分析找出对该事物有显著影响的因素、各因素之间的交互作用，以及显著影响因素的最佳水平等。方差分析是在可比较的数组中，把数据间的总“变差”按各指定的变差来源进行分解的一种技术。对变差的度量，采用离差平方和。方差分析方法就是从总离差平方和分解出可追溯到指定来源的部分离差平方和，这是一个很重要的思想。

第一节　单因素试验的方差分析

一、单因素试验

在试验中，我们将要考察的指标称为**试验指标**。影响试验指标的各种变化的条件称为**试验因素或因子 (factor)**，常用 $A, B, C, \cdots$ 表示。因素可分为两类，一类是人们可以控制的 (**可控因素**)；一类是人们不能控制的。例如，在药效试验中，药的剂量、服药者的性别和年龄等是可以控制的，而测量误差、服药者的个性差异等一般难以控制。以下我们所说的因素都是指可控因素，因素所处的状态称为该因素的**水平**(level)。如果在一项试验过程中只有一个因素在改变称为**单因素试验**，如果多于一个因素在改变称为**多因素试验**。

例 9.1　设有三个工厂生产相同型号的电池。为评比其质量，各随机抽取 5 只电池为样品，经试验得其寿命 (单位：小时) 如表 9-1 所示。这里，试验的指标是指电池的寿命。厂家为因素，这一因素有三个水平。这是一个单因素试验。试验的目的是考察各个厂家生产的电池质量有无显著差异，即考察厂家这一因素对电池的使用寿命有无显著影响。

表 9-1　电池的寿命

工厂 A	工厂 B	工厂 C
40	26	39
48	34	40
45	32	50
38	30	43
42	28	50

例 9.2　由随机双盲试验选取三组人群来研究三种降压药的疗效。取样，测得血压，得到结果如表 9-2 所示。

表 9-2　受试者的血压

药 A		药 B		药 C	
136	114	107	109	92	117
120	129	114	97	82	110
113	102	125	114	85	120
107		104	104	101	98
131		107		89	106

这里，试验的指标是受试者的血压。药物是因素，这一因素有三个水平。针对三个因素，抽取的样本个数分别为 8, 9, 10。试验的目的是研究三种降压药的治疗效果有没有显著差异。

在例 9.1 中，我们在因素的每一个水平下进行独立试验，其结果是一个样本，表中的数据可看成来自三个不同总体 (每一个水平对应一个总体) 的样本值。将各个总体的均值依次记为 μ_1, μ_2, μ_3。按题意需要检验假设

$$H_0: \mu_1 = \mu_2 = \mu_3; \quad H_1: \mu_1, \mu_2, \mu_3 \text{ 不全相等。}$$

现在进而假设各个总体均为正态变量，且各个总体的方差相等，但参数均未知。那么这是一个检验同方差的多个独立的正态总体均值是否相等的问题。方差分析法就是解决这类问题的一种统计方法。

现在讨论一般的单因素方差分析。设因素 A 有 r 个水平 $A_1, A_2, A_3, \cdots, A_r$，在水平 $A_j(j = 1, 2, \cdots, r)$ 下，进行 $n_j(n_j \geqslant 2)$ 次独立试验，得到结果如表 9-3 所示。

表 9-3

水平	A_1	A_2	$\cdots$	A_r
子样观察值	X_{11}	X_{12}	$\cdots$	X_{1r}
	X_{21}	X_{22}	$\cdots$	X_{2r}
	$\vdots$	$\vdots$		$\vdots$
	$X_{n_1 1}$	$X_{n_2 2}$	$\cdots$	$X_{n_r r}$
样本总和	$T_{\cdot 1}$	$T_{\cdot 2}$	$\cdots$	$T_{\cdot r}$
样本均值	$\bar{X}_{\cdot 1}$	$\bar{X}_{\cdot 2}$	$\cdots$	$\bar{X}_{\cdot r}$
总体均值	μ_1	μ_2	$\cdots$	μ_r

我们假定：各个水平 $A_j(j = 1, 2, \cdots, r)$ 下的样本 $X_{1j}, X_{2j}, \cdots, X_{n_j j}$ 来自具有相同方差 σ^2，均值分别为 $\mu_j(j = 1, 2, \cdots, r)$ 的正态总体 $N(\mu_j, \sigma^2), \mu_j$ 与 σ^2 未知。且设不同水平 A_j 下的样本之间相互独立。

由于 $X_{ij} \sim N(\mu_j, \sigma^2)$，即有 $X_{ij} - \mu_j \sim N(0, \sigma^2)$。记 $\varepsilon_{ij} = X_{ij} - \mu_j$，则有 $\varepsilon_{ij} \sim N(0, \sigma^2)$，从而有

$$\begin{cases} X_{ij} = \mu_j + \varepsilon_{ij} \\ \varepsilon_{ij} \overset{iid}{\sim} N(0, \sigma^2) \\ i = 1, 2, \cdots, n_j; \quad j = 1, 2, \cdots, r \end{cases}, \tag{9.1}$$

其中 μ_j 与 σ^2 均为未知参数，式 (9.1) 称为单因素试验方差分析的数学模型。

方差分析的任务是对于模型 (9.1)，

(1) 检验 r 个总体 $N(\mu_1,\sigma^2),\cdots,N(\mu_r,\sigma^2)$ 的均值是否相等，即检验假设

$$H_0:\mu_1=\mu_2=\cdots=\mu_r;\quad H_1:\mu_1,\mu_2,\cdots,\mu_r \text{ 不全相等。} \tag{9.2}$$

(2) 作出未知参数 $\mu_1,\mu_2,\cdots,\mu_r,\sigma^2$ 的估计。

为了便于讨论，记

$$\mu=\frac{1}{n}\sum_{j=1}^{r}n_j\mu_j, \tag{9.3}$$

其中 $n=\sum\limits_{j=1}^{r}n_j$，$\mu$ 称为**总平均**。再引入

$$\alpha_j=\mu_j-\mu,\quad j=1,2,\cdots,r, \tag{9.4}$$

此时有 $n_1\alpha_1+n_2\alpha_2+\cdots+n_r\alpha_r=0$，$\alpha_j$ 表示水平 A_j 下的总体平均值与总平均的差异，习惯上将 α_j 称为水平 A_j 的效应。

利用这些记号，模型 (9.1) 可改写为

$$\begin{cases} X_{ij}=\mu+\alpha_j+\varepsilon_{ij} \\ \varepsilon_{ij}\overset{iid}{\sim}N(0,\sigma^2) \\ \sum\limits_{j=1}^{r}n_j\alpha_j=0 \\ i=1,2,\cdots,n_j;\quad j=1,2,\cdots,r \end{cases} \text{。} \tag{9.5}$$

而假设 (9.2) 等价于假设

$$H_0:\alpha_1=\alpha_2=\cdots=\alpha_r=0;\quad H_1:\alpha_1,\alpha_2,\cdots,\alpha_r \text{ 不全为零。} \tag{9.6}$$

这是因为当且仅当 $\mu_1=\mu_2=\cdots=\mu_r=\mu$ 时，$\alpha_i=0,i=1,2,\cdots,r$。

二、平方和分解

下面我们从平方和分解着手，导出假设检验问题 (9.6) 的检验统计量。

引入总偏差平方和

$$S_T=\sum_{j=1}^{r}\sum_{i=1}^{n_j}(X_{ij}-\bar{X})^2, \tag{9.7}$$

其中

$$\bar{X}=\frac{1}{n}\sum_{j=1}^{r}\sum_{i=1}^{n_j}X_{ij} \tag{9.8}$$

是**数据的总平均**，S_T 能反映全部试验数据之间的差异，因此 S_T 又称为**总变差**。又记水平 A_j 下的样本均值为 $\bar{X}_{\cdot j}$，即

$$\bar{X}_{\cdot j}=\frac{1}{n_j}\sum_{i=1}^{n_j}X_{ij}。 \tag{9.9}$$

我们将 S_T 写成

$$\begin{aligned}S_T&=\sum_{j=1}^{r}\sum_{i=1}^{n_j}\left[(X_{ij}-\bar{X}_{\cdot j})+(\bar{X}_{\cdot j}-\bar{X})\right]^2\\&=\sum_{j=1}^{r}\sum_{i=1}^{n_j}(X_{ij}-\bar{X}_{\cdot j})^2+\sum_{j=1}^{r}\sum_{i=1}^{n_j}(\bar{X}_{\cdot j}-\bar{X})^2+2\sum_{j=1}^{r}\sum_{i=1}^{n_j}(X_{ij}-\bar{X}_{\cdot j})(\bar{X}_{\cdot j}-\bar{X})。\end{aligned}$$

注意到上式第三项 (即交叉项)

$$\begin{aligned}&2\sum_{j=1}^{r}\sum_{i=1}^{n_j}(X_{ij}-\bar{X}_{\cdot j})(\bar{X}_{\cdot j}-\bar{X})\\=&2\sum_{j=1}^{r}(\bar{X}_{\cdot j}-\bar{X})\left[\sum_{i=1}^{n_j}(X_{ij}-\bar{X}_{\cdot j})\right]=2\sum_{j=1}^{r}(\bar{X}_{\cdot j}-\bar{X})(\sum_{i=1}^{n_j}X_{ij}-n_j\bar{X}_{\cdot j})=0。\end{aligned}$$

于是我们就将 S_T 分解为

$$S_T=S_E+S_A, \tag{9.10}$$

其中

$$S_E=\sum_{j=1}^{r}\sum_{i=1}^{n_j}(X_{ij}-\bar{X}_{\cdot j})^2, \tag{9.11}$$

$$S_A=\sum_{j=1}^{r}\sum_{i=1}^{n_j}(\bar{X}_{\cdot j}-\bar{X})^2=\sum_{j=1}^{r}n_j\bar{X}_{\cdot j}^2-n\bar{X}^2。 \tag{9.12}$$

上述 S_E 的各项 $(X_{ij}-\bar{X}_{\cdot j})^2$ 表示在水平 A_j 下，样本观察值与样本均值的差异，这是由随机误差引起的。S_E 叫做**误差平方和**。S_A 的各项 $n_j(\bar{X}_{\cdot j}-\bar{X})^2$ 表示 A_j 水平下的样本均值和数据总平均的差异，这是由水平 A_j 的效应的差异以及随机误差引起的。S_A 叫做因素 A 的**效应平方和**。

三、S_E, S_A 的统计特性

为了引出检验问题 (9.6) 的检验统计量，我们来讨论 S_E, S_A 的一些统计特性。现将 S_E 写成

$$S_E=\sum_{i=1}^{n_1}(X_{i1}-\bar{X}_{\cdot 1})^2+\cdots+\sum_{i=1}^{n_r}(X_{ir}-\bar{X}_{\cdot r})^2, \tag{9.13}$$

注意到 $\sum\limits_{i=1}^{n_j}(X_{ij}-\bar{X}_{\cdot j})^2$ 是总体 $N(\mu_j,\sigma^2)$ 的样本方差的 n_j-1 倍，于是有

$$\frac{\sum\limits_{i=1}^{n_j}(X_{ij}-\bar{X}_{\cdot j})^2}{\sigma^2}\sim\chi^2(n_j-1)。 \tag{9.14}$$

因为各 X_{ij} 相互独立，故式 (9.13) 中的各平方和相互独立。由 χ^2 分布的可加性知

$$\frac{S_E}{\sigma^2} \sim \chi^2\left(\sum_{j=1}^{r}(n_j-1)\right), \tag{9.15}$$

即

$$\frac{S_E}{\sigma^2} \sim \chi^2(n-r), \tag{9.16}$$

这里 $n=\sum_{j=1}^{r} n_j$。由 χ^2 分布的性质有

$$E(S_E)=(n-r)\sigma^2。 \tag{9.17}$$

下面讨论 S_A 的统计特性，我们看到 S_A 是 r 个变量 $\sqrt{n_j}(\bar{X}_{\cdot j}-\bar{X})(j=1,2,\cdots,r)$ 的平方和，它们之间有一个线性约束条件

$$\sum_{j=1}^{r}\sqrt{n_j}\left[\sqrt{n_j}(\bar{X}_{\cdot j}-\bar{X})\right]=\sum_{j=1}^{r} n_j(\bar{X}_{\cdot j}-\bar{X})=0, \tag{9.18}$$

故知 S_A 的自由度是 $r-1$。

在 H_0 成立时，有 $\bar{X}_{\cdot j}\sim N\left(\mu,\frac{\sigma^2}{n_j}\right), j=1,2,\cdots,r$。

$$\bar{X}\sim N\left(\mu,\frac{\sigma^2}{n}\right)。 \tag{9.19}$$

从而可得

$$\begin{aligned}
E(S_A)&=E\left[\sum_{j=1}^{r} n_j\bar{X}_{\cdot j}^2-n\bar{X}^2\right]=\sum_{j=1}^{r} n_jE(\bar{X}_{\cdot j}^2)-nE(\bar{X}^2)\\
&=\sum_{j=1}^{r} n_j\left[\frac{\sigma^2}{n_j}+(\mu+\alpha_j)^2\right]-n\left(\frac{\sigma^2}{n}+\mu^2\right)\\
&=(r-1)\sigma^2+2\mu\sum_{j=1}^{r} n_j\alpha_j+n\mu^2+\sum_{j=1}^{r} n_j\alpha_j^2-n\mu^2。
\end{aligned}$$

由于 $\sum_{j=1}^{r} n_j\alpha_j=0$，故有

$$E(S_A)=(r-1)\sigma^2+\sum_{j=1}^{r} n_j\alpha_j^2。 \tag{9.20}$$

进一步还可以证明 S_A 与 S_E 独立，且当 H_0 为真时，

$$\frac{S_A}{\sigma^2}\sim\chi^2(r-1)。 \tag{9.21}$$

(证略)。

四、假设检验问题的拒绝域

现在我们可以确定假设问题 (9.6) 的拒绝域了。

由式 (9.20) 知，当 H_0 为真时

$$E\left(\frac{S_A}{r-1}\right)=\sigma^2, \tag{9.22}$$

即 $\dfrac{S_A}{r-1}$ 是 σ^2 的无偏估计。而当 H_1 为真时，$\sum\limits_{j=1}^{r}n_j\alpha_j^2>0$，此时

$$E\left(\frac{S_A}{r-1}\right)=\sigma^2+\frac{1}{r-1}\sum_{j=1}^{r}n_j\alpha_j^2>\sigma^2, \tag{9.23}$$

又由公式 (9.17) 知

$$E\left(\frac{S_E}{n-r}\right)=\sigma^2, \tag{9.24}$$

即不管 H_0 是否为真，$\dfrac{S_E}{n-r}$ 都是 σ^2 的无偏估计。

综上所述，分式 $F=\dfrac{S_A/(r-1)}{S_E/(n-r)}$ 的分子与分母独立，分母 $\dfrac{S_E}{n-r}$ 不论 H_0 是否为真，其数学期望总是 σ^2。当 H_0 为真时，分子的数学期望为 σ^2；当 H_0 不真时，F 的分子取值有偏大的趋势。由前面讨论可知，当 H_0 为真时，

$$F=\frac{S_A/(r-1)}{S_E/(n-r)}\sim F(r-1,n-r)。 \tag{9.25}$$

由此得检验问题 (9.6) 的拒绝域为

$$F=\frac{S_A/(r-1)}{S_E/(n-r)}\geqslant F_\alpha(r-1,n-r)。 \tag{9.26}$$

上述分析的结果可排成表 9-4 的形式，称为**方差分析表**。

表 9-4　单因素试验的方差分析表

方差来源	平方和	自由度	均方	F 值
因素 A	S_A	$r-1$	$\bar{S}_A=\dfrac{S_A}{r-1}$	$F=\dfrac{\bar{S}_A}{\bar{S}_E}$
误差	S_E	$n-r$	$\bar{S}_E=\dfrac{S_E}{n-r}$	
总和	S_T	$n-1$		

表中 $\bar{S}_A=S_A/(r-1),\bar{S}_E=S_E/(n-r)$ 分别称为 S_A，S_E 的**均方**。另外，因在 S_T 中 n 个变量 $X_{ij}-\bar{X}$ 之间仅满足一个约束条件，故 S_T 的自由度为 $n-1$。

在实际中，我们可以按以下较简便的公式来计算 S_T,S_A 和 S_E。

记 $T_{\cdot j}=\sum\limits_{i=1}^{n_j}X_{ij}, j=1,2,\cdots,r, T_{\cdot\cdot}=\sum\limits_{j=1}^{r}\sum\limits_{i=1}^{n_j}X_{ij}$, 则有

$$\begin{cases} S_T=\sum\limits_{j=1}^{r}\sum\limits_{i=1}^{n_j}X_{ij}^2-n\bar{X}^2=\sum\limits_{j=1}^{r}\sum\limits_{i=1}^{n_j}X_{ij}^2-\dfrac{T_{\cdot\cdot}^2}{n} \\ S_A=\sum\limits_{j=1}^{r}n_j\bar{X}_{\cdot j}^2-n\bar{X}^2=\sum\limits_{j=1}^{r}\dfrac{T_{\cdot j}^2}{n_j}-\dfrac{T_{\cdot\cdot}^2}{n} \\ S_E=S_T-S_A \end{cases}。\tag{9.27}$$

例 9.3 设在例 9.1 中符合模型 (9.1) 条件，检验假设 ($\alpha=0.05$)。

$$H_0:\mu_1=\mu_2=\mu_3;\quad H_1:\mu_1,\mu_2,\mu_3\text{ 不全相等。}$$

解 现在 $r=3$, $n_1=n_2=n_3=5$, $n=15$,

$$\begin{aligned} S_T&=\sum_{j=1}^{3}\sum_{i=1}^{5}X_{ij}^2-\frac{T_{\cdot\cdot}^2}{15} \\ &=22907-\frac{575^2}{15}=865.333, \\ S_A&=\sum_{j=1}^{3}\frac{T_{\cdot j}^2}{n_j}-\frac{T_{\cdot\cdot}^2}{15}=22598.6-\frac{575^2}{15}=556.933 \\ S_E&=S_T-S_A=308.4。\end{aligned}$$

S_T,S_A,S_E 的自由度依次为 $n-1=14, r-1=2, n-r=12$，得方差分析表如表 9-5 所示。

表 9-5 例 9.3 的方差分析表

方差来源	平方和	自由度	均方	F 值
因素	556.933	2	278.467	10.835
误差	308.4	12	25.7	
总和	865.333	14		

因 $F_{0.05}(2,\ 12)=3.89<10.835$，故在显著性水平 0.05 下拒绝 H_0，认为各厂生产的电池寿命有显著差异。

五、未知参数的估计

上面已经讲到过，不管 H_0 是否为真，

$$\hat{\sigma}^2=\frac{S_E}{n-r}$$

是 σ^2 的无偏估计。

又由式 (9.8) 和式 (9.9) 知

$$E(\bar{X})=\mu,\quad E(\bar{X}_{\cdot j})=\frac{1}{n_j}\sum_{i=1}^{n_j}E(X_{ij})=\mu_j,\quad j=1,2,\cdots,r。$$

故 $\hat{\mu} = \bar{X}$，$\hat{\mu}_j = \bar{X}_{\cdot j}$ 分别是 μ，μ_j 的无偏估计。

又若拒绝 H_0，这意味着效应 $\alpha_1, \alpha_2, \cdots, \alpha_r$ 不全为零。由于 $\alpha_j = \mu_j - \mu, j = 1, 2, \cdots, r$，知 $\hat{\alpha}_j = \bar{X}_{\cdot j} - \bar{X}$ 是 α_j 的无偏估计。

当拒绝 H_0 时，常需要作出两总体 $N(\mu_j, \sigma^2)$ 和 $N(\mu_k, \sigma^2), j \neq k$ 的均值差 $\mu_j - \mu_k = \alpha_j - \alpha_k$ 的区间估计。其做法如下。

由于

$$E(\bar{X}_{\cdot j} - \bar{X}_{\cdot k}) = \mu_j - \mu_k,$$
$$D(\bar{X}_{\cdot j} - \bar{X}_{\cdot k}) = \sigma^2 \left(\frac{1}{n_j} + \frac{1}{n_k} \right),$$

由前面第六章的结论可知 $\bar{X}_{\cdot j} - \bar{X}_{\cdot k}$ 与 $\hat{\sigma}^2 = S_E/(n-r)$ 独立。于是

$$\frac{\bar{X}_{\cdot j} - \bar{X}_{\cdot k} - (\mu_j - \mu_k)}{\sqrt{\bar{S}_E \left(\frac{1}{n_j} + \frac{1}{n_k} \right)}} = \frac{\bar{X}_{\cdot j} - \bar{X}_{\cdot k} - (\mu_j - \mu_k)}{\sigma \sqrt{\frac{1}{n_j} + \frac{1}{n_k}}} \Bigg/ \sqrt{\frac{S_E}{\sigma^2} \Big/ n - r} \sim t(n-r)。$$

据此得均值差 $\mu_j - \mu_k = \alpha_j - \alpha_k$ 的置信水平为 $1 - \alpha$ 的置信区间为

$$\left(\bar{X}_{\cdot j} - \bar{X}_{\cdot k} \pm t_{\alpha/2}(n-r) \sqrt{\bar{S}_E \left(\frac{1}{n_j} + \frac{1}{n_k} \right)} \right)。\tag{9.28}$$

例 9.4　求例 9.3 中的位置参数 $\sigma^2, \mu_j, \alpha_j (j = 1, 2, 3)$ 的点估计及均值差的置信水平为 0.05 的置信区间。

解

$$\hat{\sigma}^2 = S_E/(n-r) = 308.4/12 = 25.7,$$
$$\hat{\mu}_1 = \bar{x}_{\cdot 1} = 40.6, \quad \hat{\mu}_2 = \bar{x}_{\cdot 2} = 30, \quad \hat{\mu}_2 = \bar{x}_{\cdot 3} = 44.4, \quad \hat{\mu} = \bar{x} = 38.333,$$
$$\hat{\alpha}_1 = \bar{x}_{\cdot 1} - \bar{x} = 2.267, \quad \hat{\alpha}_2 = \bar{x}_{\cdot 2} - \bar{x} = -8.333, \quad \hat{\alpha}_3 = \bar{x}_{\cdot 3} - \bar{x} = 6.067。$$

均值差的区间估计如下：

由 $t_{0.025}(n-r) = t_{0.025}(12) = 2.1788$ 得

$$t_{0.025}(12) \sqrt{\bar{S}_E \left(\frac{1}{n_j} + \frac{1}{n_k} \right)} = 2.1788 \sqrt{25.7 \times \frac{2}{5}} = 6.986,$$

故 $\mu_1 - \mu_2, \mu_1 - \mu_3, \mu_2 - \mu_3$ 的置信水平为 0.95 的置信区间分别为

$$(40.6 - 30 \pm 6.986) = (3.614, 17.586),$$
$$(40.6 - 44.4 \pm 6.986) = (-10.786, 3.186),$$
$$(30 - 44.4 \pm 6.986) = (-21.386, -7.414)。$$

例 9.5　设在例 9.2 中的三种药物的总体均为正态，且各个总体的方差相同，但参数均未知。又设各样本相互独立。试取显著性水平 $\alpha = 0.05$ 检验三种药物的疗效是否有显著差异。

解 分别以 μ_1, μ_2, μ_3 记三种药物疗效的总体均值。我们需要检验假设

$$H_0: \mu_1 = \mu_2 = \mu_3; \quad H_1: \mu_1, \mu_2, \mu_3 \text{ 不全相等。}$$

现在 $n = 27, r = 3, n_1 = 8, n_2 = 9, n_3 = 10$,

$$S_T = \sum_{j=1}^{3}\sum_{i=1}^{n_j} x_{ij}^2 - \frac{T_{\cdot\cdot}^2}{27} = 323317 - 318610.704 = 4706.296,$$

$$S_A = \sum_{j=1}^{3} \frac{T_{\cdot j}^2}{n_j} - \frac{T_{\cdot\cdot}^2}{27} = 320217 - 318610.704 = 1606.296,$$

$$\mathrm{S}_E = S_T - S_A = 4706.296 - 1606.296 = 3100,$$

S_T, S_A, S_E 的自由度分别为 26, 2, 24，结果如表 9-6 所示。

表 9-6　例 9.5 的方差分析表

方差来源	平方和	自由度	均方	F 值
因素	1606.296	2	803.648	6.222
误差	3100	24	129.167	
总和	4706.296	26		

因 $F_{0.05}(2, 24) = 3.4 < 6.222$, 故在显著性水平 0.05 下拒绝 H_0，认为三种药物的疗效有显著差异。

第二节　双因素试验的方差分析

一、双因素等重复试验的方差分析

设有两个因素 A, B 作用于试验指标。因素 A 有 r 个水平 $A_1, A_2, \cdots, A_r$，因素 B 有 s 个水平 $B_1, B_2, \cdots, B_s$。现对因素 A, B 的水平的每对组合 $(A_i, A_j), i = 1, 2, \cdots, r; j = 1, 2, \cdots, s$ 都做 $t(t \geqslant 2)$ 次试验 (称为等重复试验)，得到如表 9-7 所示结果。

表 9-7

因素 A \ 因素 B	B_1	B_2	$\cdots$	B_s
A_1	$X_{111}, X_{112}, \cdots, X_{11t}$	$X_{121}, X_{122}, \cdots, X_{12t}$	$\cdots$	$X_{1s1}, X_{1s2}, \cdots, X_{1st}$
A_2	$X_{211}, X_{212}, \cdots, X_{21t}$	$X_{221}, X_{222}, \cdots, X_{22t}$	$\cdots$	$X_{2s1}, X_{2s2}, \cdots, X_{2st}$
$\vdots$	$\vdots$	$\vdots$		$\vdots$
A_r	$X_{r11}, X_{r12}, \cdots, X_{r1t}$	$X_{r21}, X_{r22}, \cdots, X_{r2t}$	$\cdots$	$X_{rs1}, X_{rs2}, \cdots, X_{rst}$

并设

$$X_{ijk} \sim N(\mu_{ij}, \sigma^2), \quad i = 1, 2, \cdots, r; \quad j = 1, 2, \cdots, s; \quad k = 1, 2, \cdots, t,$$

各 X_{ijk} 独立。这里，μ_{ij},σ^2 均为未知参数。或写成

$$\begin{cases} X_{ijk}=\mu_{ij}+\varepsilon_{ijk}, \\ \varepsilon_{ijk}\overset{iid}{\sim}N(0,\sigma^2), \end{cases} \quad i=1,2,\cdots,r;\quad j=1,2,\cdots,s;\quad k=1,2,\cdots,t。\tag{9.29}$$

引入记号

$$\begin{aligned} &\mu=\frac{1}{rs}\sum_{i=1}^{r}\sum_{j=1}^{s}\mu_{ij}, \\ &\mu_{i\cdot}=\frac{1}{s}\sum_{j=1}^{s}\mu_{ij},\quad i=1,2,\cdots,r, \\ &\mu_{\cdot j}=\frac{1}{r}\sum_{i=1}^{r}\mu_{ij},\quad j=1,2,\cdots,s, \\ &\alpha_i=\mu_{i\cdot}-\mu,\quad i=1,2,\cdots,r, \\ &\beta_j=\mu_{\cdot j}-\mu,\quad j=1,2,\cdots,s。 \end{aligned}$$

易见

$$\sum_{i=1}^{r}\alpha_i=0,\quad \sum_{j=1}^{s}\beta_j=0。$$

称 μ 为总平均，称 α_i 为水平 A_i 的效应，称 β_j 为水平 B_j 的效应。这样可将 μ_{ij} 表示成

$$\mu_{ij}=\mu+\alpha_i+\beta_j+(\mu_{ij}-\mu_{i\cdot}-\mu_{\cdot j}+\mu),\quad i=1,2,\cdots,r;\quad j=1,2,\cdots,s。\tag{9.30}$$

记

$$\gamma_{ij}=\mu_{ij}-\mu_{i\cdot}-\mu_{\cdot j}+\mu,\quad i=1,2,\cdots,r;\quad j=1,2,\cdots,s,\tag{9.31}$$

此时

$$\mu_{ij}=\mu+\alpha_i+\beta_j+\gamma_{ij},\tag{9.32}$$

γ_{ij} 称为水平 A_i 和水平 B_j 的交互效应，这是由 A_i,B_j 搭配起来联合作用而引起的。易见

$$\begin{aligned} &\sum_{i=1}^{r}\gamma_{ij}=0,\quad j=1,2,\cdots,s; \\ &\sum_{j=1}^{s}\gamma_{ij}=0,\quad i=1,2,\cdots,r。 \end{aligned}$$

这样，式 (9.29) 可写成

$$\begin{cases} X_{ijk}=\mu+\alpha_i+\beta_j+\gamma_{ij}+\varepsilon_{ijk} \\ \varepsilon_{ijk}\overset{iid}{\sim}N(0,\sigma^2) \\ i=1,2,\cdots,r;\quad j=1,2,\cdots,t \\ \sum\limits_{i=1}^{r}\alpha_i=0,\quad \sum\limits_{j=1}^{s}\beta_j=0,\quad \sum\limits_{i=1}^{r}\gamma_{ij}=0,\quad \sum\limits_{j=1}^{s}\gamma_{ij}=0 \end{cases},\tag{9.33}$$

其中，$\mu, \alpha_i, \beta_j, \gamma_{ij}$ 及 σ^2 都是未知参数。

式 (9.33) 就是我们所要研究的双因素试验方差分析的数学模型。对于这一模型我们要检验以下三个假设：

$$\begin{cases} H_{01}: \alpha_1 = \alpha_2 = \cdots = \alpha_r = 0 \\ H_{11}: \alpha_1, \alpha_2, \cdots, \alpha_r \text{ 不全为零} \end{cases},$$

$$\begin{cases} H_{02}: \beta_1 = \beta_2 = \cdots = \beta_s = 0 \\ H_{12}: \beta_1, \beta_2, \cdots, \beta_s \text{ 不全为零} \end{cases}, \tag{9.34}$$

$$\begin{cases} H_{03}: \gamma_{11} = \gamma_{12} = \cdots = \gamma_{rs} = 0 \\ H_{13}: \gamma_{11}, \gamma_{12}, \cdots, \gamma_{rs} \text{ 不全为零} \end{cases}。 \tag{9.35}$$

与单因素情况类似，对这些问题的检验方法也是建立在平方和的分解上的。先引入以下记号：

$$\bar{X} = \frac{1}{rst}\sum_{i=1}^{r}\sum_{j=1}^{s}\sum_{k=1}^{t} X_{ijk},$$

$$\bar{X}_{ij} = \frac{1}{t}\sum_{k=1}^{t} X_{ijk}, \quad i == 1,2,\cdots,r; \quad j = 1,2,\cdots,s,$$

$$\bar{X}_{i\cdot\cdot} = \frac{1}{st}\sum_{j=1}^{s}\sum_{k=1}^{t} X_{ijk}, \quad i = 1,2,\cdots,r,$$

$$\bar{X}_{\cdot j\cdot} = \frac{1}{rt}\sum_{i=1}^{r}\sum_{k=1}^{t} X_{ijk}, \quad j = 1,2,\cdots,s。$$

再引入总偏差平方和 (称为**总变差**)

$$S_T = \sum_{i=1}^{r}\sum_{j=1}^{s}\sum_{k=1}^{t}(X_{ijk} - \bar{X})^2。$$

我们可将 S_T 写成

$$\begin{aligned} S_T &= \sum_{i=1}^{r}\sum_{j=1}^{s}\sum_{k=1}^{t}\left[(X_{ijk} - \bar{X}_{ij\cdot}) + (\bar{X}_{i\cdot\cdot} - \bar{X}) + (\bar{X}_{\cdot j\cdot} - \bar{X}) + (\bar{X}_{ij\cdot} - \bar{X}_{i\cdot\cdot} - \bar{X}_{\cdot j\cdot} + \bar{X})\right]^2 \\ &= \sum_{i=1}^{r}\sum_{j=1}^{s}\sum_{k=1}^{t}(X_{ijk} - \bar{X}_{ij\cdot})^2 + st\sum_{i=1}^{r}(\bar{X}_{i\cdot\cdot} - \bar{X})^2 + rt\sum_{j=1}^{s}(\bar{X}_{\cdot j\cdot} - \bar{X})^2 \\ &\quad + t\sum_{i=1}^{r}\sum_{j=1}^{s}(\bar{X}_{ij\cdot} - \bar{X}_{i\cdot\cdot} - \bar{X}_{\cdot j\cdot} + \bar{X})^2, \end{aligned}$$

即得平方和的分解式

$$S_T = S_E + S_A + S_B + S_{A\times B}, \tag{9.36}$$

其中

$$
\begin{aligned}
S_E &= \sum_{i=1}^{r}\sum_{j=1}^{s}\sum_{k=1}^{t}(X_{ijk}-\bar{X}_{ij\cdot})^2,\\
S_A &= st\sum_{i=1}^{r}(\bar{X}_{i\cdot\cdot}-\bar{X})^2,\\
S_B &= rt\sum_{j=1}^{s}(\bar{X}_{\cdot j\cdot}-\bar{X})^2,\\
S_{A\times B} &= t\sum_{i=1}^{r}\sum_{j=1}^{s}(\bar{X}_{ij\cdot}-\bar{X}_{i\cdot\cdot}-\bar{X}_{\cdot j\cdot}+\bar{X})^2。
\end{aligned}
\tag{9.37}
$$

S_E 称为误差平方和，S_A, S_B 分别称为因素 A，因素 B 的**效应平方和**，$S_{A\times B}$ 称为 A, B **交互效应平方和。**

可以证明 S_T, S_E，S_A, S_B，$S_{A\times B}$ 的自由度依次为 $rst-1, rs(t-1), r-1, s-1, (r-1)(s-1)$，且有

$$E\left(\frac{S_E}{rs(t-1)}\right)=\sigma^2, \tag{9.38}$$

$$E\left(\frac{S_A}{r-1}\right)=\sigma^2+\frac{st\sum\limits_{i=1}^{r}\alpha_i^2}{r-1}, \tag{9.39}$$

$$E\left(\frac{S_B}{s-1}\right)=\sigma^2+\frac{rt\sum\limits_{j=1}^{s}\beta_j^2}{s-1}, \tag{9.40}$$

$$E\left(\frac{S_{A\times B}}{(r-1)(s-1)}\right)=\sigma^2+\frac{t\sum\limits_{i=1}^{r}\sum\limits_{j=1}^{s}\gamma_{ij}^2}{(r-1)(s-1)}。 \tag{9.41}$$

当 $H_{01}:\alpha_1=\alpha_2=\cdots=\alpha_r=0$ 为真时，可以证明

$$F_A=\frac{S_A/(r-1)}{S_E/rs(t-1)}\sim F(r-1, rs(t-1))。 \tag{9.42}$$

取显著性水平为 α，得假设 H_{01} 的拒绝域为

$$F_A=\frac{S_A/(r-1)}{S_E/rs(t-1)}\geqslant F_\alpha(r-1, rs(t-1))。 \tag{9.43}$$

类似地，在显著性水平 α 下，假设 H_{02} 的拒绝域为

$$F_B=\frac{S_B/(s-1)}{S_E/rs(t-1)}\geqslant F_\alpha(s-1, rs(t-1))。 \tag{9.44}$$

在显著性水平 α 下，假设 H_{03} 的拒绝域为

$$F_{A\times B}=\frac{S_{A\times B}/(r-1)(s-1)}{S_E/rs(t-1)}\geqslant F_\alpha((r-1)(s-1), rs(t-1))。 \tag{9.45}$$

上述结果可汇总成下列的方差分析表 (表 9-8)。

表 9-8 双因素试验的方差分析表

方差来源	平方和	自由度	均方	F 值
因素 A	S_A	$r-1$	$\bar{S}_A=\dfrac{S_A}{r-1}$	$F_A=\dfrac{\bar{S}_A}{\bar{S}_E}$
因素 B	S_B	$s-1$	$\bar{S}_B=\dfrac{S_B}{s-1}$	$F_B=\dfrac{\bar{S}_B}{\bar{S}_E}$
交互作用	$S_{A\times B}$	$(r-1)(s-1)$	$\bar{S}_{A\times B}=\dfrac{S_{A\times B}}{(r-1)(s-1)}$	$F_{A\times B}=\dfrac{\bar{S}_{A\times B}}{\bar{S}_E}$
误差	S_E	$rs(t-1)$	$\bar{S}_E=\dfrac{S_E}{rs(t-1)}$	
总和	S_T	$rst-1$		

记

$$T_{\cdots}=\sum_{i=1}^{r}\sum_{j=1}^{s}\sum_{k=1}^{t}X_{ijk},$$

$$T_{ij\cdot}=\sum_{k=1}^{t}X_{ijk},\quad i=1,2,\cdots,r;\quad j=1,2,\cdots,s,$$

$$T_{i\cdot\cdot}=\sum_{j=1}^{s}\sum_{k=1}^{t}X_{ijk},\quad i=1,2,\cdots,r,$$

$$T_{\cdot j\cdot}=\sum_{i=1}^{r}\sum_{k=1}^{t}X_{ijk},\quad j=1,2,\cdots,s。$$

我们可以按照下述式 (9.46) 来计算表 9-8 中各个平方和。

$$\begin{cases} S_T=\displaystyle\sum_{i=1}^{r}\sum_{j=1}^{s}\sum_{k=1}^{t}X_{ijk}^2-\frac{T_{\cdots}^2}{rst} \\ S_A=\displaystyle\frac{1}{st}\sum_{i=1}^{r}T_{i\cdot\cdot}^2-\frac{T_{\cdots}^2}{rst} \\ S_B=\displaystyle\frac{1}{rt}\sum_{j=1}^{s}T_{\cdot j\cdot}^2-\frac{T_{\cdots}^2}{rst} \\ S_{A\times B}=\left(\displaystyle\frac{1}{t}\sum_{i=1}^{r}\sum_{j=1}^{s}T_{ij\cdot}^2-\frac{T_{\cdots}^2}{rst}\right)-S_A-S_B \\ S_E=S_T-S_A-S_B-S_{A\times B} \end{cases}。\tag{9.46}$$

若检验结果接受 H_{03}，即交互作用不显著，则相应的平方和 $S_{A\times B}$ 只不过是误差的一种反映。此时可将交互作用项与随机误差项合并：

$$\begin{aligned} S_{A\times B}+S_E&=\sum_{i=1}^{r}\sum_{j=1}^{s}t(\bar{X}_{ij\cdot}-\bar{X}_{i\cdot}-\bar{X}_{\cdot j}+\bar{X})^2+\sum_{i=1}^{r}\sum_{j=1}^{s}\sum_{k=1}^{t}(X_{ijk}-\bar{X}_{ij\cdot})^2 \\ &=\sum_{i=1}^{r}\sum_{j=1}^{s}\sum_{k=1}^{t}(X_{ijk}-\bar{X}_{i\cdot}-\bar{X}_{\cdot j}+\bar{X})^2。\end{aligned}$$

相应的自由度也合并为 $rs(t-1)+(r-1)(s-1)=rst-r-s+1$，这时 F_A, F_B 的第二自由度均增大。对 F 变量，当第一自由度固定，第二自由度增大时，其临界值随第二自由度的增大而减少。误差项的自由度增加，σ^2 估计更精确，表明方差分析的精度增加。

交互作用不显著时看成误差，这是方差分析中常用的“混杂技巧”。这样可提高分析的精度。基于这个原因，我们总是先检验 H_{03}。

但要注意，若不进行重复试验，这时 $X_{ijk}=\bar{X}_{ij\cdot}$，从而 $S_E=0$，无法将交互作用项与随机误差项分开。所以要检验交互作用是否显著，必须 $t \geqslant 2$ 方可。

例 9.6　考察合成纤维中对纤维弹性有影响的两个因素：收缩率 A 和总拉伸倍数 B。A 和 B 各有 4 个水平，整个试验重复一次，试验结果如表 9-9 所示。

表 9-9

因素 B / 因素 A	B_1 (460)	B_2 (520)	B_3 (580)	B_4 (640)
$A_1(0)$	71, 73	72, 73	75, 73	77, 75
$A_2(4)$	73, 75	76, 74	78, 77	74, 74
$A_3(8)$	76, 73	79, 77	74, 75	74, 73
$A_4(12)$	75, 73	73, 72	70, 71	69, 69

试问收缩率和总拉伸倍数对纤维弹性有无显著影响，并问两者对纤维弹性有无显著交互作用 (给定显著性水平 $\alpha=0.05$)?

解　需要检验假设 H_{01}, H_{02}, H_{03}。为了列出方差分析表，先计算各类和：$T_{\cdots}, T_{i\cdot\cdot}, T_{\cdot j\cdot}$, $T_{ij\cdot}$。计算如表 9-10 所示。

表 9-10

因素 B / 因素 A	B_1	B_2	B_3	B_4	$T_{i\cdot\cdot}$
A_1	71, 73 (144)	72,73 (145)	75, 73 (148)	77, 75 (152)	589
A_2	73, 75 (148)	76, 74 (150)	78, 77 (155)	74,74 (148)	601
A_3	76, 73 (149)	77, 79 (156)	74, 75 (149)	74, 73 (147)	601
A_4	75, 73 (148)	73, 72 (145)	70, 71 (141)	69, 69 (138)	572
$T_{\cdot j\cdot}$	589	596	593	585	2363

表中括弧内的数是 $T_{ij\cdot}$。现在 $r=4, s=4, t=2, n=rst=32$, 故有

$$S_T=\sum_{i=1}^{4}\sum_{j=1}^{4}\sum_{k=1}^{2}X_{ijk}^2-\frac{T_{\cdots}^2}{32}=174673-174492.781=180.219,$$

$$S_A=\frac{1}{8}\sum_{i=1}^{4}T_{i\cdot\cdot}^2-\frac{T_{\cdots}^2}{32}=\frac{1}{8}\times 1396507-174492.781=70.594,$$

$$S_B=\frac{1}{8}\sum_{j=1}^{4}T_{\cdot j\cdot}^2-\frac{T_{\cdots}^2}{32}=\frac{1}{8}\times 1396011-174492.781=8.594,$$

$$S_{A\times B}=\frac{1}{2}\sum_{i=1}^{4}\sum_{j=1}^{4}T_{ij\cdot}^2-\frac{T_{\cdots}^2}{32}-S_A-S_B=\frac{1}{2}\times 349303-174492.781-70.594-8.594=79.531,$$

$$S_E=S_T-S_A-S_B-S_{A\times B}=21.500。$$

得方差分析表如 9-11 所示。

表 9-11　例 9.6 的方差分析表

方差来源	平方和	自由度	均方	F 值
因素 A	70.594	3	23.531	$F_A=17.5$
因素 B	8.594	3	2.865	$F_B=2.1$
交互作用 $A\times B$	79.531	9	8.837	$F_{A\times B}=6.6$
误差	21.500	16	1.344	
总和	180.219	31		

由于 $F_{0.05}(3,16)=3.24, F_{0.05}(3,16)=2.54$，现 $F_A>3.24, F_B<3.24, F_{A\times B}>2.54$，故合成纤维收缩率对弹性有显著影响，总拉伸倍数对弹性无显著影响，而收缩率与总拉伸倍数对弹性有显著的交互作用。

二、双因素无重复试验的方差分析

在以上的讨论中，我们考虑了双因素试验中两个因素的交互作用。要检验交互作用的效应是否显著，对于两个因素的每一组和 (A_i,B_j) 至少要做 2 次试验，这是因为在模型 (9.33) 中，若 $k=1,\gamma_{ij}+\varepsilon_{ijk}$ 总以结合在一起的形式出现，这样就不能将交互作用与误差分离开来。如果在处理实际问题时，我们已经知道不存在交互作用，或已知交互作用对试验的指标影响很小，则可以不考虑交互作用。此时，即使 $k=1$，也能对因素 A、因素 B 的效应进行分析。现设对于两个因素的每一组合 (A_i,B_j) 只能做一次试验，所得结果如表 9-12 所示。

表 9-12

因素 B / 因素 A	B_1	B_2	$\cdots$	B_s
A_1	X_{11}	X_{12}	$\cdots$	X_{1s}
A_2	X_{21}	X_{22}	$\cdots$	X_{2s}
$\vdots$	$\vdots$	$\vdots$		$\vdots$
A_r	X_{r1}	X_{r2}	$\cdots$	X_{rs}

并设

$X_{ij}\sim N(\mu_{ij},\sigma^2)$，且各 X_{ij} 独立，$i=1,2,\cdots,r$；$j=1,2,\cdots,s$，

其中 μ_{ij},σ^2 均为未知参数。或写成

$$\begin{cases} X_{ij}=\mu_{ij}+\varepsilon_{ij}, & i=1,2,\cdots,r;j=1,2,\cdots,s \\ \varepsilon_{ij}\overset{iid}{\sim}N(0,\sigma^2) \end{cases}。\tag{9.47}$$

沿用前面的记号，注意到现在的假设不存在交互作用，此时 $\gamma_{ij}=0, i=1,2,\cdots,r; j=1,2,\cdots,s$。故由式 (9.32) 可知 $\mu_{ij}=\mu+\alpha_i+\beta_j$。于是式 (9.33) 可写成

$$\left\{\begin{array}{l} X_{ij}=\mu+\alpha_i+\beta_j.+\varepsilon_{ij}, \quad i=1,2,\cdots,r; \quad j=1,2,\cdots,s \\ \varepsilon_{ij}\sim N(0,\sigma^2), \quad 各\ \varepsilon_{ij}\ 独立, \quad i=1,2,\cdots,r; \quad j=1,2,\cdots,s \\ \sum_{i=1}^{r}\alpha_i=0, \quad \sum_{j=1}^{s}\beta_j=0 \end{array}\right. 。\tag{9.48}$$

这就是现在要研究的方差分析的模型，对这个模型我们所要检验的假设有以下两个：

$$\left\{\begin{array}{l} H_{01}:\alpha_1=\alpha_2=\cdots=\alpha_r=0 \\ H_{11}:\alpha_1,\alpha_2,\cdots,\alpha_r\ 不全为零 \end{array}\right. ,\tag{9.49}$$

$$\left\{\begin{array}{l} H_{02}:\beta_1=\beta_2=\cdots=\beta_s=0 \\ H_{12}:\beta_1,\beta_2,\cdots,\beta_s\ 不全为零 \end{array}\right. 。\tag{9.50}$$

与前面同样的讨论可得方差分析表如表 9-13 所示。

表 9-13

方差来源	平方和	自由度	均方	F 值
因素 A	S_A	$r-1$	$\bar{S}_A=\dfrac{S_A}{r-1}$	$F_A=\dfrac{\bar{S}_A}{\bar{S}_E}$
因素 B	S_B	$s-1$	$\bar{S}_B=\dfrac{S_B}{s-1}$	$F_B=\dfrac{\bar{S}_B}{\bar{S}_E}$
误差	S_E	$(r-1)(s-1)$	$\bar{S}_E=\dfrac{S_E}{(r-1)(s-1)}$	
总和	S_T	$rs-1$		

取显著性水平为 α，得假设 $H_{01}:\alpha_1=\alpha_2=\cdots=\alpha_r=0$ 的拒绝域为

$$F_A=\frac{\bar{S}_A}{\bar{S}_E}\geqslant F_\alpha((r-1),(r-1)(s-1))。$$

假设 $H_{02}:\beta_1=\beta_2=\cdots=\beta_s=0$ 的拒绝域为 $F_B=\dfrac{\bar{S}_B}{\bar{S}_E}\geqslant F_\alpha((s-1),(r-1)(s-1))$。

表 9-15 中的平方和可按下述式子来计算：

$$\left\{\begin{array}{l} S_T=\sum_{i=1}^{r}\sum_{j=1}^{s}X_{ij}^2-\dfrac{T_{\cdot\cdot}^2}{rs} \\ S_A=\dfrac{1}{s}\sum_{i=1}^{r}T_{i\cdot}^2-\dfrac{T_{\cdot\cdot}^2}{rs} \\ S_B=\dfrac{1}{r}\sum_{j=1}^{s}T_{\cdot j}^2-\dfrac{T_{\cdot\cdot}^2}{rs} \\ S_E=S_T-S_A-S_B \end{array}\right. ,\tag{9.51}$$

其中

$$T_{\cdot\cdot}=\sum_{i=1}^{r}\sum_{j=1}^{s}X_{ij}, \quad T_{i\cdot}=\sum_{j=1}^{s}X_{ij}, \quad i=1,2,\cdots,r, \quad T_{\cdot j}=\sum_{i=1}^{r}X_{ij}, \quad j=1,2,\cdots,s。$$

例 9.7 表 9-14 给出了在某 5 个不同地点、不同时间空气中的颗粒物的含量 (单位: 毫克/米 ^{3}) 的数据。

表 9-14

因素 B (地点) / 因素 A (时间)	1	2	3	4	5	$T_{i\cdot}$
1975 年 10 月	76	67	81	56	51	331
1976 年 1 月	82	69	96	59	70	376
1976 年 5 月	68	59	67	54	42	290
1996 年 8 月	63	56	64	58	37	278
$T_{\cdot j}$	289	251	308	227	200	1275

设本题符合模型 (9.48) 中的条件。试在显著性水平 $\alpha=0.05$ 下检验：在不同时间下颗粒物含量的均值有无显著差异，在不同地点下颗粒物含量的均值有无显著差异。

解 按题意需要检验假设

$$\begin{cases} H_{01}:\alpha_1=\alpha_2=\alpha_3=\alpha_4 \\ H_{11}:\alpha_1,\alpha_2,\alpha_3,\alpha_4\ \text{不全相等} \end{cases},$$

$$\begin{cases} H_{02}:\beta_1=\beta_2=\beta_3=\beta_4 \\ H_{12}:\beta_1,\beta_2,\beta_3,\beta_4\ \text{不全相等} \end{cases}。$$

$T_{i\cdot},T_{\cdot j}$ 的值已算出载于表 9-14。现在 $r=4,s=5$。由公式 (9.51) 得到

$$\begin{aligned} S_T&=76^2+67^2+\cdots+37^2-\frac{1275^2}{20}=3571.75,\\ S_A&=\frac{1}{5}(331^2+376^2+290^2+278^2)-\frac{1275^2}{20}=1182.95,\\ S_B&=\frac{1}{4}(289^2+251^2+\cdots+200^2)-\frac{1275^2}{20}=1947.50,\\ S_E&=3571.75-(1182.95+1947.50)=441.30。\end{aligned}$$

得方差分析表如表 9-15 所示。

表 9-15 例 9.7 的方差分析表

方差来源	平方和	自由度	均方	F 值
因素 A	1182.95	3	394.32	$F_A=10.72$
因素 B	1947.50	4	486.88	$F_B=13.24$
误差	441.30	12	36.78	
总和	3571.75	19		

由于 $F_{0.05}(3,12)=3.49<10.72, F_{0.05}(4,12)=3.26<13.24$, 故拒绝 H_{01} 及 H_{02}，即认为不同时间下颗粒物含量的均值有显著差异，也认为不同地点下颗粒物含量的均值有显著差异。即认为在本题中，时间和地点对颗粒物的含量的影响均为显著。

习　题　九

以下约定各习题均符合涉及的方差分析模型所要求的条件。

1. 由三位教师对同一个班的作文试卷评分，分数记录如下：

教师	分数												
A	73	89	82	43	80	73	65	62	47	75	95	60	77
B	88	78	48	91	54	85	74	77	50	78	65	76	96
C	68	80	55	93	72	71	87	42	61	68	53	79	15

给定显著性水平 $\alpha = 0.05$，试分析由三位教师给出的平均分数有无显著差异，并检验方差齐性。

2. 将抗生素注入人体会产生抗生素和血浆蛋白质结合的现象，以致减少了药效。下表列出 5 种常用抗生素注入牛的体内时，抗生素与血浆蛋白结合的百分比。

青霉素	四环素	链霉素	红霉素	氯霉素
29.6	27.3	5.8	21.6	29.2
24.3	32.6	6.2	17.4	32.8
28.5	30.8	11.0	18.3	25.0
32.0	34.8	8.3	19.0	24.2

试在显著性水平 $\alpha = 0.05$ 下检验这些百分比的均值有无显著的差异。

3. 对用 5 种不同操作方法生产某种产品做节约原料试验，在其他条件尽可能相同的条件下，各就 4 批试样测得原料节约额资料如下：

操作法	I	II	III	IV	V
节约额	4.3	6.1	6.5	9.3	9.5
	7.8	7.3	8.3	8.7	8.8
	3.2	4.2	8.6	7.2	11.4
	6.5	4.1	8.2	10.1	7.8

问：这些测量结果之间的差异是由随机误差产生的，还是由机器之间的差异产生的？

4. 试根据下表所示数据，分析出生月份和性别对新生儿的体重有无显著影响 $(\alpha = 0.05)$。

月份	男	女	月份	男	女
1	3084	3186	7	3170	3114
2	3020	3159	8	3694	3168
3	3306	3200	9	3340	3119
4	3294	2906	10	3328	3234
5	3306	3368	11	3354	3074
6	3312	2843	12	3210	3360

5. 下面记录了三位操作工分别在 4 台不同的机器上操作 3 天的日产量：

浓度＼温度	B_1	B_2	B_3	B_4
A_1	15, 15, 17	17, 17, 17	15, 17, 16	18, 20, 22
A_2	19, 19, 16	15, 15, 15	18, 17, 16	15, 16, 17
A_3	16, 18, 21	19, 22 , 22	18, 18, 18	17, 17, 17

试检验：(1) 操作工之间的差异是否显著；(2) 机器之间的差异是否显著；(3) 交互作用是否显著。

6. 为了研究某种金属管防腐蚀的功能，考虑了 4 种不同的涂料涂层。将金属管埋在 3 种不同性质的土壤中，经历了一定时间，测得金属管腐蚀的最大深度如下 (单位：毫米)：

涂层 (因素 A) \ 土壤类型 (因素 B)	B_1	B_2	B_3
A_1	1.63	1.35	1.27
A_2	1.34	1.30	1.22
A_3	1.19	1.14	1.27
A_4	1.30	1.09	1.32

试取显著性水平 $\alpha = 0.05$ 检验在不同涂层下腐蚀的最大深度的平均值有无显著差异，在不同土壤下腐蚀的最大深度的平均值有无显著差异。设两因素间没有交互作用效应。

第十章　回归分析

回归分析(regression analysis) 是确定两种或两种以上变量间相互依赖的定量关系的一种统计分析方法。回归分析按照涉及的自变量的多少，可分为一元回归分析和多元回归分析；按照自变量和因变量之间的关系类型，可分为线性回归分析和非线性回归分析。如果在回归分析中，只包括一个自变量和一个因变量，且二者的关系可用一条直线近似表示，这种回归分析称为**一元线性回归分析**。如果回归分析中包括两个或两个以上的自变量，且因变量和自变量之间是线性关系，则称为**多元线性回归分析**。

在客观世界中普遍存在着变量间的关系。变量间的关系一般来说可分为两大类型：一类是变量间有确定性关系，它们之间的关系可以用函数关系来表达。另一类是变量之间有非确定性关系，且有统计规律。例如，人的血压与年龄之间也存在着关系，但相同年龄的人血压往往不相同。子女的身高和父母的身高有很大的关系，一般来说，父母身高越高，孩子身高也高，但是父母身高相同，子女的身高可以不相同。在这种非确定性关系中，自变量 (如年龄、父母的身高) 取确定值时，因变量的值 (如血压、子女的身高) 是不确定的，但两者有一定联系。这种不完全确定的变量间的关系称为统计相关关系。更确切地说，若一个变量 X 取某一个可能值 x 时，对应的随机变量 Y 有一个确定的且与 x 有关的分布 (或条件分布) 存在，则称 Y 与 X 有**统计相关关系**(这里 X 和 Y 也可以是向量)。

用 $F(y|x)$ 表示当 $X=x$ 时所对应的 Y 的分布函数。如果我们掌握了 $F(y|x)$ 随着 x 取值而变化的规律，那么就能完全掌握 Y 与 x 之间的关系了。然而这样做往往比较复杂。作为一种近似，我们转而去考察 Y 的数学期望，若 Y 的数学期望 $E(Y|x)$ 存在，则其值随 x 的取值而定，它是 x 的函数。将这一函数记为 $\mu_{Y|x}$ 或 $\mu(x)$，称为 Y 关于 X 的**回归函数**，或称 Y 关于 X 的**回归**。这样，我们就将讨论 Y 与 X 的相关关系的问题转化为讨论 $E(Y|x)=\mu(x)$ 与 x 的函数关系了。

在实际问题中，回归函数 $\mu(x)$ 一般是未知的，回归分析的任务是根据试验数据去估计回归函数，讨论有关的点估计、区间估计、假设检验等问题。特别重要的是对随机变量 Y 的观察值作出点预测和区间预测。

第一节　一元线性回归

设随机变量 Y (因变量) 与变量 X (自变量) 之间存在某种相关关系。这里 X 是可控或可以精确观察的变量，如年龄、试验时的温度、施加的压力、电压和时间等。换句话说我们可以随意指定 n 个值 $x_1,x_2,\cdots,x_n$。因此我们干脆不把 X 看成随机变量，而将它看成普通变量 x。

本章中我们只讨论这种情况。

一、一元回归模型

对于 x 一组不完全相同的值 $x_1, x_2, \cdots, x_n$ 做独立试验，得到随机变量 Y 的相应观察值 $Y_1, Y_2, \cdots, Y_n$，称

$$(x_1, Y_1), (x_2, Y_2), \cdots, (x_n, Y_n) \tag{10.1}$$

是一个样本，对应的样本值记为

$$(x_1, y_1), (x_2, y_2), \cdots, (x_n, y_n)。$$

我们首先要解决的问题是如何利用样本来估计 Y 关于 x 的回归函数 $\mu(x)$。为此，首先需要推测 $\mu(x)$ 的形式。在一些问题中，我们可以由专业知识知道 $\mu(x)$ 的形式。否则，可将每对观察值 (x_i, y_i) 在直角坐标系中描出它相应的点 (图 10-1)，这种图称为散点图。散点图可以帮助我们粗略地看出 $\mu(x)$ 的形式。

例 10.1　一个家庭的消费支出主要受这个家庭收入的影响。一般来说，家庭收入高的其家庭消费支出也高；家庭收入低的其家庭消费支出也低。为了研究它们之间的关系，通过调查得到数据如表 10-1 所示。

表 10-1

家庭收入 x/千元	0.80	1.20	2.00	3.00	4.00	5.00	7.00	9.00	10.00	12.00
家庭消费支出 Y/千元	0.77	1.10	1.30	2.20	2.10	2.70	3.80	3.90	5.5.0	6.60

这里自变量 x 是普通变量，Y 是随机变量。画出散点图如图 10-1 所示。由图大致可以看出 $\mu(x)$ 具有线性函数 $a + bx$ 的形式。

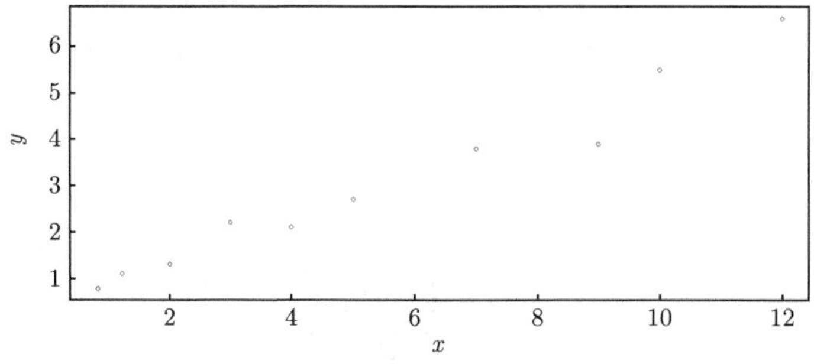

图 10-1

设 Y 关于 x 的回归函数为 $\mu(x)$。利用样本来估计 $\mu(x)$ 的问题称为求 Y 关于 x 的回归问题。特别地，若 $\mu(x)$ 为线性函数：$\mu(x) = a + bx$，此时估计 $\mu(x)$ 的问题称为一元线性回归问题。本节讨论这一问题。

我们假设对于 x 的每一个值有

$$Y \sim N(a + bx, \sigma^2),$$

其中 a, b 及 σ^2 都是不依赖于 x 的未知参数。记 $\varepsilon = Y - (a + bx)$，对 Y 作这样的正态假设，相当于假设

$$Y = a + bx + \varepsilon, \quad \varepsilon \sim N(0, \sigma^2), \tag{10.2}$$

其中未知参数 a, b 及 σ^2 都不依赖于 x。式 (10.2) 称为**一元线性回归模型**，其中 b 称为回归系数。

式 (10.2) 表明，因变量 Y 由两部分组成，一部分是 x 的线性函数 $a+bx$，另一部分 $\varepsilon \sim N(0, \sigma^2)$ 是随机误差，是人们不可控的。

二、a, b 的最小二乘估计

取 x 的 n 个不全相同的值 $x_1, x_2, \cdots, x_n$ 做独立试验，得到样本 $(x_1, Y_1), (x_2, Y_2), \cdots, (x_n, Y_n)$。由式 (10.2) 得

$$Y_i = a + bx_i + \varepsilon_i, \quad \varepsilon_i \sim N(0, \sigma^2), \quad 各\ \varepsilon_i\ 独立。 \tag{10.3}$$

样本观察值为 $(x_i, y_i)(i = 1, 2, \cdots, n)$，对应的离差为

$$\varepsilon_i = y_i - E(y_i) = y_i - a - bx_i, \tag{10.4}$$

离差平方和为

$$Q(a, b) = \sum_{i=1}^{n} \varepsilon_i^2 = \sum_{i=1}^{n} (y_i - a - bx_i)^2。 \tag{10.5}$$

注意到 $Q(a, b)$ 的表达式中，x_i, y_i 是已知量，因此应选择 a，b 的值，使得 $Q(a, b)$ 的值达到极小，即要求估计 $\hat{a}, \hat{b}$ 满足

$$Q(\hat{a}, \hat{b}) = \min_{a,b} Q(a, b)。 \tag{10.6}$$

由于 $Q(a, b)$ 为一非负二次型，对 a, b 的偏导数存在，故可通过令 Q 对 a, b 的偏导数为零来求得，即令

$$\begin{cases} \dfrac{\partial Q}{\partial a} = -2\displaystyle\sum_{i=1}^{n} (y_i - a - bx_i) = 0 \\ \dfrac{\partial Q}{\partial b} = -2\displaystyle\sum_{i=1}^{n} (y_i - a - bx_i)x_i = 0 \end{cases}, \tag{10.7}$$

整理后得

$$\begin{cases} na + \left(\displaystyle\sum_{i=1}^{n} x_i\right) b = \displaystyle\sum_{i=1}^{n} y_i \\ \left(\displaystyle\sum_{i=1}^{n} x_i\right) a + \left(\displaystyle\sum_{i=1}^{n} x_i^2\right) b = \displaystyle\sum_{i=1}^{n} x_i y_i \end{cases}。 \tag{10.8}$$

称式 (10.8) 为**正规方程组**。

由于 x_i 不全相同，故 $\sum_{i=1}^{n}(x_i-\bar{x})^2\neq 0$，其中 $\bar{x}=\frac{1}{n}\sum_{i=1}^{n}x_i$。解方程组 (10.8) 得 a,b 的**最小二乘 (LS) 估计**为

$$\begin{cases}\hat{b}=\dfrac{n\sum\limits_{i=1}^{n}x_iy_i-\left(\sum\limits_{i=1}^{n}x_i\right)\left(\sum\limits_{i=1}^{n}y_i\right)}{n\sum\limits_{i=1}^{n}x_i^2-\left(\sum\limits_{i=1}^{n}x_i\right)^2}=\dfrac{\sum\limits_{i=1}^{n}(x_i-\bar{x})(y_i-\bar{y})}{\sum\limits_{i=1}^{n}(x_i-\bar{x})^2} \\ \hat{a}=\dfrac{1}{n}\sum\limits_{i=1}^{n}y_i-\dfrac{\hat{b}}{n}\sum\limits_{i=1}^{n}x_i=\bar{y}-\hat{b}\bar{x}\end{cases}, \tag{10.9}$$

其中 $\bar{x}=\frac{1}{n}\sum_{i=1}^{n}x_i, \bar{y}=\frac{1}{n}\sum_{i=1}^{n}y_i$。

在得到 a, b 的估计 $\hat{a},\hat{b}$ 后，对于给定的 x，我们就取 $\hat{a}+\hat{b}x$ 作为回归函数 $\mu(x)=a+bx$ 的估计，即 $\hat{\mu}(x)=\hat{a}+\hat{b}x$，称为 Y 关于 x 的经验回归函数。记 $\hat{a}+\hat{b}x=\hat{y}$，方程

$$\hat{y}=\hat{a}+\hat{b}x \tag{10.10}$$

称为 Y **关于x的经验回归方程**，简称**回归方程**，其图形为**回归直线**。

将方程组 (10.9) 中 $\hat{a}$ 的表达式代入式 (10.10)，则回归方程可写为

$$\hat{y}=\bar{y}+\hat{b}(x-\bar{x})。 \tag{10.11}$$

式 (10.11) 表明，对于样本值 $(x_1,y_1),(x_2,y_2),\cdots,(x_n,y_n)$，回归直线通过散点图的几何中心 $(\bar{x},\bar{y})$。

今后我们将视方便使用公式 (10.10) 或公式 (10.11)。

为了计算方便，我们引入下述记号：

$$\begin{cases}l_{xx}=\sum\limits_{i=1}^{n}(x_i-\bar{x})^2=\sum\limits_{i=1}^{n}x_i^2-\dfrac{1}{n}\left(\sum\limits_{i=1}^{n}x_i\right)^2 \\ l_{yy}=\sum\limits_{i=1}^{n}(y_i-\bar{y})^2=\sum\limits_{i=1}^{n}y_i^2-\dfrac{1}{n}\left(\sum\limits_{i=1}^{n}y_i\right)^2 \\ l_{xy}=\sum\limits_{i=1}^{n}(x_i-\bar{x})(y_i-\bar{y})=\sum\limits_{i=1}^{n}x_iy_i-\dfrac{1}{n}\left(\sum\limits_{i=1}^{n}x_i\right)\left(\sum\limits_{i=1}^{n}y_i\right)\end{cases}。 \tag{10.12}$$

这样，a,b 的估计值可写成

$$\begin{cases}\hat{b}=\dfrac{l_{xy}}{l_{xx}} \\ \hat{a}=\bar{y}-\hat{b}\bar{x}\end{cases}。 \tag{10.13}$$

三、参数的极大似然估计

除上述最小二乘估计外，极大似然估计也可以作为回归参数的估计方法。下面讨论一元线性回归模型的极大似然估计。设取自模型 (10.2) 的样本 $(x_1,Y_1),(x_2,Y_2),\cdots,(x_n,Y_n)$，由

假设 $\varepsilon_i \sim N(0,\sigma^2)$，则可知 $Y_i \sim N(a+bx_i,\sigma^2), i=1,2,\cdots,n$。由 $Y_1,Y_2,\cdots,Y_n$ 的独立性，知 $Y_1,Y_2,\cdots,Y_n$ 的联合密度为

$$
\begin{aligned}
L = L(a,b,\sigma^2) &= \prod_{i=1}^{n} \frac{1}{\sigma\sqrt{2\pi}} \exp\left[-\frac{1}{2\sigma^2}(y_i-a-bx_i)^2\right] \\
&= \left(\frac{1}{\sigma\sqrt{2\pi}}\right)^n \exp\left[-\frac{1}{2\sigma^2}\sum_{i=1}^{n}(y_i-a-bx_i)^2\right]。
\end{aligned} \tag{10.14}
$$

对任意一组观察值 $y_1,y_2,\cdots,y_n$，式 (10.14) 就是样本的似然函数。对数似然函数为

$$
\ln L = -\frac{n}{2}\ln\left(\sigma^2 2\pi\right) - \frac{1}{2\sigma^2}\sum_{i=1}^{n}(y_i-a-bx_i)^2。 \tag{10.15}
$$

依据最大似然估计法，取 $\ln L$ 分别关于 a,b,σ^2 的偏导数，并令它们等于零

$$
\begin{cases}
\dfrac{\partial \ln L}{\partial a} = -\dfrac{2}{2\sigma^2}\displaystyle\sum_{i=1}^{n}(y_i-a-bx_i) = 0 \\
\dfrac{\partial \ln L}{\partial b} = -\dfrac{2}{2\sigma^2}\displaystyle\sum_{i=1}^{n}x_i(y_i-a-bx_i) = 0 \\
\dfrac{\partial \ln L}{\partial \sigma^2} = -\dfrac{n}{2}\dfrac{1}{\sigma^2} + \dfrac{1}{2\sigma^4}\displaystyle\sum_{i=1}^{n}(y_i-a-bx_i)^2 = 0
\end{cases}, \tag{10.16}
$$

得方程组

$$
\begin{cases}
na + \left(\displaystyle\sum_{i=1}^{n}x_i\right)b = \displaystyle\sum_{i=1}^{n}y_i \\
\left(\displaystyle\sum_{i=1}^{n}x_i\right)a + \left(\displaystyle\sum_{i=1}^{n}x_i^2\right) = b\displaystyle\sum_{i=1}^{n}x_iy_i \\
\sigma^2 = \dfrac{1}{n}\displaystyle\sum_{i=1}^{n}(y_i-a-bx_i)^2
\end{cases}。 \tag{10.17}
$$

解方程组 (10.17) 得 a,b,σ^2 的**极大似然估计**为

$$
\begin{aligned}
\hat{a} &= \frac{1}{n}\sum_{i=1}^{n}y_i - \frac{\hat{b}}{n}\sum_{i=1}^{n}x_i = \bar{y} - \hat{b}\bar{x}, \\
\hat{b} &= \frac{n\displaystyle\sum_{i=1}^{n}x_iy_i - \left(\sum_{i=1}^{n}x_i\right)\left(\sum_{i=1}^{n}y_i\right)}{n\displaystyle\sum_{i=1}^{n}x_i^2 - \left(\sum_{i=1}^{n}x_i\right)^2} = \frac{\displaystyle\sum_{i=1}^{n}(x_i-\bar{x})(y_i-\bar{y})}{\displaystyle\sum_{i=1}^{n}(x_i-\bar{x})^2}, \\
\hat{\sigma}^2 &= \frac{1}{n}\sum_{i=1}^{b}(y_i-\hat{a}-\hat{b}x_i)^2,
\end{aligned} \tag{10.18}
$$

其中 $\bar{x} = \dfrac{1}{n}\displaystyle\sum_{i=1}^{n}x_i, \bar{y} = \dfrac{1}{n}\displaystyle\sum_{i=1}^{n}y_i$。

由上面的讨论可以看到，参数 a,b 的最小二乘估计和极大似然估计是一致的。最小二乘估计不依赖于总体分布函数，是非参数估计，适用范围更广。今后 a,b 的估计 $\hat{a},\hat{b}$ 一般指最小二乘估计。

记 $\hat{y}_i=\hat{a}+\hat{b}x_i$, 称 $r_i=y_i-\hat{y}_i$ 为 x_i 处的**残差**。平方和

$$Q\triangleq Q(\hat{a},\hat{b})=\sum_{i=1}^{n}r_i^2=\sum_{i=1}^{n}(y_i-\hat{y}_i)^2=\sum_{i=1}^{n}(y_i-\hat{a}-\hat{b}x_i)^2 \tag{10.19}$$

称为**残差平方和**。它是经验回归函数在 x_i 处的函数值 $\widehat{\mu(x_i)}=\hat{a}+\hat{b}x_i$ 与 x_i 处的观察值 y_i 之差的平方和。为了计算 Q，我们将 Q 作如下的分解：

$$\begin{aligned}Q&=\sum_{i=1}^{n}(y_i-\hat{y}_i)^2=\sum_{i=1}^{n}\left[y_i-\bar{y}-\hat{b}(x_i-\bar{x})\right]^2\\&=\sum_{i=1}^{n}(y_i-\bar{y})^2-2\hat{b}\sum_{i=1}^{n}(x_i-\bar{x})(y_i-\bar{y})+(\hat{b})^2\sum_{i=1}^{n}(x_i-\bar{x})^2\\&=l_{yy}-2\hat{b}l_{xy}+(\hat{b})^2l_{xx}。\end{aligned}$$

由式 (10.13) $\hat{b}=\dfrac{l_{xy}}{l_{xx}}$ 得 Q 的一个分解式

$$Q=l_{yy}-(\hat{b})^2l_{xx}=l_{yy}-\hat{b}l_{xy}。 \tag{10.20}$$

从而 σ^2 的极大似然估计值可写成

$$\hat{\sigma}^2=\frac{Q}{n}=\frac{1}{n}(l_{yy}-\hat{b}l_{xy})。 \tag{10.21}$$

由于 σ^2 的极大似然估计是有偏估计，我们以后常用它的无偏估计

$$\hat{\sigma}^2=\frac{Q}{n-2}=\frac{1}{n-2}(l_{yy}-\hat{b}l_{xy})。 \tag{10.22}$$

由式 (10.18) 知，a,b,σ^2 的估计量分别为

$$\begin{aligned}&\hat{a}=\bar{Y}-\hat{b}\bar{x},\\&\hat{b}=\frac{\sum_{i=1}^{n}(x_i-\bar{x})(Y_i-\bar{Y})}{\sum_{i=1}^{n}(x_i-\bar{x})^2}=\frac{\sum_{i=1}^{n}(x_i-\bar{x})Y_i}{\sum_{i=1}^{n}(x_i-\bar{x})^2},\\&\hat{\sigma}^2=\frac{Q}{n-2}=\frac{l_{YY}-\hat{b}l_{xY}}{n-2},\end{aligned} \tag{10.23}$$

其中 $\bar{Y}=\dfrac{1}{n}\sum_{i=1}^{n}Y_i$，$l_{YY}=\sum_{i=1}^{n}(Y_i-\bar{Y})^2, l_{xY}=\sum_{i=1}^{n}(x_i-\bar{x})(Y_i-\bar{Y})$。

为了方便，在这里，将 Q 的统计量 $l_{YY}-\hat{b}l_{xY}$ 仍记为 Q；将 a,b,σ^2 的估计值和估计量都写成 $\hat{a},\hat{b},\hat{\sigma}^2$，在用到它们时，视上下文，是能区别 $\hat{a},\hat{b},\hat{\sigma}^2$ 是估计值还是估计量的。

例 10.2 (续例 10.1)　设在例 10.1 中的随机变量 Y 符合式 (10.2) 的条件，求：

(1) Y 关于 x 的线性回归方程；

(2) 求 σ^2 的无偏估计。

解　现在 $n=10$，为求线性回归方程，所需计算列表如表 10-2 所示。

表 10-2

x	y	x^2	y^2	xy
0.8	0.77	0.64	0.5929	0.616
1.2	1.10	1.44	1.21	1.32
2.0	1.30	4.00	1.69	2.60
3.0	2.20	9.00	4.84	6.60
4.0	2.10	16.00	4.41	8.40
5.0	2.70	25.00	7.29	13.50
7.0	3.80	49.00	14.44	26.60
9.0	3.90	81.00	15.21	35.10
10.0	5.50	100.00	30.25	55.00
12.0	6.60	144.00	43.56	79.20
$\sum$ 54	29.97	430.08	123.4929	228.936

(1) 由表 10-2 可得

$$l_{xx} = 430.08 - \frac{1}{10} \times 54^2 = 138.48,$$
$$l_{xy} = 228.936 - \frac{1}{10} \times 54 \times 29.97 = 67.098,$$

故得

$$\hat{b} = l_{xy}/l_{xx} = 67.098/138.48 = 0.48453,$$
$$\hat{a} = \frac{1}{10} \times 29.97 - \frac{1}{10} \times 54 \times 0.48453 = 0.380538。$$

于是得到回归直线方程

$$\hat{y} = 0.380538 + 0.48453x,$$

或写成

$$\hat{y} = 2.997 + 0.48453(x - 54)。$$

(2)

$$l_{yy} = 123.4929 - \frac{1}{10} \times 29.97^2 = 33.67281,$$

又已知 $l_{xy} = 67.098$, $\hat{b} = 0.48453$，即得

$$Q = l_{yy} - \hat{b}l_{xy} = 33.67281 - 0.48453 \times 67.098 = 1.16181606,$$
$$\hat{\sigma}^2 = Q_e/(n-2) = 0.145227,$$
$$\hat{\sigma} = 0.381086。$$

四、线性假设的显著性检验

在以上的讨论中，我们假定 Y 关于 x 的回归函数 $\mu(x)$ 具有形式 $a+bx$，回归方程在一定程度上揭示了两个相关变量 x 和 y 之间的规律。但仔细研究上段回归直线计算公式时就会发现，在计算过程中，并不需要事先假定两个变量之间一定要具有线性相关关系。这就是说，就方法本身而言，即使是对平面上一堆杂乱无章的点，也可以用最小二乘法给它们配一条直线来近似表示 x 和 y 之间的关系。如果 x 和 y 之间根本不存在线性相关关系，这样求出的回归方程其实是没有意义的。在处理实际问题时，$\mu(x)$ 是否为 x 的线性函数，首先要根据有关专业知识和实践来判断，其次就要根据实际观察得到的数据运用假设检验的方法来判断。这就是说，求得的线性回归方程是否具有实用价值，一般来说，需要经过假设检验才能确定。若线性假设 (10.2) 符合实际，则 b 不应该为零，因为若 $b=0$，则 $E(Y)=\mu(x)=a$ 就不依赖于 x 了。因此我们需要检验假设

$$H_0: \ b=0; \quad H_1: \ b\neq 0。 \tag{10.24}$$

在对检验假设 (10.24) 进行检验之前需要以下准备工作。

1. **平方和分解公式**

我们先来研究因变量 y 值的变化规律。Y 的 n 次观察值 $y_1, y_2, \cdots, y_n$ 的波动可用 $l_{yy}=\sum\limits_{i=1}^{n}(y_i-\bar{y})^2$ 表示，l_{yy} 表示 Y 的各次离差 $y_i-\bar{y}$ 的平方和。l_{yy} 越大，说明 y_i 的数值变动越大，即越分散。但为什么会有这样大的分散呢？

记

$$\hat{y}_i=\hat{a}+\hat{b}x_i， \tag{10.25}$$

则有

$$\begin{aligned} l_{yy} &= \sum_{i=1}^{n}(y_i-\bar{y})^2=\sum_{i=1}^{n}(y_i-\hat{y}_i+\hat{y}_i-\bar{y})^2 \\ &= \sum_{i=1}^{n}(y_i-\hat{y}_i)^2+\sum_{i=1}^{n}(\hat{y}_i-\bar{y})^2+2\sum_{i=1}^{n}(y_i-\hat{y}_i)(\hat{y}_i-\bar{y}) \\ &= \sum_{i=1}^{n}(y_i-\hat{y}_i)^2+\sum_{i=1}^{n}(\hat{y}_i-\bar{y})^2。 \end{aligned} \tag{10.26}$$

最后一个等式是由于：

$$\begin{aligned} &\sum_{i=1}^{n}(y_i-\hat{y}_i)(\hat{y}_i-\bar{y}) \\ =&\sum_{i=1}^{n}(y_i-\hat{a}-\hat{b}x_i)(\hat{a}+\hat{b}x_i-\bar{y}) \\ =&\sum_{i=1}^{n}[y_i-\bar{y}-\hat{b}(x_i-\bar{x})][\hat{b}(x_i-\bar{x})] (\text{以 } \hat{a}=\bar{y}-\hat{b}x \text{ 代入}) \end{aligned}$$

$$= \hat{b}\left[\sum_{i=1}^{n}(y_i-\bar{y})(x_i-\bar{x}) - \hat{b}\sum_{i=1}^{n}(x_i-\bar{x})^2\right]$$
$$= \hat{b}\left(l_{xy}-\hat{b}l_{xx}\right) = 0。$$

记

$$Q = \sum_{i=1}^{n}(y_i-\hat{y}_i)^2,$$
$$U = \sum_{i=1}^{n}(\hat{y}_i-\bar{y})^2, \tag{10.27}$$

则由式 (10.26) 就有

$$l_{yy} = Q + U。 \tag{10.28}$$

下面我们解释 Q 和 U 的含义。

由于 $\hat{y}_i = \hat{a}+\hat{b}x_i$，可见 $\hat{y}_i$ 是经验回归直线 $\hat{y}_i = \hat{a}+\hat{b}x_i$ 上其横坐标 x_i 对应的纵坐标。因为

$$\frac{1}{n}\sum_{i=1}^{n}\hat{y}_i = \frac{1}{n}\sum_{i=1}^{n}(\hat{a}+\hat{b}x_i) = \hat{a}+\hat{b}\bar{x} = \bar{y},$$

所以 $\hat{y}_1,\hat{y}_2,\cdots,\hat{y}_n$ 的平均数也是 $\bar{y}$。于是，$U=\sum\limits_{i=1}^{n}(\hat{y}_i-\bar{y})^2$ 就是 $\hat{y}_1,\hat{y}_2,\cdots,\hat{y}_n$ 这 n 个数的离差平方和，它描述了 $\hat{y}_1,\hat{y}_2,\cdots,\hat{y}_n$ 的分散程度，而 $\hat{y}_1,\hat{y}_2,\cdots,\hat{y}_n$ 是经验回归直线上的点的纵坐标，故 $\hat{y}_1,\hat{y}_2,\cdots,\hat{y}_n$ 的分散性来源于 $x_1,x_2,\cdots,x_n$ 的分散性，而且与直线的斜率 $\hat{b}$ 有关。同样一批 x_i，对于较陡的直线，显然就会有较大的 U。这是因为

$$\begin{aligned} U &= \sum_{i=1}^{n}(\hat{y}_i-\bar{y})^2 = \sum_{i=1}^{n}(\hat{a}+\hat{b}x_i-\bar{y})^2 \\ &= \sum_{i=1}^{n}[\hat{b}(x_i-\bar{x})]^2 = \hat{b}^2\sum_{i=1}^{n}(x_i-\bar{x})^2 \\ &= \hat{b}^2 l_{xx}。\end{aligned} \tag{10.29}$$

可见，U 为回归直线上的点的纵坐标的离差平方和，称它为**回归平方和**。

至于 Q，由于 $Q=\sum\limits_{i=1}^{n}(y_i-\hat{y}_i)^2=\sum\limits_{i=1}^{n}(y_i-\hat{a}-\hat{b}x_i)^2=Q(\hat{a},\hat{b})$，它是 $Q(a,b)$ 的最小值。它是扣除 x 对 Y 的线性影响后再也不能减少的部分，称 Q 为**残差(或剩余)平方和**。

平方和分解公式 (10.28) 表明，$y_1,y_2,\cdots,y_n$ 的分散程度可以分解为两部分，其中一部分是通过 x 对于 Y 的线性关系而引起的 Y 的分散性 (即回归平方和 U)，另一部分是 Y 被 x 解释后剩下的部分 (即剩余平方和 Q)。在总和中，U 所占的比重越大，就越说明试验误差以及其他未加控制的因素所占的比重越小，即回归效果越显著。

2. 几个重要结论

(1) $\hat{b}\sim N\left(b,\dfrac{\sigma^2}{l_{xx}}\right)$。 (10.30)

证明　由式 (10.23) 可知，

$$\hat{b}=\frac{\sum\limits_{i=1}^{n}(x_i-\bar{x})Y_i}{\sum\limits_{i=1}^{n}(x_i-\bar{x})^2}=\sum_{i=1}^{n}\frac{x_i-\bar{x}}{\sum\limits_{i=1}^{n}(x_i-\bar{x})^2}Y_i\triangleq\sum_{i=1}^{n}c_iY_i,$$

其中 $c_i=\dfrac{x_i-\bar{x}}{\sum\limits_{i=1}^{n}(x_i-\bar{x})^2}, i=1,2,\cdots,n$。从而，$\hat{b}$ 是 Y_i 的线性函数，所以，$\hat{b}$ 为正态分布，即有 $\hat{b}\sim N\left(E(\hat{b}),D(\hat{b})\right)$。

因为

$$c_i=\frac{x_i-\bar{x}}{\sum\limits_{i=1}^{n}(x_i-\bar{x})^2}=\frac{x_i-\bar{x}}{l_{xx}},\quad i=1,2,\cdots,n,$$

$$\sum_{i=1}^{n}c_i=\sum_{i=1}^{n}\frac{x_i-\bar{x}}{l_{xx}}=0,$$

$$\sum_{i=1}^{n}c_ix_i=\sum_{i=1}^{n}c_i(x_i-\bar{x})=\sum_{i=1}^{n}\frac{x_i-\bar{x}}{l_{xx}}(x_i-\bar{x})=1,$$

$$\sum_{i=1}^{n}c_i^2=\sum_{i=1}^{n}\frac{(x_i-\bar{x})^2}{l_{xx}^2}=\frac{1}{l_{xx}^2}\sum_{i=1}^{n}(x_i-\bar{x})^2=\frac{1}{l_{xx}},$$

因而

$$\begin{aligned}E(\hat{b})&=\sum_{i=1}^{n}c_iE(Y_i)=\sum_{i=1}^{n}c_i(a+bx_i)\\&=a\sum_{i=1}^{n}c_i+b\sum_{i=1}^{n}c_ix_i=b,\\D(\hat{b})&=\sum_{i=1}^{n}c_i^2D(Y_i)=\sum_{i=1}^{n}c_i^2\sigma^2=\frac{\sigma^2}{l_{xx}}。\end{aligned}$$

(2) $\hat{a}\sim N\left(a,\quad\left(\dfrac{1}{n}+\dfrac{\bar{x}^2}{l_{xx}}\right)\sigma^2\right)$。　(10.31)

证明　$\hat{a}=\bar{Y}-\hat{b}\bar{x}=\sum\limits_{i=1}^{n}\left[\dfrac{1}{n}-\dfrac{\bar{x}(x_i-\bar{x})}{l_{xx}}\right]Y_i$ 为 Y_i 的线性组合，故 $\hat{a}$ 仍然服从正态分布，即有 $\hat{a}\sim N\left((E(\hat{a}),D(\hat{a})\right)$。

$$E(\hat{a})=\sum_{i=1}^{n}\left[\frac{1}{n}-\frac{\bar{x}(x_i-\bar{x})}{l_{xx}}\right]E(Y_i)=\sum_{i=1}^{n}\left[\frac{1}{n}-\frac{\bar{x}(x_i-\bar{x})}{l_{xx}}\right](a+bx_i)=a,$$

$$D(\hat{a})=\sum_{i=1}^{n}\left[\frac{1}{n}-\frac{\bar{x}(x_i-\bar{x})}{l_{xx}}\right]^2D(Y_i)=\sigma^2\sum_{i=1}^{n}\left[\frac{1}{n}-\frac{\bar{x}(x_i-\bar{x})}{l_{xx}}\right]^2$$

$$=\sigma^2\left[\frac{1}{n}+\frac{\bar{x}^2}{l_{xx}}\right]。$$

(3) $\hat{Y}=\hat{a}+\hat{b}x\sim N\left(a+bx,\left[\frac{1}{n}+\frac{(x-\bar{x})^2}{l_{xx}}\right]\sigma^2\right)$。 (10.32)

证明　因为

$$\begin{aligned}\hat{Y}=\hat{a}+\hat{b}x&=\sum_{i=1}^{n}\left[\frac{1}{n}-\frac{\bar{x}(x_i-\bar{x})}{l_{xx}}\right]Y_i+\sum_{i=1}^{n}\frac{(x_i-\bar{x})}{l_{xx}}Y_ix\\&=\sum_{i=1}^{n}\left[\frac{1}{n}-\frac{\bar{x}(x_i-\bar{x})}{l_{xx}}+\frac{x(x_i-\bar{x})}{l_{xx}}\right]Y_i\\&=\sum_{i=1}^{n}\left[\frac{1}{n}+\frac{(x_i-\bar{x})(x-\bar{x})}{l_{xx}}\right]Y_i,\end{aligned}$$

所以 $\hat{Y}$ 是 Y_i 的线性组合，故 $\hat{Y}$ 服从正态分布，即 $\hat{Y}\sim N\left(E(\hat{Y}),D(\hat{Y})\right)$。

$$\begin{aligned}E(\hat{Y})&=\sum_{i=1}^{n}\left[\frac{1}{n}+\frac{(x_i-\bar{x})(x-\bar{x})}{l_{xx}}\right]EY_i=\sum_{i=1}^{n}\left[\frac{1}{n}+\frac{(x_i-\bar{x})(x-\bar{x})}{l_{xx}}\right](a+bx_i)\\&=a+b\bar{x}+0+b(x-\bar{x})=a+bx,\\D(\hat{Y})&=\sum_{i=1}^{n}\left[\frac{1}{n}+\frac{(x_i-\bar{x})(x-\bar{x})}{l_{xx}}\right]D(Y_i)=\sum_{i=1}^{n}\left[\frac{1}{n}+\frac{(x_i-\bar{x})(x-\bar{x})}{l_{xx}}\right]^2\sigma^2\\&=\left[\frac{1}{n}+\frac{(x-\bar{x})^2}{l_{xx}}\right]\sigma^2。\end{aligned}$$

(4) $E(Q)=(n-2)\sigma^2$。 (10.33)

证明　因为 $Q=l_{YY}-U$,

$$\begin{aligned}E(l_{YY})&=E\left[\sum_{i=1}^{n}(Y_i-\bar{Y})^2\right]=E\left[\sum_{i=1}^{n}Y_i^2-n\bar{Y}^2\right]=\sum_{i=1}^{n}EY_i^2-nE\bar{Y}^2\\&=\sum_{i=1}^{n}\left\{D(Y_i)+[E(Y_i)]^2\right\}-n\left[D(\bar{Y})+\left(E\bar{Y}\right)^2\right]\\&=\sum_{i=1}^{n}\left[\sigma^2+(a+bx_i)^2\right]-n\left[\frac{\sigma^2}{n}+(a+b\bar{x})^2\right]\\&=(n-1)\sigma^2+b^2l_{xx},\\E(U)&=E(\hat{b}^2l_{xx})=l_{xx}E(\hat{b}^2)=l_{xx}[D(\hat{b})+(E\hat{b})^2]\\&=l_{xx}\left(\frac{\sigma^2}{l_{xx}}+b^2\right)=\sigma^2+b^2l_{xx},\end{aligned}$$

所以

$$E(Q)=E(l_{YY})-E(U)=(n-2)\sigma^2。$$

(5) $\frac{1}{\sigma^2}Q\sim\chi^2(n-2)$ 且与 $\hat{b}$ 独立。 (10.34)

此结论证明较为复杂，这里略。

(6) 在 $b=0$ 的条件下，

$$\frac{1}{\sigma^2}U \sim \chi^2(1), \tag{10.35}$$

因而在 $b=0$ 时，

$$F=\frac{U}{Q/(n-2)} \sim F(1,n-2)。 \tag{10.36}$$

证明　由 (1) 知，$\hat{b} \sim N\left(b, \frac{\sigma^2}{l_{xx}}\right)$，从而 $\frac{\hat{b}-b}{\sigma/\sqrt{l_{xx}}} \sim N(0,1)$。于是

$$\left(\frac{\hat{b}-b}{\sigma}\right)^2 l_{xx} \sim \chi^2(1),$$

故在 $b=0$ 时，$\frac{\hat{b}^2 l_{xx}}{\sigma^2} \sim \chi^2(1)$。

由式 (10.28) 知，$\frac{U}{\sigma^2} \sim \chi^2(1)$。

由 (5) 知 $\hat{b}$ 和 Q 独立。故由 F 统计量的定义知，在 $b=0$ 的条件下，

$$F=\frac{U/\sigma^2}{\frac{Q}{\sigma^2}\Big/(n-2)}=(n-2)\frac{U}{Q} \sim F(1,n-2)。$$

3. 回归方程的显著性检验

由上述几个结论，可得 $H_0: b=0$ 两个检验法。

检验法 I (t 检验法) 由 (1) 知

$$\hat{b} \sim N(b, \sigma^2/l_{xx})。$$

又

$$\frac{(n-2)\hat{\sigma}^2}{\sigma^2}=\frac{Q}{\sigma^2} \sim \chi^2(n-2),$$

且 $\hat{b}$ 与 Q 独立。故有

$$\frac{\hat{b}-b}{\sqrt{\sigma^2/l_{xx}}}\Bigg/\sqrt{\frac{(n-2)\hat{\sigma}^2}{\sigma^2}\Big/(n-2)} \sim t(n-2),$$

即

$$\frac{\hat{b}-b}{\hat{\sigma}}\sqrt{l_{xx}} \sim t(n-2),$$

这里 $\hat{\sigma}=\sqrt{\hat{\sigma}^2}$。

当 H_0 为真时，$b=0$，此时

$$t=\frac{\hat{b}}{\hat{\sigma}}\sqrt{l_{xx}} \sim t(n-2),$$

且 $E(\hat{b})=b=0$，即得 H_0 的拒绝域为

$$|t|=\frac{|\hat{b}|}{\hat{\sigma}}\sqrt{l_{xx}} \geqslant t_{\alpha/2}(n-2), \tag{10.37}$$

此处 α 为显著性水平。

检验法 II (F 检验法)　在 H_0 成立时，由式 (10.36) 知

$$F=(n-2)\frac{U}{Q}\sim F(1,n-2),$$

所以拒绝域为

$$F\geqslant F_\alpha(1,n-2)。$$

F 检验的过程通常用方差分析表进行，如表 10-3 所示。

表 10-3　方差分析表

方差来源	平方和	自由度	均方	F 值
回归	U	1	U	$F=(n-2)\dfrac{U}{Q}$
剩余	Q	$n-2$	$Q/(n-2)$	
总和	l_{YY}	$n-1$		

当假设 $H_0: b=0$ 被拒绝时，认为回归效果是显著的，反之，就认为回归效果不显著。回归效果不显著的原因可能有如下几种：

(1) 影响 Y 取值的，除 x 及随机误差外还有其他不可忽略的因素。

(2) $E(Y)$ 与 x 的关系不是线性的，而存在着其他的关系。

(3) Y 与 x 不存在关系。

因此需要进一步分析原因，分别处理。

例 10.3 (续例 10.2)　检验例 10.2 中的回归效果是否显著，取 $\alpha=0.05$。

解　由例 10.2 知 $\hat{b}=0.48453, l_{xx}=138.48, Q=1.16181606$，从而有

$$U=\hat{b}^2 l_{xx}=0.48453^2\times 138.48=32.51086,$$
$$F=(n-2)\frac{U}{Q}=223.862。$$

而 $F_{0.05}(1,8)=5.23$, 所以 $F=223.862>F_{0.05}(1,8)$。故拒绝 $H_0: b=0$，认为回归效果是显著的。

本例的方差分析表如表 10-4 所示。

表 10-4　方差分析表

方差来源	平方和	自由度	均方	F 值
回归	32.51086	1	32.51086	223.862
剩余	1.16182	8	0.145227	
总和	33.67268	9		

例 10.4　用 t 检验法来检验例 10.2 中的回归方程的显著性。

解　由于 $\hat{b}=0.48453, \hat{\sigma}^2=0.145227, l_{xx}=138.48$, 查表 $t_{\alpha/2}(8)=t_{0.025}(8)=2.306$。由式 (10.37)，假设 $H_0: b=0$ 的拒绝域为

$$|t|=\frac{|\hat{b}|}{\hat{\sigma}}\sqrt{l_{xx}}\geqslant 2.306,$$

现在

$$|t| = \frac{0.48453}{0.38109}\sqrt{138.48} = 14.9619 > 2.306,$$

故拒绝 $H_0 : b = 0$，认为回归方程是显著的。

五、系数 b 的置信区间

当回归效果显著时，我们常需要对系数 b 作区间估计。事实上，可由式 (10.36) 得到 b 的置信水平为 $1-\alpha$ 的置信区间为

$$\left(\hat{b} \pm t_{\alpha/2}(n-2) \times \frac{\hat{\sigma}}{\sqrt{l_{xx}}}\right)。\tag{10.38}$$

例如，在例 10.2 中 b 的置信水平为 0.95 的置信区间为

$$\left(0.48453 \pm 2.306 \times \sqrt{\frac{0.145227}{138.48}}\right) = (0.40985,\ 0.55921)。$$

六、回归函数 $\mu(x) = a + bx$ 函数值的点估计和置信区间

设 x_0 是自变量 x 的某一指定值。由式 (10.10)，可以用 $\hat{y} = \widehat{\mu(x)} = \hat{a} + \hat{b}x$ 在 x_0 的函数值 $\hat{y}_0 = \widehat{\mu(x_0)} = \hat{a} + \hat{b}x_0$ 作为 $\mu(x_0) = a + bx_0$ 的点估计，即

$$\hat{y}_0 = \widehat{\mu(x_0)} = \hat{a} + \hat{b}x_0。\tag{10.39}$$

由公式 (10.32) 知，

$$\hat{Y}_0 = \hat{a} + \hat{b}x_0 \sim N\left(a + bx_0,\quad \left[\frac{1}{n} + \frac{(x_0-\bar{x})^2}{l_{xx}}\right]\sigma^2\right),\tag{10.40}$$

所以

$$\frac{\hat{Y}_0 - \hat{a} + \hat{b}x_0}{\sigma\sqrt{\dfrac{1}{n} + \dfrac{(x_0-\bar{x})^2}{l_{xx}}}} \sim N(0,1)。$$

又由式 (10.34) 知 $\dfrac{(n-2)\hat{\sigma}^2}{\sigma^2} = \dfrac{Q}{\sigma^2} \sim \chi^2(n-2)$，且与 $\hat{Y}_0$ 独立。从而可得到

$$\frac{\hat{Y}_0 - \hat{a} + \hat{b}x_0}{\hat{\sigma}\sqrt{\dfrac{1}{n} + \dfrac{(x_0-\bar{x})^2}{l_{xx}}}} \sim t(n-2)。$$

于是可得 $\mu(x_0) = a + bx_0$ 的置信水平为 $1-\alpha$ 的置信区间为

$$\left(\hat{Y}_0 \pm t_{\alpha/2}(n-2)\hat{\sigma}\sqrt{\frac{1}{n} + \frac{(x_0-\bar{x})^2}{l_{xx}}}\right)。\tag{10.41}$$

这一置信区间的长度是 x_0 的函数，它随 $|x_0 - \bar{x}|$ 增加而增加，当 $x_0 = \bar{x}$ 时为最短。

七、Y 的观察值的点预测和区间预测

若我们对指定点 $x=x_0$ 处的因变量 Y 的观察值 Y_0 感兴趣，然而我们在 $x=x_0$ 处并未进行观察或暂时无法观察。经验回归函数的一个重要应用是，可利用它对应变量 Y 的新观察值 Y_0 进行点预测和区间预测。

若 Y_0 是 $x=x_0$ 处对 Y 的观察结果，由式 (10.2) 知它满足：

$$Y_0=a+bx_0+\varepsilon_0,\quad \varepsilon_0\sim N(0,\sigma^2)。\tag{10.42}$$

随机误差 ε_0 可正可负，其值无法预测，我们就用 x_0 处的经验回归函数值

$$\hat{Y}_0=\widehat{\mu(x_0)}=\hat{a}+\hat{b}x_0$$

作为 $Y_0=a+bx_0+\varepsilon_0$ 的点预测。下面来求 Y_0 的预测区间。

因 Y_0 是将要做的一次独立试验的结果，因此它与已经完成试验所得到的结果 $Y_1,Y_2,\cdots,Y_n$ 相互独立。由式 (10.23) 知 $\hat{b}$ 是 $Y_1,Y_2,\cdots,Y_n$ 的线性组合，故 $\hat{Y}_0=\bar{Y}+\hat{b}(x_0-\bar{x})$ 是 $Y_1,Y_2,\cdots,Y_n$ 的线性组合，故 Y_0 与 $\hat{Y}_0$ 相互独立。由式 (10.32) 和式 (10.42) 得

$$\hat{Y}_0-Y_0\sim N\left(0,\ \left[1+\frac{1}{n}+\frac{(x_0-\bar{x})^2}{l_{xx}}\right]\sigma^2\right),$$

即

$$\frac{\hat{Y}_0-Y_0}{\sigma\sqrt{1+\frac{1}{n}+\frac{(x_0-\bar{x})^2}{l_{xx}}}}\sim N(0,\ 1)。\tag{10.43}$$

再由式 (10.34) 和式 (10.43) 以及 $Y_0,\hat{Y}_0,Q$ 的相互独立性知

$$\frac{\hat{Y}_0-Y_0}{\sigma\sqrt{1+\frac{1}{n}+\frac{(x_0-\bar{x})^2}{l_{xx}}}}\Bigg/\sqrt{\frac{(n-2)\hat{\sigma}^2}{\sigma^2}\Big/(n-2)}\sim t(n-2),$$

即

$$\frac{\hat{Y}_0-Y_0}{\hat{\sigma}\sqrt{1+\frac{1}{n}+\frac{(x_0-\bar{x})^2}{l_{xx}}}}\sim t(n-2)。$$

于是对于给定的置信水平 $1-\alpha$ 有

$$P\left[\left|\frac{\hat{Y}_0-Y_0}{\hat{\sigma}\sqrt{1+\frac{1}{n}+\frac{(x_0-\bar{x})^2}{l_{xx}}}}\right|\leqslant t_{\alpha/2}(n-2)\right]=1-\alpha,$$

或

$$P\left[\hat{Y}_0-t_{\alpha/2}(n-2)\hat{\sigma}\sqrt{1+\frac{1}{n}+\frac{(x_0-\bar{x})^2}{l_{xx}}}<Y_0<\hat{Y}_0+t_{\alpha/2}(n-2)\hat{\sigma}\sqrt{1+\frac{1}{n}+\frac{(x_0-\bar{x})^2}{l_{xx}}}\right]=1-\alpha,$$

置信区间为

$$\left(\hat{Y}_0 \pm t_{\alpha/2}(n-2)\hat{\sigma}\sqrt{1+\frac{1}{n}+\frac{(x_0-\bar{x})^2}{l_{xx}}}\right)。 \tag{10.44}$$

这一区间称为 Y_0 的置信水平为 $1-\alpha$ 的**预测区间**。这一区间的长度是 x_0 的函数，它随 $|x_0-\bar{x}|$ 的增加而增加。将式 (10.44) 和式 (10.41) 比较可以看出，在相同的置信水平下，回归函数 $E(Y_0)=\mu(x_0)$(即 Y_0 的均值) 的置信区间要比 Y_0 的预测区间短。这是因为 $Y_0=a+bx_0+\varepsilon_0$ 是随机变量，比 $\mu(x_0)=a+bx_0$ 多了一项 ε_0 的缘故。

例 10.5 (续例 10.2)　(1) 求回归函数 $\mu(x)$ 在 $x_0=6$ 千元时，$\mu(6)$ 的置信水平为 0.95 的置信区间；(2) 求在 $x_0=6$ 处 Y 的新观察值 Y_0 的置信水平为 0.95 的预测区间；(3) 求在 $x=x_0$ 处 Y 的新观察值 Y_0 的置信水平为 0.95 的预测区间。

解　(1) 由例 10.2 已知 $\hat{b}=0.48453, \hat{\sigma}^2=0.145227, l_{xx}=138.48, \bar{x}=5.4$，查表 $t_{0.025}(8)=2.306$，即得

$$\hat{Y}_0=\hat{Y}|_{x=6}=0.380538+0.48453\times 6=3.287718,$$

$$t_{\alpha/2}(n-2)\hat{\sigma}\sqrt{\frac{1}{n}+\frac{(x_0-\bar{x})^2}{l_{xx}}}=2.306\times 0.381086\sqrt{\frac{1}{10}+\frac{(6-5.4)^2}{138.48}}=0.28148,$$

故 $\mu(x)$ 在 $x_0=6$ 时，$\mu(6)$ 的一个置信水平为 0.95 的置信区间为

$$(3.287718\pm 0.28148)=(3.00624,\ 3.56920)。$$

(2) 由于

$$t_{\alpha/2}(n-2)\hat{\sigma}\sqrt{1+\frac{1}{n}+\frac{(x_0-\bar{x})^2}{l_{xx}}}=2.306\times 0.381086\sqrt{1+\frac{1}{10}+\frac{(6-5.4)^2}{138.48}}=0.922765,$$

故在 $x_0=6$ 处 Y 的新观察值 Y_0 的一个置信水平为 0.95 的预测区间为

$$(3.287718\pm 0.922765)=(2.36495, 4.21048)。$$

(3) 在 $x=x_0$ 处 Y 的新观察值 Y_0 的一个置信水平为 0.95 的预测区间为

$$\left(\hat{Y}|_{x=x_0}\pm t_{0.025}(8)\hat{\sigma}\sqrt{1+\frac{1}{10}+\frac{(x_0-4.5)^2}{138.48}}\right)。$$

八、可化为一元线性回归的例子

以上讨论了一元线性回归问题，在实际问题中常会遇到更为复杂的回归问题，但在某些情况下，可以通过适当的变量变换，可以将它化成一元线性回归来处理。下面介绍几种常见的可转化为一元线性回归的模型。

(1) $Y=\alpha e^{\beta x}\cdot\varepsilon,\quad \ln\varepsilon\sim N(0,\sigma^2),$ (10.45)

其中 $\alpha,\ \beta,\ \sigma^2$ 是与 x 无关的未知参数。将 $Y=\alpha e^{\beta x}\cdot\varepsilon$ 两边取对数，得

$$\ln Y=\ln\alpha+\beta x+\ln\varepsilon。$$

令 $\ln Y=Y'$, $\ln\alpha=a$, $\beta=b,x=x',\ln\varepsilon=\varepsilon'$，则式 (10.45) 可转化为一元线性回归模型

$$Y'=a+bx'+\varepsilon',\quad \varepsilon'\sim N(0,\sigma^2)。\tag{10.46}$$

(2) $Y=\alpha x^{\beta}\cdot\varepsilon,\quad \ln\varepsilon\sim N(0,\sigma^2),$ (10.47)

其中 α, β, σ^2 是与 x 无关的未知参数。将 $Y=\alpha x^{\beta}\cdot\varepsilon$ 两边取对数，得

$$\ln Y=\ln\alpha+\beta\ln x+\ln\varepsilon。$$

令 $\ln Y=Y',\ln\alpha=a,\beta=b,\ln x=x',\ln\varepsilon=\varepsilon'$，则式 (10.47) 可转化为一元线性回归模型

$$Y'=a+bx'+\varepsilon',\quad \varepsilon'\sim N(0,\sigma^2)。\tag{10.48}$$

(3) $Y=\alpha+\beta h(x)+\varepsilon,\quad \varepsilon\sim N(0,\sigma^2),$ (10.49)

其中 α, β, σ^2 是与 x 无关的未知参数，$h(x)$ 是 x 的已知函数。令 $\alpha=a,\beta=b,h(x)=x'$, 则式 (10.49) 可转化为一元线性回归模型

$$Y=a+bx'+\varepsilon,\quad \varepsilon\sim N(0,\sigma^2)。\tag{10.50}$$

若在原模型下，例如，在原模型 (10.49) 下，对于 (x,Y) 有样本 $(x_1,y_1),(x_2,y_2),\cdots,(x_n,y_n)$ 就相当于在新模型 (10.50) 下有样本 $(x_1',y_1),(x_2',y_2),\cdots,(x_n',y_n)$，其中 $x_i'=h(x_i)$。于是就能利用一元线性回归的方法来估计 a,b 或对 b 作假设检验，或对 Y 进行预测。在得到 Y 关于 x' 的回归方程后，再将原自变量 x 代回，就得到 Y 关于 x 的回归方程，它的图形是一条曲线，也称为**曲线回归方程**。

例 10.6　为了解百货商店销售额和流通费率之间的关系，收集了 9 个商店的有关数据，如表 10-5 所示。

表 10-5　销售额与流通费率数据

销售额 x/万元	1.5	4.5	7.5	10.5	13.5	16.5	19.5	22.5	25.5
流通费率 Y/%	7.0	4.8	3.6	3.1	2.7	2.5	2.4	2.3	2.2

解　作散点图如图 10-2 所示。

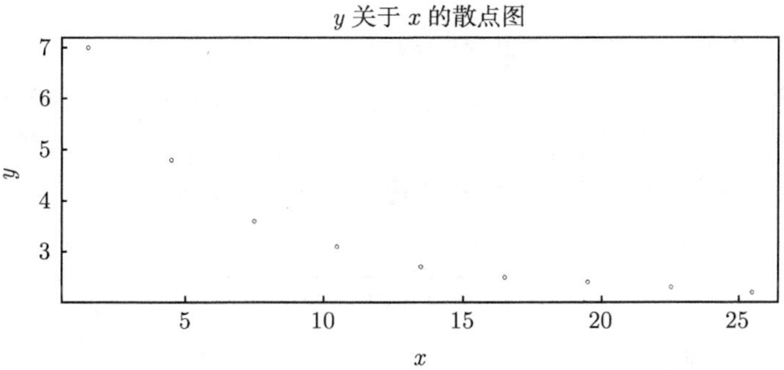

图 10-2

看起来 Y 与 x 呈曲线关系，于是采用模型 (10.47)，即

$$Y=\alpha x^{\beta}\cdot\varepsilon,\quad \ln\varepsilon\sim N(0,\sigma^2)。$$

经变量变换后转化为式 (10.48)：

$$Y'=a+bx'+\varepsilon',\quad \varepsilon'\sim N(0,\sigma^2)。$$

其中 $\ln Y=Y',\ln\alpha=a,\beta=b,\ln x=x',\ln\varepsilon=\varepsilon'$。变换后数据如表 10-6 所示。

表 10-6 取对数后的销售额和流通费率

$x'=\ln x$	0.4055	1.5041	2.0149	2.3514	2.6027	2.8034	2.9704	3.1135	3.2387
$y'=\ln y$	1.9459	1.5686	1.2809	1.1314	0.9933	0.9143	0.8755	0.8329	0.7885

经计算得

$$\hat{b}=-0.4259,\quad \hat{a}=2.1421,$$

从而有

$$\hat{y}'=2.1421-0.4259x'。$$

又可求得

$$|t|=\frac{|\hat{b}|}{\hat{\sigma}}\sqrt{l_{x'x'}}=\frac{0.4259}{0.1460}\sqrt{6.6336}=7.5133>t_{0.025}(7)=2.3646,$$

即知线性回归效果是高度显著的。代回原变量，得曲线回归方程

$$\hat{y}=8.5173x^{-0.4259}。$$

上面所讨论的一元线性回归模型是

$$Y=a+bx+\varepsilon,\quad \varepsilon\sim N(0,\sigma^2),\tag{10.51}$$

一般情况，一元回归模型为

$$Y=\mu(x,\theta_1,\theta_2,\cdots,\theta_p)+\varepsilon,\quad \varepsilon\sim N(0,\sigma^2),\tag{10.52}$$

其中 $\theta_1,\theta_2,\cdots,\theta_p,\sigma^2$ 是与 x 无关的未知参数。

如果回归函数 $\mu(x,\theta_1,\theta_2,\cdots,\theta_p)$ 是 $\theta_1,\theta_2,\cdots,\theta_p$ 的线性函数 (不必是 x 的线性函数)，则称式 (10.52) 为线性回归模型；若 $\mu(x,\theta_1,\theta_2,\cdots,\theta_p)$ 是 $\theta_1,\theta_2,\cdots,\theta_p$ 的非线性函数，不能经过变换将它转化为线性回归模型，称为本质的非线性回归模型，例如，Logistic 模型

$$Y=\frac{\theta_1}{1+\exp(\theta_2-\theta_3^x)}+\varepsilon$$

是本质的非线性回归模型。

第二节 多元线性回归

在实际问题中，随机变量 Y 往往与多个普通变量 $x_1, x_2, \cdots, x_p (p > 1)$ 有关。对于自变量 $x_1, x_2, \cdots, x_p$ 的一组确定的值，Y 有它的分布。若 Y 的数学期望存在，则它是 $x_1, x_2, \cdots, x_p$ 的函数，记为 $\mu_{Y|x_1, x_2, \cdots, x_p}$ 或 $\mu(x_1, x_2, \cdots, x_p)$，它就是 Y 关于 x 的回归函数。我们感兴趣的是 $\mu(x_1, x_2, \cdots, x_p)$ 是 $x_1, x_2, \cdots, x_p$ 的线性函数的情况。在这里，仅讨论下述多元线性回归模型：

$$Y = b_0 + b_1 x_1 + \cdots + b_p x_p + \varepsilon, \quad \varepsilon \sim N(0, \sigma^2), \tag{10.53}$$

其中 $b_0, b_1, \cdots, b_p, \sigma^2$ 都是与 $x_1, x_2, \cdots, x_p$ 无关的未知参数。式 (10.53) 称为 p 元线性回归方程，p 元是指自变量有 p 个，$b_1, b_2, \cdots, b_p$ 称为偏回归系数。

一、$\boldsymbol{b_0, b_1, \cdots, b_p}$ 的最小二乘估计

设

$$(x_{11}, x_{12}, \cdots, x_{1p}, y_1), \cdots, (x_{n1}, x_{n2}, \cdots, x_{np}, y_n) \tag{10.54}$$

是 p 个自变量 $x_1, x_2, \cdots, x_p$ 和随机变量 Y 的 n 组独立观察值，且假定 $n > p$。由式 (10.53) 得

$$\begin{cases} y_i = b_0 + b_1 x_{i1} + \cdots + b_p x_{ip} + \varepsilon_i \\ \varepsilon_i \sim N(0, \sigma^2), \quad i = 1, 2, \cdots, n \end{cases} \tag{10.55}$$

与一元线性回归模型一样，我们用最小二乘法来估计参数 $b_0, b_1, \cdots, b_p$ 及 σ^2。

记

$$Q(b_0, b_1, \cdots, b_p) = \sum_{i=1}^{n} (y_i - b_0 - b_1 x_{i1} - \cdots - b_p x_{ip})^2。 \quad 10.56)$$

求 $\dfrac{\partial Q}{\partial b_0}, \dfrac{\partial Q}{\partial b_1}, \cdots, \dfrac{\partial Q}{\partial b_p}$，并令之为 0，得到正规方程组：

$$\begin{cases} nb_0 + b_1 \sum_{i=1}^{n} x_{i1} + b_2 \sum_{i=1}^{n} x_{i2} + \cdots + b_p \sum_{i=1}^{n} x_{ip} = \sum_{i=1}^{n} y_i \\ b_0 \sum_{i=1}^{n} x_{i1} + b_1 \sum_{i=1}^{n} x_{i1}^2 + b_2 \sum_{i=1}^{n} x_{i1} x_{i2} + \cdots + b_p \sum_{i=1}^{n} x_{i1} x_{ip} = \sum_{i=1}^{n} x_{i1} y_i \\ b_0 \sum_{i=1}^{n} x_{i2} + b_1 \sum_{i=1}^{n} x_{i1} x_{i2} + b_2 \sum_{i=1}^{n} x_{i2}^2 + \cdots + b_p \sum_{i=1}^{n} x_{i2} x_{ip} = \sum_{i=1}^{n} x_{i2} y_i \\ \cdots\cdots \\ b_0 \sum_{i=1}^{n} x_{ip} + b_1 \sum_{i=1}^{n} x_{i1} x_{ip} + b_2 \sum_{i=1}^{n} x_{i2} x_{ip} + \cdots + b_p \sum_{i=1}^{n} x_{ip}^2 = \sum_{i=1}^{n} x_{ip} y_i \end{cases} 。 \tag{10.57}$$

为了求解方便，可将式 (10.57) 写成矩阵形式。为此，引入矩阵

$$X=\begin{bmatrix}1 & x_{11} & x_{12} & \cdots & x_{1p}\\ 1 & x_{21} & x_{22} & \cdots & x_{2p}\\ \vdots & \vdots & \vdots & & \vdots\\ 1 & x_{n1} & x_{n2} & \cdots & x_{np}\end{bmatrix},\quad Y=\begin{bmatrix}y_1\\ y_2\\ \vdots\\ y_n\end{bmatrix},\quad B=\begin{bmatrix}b_0\\ b_1\\ \vdots\\ b_p\end{bmatrix}。\tag{10.58}$$

因

$$X^{\mathrm T}X=\begin{bmatrix}1 & 1 & \cdots & 1\\ x_{11} & x_{21} & \cdots & x_{n1}\\ \vdots & \vdots & & \vdots\\ x_{1p} & x_{2p} & \cdots & x_{np}\end{bmatrix}\begin{bmatrix}1 & x_{11} & \cdots & x_{1p}\\ 1 & x_{21} & \cdots & x_{2p}\\ \vdots & \vdots & & \vdots\\ 1 & x_{n1} & \cdots & x_{np}\end{bmatrix}$$

$$=\begin{bmatrix}n & \sum_{i=1}^n x_{i1} & \cdots & \sum_{i=1}^n x_{ip}\\ \sum_{i=1}^n x_{i1} & \sum_{i=1}^n x_{i1}^2 & \cdots & \sum_{i=1}^n x_{i1}x_{ip}\\ \vdots & \vdots & & \vdots\\ \sum_{i=1}^n x_{ip} & \sum_{i=1}^n x_{ip}x_{i1} & \cdots & \sum_{i=1}^n x_{ip}^2\end{bmatrix},$$

$$X^{\mathrm T}Y=\begin{bmatrix}1 & 1 & \cdots & 1\\ x_{11} & x_{21} & \cdots & x_{n1}\\ \vdots & \vdots & & \vdots\\ x_{1p} & x_{2p} & \cdots & x_{np}\end{bmatrix}\begin{bmatrix}y_1\\ y_2\\ \vdots\\ y_n\end{bmatrix}=\begin{bmatrix}\sum_{i=1}^n y_i\\ \sum_{i=1}^n x_{i1}y_i\\ \vdots\\ \sum_{i=1}^n x_{ip}y_i\end{bmatrix}。$$

于是式 (10.57) 即可写成

$$X^{\mathrm T}XB=X^{\mathrm T}Y,\tag{10.59}$$

这就是正规方程组的矩阵形式。一般假定 $(X^{\mathrm T}X)^{-1}$ 存在，则矩阵方程 (10.59) 有唯一解，记为 $\hat{B}=(\hat{b}_0,\hat{b}_1,\cdots,\hat{b}_p)'$，即有

$$\hat{B}=\begin{bmatrix}\hat{b}_0\\ \hat{b}_1\\ \vdots\\ \hat{b}_p\end{bmatrix}=(X^{\mathrm T}X)^{-1}X^{\mathrm T}Y。\tag{10.60}$$

在多元回归分析模型中，感兴趣的往往是偏相关系数 $b_1, b_2, \cdots, b_p$。为此，需要在式 (10.60) 中分离出 $\hat{b}_0$ 和 $\hat{b}_1, \cdots, \hat{b}_p$。

记 $\bar{x}_j = \dfrac{1}{n}\sum_{i=1}^{n} x_{ij}, j = 1, 2, \cdots, p$; $\bar{y} = \dfrac{1}{n}\sum_{i=1}^{n} y_i$，则有

$$\hat{b}_0 = \bar{y} - \hat{b}_1\bar{x}_1 - \cdots - \hat{b}_p\bar{x}_p, \tag{10.61}$$

经整理化简得

$$\begin{cases} \hat{b}_1\sum_{i=1}^{n} x_{i1}(x_{i1}-\bar{x}_1) + \hat{b}_2\sum_{i=1}^{n} x_{i1}(x_{i2}-\bar{x}_2) + \cdots + \hat{b}_p\sum_{i=1}^{n} x_{i1}(x_{ip}-\bar{x}_p) = \sum_{i=1}^{n} x_{i1}(y_i-\bar{y}) \\ \hat{b}_1\sum_{i=1}^{n} x_{i2}(x_{i1}-\bar{x}_1) + \hat{b}_2\sum_{i=1}^{n} x_{i2}(x_{i2}-\bar{x}_2) + \cdots + \hat{b}_p\sum_{i=1}^{n} x_{i2}(x_{ip}-\bar{x}_p) = \sum_{i=1}^{n} x_{i2}(y_i-\bar{y}) \\ \cdots\cdots \\ \hat{b}_1\sum_{i=1}^{n} x_{ip}(x_{i1}-\bar{x}_1) + \hat{b}_2\sum_{i=1}^{n} x_{ip}(x_{i2}-\bar{x}_2) + \cdots + \hat{b}_p\sum_{i=1}^{n} x_{ip}(x_{ip}-\bar{x}_p) = \sum_{i=1}^{n} x_{ip}(y_i-\bar{y}) \end{cases}。 \tag{10.62}$$

注意到

$$\sum_{i=1}^{n} x_{ij}(x_{ik}-\bar{x}_k) = \sum_{i=1}^{n} (x_{ij}-\bar{x}_j)(x_{ik}-\bar{x}_k),$$
$$\sum_{i=1}^{n} x_{ij}(y_i-\bar{y}) = \sum_{i=1}^{n} (x_{ij}-\bar{x}_j)(y_i-\bar{y}), \quad j,k = 1,2,\cdots,p。$$

记 $l_{jk} = \sum_{i=1}^{n}(x_{ij}-\bar{x}_j)(x_{ik}-\bar{x}_k), l_{jy} = \sum_{i=1}^{n}(x_{ij}-\bar{x}_j)(y_i-\bar{y}), j,k = 1,2,\cdots,p$，则式 (10.62) 化为

$$\begin{cases} l_{11}\hat{b}_1 + l_{12}\hat{b}_2 + \cdots + l_{1p}\hat{b}_p = l_{1y} \\ l_{21}\hat{b}_1 + l_{22}\hat{b}_2 + \cdots + l_{2p}\hat{b}_p = l_{2y} \\ \cdots\cdots \\ l_{p1}\hat{b}_1 + l_{p2}\hat{b}_2 + \cdots + l_{pp}\hat{b}_p = l_{py} \end{cases}。 \tag{10.63}$$

此方程组形式简单，易解。通常也称它为**正规方程组**。

记 $L_{XX} = \begin{bmatrix} l_{11} & l_{12} & \cdots & l_{1p} \\ l_{21} & l_{22} & \cdots & l_{2p} \\ \vdots & \vdots & & \vdots \\ l_{p1} & l_{p2} & \cdots & l_{pp} \end{bmatrix}, L_{XY} = \begin{bmatrix} l_{1y} \\ l_{2y} \\ \vdots \\ l_{py} \end{bmatrix}$，则解方程组 (10.63) 可得 $\hat{b}_1, \cdots, \hat{b}_p$，

即有

$$\begin{bmatrix} \hat{b}_1 \\ \hat{b}_2 \\ \vdots \\ \hat{b}_p \end{bmatrix} = L_{XX}^{-1}L_{XY}。 \tag{10.64}$$

联合式 (10.61) 和式 (10.64) 可得

$$\hat{B}=\begin{bmatrix}\hat{b}_0\\ \hat{B}_1\end{bmatrix}=\begin{bmatrix}\bar{y}-\hat{b}_1\bar{x}_1-\cdots-\hat{b}_p\bar{x}_p\\ L_{XX}^{-1}L_{XY}\end{bmatrix},\tag{10.65}$$

其中 $B_1=(b_1,b_2,\cdots,b_p)'$。

于是可得回归方程

$$\hat{y}=\hat{b}_0+\hat{b}_1x_1+\cdots+\hat{b}_px_p。$$

例 10.7 根据经验认为，在人的身高相等的情况下，血压的收缩压 Y 与体重 x_1、年龄 x_2 有关。为了解其相关关系，现收集了 13 个男子的上述数据，见表 10-7。

表 10-7 男子的收缩压、体重、年龄数据

序号	1	2	3	4	5	6	7	8	9	10	11	12	13
体重	152	183	171	165	158	161	149	158	170	153	164	190	185
年龄	50	20	20	30	30	50	60	50	40	55	40	40	20
收缩压	120	141	124	126	117	125	123	125	132	123	132	155	147

解 由表中数据，易算得

$$\sum_i x_{i1}=2159,\ \sum_i x_{i2}=505,\ \sum_i y_i=1690,\ \bar{x}_1=166.0769,\ \bar{x}_2=38.8462,\ \bar{y}=130。$$

$$l_{11}=\sum_i x_{i1}^2-\frac{1}{n}\left(\sum_i x_{i1}\right)^2=360639-358560.1=2078.9,$$

$$l_{12}=l_{21}=\sum_i x_{i1}x_{i2}-\frac{1}{n}\left(\sum_{i=1} x_{i1}\right)\left(\sum_i x_{i2}\right)=82335-83868.85=-1533.85,$$

$$l_{22}=\sum_i x_{i2}^2-\frac{1}{n}\left(\sum_i x_{i2}\right)^2=21925-19617.31=2307.69,$$

$$l_{1y}=\sum_i x_{i1}y_i-\frac{1}{n}\left(\sum_i x_{i1}\right)\left(\sum_i y_i\right)=282277-280670=1607,$$

$$\mathrm{l}_{2y}=\sum_i x_{i2}y_i-\frac{1}{n}\left(\sum_i x_{i2}\right)\left(\sum_i y_i\right)=64935-65650=-715。$$

有了上述数据就可以得到正规方程组

$$\begin{cases}2078.9\hat{b}_1-1533.85\hat{b}_2=1607\\ -1533.85\hat{b}_1+2307.69\hat{b}_2=-715\end{cases},$$

解此方程组，得 $\hat{b}_1=1.0683,\hat{b}_2=0.4002$。

于是

$$\hat{a}=\bar{y}-\hat{b}_1\bar{x}_1-\hat{b}_2\bar{x}_2=130-1.0683\times166.0769-0.4002\times38.8462=-62.9662。$$

因此，求得回归方程为

$$\hat{Y}=\hat{a}+\hat{b}_1x_1+\hat{b}_2x_2=-62.9662+1.0683x_1+0.4002x_2。$$

二、对多元线性回归的各种统计分析

同一元回归一样，多元线性回归方程总是可以计算出来的。但是 Y 与 $x_1, x_2, \cdots, x_p$ 是否确实存在线性关系呢？回归效果如何？这就首先要进行“整个回归效果是否显著”的检验。和一元回归类似，这个检验与检验

$$H_0: b_1 = b_2 = \cdots = b_p = 0$$

是等价的。但与一元回归还有不同之处，这就是一元回归分析中只有一个自变量 x，回归系数 b 也只有一个，“回归效果不显著”和“$b=0$”一回事。多元情形就会复杂得多：Y 可能与某几个 x_i 的关系密切 (这些 b_i 显著不为 0)，因而整个回归效果是显著的，但是 Y 却可能与另几个 x_i 关系不密切 (相应的那些 b_i 为 0)。这就是说，多元线性回归除了首先要检验“整个回归是否显著”，还要逐个检验每一个 b_i 是否为 0，以分辨出哪些 x_i 对 Y 并无显著影响。下面将逐项进行讨论。注意到，与前面一元线性回归的公式比较，这里相当于 $p=1$ 的特例。

1. *平方和分解公式*

同一元回归类似，多元回归也有平方和分解公式：

$$\begin{aligned} l_{yy} &= \sum_{i=1}^{n}(y_i-\bar{y})^2 = \sum_{i=1}^{n}(y_i-\hat{y}_i+\hat{y}_i-\bar{y})^2 \\ &= \sum_{i=1}^{n}(y_i-\hat{y}_i)^2+\sum_{i=1}^{n}(\hat{y}_i-\bar{y})^2+2\sum_{i=1}^{n}(y_i-\hat{y}_i)(\hat{y}_i-\bar{y}) \\ &= \sum_{i=1}^{n}(y_i-\hat{y}_i)^2+\sum_{i=1}^{n}(\hat{y}_i-\bar{y})^2 = Q+U, \end{aligned} \tag{10.66}$$

这里

$$U=\sum_{i=1}^{n}(\hat{y}_i-\bar{y})^2, \quad Q=\sum_{i=1}^{n}(y_i-\hat{y}_i)^2,$$

其中，

$$\bar{y}=\frac{1}{n}\sum_{i=1}^{n}y_i, \quad \hat{y}_i=\hat{a}+\hat{b}_1x_1+\hat{b}_2x_2+\cdots+\hat{b}_px_p,$$

而 U 仍称为**回归平方和**，Q 仍称为**残差平方和**。

利用式 (10.61) 和式 (10.62) 可推知式 (10.66) 中的交叉项

$$\begin{aligned} &\sum_{i=1}^{n}(y_i-\hat{y}_i)(\hat{y}_i-\bar{y})=\sum_{i=1}^{n}(y_i-\hat{a}-\hat{b}_1x_{i1}-\cdots-\hat{b}_px_{ip})(\hat{a}+\hat{b}_1x_{i1}+\cdots+\hat{b}_px_{ip}-\bar{y}) \\ &=\sum_{i=1}^{n}\left[(y_i-\bar{y})-\hat{b}_1(x_{i1}-\bar{x}_1)-\cdots-\hat{b}_p(x_{ip}-\bar{x}_p)\right]\left[\hat{b}_1(x_{i1}-\bar{x}_1)+\cdots+\hat{b}_p(x_{ip}-\bar{x}_p)\right] \\ &=\hat{b}_1\sum_{i=1}^{n}\left[(y_i-\bar{y})-\hat{b}_1(x_{i1}-\bar{x}_1)-\cdots-\hat{b}_p(x_{ip}-\bar{x}_p)\right](x_{i1}-\bar{x}_1)+\cdots \end{aligned}$$

$$
\begin{aligned}
&+\hat{b}_p\sum_{i=1}^{n}\left[(y_i-\bar{y})-\hat{b}_1(x_{i1}-\bar{x}_1)-\cdots-\hat{b}_p(x_{ip}-\bar{x}_p)\right](x_{ip}-\bar{x}_p)\\
=&\ \hat{b}_1\left[l_{1y}-\hat{b}_1l_{11}-\cdots-\hat{b}_pl_{1p}\right]+\cdots+\hat{b}_p\left[l_{py}-\hat{b}_1l_{p1}-\cdots-\hat{b}_pl_{pp}\right]=0。
\end{aligned}
$$

下面推出 U 的计算公式

$$
\begin{aligned}
U&=\sum_{i=1}^{n}(\hat{y}_i-\bar{y})^2=\sum_{i=1}^{n}(\hat{a}+\hat{b}_1x_{i1}+\cdots+\hat{b}_px_{ip}-\bar{y})^2\\
&=\sum_{i=1}^{n}\left[\hat{b}_1(x_{i1}-\bar{x}_1)+\cdots+\hat{b}_p(x_{ip}-\bar{x}_p)\right]^2\\
&=\sum_{i=1}^{n}\sum_{j=1}^{p}\sum_{k=1}^{p}\hat{b}_j\hat{b}_k(x_{ij}-\bar{x}_j)(x_{ik}-\bar{x}_k)\\
&=\sum_{j=1}^{p}\sum_{k=1}^{p}\hat{b}_j\hat{b}_k\sum_{i=1}^{n}(x_{ij}-\bar{x}_j)(x_{ik}-\bar{x}_k)\\
&=\sum_{j=1}^{p}\sum_{k=1}^{p}\hat{b}_j\hat{b}_kl_{jk}=\sum_{j=1}^{p}\hat{b}_j\sum_{k=1}^{p}\hat{b}_kl_{jk}=\sum_{j=1}^{p}\hat{b}_jl_{jy}。
\end{aligned}\tag{10.67}
$$

由式 (10.66) 可得残差平方和 Q 的计算公式:

$$
Q=l_{yy}-U=l_{yy}-\sum_{j=1}^{p}\hat{b}_jl_{jy}。\tag{10.68}
$$

可以证明 $E(Q)=(n-p-1)\sigma^2$，因而 $Q/(n-p-1)$ 可作为 σ^2 的无偏估计。记

$$
\hat{\sigma}=\sqrt{\frac{Q}{n-p-1}},
$$

称 σ 为**剩余标准差**。

2. 复相关系数

由于

$$
\begin{aligned}
\frac{1}{n}\sum_{i=1}^{n}\hat{y}_i&=\frac{1}{n}\sum_{i=1}^{n}\left[\hat{a}+\hat{b}_1x_{i1}+\cdots+\hat{b}_px_{ip}\right]\\
&=\frac{1}{n}\sum_{i=1}^{n}\left[\bar{y}+\hat{b}_1(x_{i1}-\bar{x}_1)+\cdots+\hat{b}_p(x_{ip}-\bar{x}_p)\right]=\bar{y},
\end{aligned}
$$

于是

$$
\frac{\sum\limits_{i=1}^{n}(y_i-\bar{y})(\hat{y}_i-\bar{y})}{\sqrt{\sum\limits_{i=1}^{n}(y_i-\bar{y})^2\sum\limits_{i=1}^{n}(\hat{y}_i-\bar{y})^2}}=\frac{\sum\limits_{i=1}^{n}(y_i-\bar{y})\left[\sum\limits_{j=1}^{p}\hat{b}_j(x_{ij}-\bar{x}_j)\right]}{\sqrt{l_{yy}U}}
$$

$$= \frac{\sum_{j=1}^{p}\hat{b}_j l_{jy}}{\sqrt{l_{yy}U}} = \frac{U}{\sqrt{l_{yy}U}} = \sqrt{\frac{U}{l_{yy}}}。 \tag{10.69}$$

定义

$$R^2 = \frac{U}{l_{yy}},$$

即

$$R = \sqrt{\frac{U}{l_{yy}}} = \sqrt{1 - \frac{Q}{l_{yy}}}。 \tag{10.70}$$

称 R 为 Y 与 $x_1, x_2, \cdots, x_p$ 的**复相关系数**。

由式 (10.68) 可以看出 R 可作为 $x_1, x_2, \cdots, x_p$ 的线性组合这一整体的回归函数 $\hat{y} = \hat{a} + \hat{b}_1 x_1 + \cdots + \hat{b}_p x_p$ 与 Y 的相关系数。线性回归方程 $\hat{y} = \hat{a} + \hat{b}_1 x_1 + \cdots + \hat{b}_p x_p$ 是在均方误差 (即 Q) 最小的意义下为 Y 依据 $x_1, x_2, \cdots, x_p$ 的最佳线性估计，故在 $x_1, x_2, \cdots, x_p$ 的所有线性组合中，$\hat{y}$ 与 Y 有最大的相关。因而称 R 为 Y 与 $x_1, x_2, \cdots, x_p$ 的复相关系数，显然 $0 \leqslant R \leqslant 1$。

3. 几个结论

同一元一样，可以证明：

(1) $$\frac{1}{\sigma^2}Q = \frac{1}{\sigma^2}\sum_{i=1}^{n}(y_i - \hat{y}_i)^2 \sim \chi^2(n-p-1), \tag{10.71}$$

且 Q 与 $\hat{b}_1, \hat{b}_2, \cdots, \hat{b}_p$ 独立。

(2) 在 $b_1 = b_2 = \cdots = b_p = 0$ 的条件下，

$$\frac{U}{\sigma^2} \sim \chi^2(p), \tag{10.72}$$

且 U 与 Q 独立。

因而

$$F = \frac{U/p}{Q/(n-p-1)} = \frac{n-p-1}{p}\frac{R^2}{1-R^2} \sim F(p, n-p-1)。 \tag{10.73}$$

(3) $$t_i = \frac{\hat{b}_i - b_i}{\sqrt{c_{ii}}\hat{\sigma}} \sim t(n-p-1), \quad i = 1, 2, \cdots, p, \tag{10.74}$$

其中 c_{ii} 为 L_{XX}^{-1} 中第 i 个对角元。

特别地，当 $p = 1$ 时，$L_{XX} = l_{xx}$，则 $L_{XX}^{-1} = \dfrac{1}{l_{xx}} = c_{11}$，因而

$$t_1 = \frac{\hat{b}_1 - b_1}{\sqrt{c_{11}}\hat{\sigma}} = \frac{\hat{b}_1 - b_1}{\hat{\sigma}}\sqrt{l_{xx}} \sim t(n-2)。$$

4. 显著性检验

以上几条结论可以用来做下列检验。与一元不同的是回归方程显著性检验与单独某个 b_i 是否为 0 的检验要分别进行。

(1) 回归显著性检验 (F 检验)，即检验整个回归是否有意义。

若回归无意义，则 $H_0: b_1 = b_2 = \cdots = b_p = 0$，故由式 (10.73)

$$F = \frac{n-p-1}{p}\frac{U}{Q} = \frac{n-p-1}{p}\frac{R^2}{1-R^2} \sim F(p, n-p-1)。$$

检验法：当 $F \geqslant F_\alpha(p, n-p-1)$ 时，拒绝 H_0。

(2) 单个回归系数为 0 的检验 (t 检验)。

$$H_{0i}: b_i = 0, \quad i = 1, 2, \cdots, p。$$

此时检验统计量为

$$t_i = \frac{\hat{b}_i}{\sqrt{c_{ii}}\hat{\sigma}} \sim t(n-p-1), \quad i = 1, 2, \cdots, p,$$

故 $|t_i| \geqslant t_{\alpha/2}(n-p-1)$ 时，拒绝 H_{0i}，即认为 x_i 对 Y 是有作用的。

例 10.8 (续例 10.7) 检验例 10.7 中的回归方程的显著性和回归系数的显著性。

解 由例 10.7 知

$$l_{yy} = \sum_i y_i^2 - \frac{1}{n}\left(\sum_i y_i\right)^2 = 2812 - \frac{1}{13} \times 130^2 = 1512,$$

$$U = \hat{b}_1 l_{1y} + \hat{b}_2 l_{2y} = 1.0683 \times 1607 + 0.40022 \times (-715) = 1430.6008,$$

$$Q = l_{yy} - U = 1512 - 1430.6008 = 81.3992。$$

于是检验统计量为

$$F = \frac{n-p-1}{p}\frac{U}{Q} = \frac{10}{2} \times \frac{1430.6008}{81.3992} = 87.88。$$

而 $F_{0.01}(2, 10) = 7.36$, 所以 $F = 87.88 > F_{0.01}(2, 10)$。故拒绝 $H_0: b_1 = b_2 = \cdots = b_p = 0$，认为回归效果是显著的。列方差分析表如表 10-8 所示。

表 10-8 方差分析表

方差来源	平方和	自由度	均方	F 值	显著性
回归	1430.6008	2	715.3004	87.88	$\alpha = 0.01$
剩余	81.3992	10	8.13992	$F_{0.01}(2, 10) = 7.36$	
总和	1512	12			

以下对回归系数 b_1, b_2 进行显著性 t 检验。

$$H_{0j}: b_j = 0, \quad j = 1, 2,$$

检验统计量为

$$t_j = \frac{\hat{b}_j}{\sqrt{c_{jj}}\hat{\sigma}},$$

其中，c_{jj} 是 L_{XX}^{-1} 的第 j 个主对角元，计算如下：

$$|L_{XX}| = \begin{vmatrix} 2078.9231 & -1533.846 \\ -1533.846 & 2307.69 \end{vmatrix} = 2444826.5,$$

故

$$c_{11} = \frac{2307.69}{2444826.5} = 9.4391 \times 10^{-4}, \quad c_{22} = \frac{2078.9231}{2444826.5} = 8.5034 \times 10^{-4},$$

$$\hat{\sigma} = \sqrt{\frac{1}{10} \times 81.3992} = 2.8531。$$

故

$$\begin{cases} t_1 = \dfrac{1.0683}{\sqrt{9.4391 \times 10^{-4}} \times 2.8531} = 12.1361 \\ t_2 = \dfrac{0.4002}{\sqrt{8.5034 \times 10^{-4}} \times 2.8531} = 4.8102 \end{cases}。$$

而 $t_{\alpha/2}(n-p-1) = t_{0.005}(10) = 3.169$, 所以 $t_1 > t_{0.005}(10), t_2 > t_{0.005}(10)$。故拒绝原假设 $H_{0j}, j = 1, 2$，即说明 x_1 与 x_2 对 Y 均有显著影响。

习 题 十

1. 一元线性回归模型有哪些基本假设?

2. 随机抽取某地 12 个居民家庭为样本，调查得到有关人均收入与食品支出的资料如下：

编号	家庭人均收入 x/元	人均食品支出 y/元	编号	家庭人均收入 x/元	人均食品支出 y/元
1	820	750	7	1600	1300
2	930	850	8	1800	1450
3	1050	920	9	2000	1560
4	1300	1050	10	2700	2000
5	1440	1200	11	3000	2000
6	1500	1200	12	4000	2200

要求：

(1) 画出散点图。

(2) x 与 y 之间是否大致呈线性关系?

(3) 用最小二乘估计求出回归方程。

(4) 对回归方程作方差分析。

3. 假定保险公司希望确定居民住宅火灾造成的损失数额与该住户到最近的消防站之间的距离的关系，以便准确地定出保费金额。保险公司收集了如下数据：

编号	距离消防站距离/千米	火灾损失/千元	编号	距离消防站距离/千米	火灾损失/千元
1	3.0	22.3	9	3.4	26.2
2	2.6	19.6	10	1.8	17.8
3	4.3	31.3	11	4.6	31.3
4	2.1	25.0	12	2.3	23.1
5	1.1	17.3	13	3.1	27.5
6	6.1	43.2	14	5.5	36.0
7	4.8	36.4	15	0.7	14.1
8	3.8	26.1			

要求：

(1) 画出散点图。

(2) 建立回归方程。

(3) 对回归方程作方差分析。

(4) 给出回归系数的置信度为 0.95 的置信区间。

(5) 求距离消防站距离 2.5 千米处的置信水平为 0.95 的预测区间。

(6) 给保险公司提出一个合理的建议。

4. 在研究我国人均消费水平的问题上，把人均国民收入作为一个影响的主要因素。现收集到 1980～1998 年之间的数据 (如下表)，请你使用回归分析的知识分析一下它们之间的关系。

年份	人均国民收入/元	人均消费金额/元	年份	人均国民收入/元	人均消费金额/元
1980	460	234.75	1990	1634	797.08
1981	489	259.26	1991	1879	890.66
1982	525	280.58	1992	2287	1063.39
1983	580	305.97	1993	2939	1323.22
1984	692	347.15	1994	3923	1736.32
1985	853	433.53	1995	4854	2224.59
1986	956	481.36	1996	5576	2627.06
1987	1104	545.40	1997	6053	2819.36
1988	1355	687.51	1998	6392	2958.18
1989	1512	756.27			

5. 石油产量数据，下表中的数据是 1880～1988 年间的世界原油年产量。

1880～1988 年间石油产量数据　　(单位：百万桶)

年份	石油产量	年份	石油产量	年份	石油产量
1880	30	1940	2150	1972	18584
1890	77	1945	2595	1974	20389
1900	149	1950	3803	1976	20188
1905	215	1955	5626	1978	21922
1910	328	1960	7674	1980	21722
1915	432	1962	8882	1982	19411
1920	689	1964	10310	1984	19837
1925	1069	1966	12016	1986	20246
1930	1412	1968	14104	1988	21338
1935	1655	1970	16690		

要求：

(1) 构造一个石油产量对年份的散点图，并观察该图像中点是呈非线性状。为了对这些数据拟合线性回归模型，必须对石油产量数据做变换。

(2) 设石油产量为 x，年份为 y，构造 $\lg x$ 对 y 的散点图，作线性回归，评价模型的拟合效果。

6. 设有模型：$y = a + b_1x_1 + b_2x_2 + \varepsilon$，试在下列条件下：

(1) $b_1 + b_2 = 1$；

(2) $b_1 = b_2$。

分别求出 b_1 和 b_2 的最小二乘估计。

7. 根据 100 对 (x_i, y_i) 的观察值计算出

$$l_{11}=\sum_i (x_{i1}-\bar{x}_1)^2=12,\quad l_{1y}=\sum_i (x_{i1}-\bar{x}_1)(y_i-\bar{y})=-9,\quad l_{yy}=\sum_i (y_i-\bar{y})^2=30。$$

要求：

(1) 求出一元模型 $y=a+bx_1+u$ 中 b 的最小二乘估计量及其相应的标准差估计量。

(2) 后来发现 y 还受 x_2 的影响，于是将一元模型改为二元模型 $y=a_1+b_1x_1+b_2x_2+v$，收集 x_2 的相应观察值并计算出

$$l_{22}=\sum_i (x_{i2}-\bar{x}_2)^2=6,\quad l_{2y}=\sum_i (x_{i2}-\bar{x}_2)(y_i-\bar{y})=8,\quad l_{12}=\sum_i (x_{i1}-\bar{x}_1)(x_{i2}-\bar{x}_2)=2。$$

求二元模型中的 b_1, b_2 的最小二乘估计量及其相应的标准差估计量。

(3) 一元模型中的 $\hat{b}$ 与二元模型中 $\hat{b}_1$ 是否相等？为什么？

8. 经研究发现，学生用于买书籍及课外读物的支出与本人受教育年限和其家庭收入水平有关，对 18 名学生进行调查的统计资料如下表所示：

学生序号	购买书籍及课外读物支出 y/(元/年)	受教育年限 x_1/年	家庭月可支配收入 x_2/(元/月)
1	450.5	4	171.2
2	507.7	4	174.2
3	613.9	5	204.3
4	563.4	4	218.7
5	501.5	4	219.4
6	781.5	7	240.4
7	541.8	4	273.5
8	611.1	5	294.8
9	1222.1	10	330.2
10	793.2	7	333.1
11	660.8	5	366.0
12	792.7	6	350.9
13	580.8	4	357.9
14	612.7	5	359.0
15	890.8	7	371.9
16	1121.0	9	435.3
17	1094.2	8	523.9
18	1253.0	10	604.1

要求：

(1) 试求出学生购买书籍及课外读物的支出 y 与受教育年限 x_1 和家庭收入水平 x_2 的估计的回归方程。

(2) 对回归系数进行显著性 t 检验，计算 R^2。

(3) 假设有一学生的受教育年限 $x_1=10$ 年，家庭收入水平 $x_2=480$ 元/月，试预测该学生年购买书籍及课外读物的支出，并求出相应的预测区间 $(\alpha=0.05)$。

第十一章　统计软件介绍

随着现代科学技术的飞速发展，计算机处理能力不断提高、信息系统处理的信息量日益增长，特别是随着互联网 (包括移动互联网) 的发展、传感技术的广泛应用，大数据时代已然到来。概率论与数理统计是一门实践性很强的课程，在大数据时代，统计应用无处不在。有数据的地方就有统计方法的应用，而计算机技术在数理统计中的应用，主要是在统计数据信息的存储和检索、统计资料的分析和统计推断等方面的应用。统计计算作为概率统计与计算数学、计算机科学相结合的应用型分支科学，几十年来随着计算机的迅猛发展和广泛应用，已在自然科学、社会科学和生产实践等人类社会各个领域日益显示出不可缺少的重要地位。为此，我们介绍一些常用的统计软件，以使学生对统计软件有初步的认识，为以后应用统计方法解决实际问题奠定初步的基础。目前统计软件种类繁多，本章主要介绍常用的统计软件：SAS、SPSS、R、S-PLUS、Stata、Excel、Minitab、STATISTICA 和 EViews 等。

第一节　SAS 统计软件介绍

一、SAS 系统介绍

SAS 全称为 Statistical Analysis System，是由北卡罗来纳州立大学的两位生物统计学研究生于 1966 年开发的统计分析软件，并于 1976 年成立了 SAS 软件研究所，正式推出了 SAS 软件。SAS 系统主要完成以数据为中心的四大任务：数据访问、数据管理、数据呈现和数据分析功能。在国际上，SAS 被誉为数据统计分析的标准软件，在各领域得到广泛的应用，SAS 软件的统计分析结果会得到政府部门的认可。SAS 全球五级专业认证是国际上公认的数据挖掘和商业智能领域的权威认证。

二、SAS 操作方式

SAS 由大型机系统发展而来，其核心操作方式就是程序驱动，经过多年的发展，现在已成为一套完整的计算机语言，其用户界面也充分体现了这一特点：它采用 MDI (多文档界面)，用户在 PGM 视窗中输入程序，分析结果以文本的形式在 OUTPUT 视窗中输出。SAS 是用汇编语言编写而成的，通常使用 SAS 需要编写程序, 比较适合统计专业人员使用，而对于非统计专业人员学习 SAS 比较困难。SAS 的 Windows 版本根据不同的用户群开发了几种图形操作界面，这些图形操作界面各有特点，使用时非常方便。网址：http://www.sas.com/。

三、SAS 软件的特点

SAS 把数据存取、管理、分析和展现有机地融为一体。主要特点如下。

1. **功能强大，统计方法齐、全、新**

SAS 提供了从基本统计数据的计算到各种试验设计的方差分析，相关回归分析及多变数分析的多种统计分析过程，几乎囊括了所有最新分析方法，其分析技术先进，可靠。分析方法的实现通过过程调用完成。许多过程同时提供了多种算法和选项。例如，方差分析中的多重比较，提供了包括 LSD，DUNCAN，TUKEY 测验在内的 10 余种方法；回归分析提供了 9 种自变量选择的方法 (如 STEPWISE，BACKWARD，FORWARD，RSQUARE 等)。

回归模型中可以选择是否包括截距，还可以事先指定一些包括在模型中的自变量字组 (SUBSET) 等。对于中间计算结果，可以全部输出、不输出或选择输出，也可存储到文件中供后续分析过程调用。

2. **使用简便，操作灵活**

SAS 以一个通用的数据 (DATA) 步产生数据集，然后以不同的过程调用完成各种数据分析。其编程语句简洁、短小，通常只需很小的几句语句即可完成一些复杂的运算，得到满意的结果。结果输出以简明的英文给出提示，统计术语规范易懂，具有初步英语和统计基础即可。使用者只要告诉 SAS“做什么”，而不必告诉其“怎么做”。同时 SAS 的设计，使得任何 SAS 能够“猜”出的东西用户都不必告诉它 (即无需设定)，并且能自动修正一些小的错误 (例如，将 DATA 语句的 DATA 拼写成 DATE，SAS 将假设为 DATA 继续运行，仅在 LOG 中给出注释说明)。

对运行时的错误它尽可能地给出错误原因及改正方法。因而 SAS 将统计的科学、严谨和准确与便于使用有机地结合起来，极大地方便了使用者。

3. **提供联机帮助功能**

使用过程中按下功能键 F1，可随时获得帮助信息，得到简明的操作指导。

四、SAS 的功能模块介绍

SAS 系统是一个组合软件系统，它由多个功能模块组合而成，其基本部分是 BASE SAS 模块。BASE SAS 模块是 SAS 系统的核心，承担着主要的数据管理任务，并管理用户使用环境，进行用户语言的处理，调用其他 SAS 模块和产品。也就是说，SAS 系统的运行，首先必须启动 BASE SAS 模块，它除了本身所具有的数据管理、程序设计及描述统计计算功能，还是 SAS 系统的中央调度室。它除可单独存在外，也可与其他产品或模块共同构成一个完整的系统。各模块的安装及更新都可通过其安装程序非常方便地进行。SAS 系统具有灵活的功能扩展接口和强大的功能模块，在 BASE SAS 的基础上，还可以增加如下不同的模块而增加不同的功能：SAS/STAT(统计分析模块)、SAS/GRAPH(绘图模块)、SAS/QC(质量控制模块)、SAS/ETS(经济计量学和时间序列分析模块)、SAS/OR(运筹学模块)、SAS/IML(交互式矩阵程序设计语言模块)、SAS/FSP(快速数据处理的交互式菜单系统模块)、SAS/AF(交互式全屏幕软件应用系统模块) 等。SAS 有一个智能型绘图系统，不仅能绘各种统计图，还能绘出地图。SAS 提供多个统计过程，每个过程均含有极丰富的任选项。用户还可以通过对数据集的一连串加工，实现更为复杂的统计分析。此外，SAS 还提供了各类概率分析函数、分位数函数、样本统计函数和随机数生成函数，使用户能方便地实现特殊统计要求。

第二节　SPSS 统计软件

一、SPSS 系统介绍

SPSS 软件原名为 Statistical Package for the Social Science ，是社会学统计程序包。2000 年 SPSS 公司将其英文全称改为“Statistical Product and Service Solutions”，意为“统计产品与服务解决方案”，是一个组合式软件包。它集数据整理、分析过程、结果输出等功能于一身，是世界著名的统计分析软件之一。

20 世纪 60 年代末，美国斯坦福大学的三位研究生研制开发了最早的统计分析软件 SPSS，同时成立了 SPSS 公司，并于 1975 年在芝加哥组建了 SPSS 总部。SPSS 系统特点是操作比较方便，统计方法比较齐全，绘制图形、表格较为方便，输出结果比较直观。SPSS 用 FORTRAN 语言编写而成。适合进行从事社会学调查中的数据分析处理。网址：http://www.spss.com/。

二、SPSS 软件的特点

1. 操作简便

SPSS 是世界上最早采用图形菜单驱动界面的统计软件，它最突出的特点就是操作界面极为友好，输出结果美观漂亮。它将几乎所有的功能都以统一、规范的界面展现出来，使用 Windows 的窗口方式展示各种管理和分析数据方法的功能，对话框展示出各种功能选择项。用户只要掌握一定的 Windows 操作技能，精通统计分析原理，就可以使用该软件为特定的科研工作服务。

2. 编程方便

具有第四代语言的特点，告诉系统要做什么，无须告诉怎样做。只要了解统计分析的原理，无须通晓统计方法的各种算法，即可得到需要的统计分析结果。对于常见的统计方法，SPSS 的命令语句、子命令及选择项的选择绝大部分由“对话框”的操作完成。因此，用户无须花大量时间记忆大量的命令、过程、选择项。

3. 功能强大

具有完整的数据输入、编辑、统计分析、报表、图形制作等功能。自带 11 种类型 136 个函数。SPSS 提供了从简单的统计描述到复杂的多因素统计分析方法，如数据的探索性分析、统计描述、列联表分析、二维相关、秩相关、偏相关、方差分析、非参数检验、多元回归、生存分析、协方差分析、判别分析、因子分析、聚类分析、非线性回归、Logistic 回归等。

4. 数据接口

SPSS 采用类似 Excel 表格的方式输入与管理数据，数据接口较为通用，能方便地从其他数据库中读入数据。能够读取及输出多种格式的文件。比如，由 dBASE、FoxBASE、FoxPRO 产生的 *.dbf 文件，文本编辑器软件生成的 ASCII 数据文件，Excel 的 *.xls 文件等均可转换成可供分析的 SPSS 数据文件。能够把 SPSS 的图形转换为 7 种图形文件。结果可保存为 *.txt 及 html 格式的文件。

三、软件功能

SPSS for Windows 是一个组合式软件包，它集数据录入、整理、分析功能于一身。用户可以根据实际需要和计算机的功能选择模块，以降低对系统硬盘容量的要求，有利于该软件的推广应用。SPSS 的基本功能包括数据管理、统计分析、图表分析、输出管理等。SPSS 统计分析过程包括描述性统计、均值比较、一般线性模型、相关分析、回归分析、对数线性模型、聚类分析、数据简化、生存分析、时间序列分析、多重响应等几大类，每类中又分好几个统计过程，比如，回归分析中又分线性回归分析、曲线估计、Logistic 回归、Probit 回归、加权估计、两阶段最小二乘法、非线性回归等多个统计过程，而且每个过程中又允许用户选择不同的方法及参数。SPSS 也有专门的绘图系统，可以根据数据绘制各种图形。

第三节　R 统计软件

一、R 软件系统介绍

R 是一个有着强大统计分析及作图功能的软件系统，在 GNU 协议 General Public Licence 下免费发行，最先是由 Ross Ihaka 和 Robert Gentlman 共同创立，现在由 R 开发核心小组 (R Development Core Team) 维护，它们的开发完全出于自愿，工作努力负责，并将全球优秀的统计应用软件打包提供给我们共享。R 可以看成 AT & T 贝尔实验室 (Bell Laboratories) 的 Ricker Becker、John Chambers 和 Allan Wilks 开发的 S 语言的一种实现或形式。因此，R 是一种软件也可以说是一种语言。S 语言现在主要内含在由 Insightful 公司经营的 S-PLUS 软件中。我们可以将 R 和 S-PLUS 视为 S 语言的两种形式，S/S-PLUS 方面的文档都可以直接用于 R，不过 R 和 S 在设计理念上存在许多不同，关于这方面的详细内容大家可以参考 Ihaka 和 Gentleman(1996) 或随 R 同时发布的 R-FAQ。

二、R 的特点

现在越来越多的人开始接触、学习和使用 R，因为它有着显著的优点，主要包括如下。

(1) 免费　尽管 S-PLUS 是非常优秀的统计分析软件，但需要支付一笔费用，而 R 是一个免费的统计分析软件 (环境)。

(2) 浮点运算功能强大　R 可以作为一台高级科学计算器，因为 R 同 MATLAB 一样不需要编译即可以执行代码。

(3) 不依赖于操作系统　R 可以运行于 UNIX、LINUX、Windows 和 Macintosh 等操作系统上，它们的安装文件及说明都可以在 CRAN 社区下载。

(4) 帮助功能完善　R 嵌入了一个非常实用的帮助系统 —— 随软件所附的 pdf 或 html 帮助文件可以随时通过主菜单打开浏览或打印。通过 help 命令可随时了解 R 所提供的各类函数的使用方法和例子。

(5) 作图功能强大　其内嵌的作图函数能将产生的图片展示在一个独立的窗口中，并能将之保存为各种形式的文档 (如 jpg、png、bmp、ps、pdf、emf、pictex、xfig)。

(6) 统计分析能力尤为突出　R 内嵌了许多使用的统计分析函数，统计分析的结果也能被直接显示出来，一些中间结果 (如 p 值、回归系数、残差等) 既可以保存到专门的文件中，也可以直接用于进一步的分析。R 的部分统计功能整合在 R 语言的底层，但是大多数功能则以包的形式提供。大约有 25 个包和 R 同时发布 (被称为“表准”和“推荐”包)，更多的包可以通过网上或其 CRAN 社区 (http://CRAN.R-project.org) 得到，它们都配有完整的 pdf 帮助文件，且其版本会随 R 新版本的发行得到更新，通过在线 (或下载后) 安装并加载后就可融入原来的 R 中，实现针对性的分析。

(7) 可移植性强　R 程序容易移植到 S-PLUS 程序中；反之 S-PLUS 的许多过程直接或修改可用于 R；R 与 MATLAB 有许多相似的地方，例如，都可以作为高级计算器，都可以不经过编译直接运行源代码，但是 R 侧重于统计分析，而 MATLAB 侧重于工程，如信号处理。现在通过 R.matlab 程序包可实现两者之间许多功能的共享，具体见程序说明。许多常用的统计分析软件 (如 SPSS、SAS、Stata 及 Excel) 的数据文件都可读入 R, 这样其他软件的数据或分析中的中间结果可用于 R，并作出进一步的分析。

(8) 强大的拓展与开发能力　R 是开发新的交互式数据分析方法的一个非常好的工具。例如，R Commander 就是一个非常成功的例子。我们可以编制自己的函数来扩展现有 R 语言，或制作相对独立的统计分析包。

(9) 灵活而不死板　一般的软件往往会直接展示分析结果，而 R 则将这些结果都存放在一个对象 (object) 里，所以常常在分析执行结束后并不显示任何结果。使用者 (特别是初学者或非专业人员) 可能会对此感到困惑，其实这样的特点是非常有用的，因为我们可以有选择地显示我们感兴趣的结果。而有的软件 (如 SAS 和 SPSS) 会同时显示几个窗口，内容太多会使使用者无所适从。

三、R 的资源

R 的核心开发和维护小组通过 R 的主页，即 R 工程 (R project) 网站 (http://www.r-project.org) 及时发布有关信息，包括 R 的简介、R 的更新及宏包信息、R 常用手册、已经出版的关于 R 的图书、R 通信和会议信息等。你还可通过该主页预订邮件，通过电子邮件发出求助或对求助者提供帮助。R 的 CRAN 社区是我们获得软件 (及源代码) 和资源的主要场所，通过它或其镜像站点我们可以下载最新版本及大量的统计程序包 (packages)。

四、R 的安装与运行

R 的安装：从 CRAN 社区下载最新的封装好的 R 安装程序到本地计算机，运行可执行的安装文件，通常缺省的安装目录为：C: \Program Files\R\R-x.x.x, 其中 x.x.x 为版本号。安装时可以改变目录，从 2.2.0 以后还可以选择中文作为基本语言，这样 R 的图形用户界面，即 R-Gui 窗口的菜单都是中文的。

R 的启动：安装完成后点击桌面上 R x.x.x 图标就可启动 R R-Gui。

R 程序包的安装和使用。

R 程序包的安装有三种方式：

(1) 菜单方式 在已经联网的条件下，按步骤“程序包 ⇒ 安装程序包 ⇒ ··· ⇒ 选择 CRAN 镜像服务器 ⇒ 选定程序包”进行实时安装。

(2) 命令方式 在已经联网的条件下，在命令提示符后键入

>install.packages(“PKname”)

完成程序包的安装。

(3) 本地安装 在无上网条件下，先从 CRAN 社区下载需要的程序包及与之关联的程序包，再按第一种方式通过“程序包”菜单中的“用本机的 zip 文件安装程序包”选定本机上的程序包 (zip 文件) 进行安装。

除 R 的标准程序包 (如 base 包) 外，新安装的程序包在使用前必须先载入，有两种方式：

(1) 菜单方式 按步骤“程序包 ⇒ 载入程序包 ···”，再从已有的程序包中选定需要的一个加载。

(2) 命令方式 在命令提示符后载入

>library(“PKname”)#或 library(‘PK name’)，library(PKname)

来加载程序包 PKname。

第四节 其他统计软件介绍

一、S-PLUS 软件

S-PLUS 是由美国 MathSoft 公司 (2001 年 MathSoft 总部迁到西雅图，并改名为 Insightful 公司。2008 年 Insightful 公司被 TIBCO 收购) 开发的一种基于 S 语言的统计学软件，是世界上公认的三大统计软件之一，主要用于数据挖掘、统计分析和统计作图等。S-PLUS 的最大特点在于它可以交互地从各方面发现数据中的信息，并可以很容易地实现一个新的统计方法。另外，S-PLUS 的数据可以直接地来源于 Excel、Lotus、Access、SAS、SPSS 等软件，其兼容性极好。

S 语言是由 AT&T 贝尔实验室开发的一种用来进行数据探索、统计分析、作图的解释型语言。它的丰富的数据类型 (向量、数组、列表、对象等) 特别有利于实现新的统计算法，其交互式运行方式、强大的图形及交互图形功能使得我们可以方便地探索数据。目前 S 语言的实现版本主要是 S-PLUS。它基于 S 语言，并是由 MathSoft 公司开发的统计科学软件。作为统计学家及一般研究人员的通用方法工具箱，S-PLUS 强调演示图形、探索性数据分析、统计方法、开发新统计工具的计算方法，以及可扩展性。S-PLUS 也在进行“傻瓜化”，以争取顾客，但仍然以编程方便为顾客所青睐。

二、Stata 统计软件

Stata 统计软件由美国计算机资源中心 (Computer Resource Center)1985 年研制。特点是采用命令操作，程序容量较小，统计分析方法较齐全，计算结果的输出形式简洁，绘出的图形精美。不足之处是数据的兼容性差，占内存空间较大，数据管理功能需要加强。最新版为 8.0 版。网址：http://www.stata.com/。

Stata 是一个统计分析软件，但它也具有很强的程序语言功能，这给用户提供了一个广阔的开发应用的天地，用户可以充分发挥自己的聪明才智，熟练应用各种技巧，真正做到随心所欲。事实上，Stata 的 ado 文件 (高级统计部分) 都是用 Stata 自己的语言编写的。

Stata 统计分析能力远远超过了 SPSS，在许多方面也超过了 SAS。由于 Stata 在分析时是将数据全部读入内存，在计算全部完成后才和磁盘交换数据，因此计算速度极快 (一般来说，SAS 的运算速度要比 SPSS 至少快一个数量级，而 Stata 的某些模块与执行同样功能的 SAS 模块比，其速度又比 SAS 快将近一个数量级)。Stata 也是采用命令行方式来操作，但使用上远比 SAS 简单。其生存数据分析、纵向数据 (重复测量数据) 分析等模块的功能甚至超过了 SAS。用 Stata 绘制的统计图形相当精美，很有特色。

三、Minitab 软件

Minitab 软件是现代质量管理统计的领先者，全球六西格玛实施的共同语言，以无可比拟的强大功能和简易的可视化操作深受广大质量学者和统计专家的青睐。Minitab 1972 年成立于美国的宾夕法尼亚州立大学 (The Pennsylvania State University)，到目前为止，已经在全球 100 多个国家，4800 多所高校被广泛使用。其特点是简单易懂，能方便地进行试验设计及质量控制。最新版本为 14.0 版，网址：http://www.minitab.com/。

四、BMDP 软件

BMDP 是英文 Bio Medical Data Processing 的缩写，翻译成汉语是生物医学计算程序，美国加利福尼亚大学于 1961 年研制，是世界上最早的统计分析软件。特点是统计方法齐全，功能强大。但 1991 年的 7.0 版后没有新的版本推出，使用不太普及，最后被 SPSS 公司收购。

五、EPINFO 软件

EPINFO 是英文 Statistics Program for Epidemiology on Microcomputer 的缩写，翻译成汉语是流行病学统计程序。美国疾病控制与预防中心 (CDC) 和 WHO 共同研制，为完全免费软件。特点是数据录入非常直观，操作方便，并有一定的统计功能，但方法比较简单，主要应用于流行病学领域中的数据录入和管理工作。最新版为 Epidata 2.0 版及 EPINFO2000 版。

六、STATISTICA 软件

STATISTICA 为一套完整的统计资料分析、图表、资料管理、应用程式发展系统；美国 StatSoft 公司开发。其能提供给使用者所有需要的统计及制图程序，制图功能强大，能够在图表视窗中显示各种统计分析。

七、Excel 电子表格与统计功能

Excel 电子表格是 Microsoft 公司推出的 Office 系列产品之一，是一个功能强大的电子表格软件。特点是对表格的管理和统计图制作功能强大，容易操作。Excel 的数据分析插件 XLSTAT，也能进行数据统计分析，但不足的是运算速度慢，统计方法不全。它严格说来并不是统计软件，但作为数据表格软件，必然有一定的统计计算功能。而且凡是有 Microsoft Office 的计算机，基本上都装有 Excel。但要注意，有时在装 Office 时没有装数据分析的功能，那就必须装了才行。当然，画图功能是都具备的。对于简单分析，Excel 还算方便，但随着问题的深入，Excel 就不那么“傻瓜”了，需要使用函数，甚至根本没有相应的方法。多数专门一些的统计推断问题还需要其他专门的统计软件来处理。

八、CHISS 统计软件

CHISS 是英文 Chinese High Intellectualized Statistical Software 的缩写，翻译成汉语是中华高智统计软件, 由北京元义堂科技公司研制，解放军总医院、首都医科大学、中国中医研究院等参加协作完成。1997 年开始研发，2001 年推出第一版。CHISS 是一套具有数据信息管理、图形制作和数据分析的强大功能，并具有一定智能化的中文统计分析软件。CHISS 的主要特点是操作简单直观，输出结果简洁。其既可以采用光标点菜单式，也可采用编写程序来完成各种任务。CHISS 用 C++ 语言、FORTRAN 语言和 delphi 开发集成，采用模块组合式结构，已开发十个模块。CHISS 可以用于各类学校、科研所等从事统计学的教学和科研工作。最新版为 CHISS2004 版。

九、PEMS 统计软件

PEMS 是英文 Package for Encyclopaedia of Medical Statistics 的缩写，汉语是中国医学百科全书 —— 医学统计学软件包。它是以《中国医学百科全书》一书为蓝本，开发的一套统计软件。系统特点是实现各种统计方法的计算。统计方法比较齐全，功能比较强大。PEMS 采用 TURBO C 和 TURBO BASIC 语言编写完成，比较适合从事医学工作的非统计专业人员使用。最新版为 PEMS 3.0 版。

十、EViews

EViews 是 Econometrics Views 的缩写，直译为计量经济学观察，通常称为计量经济学软件包。它的本意是对社会经济关系与经济活动的数量规律，采用计量经济学方法与技术进行“观察”。计量经济学研究的核心是设计模型、收集资料、估计模型、检验模型、应用模型(结构分析、经济预测、政策评价)。EViews 是完成上述任务比较得力的必不可少的工具。正是由于 EViews 等计量经济学软件包的出现，计量经济学取得了长足的进步，发展成为一门较为实用与严谨的经济学科。

EViews 是在 Windows 操作系统中计量经济学软件里的世界性领导软件。其强而有力和灵活性加上一个便于使用者操作的界面，是最新的建模工具，是快速直觉且容易使用的软

件。得益于革新的图表使用者界面和精密的分析引擎工具，EViews 拥有强大、灵活和便于使用的功能。EViews 预测分析计量软件在科学数据分析与评价、金融分析、经济预测、销售预测和成本分析等领域应用非常广泛。EViews 软件在 Windows 环境下运行，操作接口容易上手，使得本来复杂的数据分析过程变得易学易用。

习 题 答 案

习题一答案

1. (1) $A_1\bar{A}_2\bar{A}_3$; (2)$A_1\cup A_2\cup A_3$; (3)$\bar{A}_1\bar{A}_2\cup\bar{A}_1\bar{A}_3\cup\bar{A}_2\bar{A}_3$; (4)$\bar{A}_1\cup\bar{A}_2\cup\bar{A}_3=\overline{A_1A_2A_3}$; (5)$A_1A_2\cup A_1A_3\cup A_2A_3$。

2. 77/315。

3. 252/2431。

4. 11/36。

5. $P(C)=\dfrac{C_n^m\cdot(N-1)^{n-m}}{N^n}=C_n^m\left(\dfrac{1}{N}\right)^m\left(1-\dfrac{1}{N}\right)^{n-m}$。

6. $10/C_{50}^3$。

7. $1-\left(\dfrac{5^n}{9^n}+\dfrac{8^n}{9^n}-\dfrac{4^n}{9^n}\right)$。

8. $\dfrac{3C_{10}^3+10^3}{C_{30}^3}$。

9. 3/8。

10. (1) 0.8, (2) 0.2, (3) 0.9, (4) 0.5, (5) 0.7。

11. 3/4。 12. 13/24。 13. 1/4。 14. 4/25。

15. 2/3。 16. 1/5。 17. 略。 18. 0.0345，0.362。

19. 0.1458。 20. 0.943, 0.848。 21. 1/3。 22. 0.594。

23. 13/30。 24. 5/6。 25. 2/3。 26. 0.936, 6 门。

27. 37 人。 28. 19/32。 29. 略。 30. 11/243。

31. $p^n(2-p)^n$。 32. 8/27。 33. 0.241。 34. 0.1035, 0.0866。

35. 0.121。 36. 8 条。 37. 0.6148。

习题二答案

1. $X=1,2,3$ 时，$p=\dfrac{3}{8},\dfrac{9}{16},\dfrac{1}{16}$。

2. $T=3,4,5,6,7$ 时，$p=\dfrac{9}{28},\dfrac{9}{28},\dfrac{6}{28},\dfrac{3}{28},\dfrac{1}{28}$。

3. (1) $C=\dfrac{27}{38}$; (2) $C=\dfrac{1}{e^\lambda-1}$。

4. $a=1/2,b=1/4,c=0,d=1/4,e=1$。

5. (1) 0.3208; (2) 0.243。

6. $P(X=k)=\begin{cases}\left(\dfrac{2}{3}\right)^k\cdot\dfrac{1}{3}, & k=0,1,\cdots,n-1\\ \left(\dfrac{2}{3}\right)^n, & k=n\end{cases}$。

7. (1) 1/70; (2) 猜对概率 0.000316，确有区分能力。

8. (1) 0.2424; (2) 2,0.2565; (3) 5 只。

9. 27/32。

10. (1) $a=1/2$; (2) $a=1$; (3) $A=\pi/2$; (4) $a=2/\pi$。

11. $A=1$, $B=-1$, $1-e^{-1/2}$。

12. (1) $A=4$; (2) $F(x)=\begin{cases}0, & x<0\\ x^4, & 0\leqslant x\leqslant 1\\ 1, & x>1\end{cases}$; (3) $B=\sqrt[4]{1/2}$。

13. 45/54。

14. (1) 7.56; (2) 5.15。

15. $x_1=57.99$, $x_2=60.63$。

16. $p_1=p_2$。

17. (1) 0.0642; (2) 0.009。

18. $n=427$。

19. (1) $Y=-4,-1,0,1,8$ 时，$p=1/8,\ 1/4,\ 1/8,\ 1/6,\ 1/3$;

(2) $Y=0,\ 1/4,\ 4,\ 16$ 时，$p=1/8,\ 5/12,\ 1/8,\ 1/3$;

(3) $Y=-\sqrt{2}/2,\ 0,\ \sqrt{2}/2$ 时，$p=1/4,\ 7/12,\ 1/6$。

20. $p_Y(y)=\begin{cases}1/2\sqrt{y}, & 0\leqslant y\leqslant 1\\ 0, & \text{其他}\end{cases}$。

21. $p_Y(y)=\dfrac{1}{8\sqrt{\pi}}e^{-\frac{1}{64}(x-8)^2}$。

22. $p_Y(y)=\begin{cases}\dfrac{2}{\pi\sqrt{1-y^2}}, & 0\leqslant y\leqslant 1\\ 0, & \text{其他}\end{cases}$。

23. $p_Y(y)=\begin{cases}\dfrac{1}{\sqrt{2\pi}}e^{-\frac{1}{2}\left(1-\frac{y}{2}\right)^2}, & y<2\\ 0, & y\geqslant 2\end{cases}$。

24. $p_Y(y)=\dfrac{3(1-y)^2}{\pi\left[1+(1-y)^3\right]}$, $\quad -\infty<y<+\infty$。

25. $Y\sim U[0,1]$。

26. 略。

习题三答案

1.(1)

X \ Y	0	1	2
0	0	0	1/35
1	0	6/35	6/35
2	3/35	12/35	3/35
3	2/35	2/35	0

(2) 19/35, 6/35, 2/7。

2.

$X \backslash Y$	1	2	3	
1	1/3	0	0	1/3
2	1/6	1/6	0	1/3
3	1/9	1/9	1/9	1/3
	33/54	15/54	1/9	

3. (1) $a+b=1/3$；(2) $a=2/9, b=1/9$。

4. (1)

$X \backslash Y$	-1	0	1
-1	0	1/4	0
0	1/4	0	1/4
1	0	1/4	0

(2) $P(X=Y)=0$；(3) 不独立。

5. $F(x,y)=\begin{cases} 1-x^2e^{-y}/2-(x+1)e^{-x}, & 0<x<y \\ 1-(y^2/2+y+1)e^{-y}, & 0<y<x \\ 0, & x<0 \text{ 或 } y<0 \end{cases}$。

6. 独立。

7. $C=1/2\pi$，$X,Y\sim N(0,1)$，不独立。

8. 不独立。

9.(1) $A=1/81$，X,Y 独立；(2) $A=2/81$，X,Y 不独立。

10. (1) $A=4$；(2) $F(x,y)=(1-e^{-2x})(1-e^{-2y})$ $(x>0,y>0)$；(3) $p_X(x)=2e^{-2x}$ $(x>0)$；(4) $(e^{-4}-1)(e^{-2}-1)$；(5) $1-5e^{-4}$。

11. (1) $p_X(x)=e^{-x}$ $(x>0)$，$p_Y(y)=ye^{-y}$ $(y>0)$；(2) $1+e^{-1}-2e^{-1/2}$。

12. 略。

13. (1)

$X\|_{Y=0}$	0	1	2
P	0.8	0.2	0

(2) 不独立。

14. $P(X=n,Y=m)=p^2q^{m-2}$，$n=1,2,\cdots,m-1; m=n+1,n+2,\cdots$，

$P(X=n|Y=m)=\dfrac{1}{m-1}, n=1,2,\cdots,m-1$，

$P(Y=m|X=n)=pq^{m-n-1}, m=n+1,n+2,\cdots$。

15. (1) $P(X=n)=\dfrac{14^n e^{-14}}{n!}, n=0,1,2,\cdots$，

$P(Y=m)=\dfrac{7.14^n e^{-7.14}}{m!}, m=0,1,2,\cdots$；

(2) $P(X=n|Y=m)=\dfrac{6.86^{n-m}e^{-6.86}}{(n-m)!}, n=m,m+1,\cdots$，

$P(Y=m|X=n)=C_n^m 0.51^m 0.49^{n-m}, m=0,1,2,\cdots,n$。

16. $F\left(x|X>\dfrac{1}{2}\right)=\begin{cases} 0, & x\leqslant 1/2 \\ 2x-1, & 1/2<x\leqslant 1 \\ 1, & x>1 \end{cases}$。

17. $p(x,y)=\begin{cases}\dfrac{1}{2a\sqrt{2\pi}\sigma}e^{-\frac{(x-\mu)^2}{2\sigma^2}}, & -\infty<x<+\infty,|y|<a\\ 0, & \text{其他}\end{cases}$，

$p_{X|Y=y}(x)=\begin{cases}\dfrac{1}{\sqrt{2\pi}\sigma}e^{-\frac{(x-\mu)^2}{2\sigma^2}}, & -\infty<x<+\infty,|y|<a\\ 0, & \text{其他}\end{cases}$，

$p_{Y|X=x}(y)=\begin{cases}\dfrac{1}{2a}, & |y|<a,-\infty<x<+\infty\\ 0, & \text{其他}\end{cases}$。

18. (1) $p_{X|Y=y}(x)=\begin{cases}2x/y^2, & 0<x<y\\ 0, & \text{其他}\end{cases}$，$p_{Y|X=x}(x)=\begin{cases}e^{x-y}, & 0<x<y\\ 0, & \text{其他}\end{cases}$；

(2) $\dfrac{1-2e^{-1}-e^{-2}/2}{1-5e^{-2}}$，$\dfrac{1}{4}$。

19. (1) $p_Y(y)=\begin{cases}-\ln(1-y), & 0<y<1\\ 0, & \text{其他}\end{cases}$；(2) $\dfrac{1}{2}+\dfrac{1}{2}\ln 2$，$1-\ln 2$。

20. (1)

$Z=X+Y$	-2	0	1	3	4
P	5/20	2/20	9/20	3/20	1/20

(2)

$Z=XY$	-2	-1	1	2	4
P	9/20	2/20	5/20	3/20	1/20

(3)

$Z=X/Y$	-2	-1	$-1/2$	1	2
P	3/20	2/20	6/20	6/20	3/20

(4)

$Z=\max(X,Y)$	-1	1	2
P	5/20	2/20	13/20

21. $P(Z=k)=\dfrac{k-1}{2^k}, k=2,3,\cdots$。

22. 略。

23.

U \ V	1	2	3
1	1/9	0	0
2	2/9	1/9	0
3	2/9	2/9	1/9

24. 见例 3.20。

25. $p_Z(z)=\begin{cases}z/2, & 0\leqslant z<1\\ 1/2, & 1\leqslant z<2\\ 3/2-z/2, & 2\leqslant z<3\\ 0, & \text{其他}\end{cases}$。

26. 略

27. $p_Z(z)=\begin{cases}\dfrac{3}{2}-\dfrac{3}{2}z^2, & 0\leqslant z\leqslant 1\\ 0, & \text{其他}\end{cases}$。

28. $p_Z(z)=\begin{cases}\dfrac{1}{2}(\ln 2-\ln z), & 0\leqslant z\leqslant 2\\ 0, & \text{其他}\end{cases}$。

29. $P(Z=k)=(2-q^{k-1}-q^k)pq^{k-1}, k=1,2,\cdots; q=p-1$。

30. $1-e^{-2}$。

31. $p_U(u)=2u,\ 0<u<1$，$p_V(v)=2(1-v), 0<v<1$。

32. (1) $p_Z(z)=\begin{cases}(\alpha+\beta)e^{-(\alpha+\beta)z}, & z>0\\ 0, & \text{其他}\end{cases}$；

(2) $p_Z(z)=\begin{cases}\alpha e^{-\alpha z}+\beta e^{-\beta z}-(\alpha+\beta)e^{-(\alpha+\beta)z}, & z>0\\ 0, & \text{其他}\end{cases}$；

(3) $p_Z(z)=\begin{cases}\dfrac{\alpha\beta}{\beta-\alpha}(e^{-\alpha z}-\beta e^{-\beta z}), & z>0\\ 0, & \text{其他}\end{cases}$。

33. $g(z)=(p(z-2)+2p(z-4))/3$。

习题四答案

1. $EX=0.4$。 2. $EX=4.5$。 3. $a=1/4; b=-1/4; c=1$。 4. $1/p$。

5. 3500 吨。 6. $EX=e^{\mu+\frac{\sigma^2}{2}}$。 7. $EZ=2R/3$。 8. 1。

9. $EX_{(1)}=1/(n+1)$。 10. $DX=2$。 11. 略。 12. 略。

13. $D(Y)=64$。 14. $D(X+Y)=16/3; D(2X-3Y)=28$。

15. $E(2X+Y)^2=10$。

16. (1) $P(U=1,\ V=1)=4/9$，$P(U=2,\ V=1)=4/9$，$P(U=2,\ V=2)=1/9$;

(2) $E(U)=14/9$，$E(V)=10/9$；(3) 4/81。

17. (1) $\operatorname{cov}(X,Y)=p(1-p)$；(2) $\rho_{XY}=1$。

18. (1) $P(U=0,\ V=0)=\dfrac{1}{4}$, $P(U=0,\ V=1)=0$, $P(U=1,\ V=0)=\dfrac{1}{4}$, $P(U=1,\ V=1)=\dfrac{1}{2}$；(2) $\rho_{UV}=\dfrac{1}{\sqrt{3}}$。

19. (1) $E\bar{X}=\mu; D(\bar{X})=\sigma^2/n$；(2) $E\left[S^2\right]=\sigma^2$。

20. $\rho_{XY}=-\dfrac{1}{11}$。 21. 略。 22. 至少 250 次。 23. 略。 24. 略。

25. $EX^k=\dfrac{2^{k+1}}{k+2}$。 26. $\begin{bmatrix}11/36 & -1/36\\ -1/36 & 11/36\end{bmatrix}$。 27. $a=-91, \rho_{XY}=-0.5$

习题五答案

1. 略。 2. $C=e^{-1}$。 3. 250, 69。 4. 0.9772。 5. (1) 0.1802；(2) 300。

6. 0.6826。 7. 0.926。 8. (1) 0.9522；(2) 0.91。 9. 118。 10. 0.0124，(925, 1075)。

习题六答案

1. $\bar{X}, \dfrac{1}{\sigma^2}\sum\limits_{i=1}^n (X_i-\bar{X})^2, \min\limits_{1\leqslant i\leqslant n} X_i$ 是统计量；$X_1-\mu, \dfrac{1}{\sigma^2}\sum\limits_{i=1}^n (X_i-\mu)^2$ 不是统计量。

2. $\dfrac{1}{2}, \dfrac{1}{12n}$。 3. 略。 4. 略。 5. 0.1。 6. 略。 7. $F(10,5)$。 8. $2(n-1)\sigma^2$。

9. $t(n-1)$。 10. (1) 0.1314；(2) 0.5785；(3) 0.2923。

11. $\dfrac{n_1\bar{X}+n_2\bar{Y}}{n_1+n_2}, \dfrac{(n_1-1)S_1^2+(n_2-1)S_2^2+n_1\bar{X}^2+n_2\bar{Y}^2-(n_1\bar{X}+n_2\bar{Y})^2/(n_1+n_2)}{n_1+n_2-1}$。

12. $\sigma^2, 2\sigma^4/(n_1+n_2-2)$。

习题七答案

1. $\dfrac{\sum\limits_{i=1}^{n} X_i}{mn}; \dfrac{\sum\limits_{i=1}^{n} X_i}{mn}$。 2. $\dfrac{2\bar{X}-1}{1-\bar{X}}; -\dfrac{n}{\sum\limits_{i=1}^{n}\ln X_i}-1$。

3. 矩估计为 $2\ln\bar{X}-\dfrac{1}{2}\ln\left(\dfrac{1}{n}\sum\limits_{i=1}^{n}X_i^2\right); \ln\left(\dfrac{1}{n}\sum\limits_{i=1}^{n}X_i^2\right)-2\ln\bar{X}$。极大似然估计为 $\dfrac{1}{n}\sum\limits_{i=1}^{n}\ln X_i$; $\dfrac{1}{n}\sum\limits_{i=1}^{n}\left(\ln X_i-\dfrac{1}{n}\sum\limits_{i=1}^{n}\ln X_i\right)^2$。

4. 矩估计为 $\bar{X}-S^*$; S^*。极大似然估计为 $X_{(1)}; \bar{X}-X_{(1)}$。

5. 矩估计为 $\bar{X}$。极大似然估计为 $\left[X_{(n)}-\dfrac{1}{2}, X_{(1)}+\dfrac{1}{2}\right]$ 中任意数。

6. $\dfrac{2}{3}\bar{X}; \dfrac{1}{2}X_{(n)}$。 7. $\dfrac{1}{4}; \dfrac{7-\sqrt{13}}{12}$。 8. $e^{-\bar{X}}$。 9. $\mathrm{MSE}(\hat{\mu}_1)>\mathrm{MSE}(\hat{\mu}_2)$。

10. $c=\dfrac{\sigma_2^2}{\sigma_1^2+\sigma_2^2}$。 11. $c=\dfrac{1}{2(n-1)}$。

12. 极大似然估计为 $\dfrac{1}{n}\sum\limits_{i=1}^{n}(X_i-\mu)^2$；$\mathrm{MSE}(\hat{\sigma}^2_{极})=\dfrac{2\sigma^4}{n}<\mathrm{MSE}(S^2)=\dfrac{2\sigma^4}{n-1}$。

13. $n\geqslant 4\mu_{\alpha/2}^2\dfrac{\sigma^2}{L^2}$。

14. $(5.558, 6.442)$。 15. $(6.99\times10^{-4}, 6.63\times10^{-3})$。 16. $(-0.002, 0.006)$。

17. $(0.45, 2.79)$。 18. $(0203, 0.255)$。 19. $\left(\bar{X}-\mu_{\alpha/2}\sqrt{\dfrac{\bar{X}}{n}}, \bar{X}+\mu_{\alpha/2}\sqrt{\dfrac{\bar{X}}{n}}\right)$。

习题八答案

1. (1) 简单假设；(2)(3)(4) 为复合假设。 2. 接受原假设。 3. 能。 4. 不能。

5. 有显著差异。 6. 有差异，A 品种质量高于 B 品种。

7. 记 $T=\dfrac{\bar{X}-c\bar{Y}}{\sqrt{(n_1-1)S_1^2+(n_2-1)S_2^2}}\sqrt{\dfrac{n_1n_2(n_1+n_2-2)}{C^2n_1+n_2}}, W=\{|T|\geqslant t_{\alpha/2}(n_1+n_2-2)\}$ 为拒绝域。

8. 无显著差异。 9. 不符合要求。 10. 无显著差异。 11. 正确。

12. 接受原假设，孟德尔的理论正确。 13. 不均匀。 14. 服从泊松分布。

15. 不服从正态分布。 16. 与工种有关。 17. 质量有显著差异。

习题九答案

1. 无显著差异。 2. 有显著差异。 3. 无显著差异。 4. 无显著影响。

5. 操作工人之间的差异不显著，而机器之间的差异和交互作用的影响是显著的。

6. 因素 A、因素 B 的影响均不显著。

习题十答案

1. 给定样本 $\{(x_i,y_i),i=1,2,\cdots,n\}$ 以后，一元线性模型为 $y_i=\beta_0+\beta_1x_i+\varepsilon_i$。

基本的假定：各 ε_i 的均值为零、相互独立且方差相同。在实际问题中，通常假定各 ε_i 相互独立，且都服从同一正态分布 $N(0,\sigma^2)$。

2. (1) 回归方程 $\hat{y}=565.5+0.492x$；(2) F 检验统计量为 $F(1,10)=157.9$，p 值为 0.00000018，所以回归方程是显著的。

3. (1) 略；(2) $\hat{y}=10.456+4.885x$；(3) F 检验统计量为 $F(1,13)$=139.4，p 值为 $2.539e^{-8}$，所以回归方程是显著的。

4. 回归方程：$\hat{y}=112.5+0.4x$，F 检验统计量为 $F(1,17)=280$，p 值为 0.000000，所以回归方程是显著的。

5. 回归方程：$\lg x=-0.0119+0.06159y$，F 检验统计量 $F(1,27)=1604$，p 值 0.000000，所以回归方程是显著的。

6. (1) $\hat{b}_1=\dfrac{\sum\limits_{i=1}^{n}(x_{i1}-x_{i2}-\bar{x}_1+\bar{x}_2)(y_i-x_{i2})}{\sum\limits_{i=1}^{n}(x_{i1}-x_{i2}-\bar{x}_1+\bar{x}_2)^2}, \hat{b}_2=1-\hat{b}_1$；(2)$\hat{b}_1=\dfrac{\sum\limits_{i=1}^{n}(x_{i1}+x_{i2}-\bar{x}_1-\bar{x}_2)y_i}{\sum\limits_{i=1}^{n}(x_{i1}+x_{i2}-\bar{x}_1-\bar{x}_2)^2}$。

7. (1) $\hat{b}=-0.75, \hat{\sigma}=0.4871$；(2)$\hat{b}_1=-1.0294, \hat{b}_2=1.6765, \hat{\sigma}=0.2734$。

8. (1) 回归方程为 $\hat{y}=-4025.715+217.639x_1+12.670x_2$；(2) 对回归系数 x_1 的检验统计量 $t(15)=0.592$，p 值为 0.5627，对回归系数 x_2 的检验统计量 $t(15)=1.898$，p 值为 0.0771，$R^2=0.4291$；(3) 预测区间为 $(0,9627.747)$。

附　录

附表 1　几种常用的概率分布

分布	参数	分布律或概率密度	数学期望	方差
0-1 分布	$0<p<1$	$P\{X=k\}=p^k(1-p)^{1-k}$ $k=0,1$	p	$p(1-p)$
二项分布	$n\geqslant 1$ $0<p<1$	$P\{X=k\}=C_n^k p^k(1-p)^{n-k}$ $k=0,1,\cdots,n$	np	$np(1-p)$
负二项分布	$r\geqslant 1$ $0<p<1$	$P\{X=k\}=C_{k-1}^{r-1}p^r(1-p)^{k-r}$ $k=r,r+1,\cdots$	$\frac{r}{p}$	$\frac{r(1-p)}{p^2}$
几何分布	$0<p<1$	$P\{X=k\}=p(1-p)^{k-1}$ $k=1,2,\cdots$	$\frac{1}{p}$	$\frac{1-p}{p^2}$
超几何分布	N,M,n $(n\leqslant M)$	$P\{X=k\}=\frac{C_M^k C_{N-M}^{n-k}}{C_N^n}$ $k=0,1,\cdots,n$	$\frac{nM}{N}$	$\frac{nM}{N}\left(1-\frac{M}{N}\right)\left(\frac{N-n}{N-1}\right)$
泊松分布	$\lambda>0$	$P\{X=k\}=\frac{\lambda^k e^{-\lambda}}{k!}$ $k=0,1,\cdots$	λ	λ
均匀分布	$a<b$	$f(x)=\begin{cases}\frac{1}{b-a}, & a<x<b\\ 0, & \text{其他}\end{cases}$	$\frac{a+b}{2}$	$\frac{(b-a)^2}{12}$

续表

分布	参数	分布律或概率密度	数学期望	方差
正态分布	μ $\sigma>0$	$f(x)=\frac{1}{\sqrt{2\pi}\sigma}e^{-\frac{(x-\mu)^2}{2\sigma^2}}$	μ	σ^2
Γ 分布	$\alpha>0$ $\beta>0$	$f(x)=\begin{cases}\frac{1}{\beta^\alpha\Gamma(\alpha)}x^{\alpha-1}e^{-x/\beta}, & x>0,\\ 0, & 其他\end{cases}$	$\alpha\beta$	$\alpha\beta^2$
指数分布	$\theta>0$	$f(x)=\begin{cases}\frac{1}{\theta}e^{-x/\theta}, & x>0,\\ 0, & 其他\end{cases}$	θ	θ^2
χ^2 分布	$n\geqslant1$	$f(x)=\begin{cases}\frac{1}{2^{n/2}\Gamma(n/2)}x^{n/2-1}e^{-x/2}, & x>0,\\ 0, & 其他\end{cases}$	n	$2n$
韦布尔分布	$\eta>0$ $\beta>0$	$f(x)=\begin{cases}\frac{\beta}{\eta}\left(\frac{x}{\eta}\right)^{\beta-1}e^{-\left(\frac{x}{\eta}\right)^\beta}, & x>0,\\ 0, & 其他\end{cases}$	$\eta\Gamma\left(\frac{1}{\beta}+1\right)$	$\eta^2\left\{\Gamma\left(\frac{2}{\beta}+1\right)-\left[\Gamma\left(\frac{1}{\beta}+1\right)\right]^2\right\}$
瑞利分布	$\sigma>0$	$f(x)=\begin{cases}\frac{x}{\sigma^2}e^{-x^2/(2\sigma^2)}, & x>0,\\ 0, & 其他\end{cases}$	$\sqrt{\frac{\pi}{2}}\sigma$	$\frac{4-\pi}{2}\sigma^2$

续表

分布	参数	分布律或概率密度	数学期望	方差
B分布	$\alpha>0$ $\beta>0$	$f(x)=\begin{cases}\dfrac{\Gamma(\alpha+\beta)}{\Gamma(\alpha)\Gamma(\beta)}x^{\alpha-1}(1-x)^{\beta-1}, & 0<x<1,\\ 0, & \text{其他}\end{cases}$	$\dfrac{\alpha}{\alpha+\beta}$	$\dfrac{\alpha\beta}{(\alpha+\beta)^2(\alpha+\beta+1)}$
对数正态分布	μ $\sigma>0$	$f(x)=\begin{cases}\dfrac{1}{\sqrt{2\pi}\sigma x}e^{-\frac{(\ln x-\mu)^2}{2\sigma^2}}, & x>0,\\ 0, & \text{其他}\end{cases}$	$e^{\mu+\frac{\sigma^2}{2}}$	$e^{2\mu+\sigma^2}(e^{\sigma^2}-1)$
柯西分布	α $\lambda>0$	$f(x)=\dfrac{1}{\pi}\dfrac{1}{\lambda^2+(x-a)^2}$	不存在	不存在
t分布	$n\geqslant 1$	$f(x)=\dfrac{\Gamma[(n+1)/2]}{\sqrt{n\pi}\Gamma(n/2)}\left(1+\dfrac{x^2}{n}\right)^{-(n+1)/2}$	0	$\dfrac{n}{n-2}$，$n>2$
F分布	n_1,n_2	$f(x)=\begin{cases}\dfrac{\Gamma[(n_1+n_2)/2]}{\Gamma(n_1/2)\Gamma(n_2/2)}\left(\dfrac{n_1}{n_2}\right)\left(\dfrac{n_1}{n_2}x\right)^{(n_1+n_2)/2}\\ \cdot\left(1+\dfrac{n_1}{n_2}x\right)^{-(n_1+n_2)/2}, & x>0,\\ 0, & \text{其他}\end{cases}$	$\dfrac{n_2}{n_2-2}$， $n_2>2$	$\dfrac{2n_2^2(n_1+n_2-2)}{n_1(n_2-2)^2(n_2-4)}$， $n_2>4$

附表 2　泊松分布表

泊松分布表 1，表中列出了 $P(X=k)=\frac{\lambda^k}{k!}e^{-\lambda}$ 的值。

k \ λ	0.1	0.2	0.3	0.4	0.5	0.6
0	0.904837	0.818731	0.740818	0.670320	0.606531	0.548812
1	0.090484	0.163746	0.222245	0.268128	0.303265	0.329287
2	0.004524	0.016375	0.033337	0.053626	0.075816	0.098786
3	0.000151	0.001092	0.003334	0.007150	0.012636	0.019757
4	0.000004	0.000055	0.000250	0.000715	0.001580	0.002964
5	—	0.000002	0.000015	0.000057	0.000158	0.000356
6	—	—	0.000001	0.000004	0.000013	0.000036
7	—	—	—	—	0.000001	0.000003

k \ λ	0.7	0.8	0.9	1.0	2.0	3.0
0	0.496585	0.449329	0.406570	0.367879	0.135335	0.049787
1	0.347610	0.359463	0.365913	0.367879	0.270671	0.149361
2	0.121663	0.143785	0.164661	0.183940	0.270671	0.224042
3	0.028388	0.038343	0.049398	0.061313	0.180447	0.224042
4	0.004968	0.007669	0.011115	0.015328	0.090224	0.168031
5	0.000696	0.001227	0.002001	0.003066	0.036089	0.100819
6	0.000081	0.000164	0.000300	0.000511	0.012030	0.050409
7	0.000008	0.000019	0.000039	0.000073	0.003437	0.021604
8	0.000001	0.000002	0.000004	0.000009	0.000859	0.008102
9	—	—	—	0.000001	0.000191	0.002701
10	—	—	—	—	0.000038	0.000810
11	—	—	—	—	0.000007	0.000221
12	—	—	—	—	0.000001	0.000055
13	—	—	—	—	—	0.000013
14	—	—	—	—	—	0.000003
15	—	—	—	—	—	0.000001

续表

k \ λ	4.0	5.0	6.0	7.0	8.0	9.0
0	0.018316	0.006738	0.002479	0.000912	0.000335	0.000123
1	0.073263	0.033690	0.014873	0.006383	0.002684	0.001111
2	0.146525	0.084224	0.044618	0.022341	0.010735	0.004998
3	0.195367	0.140374	0.089235	0.052129	0.028626	0.014994
4	0.195367	0.175467	0.133853	0.091226	0.057252	0.033737
5	0.156293	0.175467	0.160623	0.127717	0.091604	0.060727
6	0.104196	0.146223	0.160623	0.149003	0.122138	0.091090
7	0.059540	0.104445	0.137677	0.149003	0.139587	0.117116
8	0.029770	0.065278	0.103258	0.130377	0.139587	0.131756
9	0.013231	0.036266	0.068838	0.101405	0.124077	0.131756
10	0.005292	0.018133	0.041303	0.070983	0.099262	0.118580
11	0.001925	0.008242	0.022529	0.045171	0.072190	0.097020
12	0.000642	0.003434	0.011264	0.026350	0.048127	0.072765
13	0.000197	0.001321	0.005199	0.014188	0.029616	0.050376
14	0.000056	0.000472	0.002228	0.007094	0.016924	0.032384
15	0.000015	0.000157	0.000891	0.003311	0.009026	0.019431
16	0.000004	0.000049	0.000334	0.001448	0.004513	0.010930
17	0.000001	0.000014	0.000118	0.000596	0.002124	0.005786
18	—	0.000004	0.000039	0.000232	0.000944	0.002893
19	—	0.000001	0.000012	0.000085	0.000397	0.001370
20	—	—	0.000004	0.000030	0.000159	0.000617
21	—	—	0.000001	0.000010	0.000061	0.000264
22	—	—	—	0.000003	0.000022	0.000108
23	—	—	—	0.000001	0.000008	0.000042
24	—	—	—	—	0.000003	0.000016
25	—	—	—	—	0.000001	0.000006
26	—	—	—	—	—	0.000002
27	—	—	—	—	—	0.000001

泊松分布表 2，表中列出了 $P(X \leqslant x) = \sum_{k=0}^{x} \frac{\lambda^k}{k!} e^{-\lambda}$ 的值。

λ \ x	0	1	2	3	4	5	6	7	8	9
0.02	0.980	1.000								
0.04	0.961	0.999	1.000							
0.06	0.942	0.998	1.000							
0.08	0.923	0.997	1.000							
0.10	0.905	0.995	1.000							
0.15	0.861	0.990	0.999	1.000						
0.20	0.819	0.982	0.999	1.000						
0.25	0.779	0.974	0.998	1.000						
0.30	0.741	0.963	0.996	1.000						
0.35	0.705	0.951	0.994	1.000						
0.40	0.670	0.938	0.992	0.999	1.000					
0.45	0.638	0.925	0.989	0.999	1.000					
0.50	0.607	0.910	0.986	0.998	1.000					
0.55	0.577	0.894	0.982	0.998	1.000					
0.60	0.549	0.878	0.977	0.997	1.000					
0.65	0.522	0.861	0.972	0.996	0.999	1.000				
0.70	0.497	0.844	0.966	0.994	0.999	1.000				
0.75	0.472	0.827	0.959	0.993	0.999	1.000				
0.80	0.449	0.809	0.953	0.991	0.999	1.000				
0.85	0.427	0.791	0.945	0.989	0.989	1.000				
0.90	0.407	0.772	0.937	0.987	0.998	1.000				
0.95	0.387	0.754	0.929	0.984	0.997	1.000				
1.00	0.368	0.736	0.920	0.981	0.996	0.999	1.000			
1.1	0.333	0.699	0.900	0.974	0.995	0.999	1.000			
1.2	0.301	0.663	0.879	0.966	0.992	0.998	1.000			
1.3	0.273	0.627	0.857	0.957	0.989	0.998	1.000			
1.4	0.247	0.592	0.833	0.946	0.986	0.997	0.999	1.000		
1.5	0.223	0.558	0.809	0.934	0.981	0.996	0.999	1.000		
1.6	0.202	0.525	0.783	0.921	0.976	0.994	0.999	1.000		
1.7	0.183	0.493	0.757	0.907	0.970	0.992	0.998	1.000		
1.8	0.165	0.463	0.731	0.891	0.964	0.990	0.997	0.999	1.000	
1.9	0.150	0.434	0.704	0.875	0.956	0.987	0.997	0.999	1.000	
2.0	0.135	0.406	0.677	0.857	0.947	0.983	0.995	0.999	1.000	
2.2	0.111	0.355	0.623	0.819	0.928	0.975	0.993	0.998	1.000	
2.4	0.091	0.308	0.570	0.779	0.904	0.964	0.989	0.997	0.999	1.000
2.6	0.074	0.267	0.518	0.736	0.877	0.951	0.983	0.995	0.999	1.000
2.8	0.061	0.231	0.469	0.692	0.848	0.935	0.976	0.992	0.998	0.999
3.0	0.050	0.199	0.423	0.647	0.815	0.916	0.966	0.988	0.996	0.999
3.2	0.041	0.171	0.380	0.603	0.781	0.895	0.955	0.983	0.994	0.998
3.4	0.033	0.147	0.340	0.558	0.744	0.871	0.942	0.977	0.992	0.997
3.6	0.027	0.126	0.303	0.515	0.706	0.844	0.927	0.969	0.988	0.996
3.8	0.022	0.107	0.269	0.473	0.668	0.816	0.909	0.960	0.984	0.994
4.0	0.018	0.092	0.238	0.433	0.629	0.785	0.889	0.949	0.979	0.992
4.2	0.015	0.078	0.210	0.395	0.590	0.753	0.867	0.936	0.972	0.989
4.4	0.012	0.066	0.185	0.359	0.551	0.720	0.844	0.921	0.964	0.985
4.6	0.010	0.056	0.163	0.326	0.513	0.686	0.818	0.905	0.955	0.980
4.8	0.008	0.048	0.143	0.294	0.476	0.651	0.791	0.887	0.944	0.975
5.0	0.007	0.040	0.125	0.265	0.440	0.616	0.762	0.867	0.932	0.968

续表

λ \ x	0	1	2	3	4	5	6	7	8	9
5.2	0.006	0.034	0.109	0.238	0.406	0.581	0.732	0.845	0.918	0.960
5.4	0.005	0.029	0.095	0.213	0.373	0.546	0.702	0.822	0.903	0.951
5.6	0.004	0.024	0.082	0.191	0.342	0.512	0.670	0.797	0.886	0.941
5.8	0.003	0.021	0.072	0.170	0.313	0.478	0.638	0.771	0.867	0.929
6.0	0.002	0.017	0.062	0.151	0.285	0.446	0.606	0.744	0.847	0.916

λ \ x	10	11	12	13	14	15	16
2.8	1.000						
3.0	1.000						
3.2	1.000						
3.4	0.999	1.000					
3.6	0.999	1.000					
3.8	0.998	0.999	1.000				
4.0	0.997	0.999	1.000				
4.2	0.996	0.999	1.000				
4.4	0.994	0.998	0.999	1.000			
4.6	0.992	0.997	0.999	1.000			
4.8	0.990	0.996	0.999	1.000			
5.0	0.986	0.995	0.998	0.999	1.000		
5.2	0.982	0.993	0.997	0.999	1.000		
5.4	0.977	0.990	0.996	0.999	1.000		
5.6	0.972	0.988	0.995	0.998	0.999	1.000	
5.8	0.965	0.984	0.993	0.997	0.999	1.000	
6.0	0.957	0.980	0.991	0.996	0.999	0.999	1.000

λ \ x	0	1	2	3	4	5	6	7	8	9
6.2	0.002	0.015	0.054	0.134	0.259	0.414	0.574	0.716	0.826	0.902
6.4	0.002	0.012	0.046	0.119	0.235	0.384	0.542	0.687	0.803	0.886
6.6	0.001	0.010	0.040	0.105	0.213	0.355	0.511	0.758	0.780	0.869
6.8	0.001	0.009	0.034	0.093	0.192	0.327	0.480	0.628	0.755	0.850
7.0	0.001	0.007	0.030	0.082	0.173	0.301	0.450	0.599	0.729	0.830
7.2	0.001	0.006	0.025	0.072	0.156	0.276	0.420	0.569	0.703	0.810
7.4	0.001	0.005	0.022	0.063	0.140	0.253	0.392	0.539	0.676	0.788
7.6	0.001	0.004	0.019	0.055	0.125	0.231	0.365	0.510	0.648	0.765
7.8	0.000	0.004	0.016	0.048	0.112	0.210	0.338	0.481	0.620	0.741
8.0	0.000	0.003	0.014	0.042	0.100	0.191	0.313	0.453	0.593	0.717
8.5	0.000	0.002	0.009	0.030	0.074	0.150	0.256	0.386	0.523	0.653
9.0	0.000	0.001	0.006	0.021	0.055	0.116	0.207	0.324	0.456	0.587
9.5	0.000	0.001	0.004	0.015	0.040	0.089	0.165	0.269	0.392	0.522
10.0	0.000	0.000	0.003	0.010	0.029	0.067	0.130	0.220	0.333	0.458

λ \ x	10	11	12	13	14	15	16	17	18	19
6.2	0.949	0.975	0.989	0.995	0.998	0.999	1.000			
6.4	0.939	0.969	0.986	0.994	0.997	0.999	1.000			
6.6	0.927	0.963	0.982	0.992	0.997	0.999	0.999	1.000		
6.8	0.915	0.955	0.978	0.990	0.996	0.998	0.999	1.000		
7.0	0.901	0.947	0.973	0.987	0.994	0.998	0.999	1.000		
7.2	0.887	0.937	0.967	0.984	0.993	0.997	0.999	0.999	1.000	
7.4	0.871	0.926	0.961	0.980	0.991	0.996	0.998	0.999	1.000	

续表

λ \ x	10	11	12	13	14	15	16	17	18	19
7.6	0.854	0.915	0.954	0.976	0.989	0.995	0.998	0.999	1.000	
7.8	0.835	0.902	0.945	0.971	0.986	0.993	0.997	0.999	1.000	
8.0	0.816	0.888	0.936	0.966	0.983	0.992	0.996	0.998	0.999	1.000
8.5	0.763	0.849	0.909	0.949	0.973	0.986	0.993	0.997	0.999	0.999
9.0	0.706	0.803	0.876	0.926	0.959	0.978	0.989	0.995	0.998	0.999
9.5	0.645	0.752	0.836	0.898	0.940	0.967	0.982	0.991	0.996	0.998
10.0	0.583	0.697	0.792	0.864	0.917	0.951	0.973	0.986	0.993	0.997

λ \ x	20	21	22
8.5	1.000		
9.0	1.000		
9.5	0.999	1.000	
10.0	0.998	0.999	1.000

λ \ x	0	1	2	3	4	5	6	7	8	9
10.5	0.000	0.000	0.002	0.007	0.021	0.050	0.102	0.179	0.279	0.397
11.0	0.000	0.000	0.001	0.005	0.015	0.038	0.079	0.143	0.232	0.341
11.5	0.000	0.000	0.001	0.003	0.011	0.028	0.060	0.114	0.191	0.289
12.0	0.000	0.000	0.001	0.002	0.008	0.020	0.046	0.090	0.155	0.242
12.5	0.000	0.000	0.000	0.002	0.005	0.015	0.035	0.070	0.125	0.201
13.0	0.000	0.000	0.000	0.001	0.004	0.011	0.026	0.054	0.100	0.166
13.5	0.000	0.000	0.000	0.001	0.003	0.008	0.019	0.041	0.079	0.135
14.0	0.000	0.000	0.000	0.000	0.002	0.006	0.014	0.032	0.062	0.109
14.5	0.000	0.000	0.000	0.000	0.001	0.004	0.010	0.024	0.048	0.088
15.0	0.000	0.000	0.000	0.000	0.001	0.003	0.008	0.018	0.037	0.070

λ \ x	10	11	12	13	14	15	16	17	18	19
10.5	0.521	0.639	0.742	0.825	0.888	0.932	0.960	0.978	0.988	0.994
11.0	0.460	0.579	0.689	0.781	0.854	0.907	0.944	0.968	0.982	0.991
11.5	0.402	0.520	0.633	0.733	0.815	0.878	0.924	0.954	0.974	0.986
12.0	0.347	0.462	0.576	0.682	0.772	0.844	0.899	0.937	0.963	0.979
12.5	0.297	0.406	0.519	0.628	0.725	0.806	0.869	0.916	0.948	0.969
13.0	0.252	0.353	0.463	0.573	0.675	0.764	0.835	0.890	0.930	0.957
13.5	0.211	0.304	0.409	0.518	0.623	0.718	0.798	0.861	0.908	0.942
14.0	0.176	0.260	0.358	0.464	0.570	0.669	0.756	0.827	0.883	0.923
14.5	0.145	0.220	0.311	0.413	0.518	0.619	0.711	0.790	0.853	0.901
15.0	0.118	0.185	0.268	0.363	0.466	0.568	0.664	0.749	0.819	0.875

λ \ x	20	21	22	23	24	25	26	27	28	29
10.5	0.997	0.999	0.999	1.000						
11.0	0.995	0.998	0.999	1.000						
11.5	0.992	0.996	0.998	0.999	1.000					
12.0	0.988	0.994	0.997	0.999	0.999	1.000				
12.5	0.983	0.991	0.995	0.998	0.999	0.999	1.000			
13.0	0.975	0.986	0.992	0.996	0.998	0.999	1.000			
13.5	0.965	0.980	0.989	0.994	0.997	0.998	0.999	1.000		
14.0	0.952	0.971	0.983	0.991	0.995	0.997	0.999	0.999	1.000	
14.5	0.936	0.960	0.976	0.986	0.992	0.996	0.998	0.999	0.999	1.000
15.0	0.917	0.947	0.967	0.981	0.989	0.994	0.997	0.998	0.999	1.000

续表

λ \ x	4	5	6	7	8	9	10	11	12	13
16	0.000	0.001	0.004	0.010	0.022	0.043	0.077	0.127	0.193	0.275
17	0.000	0.001	0.002	0.005	0.013	0.026	0.049	0.085	0.135	0.201
18	0.000	0.000	0.001	0.003	0.007	0.015	0.030	0.055	0.092	0.143
19	0.000	0.000	0.001	0.002	0.004	0.009	0.018	0.035	0.061	0.098
20	0.000	0.000	0.000	0.001	0.002	0.005	0.011	0.021	0.039	0.066
21	0.000	0.000	0.000	0.000	0.001	0.003	0.006	0.013	0.025	0.043
22	0.000	0.000	0.000	0.000	0.001	0.002	0.004	0.008	0.015	0.028
23	0.000	0.000	0.000	0.000	0.000	0.001	0.002	0.004	0.009	0.017
24	0.000	0.000	0.000	0.000	0.000	0.000	0.001	0.003	0.005	0.011
25	0.000	0.000	0.000	0.000	0.000	0.000	0.001	0.001	0.003	0.006

λ \ x	14	15	16	17	18	19	20	21	22	23
16	0.368	0.467	0.566	0.659	0.742	0.812	0.868	0.911	0.942	0.963
17	0.281	0.371	0.468	0.564	0.655	0.736	0.805	0.861	0.905	0.937
18	0.208	0.287	0.375	0.496	0.562	0.651	0.731	0.799	0.855	0.899
19	0.150	0.215	0.292	0.378	0.469	0.561	0.647	0.725	0.793	0.849
20	0.105	0.157	0.221	0.297	0.381	0.470	0.559	0.644	0.721	0.787
21	0.072	0.111	0.163	0.227	0.302	0.384	0.471	0.558	0.640	0.716
22	0.048	0.077	0.117	0.169	0.232	0.306	0.387	0.472	0.556	0.637
23	0.031	0.052	0.082	0.123	0.175	0.238	0.310	0.389	0.472	0.555
24	0.020	0.034	0.056	0.087	0.128	0.180	0.243	0.314	0.392	0.473
25	0.012	0.022	0.038	0.060	0.092	0.134	0.185	0.247	0.318	0.394

λ \ x	24	25	26	27	28	29	30	31	32	33
16	0.987	0.987	0.993	0.996	0.998	0.999	0.999	1.000		
17	0.959	0.975	0.985	0.991	0.995	0.997	0.999	0.999	1.000	
18	0.932	0.955	0.972	0.983	0.990	0.994	0.997	0.998	0.999	1.000
19	0.893	0.927	0.951	0.969	0.980	0.988	0.993	0.996	0.998	0.999
20	0.843	0.888	0.922	0.948	0.966	0.978	0.987	0.992	0.995	0.997
21	0.782	0.838	0.883	0.917	0.944	0.963	0.976	0.985	0.991	0.994
22	0.712	0.777	0.832	0.877	0.913	0.940	0.959	0.973	0.983	0.989
23	0.635	0.708	0.772	0.827	0.873	0.908	0.936	0.956	0.971	0.981
24	0.554	0.632	0.704	0.768	0.823	0.868	0.904	0.932	0.953	0.969
25	0.473	0.553	0.629	0.700	0.763	0.818	0.863	0.900	0.929	0.950

λ \ x	34	35	36	37	38	39	40	41	42	
19	0.999	1.000								
20	0.999	0.999	1.000							
21	0.997	0.998	0.999	0.999	1.000					
Z2	0.994	0.996	0.998	0.999	0.999	1.000				
23	0.989	0.993	0.996	0.997	0.999	0.999	1.000			
24	0.979	0.987	0.992	0.995	0.997	0.998	0.999	0.999	1.000	
25	0.966	0.978	0.985	0.991	0.994	0.997	0.998	0.999	1.000	

附表 3　标准正态分布表

$$\Phi(z)=\int_{-\infty}^{z}\frac{1}{\sqrt{2\pi}}e^{-u^2/2}\mathrm{d}u=P(Z\leqslant z)$$

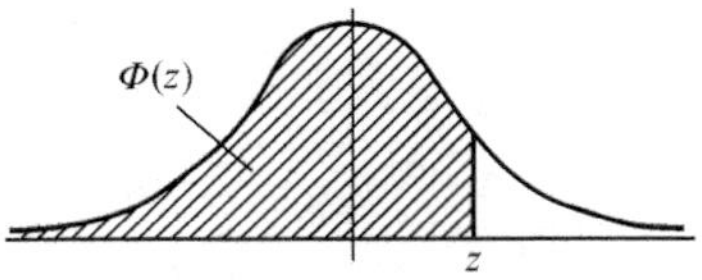

z	0	1	2	3	4	5	6	7	8	9
0.0	0.5000	0.5040	0.5080	0.5120	0.5160	0.5199	0.5239	0.5279	0.5319	0.5359
0.1	0.5398	0.5438	0.5478	0.5517	0.5557	0.5596	0.5636	0.5675	0.5714	0.5753
0.2	0.5793	0.5832	0.5871	0.5910	0.5948	0.5987	0.6026	0.6064	0.6103	0.6141
0.3	0.6179	0.6217	0.6255	0.6293	0.6331	0.6368	0.6406	0.6443	0.6480	0.6517
0.4	0.6554	0.6591	0.6628	0.6664	0.6700	0.6736	0.6772	0.6808	0.6844	0.6879
0.5	0.6915	0.6950	0.6985	0.7019	0.7054	0.7088	0.7123	0.7157	0.7190	0.7224
0.6	0.7257	0.7291	0.7324	0.7357	0.7389	0.7422	0.7454	0.7486	0.7517	0.7549
0.7	0.7580	0.7611	0.7642	0.7673	0.7703	0.7734	0.7764	0.7794	0.7823	0.7852
0.8	0.7881	0.7910	0.7939	0.7967	0.7995	0.8023	0.8051	0.8078	0.8106	0.8133
0.9	0.8159	0.8186	0.8212	0.8238	0.8264	0.8289	0.8315	0.8340	0.8365	0.8389
1.0	0.8413	0.8438	0.8461	0.8485	0.8508	0.8531	0.8554	0.8577	0.8599	0.8621
1.1	0.8643	0.8665	0.8686	0.8708	0.8729	0.8749	0.8770	0.8790	0.8810	0.8830
1.2	0.8849	0.8869	0.8888	0.8907	0.8925	0.8944	0.8962	0.8980	0.8997	0.9015
1.3	0.9032	0.9049	0.9066	0.9082	0.9099	0.9115	0.9131	0.9147	0.9162	0.9177
1.4	0.9192	0.9207	0.9222	0.9236	0.9251	0.9265	0.9278	0.9292	0.9306	0.9319
1.5	0.9332	0.9345	0.9357	0.9370	0.9382	0.9394	0.9406	0.9418	0.9430	0.9441
1.6	0.9452	0.9463	0.9474	0.9484	0.9495	0.9505	0.9515	0.9525	0.9535	0.9545
1.7	0.9554	0.9564	0.9573	0.9582	0.9591	0.9599	0.9608	0.9616	0.9625	0.9633
1.8	0.9641	0.9648	0.9656	0.9664	0.9671	0.9678	0.9686	0.9693	0.9700	0.9706
1.9	0.9713	0.9719	0.9726	0.9732	0.9738	0.9744	0.9750	0.9756	0.9762	0.9767
2.0	0.9772	0.9778	0.9783	0.9788	0.9793	0.9798	0.9803	0.9808	0.9812	0.9817
2.1	0.9821	0.9826	0.9830	0.9834	0.9838	0.9842	0.9846	0.9850	0.9854	0.9857
2.2	0.9861	0.9864	0.9868	0.9871	0.9874	0.9878	0.9881	0.9884	0.9887	0.9890
2.3	0.9893	0.9896	0.9898	0.9901	0.9904	0.9906	0.9909	0.9911	0.9913	0.9916
2.4	0.9918	0.9920	0.9922	0.9925	0.9927	0.9929	0.9931	0.9932	0.9934	0.9936
2.5	0.9938	0.9940	0.9941	0.9943	0.9945	0.9946	0.9948	0.9949	0.9951	0.9952
2.6	0.9953	0.9955	0.9956	0.9957	0.9959	0.9960	0.9961	0.9962	0.9963	0.9964
2.7	0.9965	0.9966	0.9967	0.9968	0.9969	0.9970	0.9971	0.9972	0.9973	0.9974
2.8	0.9974	0.9975	0.9976	0.9977	0.9977	0.9978	0.9979	0.9979	0.9980	0.9981
2.9	0.9981	0.9982	0.9982	0.9983	0.9984	0.9984	0.9985	0.9985	0.9986	0.9986
3.0	0.9987	0.9990	0.9993	0.9995	0.9997	0.9998	0.9998	0.9999	0.9999	1.0000

注：表中末行系函数值 $\Phi(3.0),\Phi(3.1),\cdots,\Phi(3.9)$。

附表 4　t 分布表

$$P\{t(n)>t_\alpha(n)\}=\alpha$$

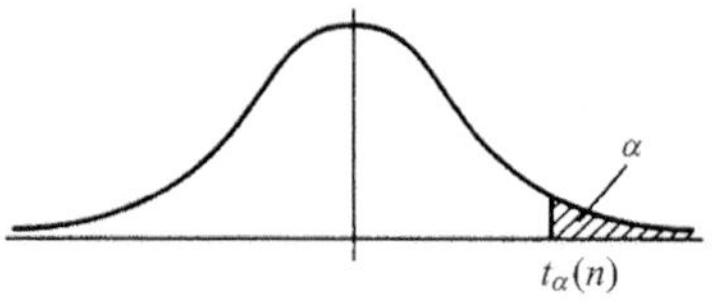

n	α=0.25	0.10	0.05	0.025	0.01	0.005
1	1.0000	3.0777	6.3138	12.7062	31.8207	63.6574
2	0.8165	1.8856	2.9200	4.3027	6.9646	9.9248
3	0.7649	1.6377	2.3534	3.1824	4.5407	5.8409
4	0.7407	1.5332	2.1318	2.7764	3.7469	4.6041
5	0.7267	1.4759	2.0150	2.5706	3.3649	4.0322
6	0.7176	1.4398	1.9432	2.4469	3.1427	3.7074
7	0.7111	1.4149	1.8946	2.3646	2.9980	3.4995
8	0.7064	1.3968	1.8595	2.3060	2.8965	3.3554
9	0.7027	1.3830	1.8331	2.2622	2.8214	3.2498
10	0.6998	1.3722	1.8125	2.2281	2.7638	3.1693
11	0.6974	1.3634	1.7959	2.2010	2.7181	3.1058
12	0.6955	1.3562	1.7823	2.1788	2.6810	3.0545
13	0.6938	1.3502	1.7709	2.1604	2.6503	3.0123
14	0.6924	1.3450	1.7613	2.1448	2.6245	2.9768
15	0.6912	1.3406	1.7531	2.1315	2.6025	2.9467
16	0.6901	1.3368	1.7459	2.1199	2.5835	2.9208
17	0.6892	1.3334	1.7396	2.1098	2.5669	2.8982
18	0.6884	1.3304	1.7341	2.1009	2.5524	2.8784
19	0.6876	1.3277	1.7291	2.0930	2.5395	2.8609
20	0.6870	1.3253	1.7247	2.0860	2.5280	2.8453
21	0.6864	1.3232	1.7207	2.0796	2.5177	2.8314
22	0.6858	1.3212	1.7171	2.0739	2.5083	2.8188
23	0.6853	1.3195	1.7139	2.0687	2.4999	2.8073
24	0.6848	1.3178	1.7109	2.0639	2.4922	2.7969
25	0.6844	1.3163	1.7081	2.0595	2.4851	2.7874

续表

n	α=0.25	0.10	0.05	0.025	0.01	0.005
26	0.6840	1.3150	1.7058	2.0555	2.4786	2.7787
27	0.6837	1.3137	1.7033	2.0518	2.4727	2.7707
28	0.6834	1.3125	1.7011	2.0484	2.4671	2.7633
29	0.6830	1.3114	1.6991	2.0452	2.4620	2.7564
30	0.6828	1.3104	1.6973	2.0423	2.4573	2.7500
31	0.6825	1.3095	1.6955	2.0395	2.4528	2.7440
32	0.6822	1.3086	1.6939	2.0369	2.4487	2.7385
33	0.6820	1.3077	1.6924	2.0345	2.4448	2.7333
34	0.6818	1.3070	1.6909	2.0322	2.4411	2.7284
35	0.6816	0.3062	1.6896	2.0301	2.4377	2.7238
36	0.6814	1.3055	1.6883	2.0281	2.4345	2.7195
37	0.6812	1.3049	1.6871	2.0262	2.4314	2.7154
38	0.6810	1.3042	1.6860	2.0244	2.4286	2.7116
39	0.6808	1.3036	1.6849	2.0227	2.4258	2.7079
40	0.6807	1.3031	1.6839	2.0211	2.4233	2.7045
41	0.6805	1.3025	1.6829	2.0195	2.4208	2.7012
42	0.6804	1.3020	1.6820	2.0181	2.4185	2.6981
43	0.6802	1.3016	1.6811	2.0167	2.4163	2.6951
44	0.6801	1.3011	1.6802	2.0154	2.4141	2.6923
45	0.6800	1.3006	1.6794	2.0141	2.4121	2.6806

附表 5　χ^2分布表

$$P\{\chi^2(n)>\chi^2_\alpha(n)\}=\alpha$$

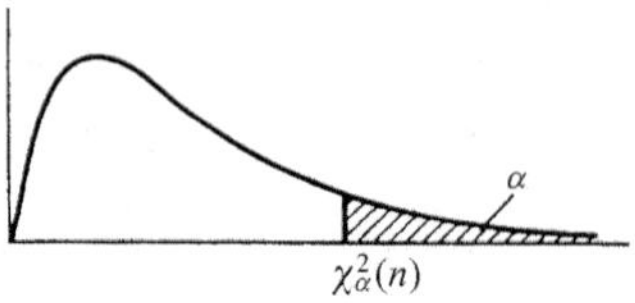

n	$\alpha=0.995$	0.99	0.975	0.95	0.90	0.75
1	—	—	0.001	0.004	0.016	0.102
2	0.010	0.020	0.051	0.103	0.211	0.575
3	0.072	0.115	0.216	0.352	0.584	1.213
4	0.207	0.297	0.484	0.711	1.064	1.923
5	0.412	0.554	0.831	1.145	1.610	2.675
6	0.676	0.872	1.237	1.635	2.204	3.455
7	0.989	1.239	1.690	2.167	2.833	4.255
8	1.344	1.646	2.180	2.733	3.490	5.071
9	1.735	2.088	2.700	3.325	4.168	5.899
10	2.156	2.558	3.247	3.940	4.865	6.737
11	2.603	3.053	3.816	4.575	5.578	7.584
12	3.074	3.571	4.404	5.226	6.304	8.438
13	3.565	4.107	5.009	5.892	7.042	9.299
14	4.075	4.660	5.629	6.571	7.790	10.165
15	4.601	5.229	6.262	7.261	8.547	11.037
16	5.142	5.812	6.908	7.962	9.312	11.912
17	5.697	6.408	7.564	8.672	10.085	12.792
18	6.265	7.015	8.231	9.390	10.865	13.675
19	6.844	7.633	8.907	10.117	11.651	14.562
20	7.434	8.260	9.591	10.851	12.443	15.452
21	8.034	8.897	10.283	11.591	13.240	16.344
22	8.643	9.542	10.982	12.338	14.042	17.240
23	9.260	10.196	11.689	13.091	14.848	18.137
24	9.886	10.856	12.401	13.848	15.659	19.037
25	10.520	11.524	13.120	14.611	16.473	19.939
26	11.160	12.198	13.844	15.379	17.292	20.843
27	11.808	12.879	14.573	16.151	18.114	21.749

续表

n	$\alpha=0.995$	0.99	0.975	0.95	0.90	0.75
28	12.461	13.565	15.308	16.928	18.939	22.657
29	13.121	14.257	16.047	17.708	19.768	23.567
30	13.787	14.954	16.791	18.493	20.599	24.478
31	14.458	15.655	17.539	19.281	21.434	25.390
32	15.134	16.362	18.291	20.072	22.271	26.304
33	15.815	17.074	19.047	20.807	23.110	27.219
34	16.501	17.789	19.806	21.664	23.952	28.136
35	17.192	18.509	20.569	22.465	24.797	29.054
36	17.887	19.233	21.336	23.269	25.613	29.973
37	18.586	19.960	22.106	24.075	26.492	30.893
38	19.289	20.691	22.878	24.884	27.343	31.815
39	19.996	21.426	23.654	25.695	28.196	32.737
40	20.707	22.164	24.433	26.509	29.051	33.660
41	21.421	22.906	25.215	27.326	29.907	34.585
42	22.138	23.650	25.999	28.144	30.765	35.510
43	22.859	24.398	26.785	28.965	31.625	36.430
44	23.584	25.143	27.575	29.787	32.487	37.363
45	24.311	25.901	28.366	30.612	33.350	38.291
n	$\alpha=0.25$	0.10	0.05	0.025	0.01	0.005
1	1.323	2.706	3.841	5.024	6.635	7.879
2	2.773	4.605	5.991	7.378	9.210	10.597
3	4.108	6.251	7.815	9.348	11.345	12.838
4	5.385	7.779	9.488	11.143	13.277	14.860
5	6.626	9.236	11.071	12.833	15.086	16.750
6	7.841	10.645	12.592	14.449	16.812	18.548
7	9.037	12.017	14.067	16.013	18.475	20.278
8	10.219	13.362	15.507	17.535	20.090	21.955
9	11.389	14.684	16.919	19.023	21.666	23.589
10	12.549	15.987	18.307	20.483	23.209	25.188
11	13.701	17.275	19.675	21.920	24.725	26.757
12	14.845	18.549	21.026	23.337	26.217	28.299
13	15.984	19.812	22.362	24.736	27.688	29.819
14	17.117	21.064	23.685	26.119	29.141	31.319
15	18.245	22.307	24.996	27.488	30.578	32.801
16	19.369	23.542	26.296	28.845	32.000	34.267
17	20.489	24.769	27.587	30.191	33.409	35.718

续表

n	$\alpha=0.25$	0.10	0.05	0.025	0.01	0.005
18	21.605	25.989	28.869	31.526	34.805	37.156
19	22.718	27.204	30.144	32.852	36.191	38.582
20	23.828	28.412	31.410	34.170	37.566	39.997
21	24.935	29.615	32.671	35.479	38.932	41.401
22	26.039	30.813	33.924	36.781	40.289	42.796
23	27.141	32.007	35.172	38.076	41.638	44.181
24	28.241	33.196	36.415	39.364	42.980	45.559
25	29.339	34.382	37.652	40.646	44.314	46.928
26	30.435	35.563	38.885	41.923	45.642	48.290
27	31.528	36.741	40.113	43.194	46.963	49.645
28	32.620	37.916	41.337	44.461	48.278	50.993
29	33.711	39.087	42.557	45.722	49.588	52.336
30	34.800	40.256	43.773	46.979	50.892	53.672
31	35.887	41.422	44.985	48.232	52.191	55.003
32	36.973	42.585	46.194	49.480	53.486	56.328
33	38.053	43.745	47.400	50.725	54.776	57.648
34	39.141	44.903	48.602	51.966	56.061	58.964
35	40.223	46.059	49.802	53.203	57.342	60.275
36	41.304	47.212	50.998	54.437	58.619	61.581
37	42.383	48.363	52.192	55.668	59.892	62.883
38	43.462	49.513	53.384	56.896	61.162	64.181
39	44.539	50.660	54.572	58.120	62.428	65.476
40	45.616	51.805	55.758	59.342	63.691	66.766
41	46.692	52.949	53.942	60.561	64.950	68.053
42	47.766	54.090	58.124	61.777	66.206	69.336
43	48.840	55.230	59.304	62.990	67.459	70.606
44	49.913	56.369	60.481	64.201	68.710	71.893
45	50.985	57.505	61.656	65.410	69.957	73.166

附表 6　F 分布表

$$P\{F(n_1, n_2) > F_\alpha(n_1, n_2)\} = \alpha$$

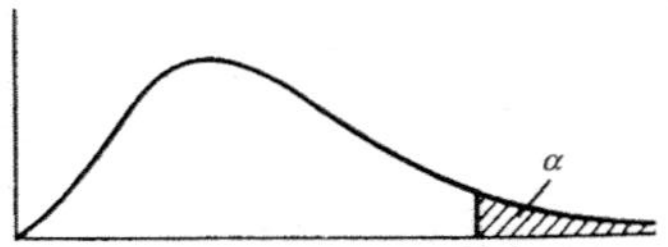

$\alpha = 0.10$

n_2 \ n_1	1	2	3	4	5	6	7	8	9	10	12	15	20	24	30	40	60	120	∞
1	39.86	49.50	53.59	55.83	57.24	58.20	58.91	59.44	59.86	60.19	60.71	61.22	61.74	62.00	62.26	62.53	62.79	63.06	63.33
2	8.53	9.00	9.16	9.24	9.29	9.33	9.35	9.37	9.38	9.39	9.41	9.42	9.44	9.45	9.46	9.47	9.47	9.48	9.49
3	5.54	5.46	5.39	5.34	5.31	5.28	5.27	5.25	5.24	5.23	5.22	5.20	5.18	5.18	5.17	5.16	5.15	5.14	5.13
4	4.54	4.32	4.19	4.11	4.05	4.01	3.98	3.95	3.94	3.92	3.90	3.87	3.84	3.83	3.82	3.80	3.79	3.78	4.76
5	4.06	3.78	3.62	3.52	3.45	3.40	3.37	3.34	3.32	3.30	3.27	3.24	3.21	3.19	3.17	3.16	3.14	3.12	3.10
6	3.78	3.46	3.29	3.18	3.11	3.05	3.01	2.98	2.96	2.94	2.90	2.87	2.84	2.82	2.80	2.78	2.76	2.74	2.72
7	3.59	3.26	3.07	2.96	2.88	2.83	2.78	2.75	2.72	2.70	2.67	2.63	2.59	2.58	2.56	2.54	2.51	2.49	2.47
8	3.46	3.11	2.92	2.81	2.73	2.67	2.62	2.59	2.56	2.54	2.50	2.46	2.42	2.40	2.38	2.36	2.34	2.32	2.29
9	3.36	3.01	2.81	2.69	2.61	2.55	2.51	2.47	2.44	2.42	2.38	2.34	2.30	2.28	2.25	2.23	2.21	2.18	2.16
10	3.29	2.92	2.73	2.61	2.52	2.46	2.41	2.38	2.35	2.32	2.28	2.24	2.20	2.18	2.16	2.13	2.11	2.08	2.06

续表

$\alpha=0.10$

n_2 \ n_1	1	2	3	4	5	6	7	8	9	10	12	15	20	24	30	40	60	120	∞
11	3.23	2.86	2.66	2.54	2.45	2.39	2.34	2.30	2.27	2.25	2.21	2.17	2.12	2.10	2.08	2.05	2.03	2.00	1.97
12	3.18	2.81	2.61	2.48	2.39	2.33	2.28	2.24	2.21	2.19	2.15	2.10	2.06	2.04	2.01	1.99	1.96	1.93	1.90
13	3.14	2.76	2.56	2.43	2.35	2.28	2.23	2.20	2.16	2.14	2.10	2.05	2.01	1.98	1.96	1.93	1.90	1.88	1.85
14	3.10	2.73	2.52	2.39	2.31	2.24	2.19	2.15	2.12	2.10	2.05	2.01	1.96	1.94	1.91	1.89	1.86	1.83	1.80
15	3.07	2.70	2.49	2.36	2.27	2.21	2.16	2.12	2.09	2.06	2.02	1.97	1.92	1.90	1.87	1.85	1.82	1.79	1.76
16	3.05	2.67	2.46	2.33	2.24	2.18	2.13	2.09	2.06	2.03	1.99	1.94	1.89	1.87	1.84	1.81	1.78	1.75	1.72
17	3.03	2.64	2.44	2.31	2.22	2.15	2.10	2.06	2.03	2.00	1.96	1.91	1.86	1.84	1.81	1.78	1.75	1.72	1.69
18	3.01	2.62	2.42	2.29	2.20	2.13	2.08	2.04	2.00	1.98	1.93	1.89	1.84	1.81	1.78	1.75	1.72	1.69	1.66
19	2.99	2.61	2.40	2.27	2.18	2.11	2.06	2.02	1.98	1.96	1.91	1.86	1.81	1.79	1.76	1.73	1.70	1.67	1.63
20	2.97	2.59	2.38	2.25	2.16	2.09	2.04	2.00	1.96	1.94	1.89	1.84	1.79	1.77	1.74	1.71	1.68	1.64	1.61
21	2.96	2.57	2.36	2.23	2.14	2.08	2.02	1.98	1.95	1.92	1.87	1.83	1.78	1.75	1.72	1.69	1.66	1.62	1.59
22	2.95	2.56	2.35	2.22	2.13	2.06	2.01	1.97	1.93	1.90	1.86	1.81	1.76	1.73	1.70	1.67	1.64	1.60	1.57
23	2.94	2.55	2.34	2.21	2.11	2.05	1.99	1.95	1.92	1.89	1.84	1.80	1.74	1.72	1.69	1.66	1.62	1.59	1.55
24	2.93	2.54	2.33	2.19	2.10	2.04	1.98	1.94	1.91	1.88	1.83	1.78	1.73	1.70	1.67	1.64	1.61	1.57	1.53
25	2.92	2.53	2.32	2.18	2.09	2.02	1.97	1.93	1.89	1.87	1.82	1.77	1.72	1.69	1.66	1.63	1.59	1.56	1.52
26	2.91	2.52	2.31	2.17	2.08	2.01	1.96	1.92	1.88	1.86	1.81	1.76	1.71	1.68	1.65	1.61	1.58	1.54	1.50
27	2.90	2.51	2.30	2.17	2.07	2.00	1.95	1.91	1.87	1.85	1.80	1.75	1.70	1.67	1.64	1.60	1.57	1.53	1.49
28	2.89	2.50	2.29	2.16	2.06	2.00	1.94	1.90	1.87	1.84	1.79	1.74	1.69	1.66	1.63	1.59	1.56	1.52	1.48
29	2.89	2.50	2.28	2.15	2.06	1.99	1.93	1.89	1.86	1.83	1.78	1.73	1.68	1.65	1.62	1.58	1.55	1.51	1.47
30	2.88	2.49	2.28	2.14	2.05	1.98	1.93	1.88	1.85	1.82	1.77	1.72	1.67	1.64	1.61	1.57	1.54	1.50	1.46
40	2.84	2.44	2.23	2.09	2.00	1.93	1.87	1.83	1.79	1.76	1.71	1.66	1.61	1.57	1.54	1.51	1.47	1.42	1.38
60	2.79	2.39	2.18	2.04	1.95	1.87	1.82	1.77	1.74	1.71	1.66	1.60	1.54	1.51	1.48	1.44	1.40	1.35	1.29
120	2.75	2.35	2.13	1.99	1.90	1.82	1.77	1.72	1.68	1.65	1.60	1.55	1.48	1.45	1.41	1.37	1.32	1.26	1.19
∞	2.71	2.30	2.08	1.94	1.85	1.77	1.72	1.67	1.63	1.60	1.55	1.49	1.42	1.38	1.34	1.30	1.24	1.17	1.00

续表

$\alpha=0.05$

n_2 \ n_1	1	2	3	4	5	6	7	8	9	10	12	15	20	24	30	40	60	120	∞
1	161.4	199.5	215.7	224.6	230.2	234.0	236.8	238.9	240.5	241.9	243.9	245.9	248.0	249.1	250.1	251.1	252.2	253.3	254.3
2	18.51	19.00	19.16	19.25	19.30	19.33	19.35	19.37	19.38	19.40	19.41	19.43	19.45	19.45	19.46	19.47	19.48	19.49	19.50
3	10.13	9.55	9.28	9.12	9.01	8.94	8.89	8.85	8.81	8.79	8.74	8.70	8.66	8.64	8.62	8.59	8.57	8.55	8.53
4	7.71	6.94	6.59	6.39	6.26	6.16	6.09	6.04	6.00	5.96	5.91	5.86	5.80	5.77	5.75	5.72	5.69	5.66	5.63
5	6.61	5.79	5.41	5.19	5.05	4.95	4.88	4.82	4.77	4.74	4.68	4.62	4.56	4.53	4.50	4.46	4.43	4.40	4.36
6	5.99	5.14	4.76	4.53	4.39	4.28	4.21	4.15	4.10	4.06	4.00	3.94	3.87	3.84	3.81	3.77	3.74	3.70	3.67
7	5.59	4.74	4.35	4.12	3.97	3.87	3.79	3.73	3.68	3.64	3.57	3.51	3.44	3.41	3.38	3.34	3.30	3.27	3.23
8	5.32	4.46	4.07	3.84	3.69	3.58	3.50	3.44	3.39	3.35	3.28	3.22	3.15	3.12	3.08	3.04	3.01	2.97	2.93
9	5.12	4.26	3.86	3.63	3.48	3.37	3.29	3.23	3.18	3.14	3.07	3.01	2.94	2.90	2.86	2.83	2.79	2.75	2.71
10	4.96	4.10	3.71	3.48	3.33	3.22	3.14	3.07	3.02	2.98	2.91	2.85	2.77	2.74	2.70	2.66	2.62	2.58	2.54
11	4.84	3.98	3.59	3.36	3.20	3.09	3.01	2.95	2.90	2.85	2.79	2.72	2.65	2.61	2.57	2.53	2.49	2.45	2.40
12	4.75	3.89	3.49	3.26	3.11	3.00	2.91	2.85	2.80	2.75	2.69	2.62	2.54	2.51	2.47	2.43	2.38	2.34	2.30
13	4.67	3.81	3.41	3.18	3.03	2.92	2.83	2.77	2.71	2.67	2.60	2.53	2.46	2.42	2.38	2.34	2.30	2.25	2.21
14	4.60	3.74	3.34	3.11	2.96	2.85	2.76	2.70	2.65	2.60	2.53	2.46	2.39	2.35	2.31	2.27	2.22	2.18	2.13
15	4.54	3.68	3.29	3.06	2.90	2.79	2.71	2.64	2.59	2.54	2.48	2.40	2.33	2.29	2.25	2.20	2.16	2.11	2.07
16	4.49	3.63	3.24	3.01	2.85	2.74	2.66	2.59	2.54	2.49	2.42	2.35	2.28	2.24	2.19	2.15	2.11	2.06	2.01
17	4.45	3.59	3.20	2.96	2.81	2.70	2.61	2.55	2.49	2.45	2.38	2.31	2.23	2.19	2.15	2.10	2.06	2.01	1.96

续表

$\alpha=0.05$

n_2 \ n_1	1	2	3	4	5	6	7	8	9	10	12	15	20	24	30	40	60	120	∞
18	4.41	3.55	3.16	2.93	2.77	2.66	2.58	2.51	2.46	2.41	2.34	2.27	2.19	2.15	2.11	2.06	2.02	1.97	1.92
19	4.38	3.52	3.13	2.90	2.74	2.63	2.54	2.48	2.42	2.38	2.31	2.23	2.16	2.11	2.07	2.03	1.98	1.93	1.88
20	4.35	3.49	3.10	2.87	2.71	2.60	2.51	2.45	2.39	2.35	2.28	2.20	2.12	2.08	2.04	1.99	1.95	1.90	1.84
21	4.32	3.47	3.07	2.84	2.68	2.57	2.49	2.42	2.37	2.32	2.25	2.18	2.10	2.05	2.01	1.96	1.92	1.87	1.81
22	4.30	3.44	3.05	2.82	2.66	2.55	2.46	2.40	2.34	2.30	2.23	2.15	2.07	2.03	1.98	1.94	1.89	1.84	1.78
23	4.28	3.42	3.03	2.80	2.64	2.53	2.44	2.37	2.32	2.27	2.20	2.13	2.05	2.01	1.96	1.91	1.86	1.81	1.76
24	4.26	3.40	3.01	2.78	2.62	2.51	2.42	2.36	2.30	2.25	2.18	2.11	2.03	1.98	1.94	1.89	1.84	1.79	1.73
25	4.24	3.39	2.99	2.76	2.60	2.49	2.40	2.34	2.28	2.24	2.16	2.09	2.01	1.96	1.92	1.87	1.82	1.77	1.71
26	4.23	3.37	2.98	2.74	2.59	2.47	2.39	2.32	2.27	2.22	2.15	2.07	1.99	1.95	1.90	1.85	1.80	1.75	1.69
27	4.21	3.35	2.96	2.73	2.57	2.46	2.37	2.31	2.25	2.20	2.13	2.06	1.97	1.93	1.88	1.84	1.79	1.73	1.67
28	4.20	3.34	2.95	2.71	2.56	2.45	2.36	2.29	2.24	2.19	2.12	2.04	1.96	1.91	1.87	1.82	1.77	1.71	1.65
29	4.18	3.33	2.93	2.70	2.55	2.43	2.35	2.28	2.22	2.18	2.10	2.03	1.94	1.90	1.85	1.81	1.75	1.70	1.64
30	4.17	3.32	2.92	2.69	2.53	2.42	2.33	2.27	2.21	2.16	2.09	2.01	1.93	1.89	1.84	1.79	1.74	1.68	1.62
40	4.08	3.23	2.84	2.61	2.45	2.34	2.25	2.18	2.12	2.08	2.00	1.92	1.84	1.79	1.74	1.69	1.64	1.58	1.51
60	4.00	3.15	2.76	2.53	2.37	2.25	2.17	2.10	2.04	1.99	1.92	1.84	1.75	1.70	1.65	1.59	1.53	1.47	1.39
120	3.92	3.07	2.68	2.45	2.29	2.17	2.09	2.02	1.96	1.91	1.83	1.75	1.66	1.61	1.55	1.50	1.43	1.35	1.25
∞	3.84	3.00	2.60	2.37	2.21	2.10	2.01	1.94	1.88	1.83	1.75	1.67	1.57	1.52	1.46	1.39	1.32	1.22	1.00

续表

n_2 \ n_1	1	2	3	4	5	6	7	8	9	10	12	15	20	24	30	40	60	120	∞
	$\alpha=0.025$																		
1	647. 8	799. 5	864. 2	899. 6	921. 8	937. 1	948. 2	956. 7	963. 3	368. 6	976. 7	984. 9	993. 1	997. 2	1001	1006	1010	1014	1018
2	38. 51	39. 00	39. 17	39. 25	39. 30	39. 33	39. 36	39. 37	39. 39	39. 40	39. 41	39. 43	39. 45	39. 46	39. 46	39. 47	39. 48	39. 49	39. 50
3	17. 44	16. 04	15. 44	15. 10	14. 88	14. 73	14. 62	14. 54	14. 47	14. 42	14. 34	14. 25	14. 17	14. 12	14. 08	14. 04	13. 99	13. 95	13. 90
4	12. 22	10. 65	9. 98	9. 60	9. 36	9. 20	9. 07	8. 98	8. 90	8. 84	8. 75	8. 66	8. 56	8. 51	8. 46	8. 41	8. 36	8. 31	8. 26
5	10. 01	8. 43	7. 76	7. 39	7. 15	6. 98	6. 85	6. 76	6. 68	6. 62	6. 52	6. 43	6. 33	6. 28	6. 23	6. 18	6. 12	6. 07	6. 02
6	8. 81	7. 26	6. 60	6. 23	5. 99	5. 82	5. 70	5. 60	5. 52	5. 46	5. 37	5. 27	5. 17	5. 12	5. 07	5. 01	4. 96	4. 90	4. 85
7	8. 07	6. 54	5. 89	5. 52	5. 29	5. 12	4. 99	4. 90	4. 82	4. 76	4. 67	4. 57	4. 47	4. 42	4. 36	4. 31	4. 25	4. 20	4. 14
8	7. 57	6. 06	5. 42	5. 05	4. 82	4. 65	4. 53	4. 43	4. 36	4. 30	4. 20	4. 10	4. 00	3. 95	3. 89	3. 84	3. 78	3. 73	3. 67
9	7. 21	5. 71	5. 08	4. 72	4. 48	4. 23	4. 20	4. 10	4. 03	3. 96	3. 87	3. 77	3. 67	3. 61	3. 56	3. 51	3. 45	3. 39	3. 33
10	6. 94	5. 46	4. 83	4. 47	4. 24	4. 07	3. 95	3. 85	3. 78	3. 72	3. 62	3. 52	3. 42	3. 37	3. 31	3. 26	3. 20	3. 14	3. 08
11	6. 72	5. 26	4. 63	4. 28	4. 04	3. 88	3. 76	3. 66	3. 59	3. 53	3. 43	3. 33	3. 23	3. 17	3. 12	3. 06	3. 00	2. 94	2. 88
12	6. 55	5. 10	4. 47	4. 12	3. 89	3. 73	3. 61	3. 51	3. 44	3. 37	3. 28	3. 18	3. 07	3. 02	2. 96	2. 91	2. 85	2. 79	2. 72
13	6. 41	4. 97	4. 35	4. 00	3. 77	3. 60	3. 48	3. 39	3. 31	3. 25	3. 15	3. 05	2. 95	2. 89	2. 84	2. 78	2. 72	2. 66	2. 60
14	6. 30	4. 86	4. 24	3. 89	3. 66	3. 50	3. 38	3. 29	3. 21	3. 15	3. 05	2. 95	2. 84	2. 79	2. 73	2. 67	2. 61	2. 55	2. 49
15	6. 20	4. 77	4. 15	3. 80	3. 58	3. 41	3. 29	3. 20	3. 12	3. 06	2. 96	2. 86	2. 76	2. 70	2. 64	2. 59	2. 52	2. 46	2. 40
16	6. 12	4. 69	4. 08	3. 73	3. 50	3. 34	3. 22	3. 12	3. 05	2. 99	2. 89	2. 79	2. 68	2. 63	2. 57	2. 51	2. 45	2. 38	2. 32
17	6. 04	4. 62	4. 01	3. 66	3. 44	3. 28	3. 16	3. 06	2. 98	2. 92	2. 82	2. 72	2. 62	2. 56	2. 50	2. 44	2. 38	2. 32	2. 25

续表

n_2 \ n_1	1	2	3	4	5	6	7	8	9	10	12	15	20	24	30	40	60	120	∞
$\alpha=0.025$																			
18	5.98	4.56	3.95	3.61	3.38	3.22	3.10	3.01	2.93	2.87	2.77	2.67	2.56	2.50	2.44	2.38	2.32	2.26	2.19
19	5.92	4.51	3.90	3.56	3.33	3.17	3.05	2.96	2.88	2.82	2.72	2.62	2.51	2.45	2.39	2.33	2.27	2.20	2.13
20	5.87	4.46	3.86	3.51	3.29	3.13	3.01	2.91	2.84	2.77	2.68	2.57	2.46	2.41	2.35	2.29	2.22	2.16	2.09
21	5.83	4.42	3.82	3.48	3.25	3.09	2.97	2.87	2.80	2.73	2.64	2.53	2.42	2.37	2.31	2.25	2.18	2.11	2.04
22	5.79	4.38	3.78	3.44	3.22	3.05	2.93	2.84	2.76	2.70	2.60	2.50	2.39	2.33	2.27	2.21	2.14	2.08	2.00
23	5.75	4.35	3.75	3.41	3.18	3.02	2.90	2.81	2.73	2.67	2.57	2.47	2.36	2.30	2.24	2.18	2.11	2.04	1.97
24	5.72	4.32	3.72	3.38	3.15	2.99	2.87	2.78	2.70	2.64	2.54	2.44	2.33	2.27	2.21	2.15	2.08	2.01	1.94
25	5.69	4.29	3.69	3.35	3.13	2.97	2.85	2.75	2.68	2.61	2.51	2.41	2.30	2.24	2.18	2.12	2.05	1.98	1.91
26	5.66	4.27	3.67	3.33	3.10	2.94	2.82	2.73	2.65	2.59	2.49	2.39	2.28	2.22	2.16	2.09	2.03	1.95	1.88
27	5.63	4.24	3.65	3.31	3.08	2.92	2.80	2.71	2.63	2.57	2.47	2.36	2.25	2.19	2.13	2.07	2.00	1.93	1.85
28	5.61	4.22	3.63	3.29	3.06	2.90	2.78	2.69	2.61	2.55	2.45	2.34	2.23	2.17	2.11	2.05	1.98	1.91	1.83
29	5.59	4.20	3.61	3.27	3.04	2.88	2.76	2.67	2.59	2.53	2.43	2.32	2.21	2.15	2.09	2.03	1.96	1.89	1.81
30	5.57	4.18	3.59	3.25	3.03	2.87	2.75	2.65	2.57	2.51	2.41	2.31	2.20	2.14	2.07	2.01	1.94	1.87	1.79
40	5.42	4.05	3.46	3.13	2.90	2.74	2.62	2.53	2.45	2.39	2.29	2.18	2.07	2.01	1.94	1.88	1.80	1.72	1.64
60	5.29	3.93	3.34	3.01	2.79	2.63	2.51	2.41	2.33	2.27	2.17	2.06	1.94	1.88	1.82	1.74	1.67	1.58	1.48
120	5.15	3.80	3.23	2.89	2.67	2.52	2.39	2.30	2.22	2.16	2.05	1.94	1.82	1.76	1.69	1.61	1.53	1.43	1.31
∞	5.02	3.69	3.12	2.79	2.57	2.41	2.29	2.19	2.11	2.05	1.94	1.83	1.71	1.64	1.57	1.48	1.39	1.27	1.00

续表

n_2 \ n_1	1	2	3	4	5	6	7	8	9	10	12	15	20	24	30	40	60	120	∞
$\alpha=0.01$																			
1	4052	4999.5	5403	5625	5764	5859	5928	5982	6022	6056	6106	6157	6209	6235	6261	6287	6313	6339	6366
2	98.50	99.00	99.17	99.25	99.30	99.33	99.36	99.37	99.39	99.40	99.42	99.43	99.45	99.46	99.47	99.47	99.48	99.49	99.50
3	34.12	30.82	29.46	28.71	28.24	27.91	27.67	27.49	27.35	27.23	27.05	26.87	26.69	26.60	26.50	26.41	26.32	26.22	26.13
4	21.20	18.00	16.69	15.98	15.52	15.21	14.98	14.80	14.66	14.55	14.37	14.20	14.02	13.93	13.84	13.75	13.65	13.56	13.46
5	16.26	13.27	12.06	11.39	10.97	10.67	10.46	10.29	10.16	10.05	9.89	9.72	9.55	9.47	9.38	9.29	9.20	9.11	9.02
6	13.75	10.92	9.78	9.15	8.75	8.47	8.26	8.10	7.98	7.87	7.72	7.56	7.40	7.31	7.23	7.14	7.06	6.97	6.88
7	12.25	9.55	8.45	7.85	7.46	7.19	6.99	6.84	6.72	6.62	6.47	6.31	6.16	6.07	5.99	5.91	5.82	5.74	5.65
8	11.26	8.65	7.59	7.01	6.63	6.37	6.18	6.03	5.91	5.81	5.67	5.52	5.36	5.28	5.20	5.12	5.03	4.95	4.86
9	10.56	8.02	6.99	6.42	6.06	5.80	5.61	5.47	5.35	5.26	5.11	4.96	4.81	4.73	4.65	4.57	4.48	4.40	4.31
10	10.04	7.56	6.55	5.99	5.64	5.39	5.20	5.06	4.94	4.85	4.71	4.56	4.41	4.33	4.25	4.17	4.08	4.00	3.91
11	9.65	7.21	6.22	5.67	5.32	5.07	4.89	4.74	4.63	4.54	4.40	4.25	4.10	4.02	3.94	3.86	3.78	3.69	3.60
12	9.33	6.93	5.95	5.41	5.06	4.82	4.64	4.50	4.39	4.30	4.16	4.01	3.86	3.78	3.70	3.62	3.54	3.45	3.36
13	9.07	6.70	5.74	5.21	4.86	4.62	4.44	4.30	4.19	4.10	3.96	3.82	3.66	3.59	3.51	3.43	3.34	3.25	3.17
14	8.86	6.51	5.56	5.04	4.69	4.46	4.28	4.14	4.03	3.94	3.80	3.66	3.51	3.43	3.35	3.27	3.18	3.09	3.00
15	8.68	6.36	5.42	4.89	4.56	4.32	4.14	4.00	3.89	3.80	3.67	3.52	3.37	3.29	3.21	3.13	3.05	2.96	2.87
16	8.53	6.23	5.29	4.77	4.44	4.20	4.03	3.89	3.78	3.69	3.55	3.41	3.26	3.18	3.10	3.02	2.93	2.84	2.75
17	8.40	6.11	5.18	4.67	4.34	4.10	3.93	3.79	3.68	3.59	3.46	3.31	3.16	3.08	3.00	2.92	2.83	2.75	2.65

续表

$\alpha=0.01$

n_2 \ n_1	1	2	3	4	5	6	7	8	9	10	12	15	20	24	30	40	60	120	∞
18	8.29	6.01	5.09	4.58	4.25	4.01	3.84	3.71	3.60	3.51	3.37	3.23	3.08	3.00	2.92	2.84	2.75	2.66	2.57
19	8.18	5.93	5.01	4.50	4.17	3.94	3.77	3.63	3.52	3.43	3.30	3.15	3.00	2.92	2.84	2.76	2.67	2.58	2.49
20	8.10	5.85	4.94	4.43	4.10	3.87	3.70	3.56	3.46	3.37	3.23	3.09	2.94	2.86	2.78	2.69	2.61	2.52	2.42
21	8.02	5.78	4.87	4.37	4.04	3.81	3.64	3.51	3.40	3.31	3.17	3.03	2.88	2.80	2.72	2.64	2.55	2.46	2.36
22	7.95	5.72	4.82	4.31	3.99	3.76	3.59	3.45	3.35	3.26	3.12	2.98	2.83	2.75	2.67	2.58	2.50	2.40	2.31
23	7.88	5.66	4.76	4.26	3.94	3.71	3.54	3.41	3.30	3.21	3.07	2.93	2.78	2.70	2.62	2.54	2.45	2.35	2.26
24	7.82	5.61	4.72	4.22	3.90	3.67	3.50	3.36	3.26	3.17	3.03	2.89	2.74	2.66	2.58	2.49	2.40	2.31	2.21
25	7.77	5.57	4.68	4.18	3.85	3.63	3.46	3.32	3.22	3.13	2.99	2.85	2.70	2.62	2.54	2.45	2.36	2.27	2.17
26	7.72	5.53	4.64	4.14	3.82	3.59	3.42	3.29	3.18	3.09	2.96	2.81	2.66	2.58	2.50	2.42	2.33	2.23	2.13
27	7.68	5.49	4.60	4.11	3.78	3.56	3.39	3.26	3.15	3.06	2.93	2.78	2.63	2.55	2.47	2.38	2.29	2.20	2.10
28	7.64	5.45	4.57	4.07	3.75	3.53	3.36	3.23	3.12	3.03	2.90	2.75	2.60	2.52	2.44	2.35	2.26	2.17	2.06
29	7.60	5.42	4.54	4.04	3.73	3.50	3.33	3.20	3.09	3.00	2.87	2.73	2.57	2.49	2.41	2.33	2.23	2.14	2.03
30	7.56	5.39	4.51	4.02	3.70	3.47	3.30	3.17	3.07	2.98	2.84	2.70	2.55	2.47	2.39	2.30	2.21	2.11	2.01
40	7.31	5.18	4.31	3.83	3.51	3.29	3.12	2.99	2.89	2.80	2.66	2.52	2.37	2.29	2.20	2.11	2.02	1.92	1.80
60	7.08	4.98	4.13	3.65	3.34	3.12	2.95	2.82	2.72	2.63	2.50	2.35	2.20	2.12	2.03	1.94	1.84	1.73	1.60
120	6.85	4.79	3.95	3.48	3.17	2.96	2.79	2.66	2.56	2.47	2.34	2.19	2.03	1.95	1.86	1.76	1.66	1.53	1.38
∞	6.63	4.61	3.78	3.32	3.02	2.80	2.64	2.51	2.41	2.32	2.18	2.04	1.88	1.79	1.70	1.59	1.47	1.32	1.00

续表

n_2 \ n_1	1	2	3	4	5	6	7	8	9	10	12	15	20	24	30	40	60	120	∞
										$\alpha=0.005$									
1	16211	20000	21615	22500	23056	23437	23715	23925	24091	24224	24426	24630	24836	24940	25044	25148	25253	25359	25465
2	198.5	199.0	199.2	199.2	199.3	199.3	199.4	199.4	199.4	199.4	199.4	199.4	199.4	199.5	199.5	199.5	199.5	199.5	199.5
3	55.55	49.80	47.47	46.19	45.39	44.84	44.43	44.13	43.88	43.69	43.39	43.08	42.78	42.62	42.47	42.31	42.15	41.99	41.83
4	31.33	26.28	24.26	23.15	22.46	21.97	21.62	21.35	21.14	20.97	20.70	20.44	20.17	20.03	19.89	19.75	19.61	19.47	19.32
5	22.78	18.31	16.53	15.56	14.94	14.51	14.20	13.96	13.77	13.62	13.38	13.15	12.90	12.78	12.66	12.53	12.40	12.27	12.14
6	18.63	14.54	12.92	12.03	11.46	11.07	10.79	10.57	10.39	10.25	10.03	9.81	9.59	9.47	9.36	9.24	9.12	9.00	8.88
7	16.24	12.40	10.88	10.05	9.52	9.16	8.89	8.68	8.51	8.38	8.18	7.97	7.75	7.65	7.53	7.42	7.31	7.19	7.08
8	14.69	11.04	9.60	8.81	8.30	7.95	7.69	7.50	7.34	7.21	7.01	6.81	6.61	6.50	6.40	6.29	6.18	6.06	5.95
9	13.61	10.11	8.72	7.96	7.47	7.13	6.88	6.69	6.54	6.42	6.23	6.03	5.83	5.73	5.62	5.52	5.41	5.30	5.19
10	12.83	9.43	8.08	7.34	6.87	6.54	6.30	6.12	5.97	5.85	5.66	5.47	5.27	5.17	5.07	4.97	4.86	4.75	4.64
11	12.23	8.91	7.60	6.88	6.42	6.10	5.86	5.68	5.54	5.42	5.24	5.05	4.86	4.76	4.65	4.55	4.44	4.34	4.23
12	11.75	8.51	7.23	6.52	6.07	5.76	5.52	5.35	5.20	5.09	4.91	4.72	4.53	4.43	4.33	4.23	4.12	4.01	3.90
13	11.37	8.19	6.93	6.23	5.79	5.48	5.25	5.08	4.94	4.82	4.64	4.46	4.27	4.17	4.07	3.97	3.87	3.76	3.65
14	11.06	7.92	6.68	6.00	5.56	5.26	5.03	4.86	4.72	4.60	4.43	4.25	4.06	3.96	3.86	3.76	3.66	3.55	3.44
15	10.80	7.70	6.48	5.80	5.37	5.07	4.85	4.67	4.54	4.42	4.25	4.07	3.88	3.79	3.69	3.58	3.48	3.37	3.26
16	10.58	7.51	6.30	5.64	5.21	4.91	4.69	4.52	4.38	4.27	4.10	3.92	3.73	3.64	3.54	3.44	3.33	3.22	3.11
17	10.38	7.35	6.16	5.50	5.07	4.78	4.56	4.39	4.25	4.14	3.97	3.79	3.61	3.51	3.41	3.31	3.21	3.10	2.98

续表

$\alpha=0.005$

n_2 \ n_1	1	2	3	4	5	6	7	8	9	10	12	15	20	24	30	40	60	120	∞
18	10.22	7.21	6.03	5.37	4.96	4.66	4.44	4.28	4.14	4.03	3.86	3.68	3.50	3.40	3.30	3.20	3.10	2.99	2.87
19	10.07	7.09	5.92	5.27	4.85	4.56	4.34	4.18	4.04	3.93	3.76	3.59	3.40	3.31	3.21	3.11	3.00	2.89	2.78
20	9.94	6.99	5.82	5.17	4.76	4.47	4.26	4.09	3.96	3.85	3.68	3.50	3.32	3.22	3.12	3.02	2.92	2.81	2.69
21	9.83	6.89	5.73	5.09	4.68	4.39	4.18	4.01	3.88	3.77	3.60	3.43	3.24	3.15	3.05	2.95	2.84	2.73	2.61
22	9.73	6.81	5.65	5.02	4.61	4.32	4.11	3.94	3.81	3.70	3.54	3.36	3.18	3.08	2.98	2.88	2.77	2.66	2.55
23	9.63	6.73	5.58	4.95	4.54	4.26	4.05	3.88	3.75	3.64	3.47	3.30	3.12	3.02	2.92	2.82	2.71	2.60	2.48
24	9.55	6.66	5.52	4.89	4.49	4.20	3.99	3.83	3.69	3.59	3.42	3.25	3.06	2.97	2.87	2.77	2.66	2.55	2.43
25	9.48	6.60	5.46	4.84	4.43	4.15	3.94	3.78	3.64	3.54	3.37	3.20	3.01	2.92	2.82	2.72	2.61	2.50	2.38
26	9.41	6.54	5.41	4.79	4.38	4.10	3.89	3.73	3.60	3.49	3.33	3.15	2.97	2.87	2.77	2.67	2.56	2.45	2.33
27	9.34	6.49	5.36	4.74	4.34	4.06	3.85	3.69	3.56	3.45	3.28	3.11	2.93	2.83	2.73	2.63	2.52	2.41	2.29
28	9.28	6.44	5.32	4.70	4.30	4.02	3.81	3.65	3.52	3.41	3.25	3.07	2.89	2.79	2.69	2.59	2.48	2.37	2.25
29	9.23	6.40	5.28	4.66	4.26	3.98	3.77	3.61	3.48	3.38	3.21	3.04	2.86	2.76	2.66	2.56	2.45	2.33	2.21
30	9.18	6.35	5.24	4.62	4.23	3.95	3.74	3.58	3.45	3.34	3.18	3.01	2.82	2.73	2.63	2.52	2.42	2.30	2.18
40	8.83	6.07	4.98	4.37	3.99	3.71	3.51	3.35	3.22	3.12	2.95	2.78	2.60	2.50	2.40	2.30	2.18	2.06	1.93
60	8.49	5.79	4.73	4.14	3.76	3.49	3.29	3.13	3.01	2.90	2.74	2.57	2.39	2.29	2.19	2.08	1.96	1.83	1.69
120	8.18	5.54	4.50	3.92	3.55	3.28	3.09	2.93	2.81	2.71	2.54	2.37	2.19	2.09	1.98	1.87	1.75	1.61	1.43
∞	7.88	5.30	4.28	3.72	3.35	3.09	2.90	2.74	2.62	2.52	2.36	2.19	2.00	1.90	1.79	1.67	1.53	1.36	1.00

附表 7　检验相关系数的临界值表

$P(|R|>r_\alpha)=\alpha$

n \ α	0.10	0.05	0.02	0.01	0.001
1	0.98769	0.99692	0.999507	0.999877	0.9999988
2	0.90000	0.95000	0.98000	0.99000	0.99900
3	0.8054	0.8783	0.93433	0.95873	0.99116
4	0.7293	0.8114	0.8822	0.91720	0.97406
5	0.6694	0.7545	0.8329	0.8745	0.95074
6	0.6215	0.7067	0.7887	0.8743	0.92493
7	0.5822	0.6664	0.7498	0.7977	0.8982
8	0.5494	0.6319	0.7155	0.7646	0.8721
9	0.5214	0.6021	0.6851	0.7348	0.8471
10	0.4933	0.5760	0.6581	0.7079	0.8233
11	0.4762	0.5529	0.6339	0.6835	0.8010
12	0.4575	0.5324	0.6120	0.6614	0.7800
13	0.4409	0.5139	0.5923	0.6411	0.7603
14	0.4259	0.4973	0.5742	0.6226	0.7420
15	0.4124	0.4821	0.5577	0.6055	0.7246
16	0.4000	0.4683	0.5425	0.5897	0.7084
17	0.3887	0.4555	0.5285	0.5751	0.6932
18	0.3783	0.4438	0.5155	0.5614	0.6787
19	0.3687	0.4329	0.5034	0.5487	0.6652
20	0.3598	0.4227	0.4921	0.5368	0.6524
25	0.3233	0.3809	0.4451	0.4869	0.5974
30	0.2960	0.3494	0.4093	0.4487	0.5541
35	0.2746	0.3246	0.3810	0.4182	0.5189
40	0.2573	0.3044	0.3578	0.3932	0.4896
45	0.2428	0.2875	0.3384	0.3721	0.4648
50	0.2306	0.2732	0.3218	0.3541	0.4433
60	0.2108	0.2500	0.2948	0.3248	0.4078
70	0.1954	0.2319	0.2737	0.3017	0.3799
80	0.1829	0.2172	0.2565	0.2830	0.3568
90	0.1726	0.2050	0.2422	0.2673	0.3375
100	0.1638	0.1946	0.2301	0.2540	0.3211